高港年鉴

GAOGANG YEARBOOK

2014

中共泰州市高港区委区人民政府　主办

泰州市高港区史志档案办公室　主编

方志出版社
Publishing House of Local Records

图书在版编目(C I P)数据

高港年鉴. 2014 / 泰州市高港区史志档案办公室编.
-- 北京 : 方志出版社, 2014.10
ISBN 978-7-5144-1395-3

Ⅰ. ①高… Ⅱ. ①泰… Ⅲ. ①区(城市)- 泰州市 - 2014- 年鉴 Ⅳ. ①Z525.33

中国版本图书馆 CIP 数据核字(2014)第 226657 号

高港年鉴(2014)

编　　者: 泰州市高港区史志档案办公室
责任编辑: 梅中英

出 版 人: 冀祥德
出 版 者: 方志出版社
地址　北京市朝阳区潘家园东里9号(国家方志馆4层)
邮编　100021
网址　http://www.fzph.org
发　　行: 方志出版社发行中心
电话(010)67110500
经　　销: 各地新华书店
印　　刷: 南京凯德印刷有限公司

开　　本: 889×1194　　1/16
印　　张: 24.25
字　　数: 638千字
版　　次: 2014年10月第1版　　2014年10月第1次印刷
印　　数: 0001~1200册

ISBN 978-7-5144-1395-3/K·1140　　定价:200.00元

高港年鉴编纂委员会

高港年鉴编辑部

2013年高港荣誉

全国科技进步考核先进区

江苏省平安区

江苏省创新试点区

江苏省和谐社区建设示范区

江苏省信访工作绩效考核优秀区

江苏省国土资源集约节约模范区

江苏省村级“四有一责”建设先进区

江苏省社会管理综合治理工作先进集体

泰州市工作目标考评一等奖第一名

2013年6月2日，江苏省委书记罗志军（前左三）和省委副书记、省长李学勇（前左二）带领出席全省苏中发展工作会议代表考察扬子江药业集团

2013年2月1日，江苏省委常委、政法委书记李小敏（前左一）到高港区走访慰问

2013年8月2日，江苏省人大常委会常务副主任、党组副书记张卫国（前右二）考察高港区“人大代表工作日”活动

2013年11月19日，泰州市委书记张雷（右二）调研高港区市级机关群众工作团、高港区群众工作队工作开展情况

2013年12月23日，泰州市委副书记、代市长陆志鹏（前左二）调研高港区工业经济、社会事业发展情况

2013年8月9日，中共泰州市高港区委四届四次全体（扩大）会议召开

2013年12月31日，中国共产党泰州市高港区第四次代表大会第二次年会召开

2014年1月6~8日，中国人民政治协商会议泰州市高港区第四届委员会第三次会议召开

2014年1月7~9日，泰州市高港区第四届人民代表大会第三次会议召开

1
2 3
4

1　2013年9月23日，区四套班子负责人和全区领导干部参观市反腐倡廉教育馆

2　2013年11月13日，市人大常委会副主任、区委书记王建主持召开区委中心组学习（扩大）会议

3　2013年12月13日，高港区举办领导干部金融知识专题报告会

4　2013年12月12日，全区党员干部冬训暨党的十八届三中全会精神宣讲动员部署会召开

1

2

3 4

1 2013年1月18日，区政协召开"城市建设"委员议政会

2 2013年9月16日，高港区举办"践行群众路线 实现中国梦"专题报告会

3 2013年12月14日，市人大常委会副主任、区委书记、区人大常委会主任王建到口岸街道东南片区开展"人大代表工作日"活动

4 2013年8月1日，高港区召开下派"群众工作队"推进会暨村（居）"两委"换届选举工作部署会

2013年4月20日，全国百强连锁药店高端论坛大会在高港区召开

2013年10月8日，高港区举行金融产品推介会暨银企签约仪式

2013年8月14日，总投资3亿美元的泰州宏进农副产品国际物流中心项目签约

2013年10月28日，泰州港永安港区5万吨级集装箱码头安装岸桥设备

2013年7月14日，红星美凯龙国际家居广场开业

2013年12月28日，江苏上膳源生态农业发展有限公司揭牌成立

扬子江药业集团全貌

2013年5月4日，泰州口岸船舶有限公司建造的51000吨散货船（TC0302）下水

国电泰州发电有限公司全景图

泰州市华强照明器材有限公司LED产品展示厅

统一饮料生产线

益海粮油“金龙鱼”油包装线

2013年1月30日，市、区领导到白马镇慰问“大江儿女·最美高港人”刘文英、徐健母子

2013年1月31日，区领导开展春节慰问活动

2013年1月24日，区总工会向困难职工发放春节慰问品

2013年3月12日，团市委、团区委联合在永安洲镇举行“凝聚青春力量，共建美好家园”植树活动

2013年6月6日，高港区女企业家协会成立大会召开

2013年6月21日，高港区举办“法制教育进课堂”现场观摩会

2013年12月26日，高港区老年养护院、残疾人托养中心投入运行

2013年9月12日，高港区“工会代表工作日”活动现场

2013年12月30日，高港区开展元旦物价大检查活动

2013年10月10日，永安洲镇永胜社区社会管理服务站为民服务现场

幸福童年

城区一览

口岸水景街区

雕花楼景区

王营河集中居住区

格林美郡小区

永安洲新貌

风起芦苇荡

落霞与孤鹜齐飞

大桥夕照

编 辑 说 明

一、《高港年鉴》是由中共泰州市高港区委、高港区人民政府主办，高港年鉴编纂委员会承办，全区各部门共同参与编纂的地方综合性年鉴。2010年创刊，每年出版一卷。旨在全面、系统、准确地记载高港区政治、经济和社会各项事业发展情况，为各级领导决策提供科学依据，为社会各界和海外人士了解、研究高港提供翔实信息，并为编修地方史志积累资料。

二、《高港年鉴》2014卷（以下简称本年鉴）主要记载2013年全区政治、经济、社会发展情况。

三、本年鉴采用分类法编辑，设类目、分目、条目3个层次。分目下视情设副分目，以前后加“·”表示。条目为记述的基本单位，其标题采用黑体加“【 】”表示。大事记前有“△”者，表示与前所记日期相同。

四、本年鉴共设26个类目：特载、媒体聚焦、大事记、高港概貌、园区建设、农业·水利、工业·建筑业、商贸流通、城乡建设·环境保护、交通·电力·通信、金融、综合管理与监督、中共高港区委、区人大常委会、区人民政府、区政协、纪检·监察、民主党派·社会团体、法治·军事、教育·科技·卫生、文化·体育·旅游、社会生活、街·镇、人物·荣誉栏、重要文件、统计资料。

五、本年鉴资料由全区各镇街、各部门供稿，并由单位领导审核。撰稿人员署名于条目之后。文中数据及有关内容由区统计局和保密局审核把关。部分数据因统计口径不同存在差异，应以统计部门提供的统计数据为准。

六、外币注明币种，人民币不作标注。

七、本年鉴检索系统：卷首设中、英文目录，卷中设类目标题书眉，卷末设按汉语拼音字母顺序排列的主题分析索引。

八、本年鉴的编辑出版是在中共泰州市高港区委、高港区人民政府的领导下，依靠各单位和社会各界的通力合作而完成的，在此谨致谢意。由于编者水平有限，书中难免有疏漏之处，敬请批评指正。

泰州市高港区部分组织机构全称、简称对照表

全　　称	简　　称	全　　称	简　　称
中国共产党泰州市高港区委员会	区委	泰州市高港区依法治区领导小组办公室	区法治办
泰州市高港区人民代表大会常务委员会	区人大常委会	泰州市高港区机构编制委员会办公室	区编委办
泰州市高港区人民政府	区政府	中共泰州市高港区委区级机关工作委员会	区委区级机关工委
中国人民政治协商会议泰州市高港区委员会	区政协	中共泰州市高港区委机要保密局	区委机要保密局
中国共产党泰州市高港区纪律检查委员会	区纪委	中共泰州市高港区委老干部局	区委老干部局
泰州市高港区监察局	区监察局	泰州市高港区信访局	区信访局
中共泰州市高港区委办公室	区委办	泰州市高港区人民代表大会常务委员会办公室	区人大办
中共泰州市高港区委研究室	区委研究室	中国人民政治协商会议泰州市高港区委员会办公室	区政协办
泰州市高港区接待办公室	区接待办	泰州市高港区人民政府办公室	区政府办
泰州市高港区督查与考核工作办公室	区督查考核办	泰州市高港区人民政府研究室	区政府研究室
中共泰州市高港区委组织部	区委组织部	泰州市高港区人民政府法制办公室	区法制办
中共泰州市高港区委宣传部	区委宣传部	泰州市高港区人民政府外事侨务办公室	区外事侨务办
泰州市高港区精神文明建设指导委员会办公室	区文明办	泰州市高港区应急管理办公室	区应急办
中共泰州市高港区委对外宣传办公室	区委外宣办	泰州市高港区金融工作办公室	区金融办
泰州市高港区人民政府新闻办公室	区新闻办	泰州市高港区发展和改革委员会	区发改委
中共泰州市高港区委统一战线工作部	区委统战部	泰州市高港区物价局	区物价局
中共泰州市高港区委台湾工作办公室、泰州市高港区人民政府台湾事务办公室	区台办	泰州市高港区服务业发展办公室	区服务业发展办
泰州市高港区民族宗教事务局	区民宗局	泰州市高港区经济和信息化委员会	区经信委
中共泰州市高港区委政法委员会	区委政法委	泰州市高港区中小企业局	区中小企业局
泰州市高港区社会治安综合治理委员会	区综治委	泰州市高港区教育局	区教育局
泰州市高港区社会治安综合治理委员会办公室	区综治办	泰州市高港区人民政府教育督导室	区政府教育督导室

全　　称	简　　称	全　　称	简　　称
泰州市高港区科学技术局	区科技局	泰州市高港区人民检察院	区检察院
泰州市高港区知识产权局	区知识产权局	泰州市高港区人民法院	区法院
泰州市高港区地震局	区地震局	中国人民解放军江苏省泰州市高港区人民武装部	区人武部
泰州市高港区民政局	区民政局	泰州市高港区关心下一代工作委员会	区关工委
泰州市高港区司法局	区司法局	泰州市高港区总工会	区总工会
泰州市高港区财政局	区财政局	中国共产主义青年团泰州市高港区委员会	团区委
泰州市高港区人力资源和社会保障局	区人社局	泰州市高港区妇女联合会	区妇联
泰州市高港区公务员局	区公务员局	泰州市高港区残疾人联合会	区残联
泰州市高港区住房和城乡建设局	区住建局	泰州市高港区科学技术协会	区科协
泰州市高港区建筑工程管理局	区建工局	泰州市高港区工商业联合会	区工商联
泰州市高港区规划服务办公室	区规划办	泰州市高港区文学艺术界联合会	区文联
泰州市高港区水利局	区水利局	泰州市高港区归国华侨联合会	区侨联
泰州市高港区农业委员会	区农委	泰州市高港区红十字会	区红十字会
泰州市高港区商务局	区商务局	泰州市高港区哲学社会科学界联合会	区社科联
泰州市高港区粮食局	区粮食局	泰州市高港区无党派知识分子联谊会	区知联会
泰州市高港区文体旅游局	区文体旅游局	泰州市高港区史志档案办公室	区史志档案办
泰州市高港区人口和计划生育委员会	区人口计生委	泰州市高港区区级机关事务管理局	区区级机关事务局
泰州市高港区审计局	区审计局	泰州市高港区供销合作总社	区供销总社
泰州市高港区环境保护局	区环保局	泰州市高港区行政服务中心	区行政服务中心
泰州市高港区统计局	区统计局	泰州市高港区便民服务中心	区便民服务中心
泰州市高港区食品药品监督管理局	区食药监局	泰州市高港区城市管理委员会办公室	区城管办
泰州市高港区安全生产监督管理局	区安监局	江苏泰州高港高新技术产业园区	高港高新区

目　录

特　载

媒体聚焦

大事记

高港概貌

园区建设

农业·水利

工业·建筑业

商贸流通

城乡建设·环境保护

交通·电力·通信

金　融

综合管理与监督

中共高港区委

民主党派·社会团体

法治·军事

教育·科技·卫生

文化·体育·旅游

社会生活

街·镇

人物·荣誉栏

重要文件

统计资料

彩页目录

园区・镇街・社区选介

学校・医院・企业选介

Contents

Specials

Media focus

Chronicle of events

Briefs of Gaogang District

Developments of industrial parks

Agriculture & Water conservancy

Industry & Construction industry

Trade and Commerce circulation

Urbane and rural development & Environmental protection

Transportation & Electricity supply & Communications

Financial industry

Comprehensive administration and supervision

CPC committee of Gaogang District

Standing committee of the people's congress of Gaogang District

People's government of Gaogang District

CPPCC of Gaogang District

Discipline inspection & supervision

Democratic Parties & Social groups of Gaogang District

The rule of law & Military

Education & Science and technology & Public health

Culture & Sports & Tourism

Social life

Profiles of the administrative sub-districts and towns

People & List of Honors

Important documents

Statistics Data

Index

特　　载

全面深化改革　加快转型升级
以十八届三中全会精神统领科学发展新实践

——在区第四次党代会第二次年会上的报告

中共高港区委书记　王　建

2013 年 12 月 31 日

市人大常委会副主任、区委书记王建在区第四次党代会第二次年会上作报告

同志们：

这次会议的主要任务是，深入贯彻党的十八届三中全会和习近平总书记系列重要讲话精神，认真落实中央经济工作、城镇化工作、农村工作等系列会议以及省市委全会决策部署，回顾总结今年工作，深入分析当前形势，研究部署明年经济社会改革发展任务，动员全区上下进一步解放思想，坚定信心，全面深化改革，加快转型升级，以十八届三中全会精神统领科学发展新实践，加快建成更高水平小康社会、率先基本实现现代化。

现在，我代表区委常委会向大会报告工作，请予审议，并请列席会议的各位同志提出意见和建议。

一、回顾全年工作，我们奋勇争先、合力攻坚，经济社会发展呈现稳中有进、以进促稳的良好局面

今年以来，我们在市委、市政府的坚强领导下，致力综合改革快转型、开放创新促发展、“六大建设”惠民生，经济社会继续保持了良好发展势头。全年预计实现GDP 300亿元，增长12.30%；完成公共财政预算收入24.92亿元，增长17.10%；城乡居民收入分别达30200元、14220元，分别增长10%、11%。对照省36项新的全面小康指标，31项已达标，新一轮发展“三步走”目标取得阶段性成果。一是实体经济保持稳中有进、量质齐升的发展态势。工业经济稳健运行，工业总量达到1306亿元，增长17.50%；规模以上工业产值、销售、利税、利润分别达1140亿元、1130

亿元、154亿元、94.20亿元，分别增长17.60%、16%、14.50%、14.90%。加大优质增量投入，实际利用外资和港澳台资1.76亿美元，民营经济净增注册资本41.20亿元，增长152%；引进汇福粮油、阿玛宁功能饮料等超10亿元人民币或超1亿美元项目4个；总投资20亿元的扬子江龙凤堂中药基地、20亿元的宏进农副产品物流中心、10亿元的鹏翎胶管等一批重大项目加快实施；华润雪花啤酒江苏营销中心、大自然家居事业部等区域总部落户高港。科技创新驱动力不断增强，新兴产业、高新技术产业占规模以上工业比重分别达80.60%和49.10%；全社会研发投入占比达3.60%，继续位列全市第一，顺利通过新一轮全国科技进步先进区考核，被确定为省创新型试点区，扬子江药业集团成为全市首家国家级技术创新示范企业。完成社会消费品零售总额34亿元，增长12.50%。现代农业经营体系逐步建立，建成小农场98家，规模经营比重达89.60%，提高8个百分点，成功引进“上膳源”生态农业项目。二是城乡建设呈现统筹推进、发展一体的融合格局。实施重点城建项目70个，总投资超100亿元。道路交通体系趋向完善，银杏路东段、锦江路、长江大道东延主线贯通，231省道先导段、田许线升级改造工程全面启动，核心港区5万吨级集装箱码头主体建成。城市功能不断健全，组建出租车公司，红星美凯龙一期对外营业，明发城市综合体一期加快推进，口岸水景街区一期工程基本建成，海军爱国主义教育基地、索菲特五星级大酒店建设加快实施。中心城区和重点镇“1+5”集中居住规划格局有序推开，建设集中居住新社区59万平方米。在广大干部辛勤努力、广大群众理解支持下，市、区重大项目动迁工作全面完成。扶持建设标准厂房5.40万平方米，经济薄弱村“造血功能”进一步增强，创成泰州唯一的全省村级“四有一责”建设先进区。落实村庄环境整治长效管理机制，在全市率先实现村庄环境整治、长效管护队伍全覆盖，实施城区河道整治和城乡水系畅通工程，创成省级生态区。三是社会发展打造普惠民生、公平正义的高港品牌。财政用于改善民生的支出增长20.10%，占公共财政支出的72.60%。校舍安全工程有序推进，名师名校建设成效显著，教育教学“比武大赛”成绩名列全省前茅。组建高港医疗集团，三级医疗卫生服务网络基本形成，市第三人民医院创成二级甲等综合医院，区中医院创成二级乙等中医院，通过国家级慢性病防控示范区审核，世代服务中心、残疾人康复中心、老年养护院建成投运。大江剧院加盟“苏演院线”，创成国家一级图书馆，顺利通过国家三级综合档案馆测评。社会救助和福利体系不断完善，建立职工阳光互助互济基金，城乡低保标准逐年提高。高度重视老龄工作，“尊老金”标准全省最高。建立区社会管理服务中心，开通“12345”民生服务热线，实现平安高港“十连冠”、法治高港“五领先”。四是党的建设展示创先争优、廉洁高效的良好形象。立足“早学习、早思考、早对照、早整改”，及早启动党的群众路线教育实践活动。认真落实中央八项规定和省市委十项规定，切实加强反腐倡廉建设，出台一系列厉行节约、反对浪费、规范用权的制度，干部作风持续好转。常态化开展两代表一委员“工作日”、“三解三促・两送两增”等活动，下派群众工作队，党群干群关系进一步密切。调优配强各级领导班子，圆满完成村居“两委”换届选举工作，干部队伍战斗力不断增强。

区第四次党代会第一次年会以来，区委常委会围绕学习贯彻十八大精神这个大局，始终突出综合改革、开放创新、城乡统筹、社会和谐，巩固了科学发展的好势头、政通人和的好局面。回顾今年的工作，主要体现了三个特点：

一是始终坚持大处着眼、统筹兼顾，突出了工作的全局性。把深入学习贯彻十八大、十八届三中全会和习近平总书记系列重要讲话精神作为重大政治任务，推动全区上下学全、学透、学实，引导各级干部运用辩证唯物主义和历史唯物主义武装头脑、指导工作。组织园区、镇街开展“学赶苏南、对标找差”活动，以更加积极主动的姿态崛起苏中、融入苏南，成功将高港创建国家级经济开发区纳入省《沿江地区转型发展五年推进计划》。出台《争当全市转型升级综合改革排头兵工作意见》《推进转型升级综合改革的若干政策意见》，从全局层面整合激励政策、落实工作任务。坚持总揽全局、协调各方，全力支持人大政协依法履职，切实加强统战、民主党派、工商联和党管武装工作，充分发挥工青妇等群团组织的桥梁纽带作用，形成了凝心聚力、和衷共济的良好局面。

二是始终坚持超前研判、主动应对，突出了工作的前瞻性。把握“三农”发展趋势，围绕“农业要强，以产业化为内涵，推进规模化、机械化；农村要好，以生态化为内涵，推进园区化、社区化；农民要富，以市民化为内涵，推进多元化、职业化”，加快农业现代化和城乡一体化步伐。为保障区域粮食安全，划定10万亩保障性基本粮田，实行土地流转粮食实物兑付租金，扎实推进小农场建设和电灌站产权回收工作。深化行政审批制度改革，推动行政服务中心实体化运作，审批时限比市规定时限缩短50%。密切金融与实业、银行与企业的关系，创新举办“金融超市”活动，建立企业运行质态“健康档案”，为企业发展营造良好的金融生态环境。超前防范财政金融风险，从严控制融资规模和融资成本，各级政府融资平台负债额度控制在合理区间。加强新闻网络业务培训，牢牢掌握意识形态工作主动权。推动纪检工作体制机制创新，实行纪检派驻机构统一管理，在全省率先实施分片巡查制度，形成了实际有效的权力制约机制。

三是始终坚持实事求是、注重实效，突出了工作的务实性。根据省委新的全面小康和基本现代化指标体系，结合高港实际，确立了新一轮发展"三步走"目标，强化了质量效益指标，强调发展不能简单看数字是否达标，更要注重群众感受，不仅要看平均数，更要看大多数。明确"常委挂钩联系、区长分线负责、人大政协领导参与"的工作推进机制，常态化开展"月月考、家家评"活动，营造了"比学赶超"的发展氛围。创新开展企业"一企一策"和安全生产"一企一评估"工作，因企施策、分类指导，提高了"三服务、三尊重"工作的针对性、实效性。

总体上看，在今年宏观经济形势严峻复杂的情况下，我们不仅取得了较好的发展成果，而且通过推进转型升级综合改革，为今后的发展积蓄了力量、打下了基础。但我们也要清醒地认识到，全区经济社会发展中还存在不少矛盾和问题：部分行业和企业比较困难，经济下行压力依然较大；要素资源、生态环境约束加剧，项目招引和实施难度增加；在群众诉求多样化、社会结构多元化和新媒体环境下，各级干部应急处置和把握舆情的能力有待进一步提高；少数党员干部思想观念、工作水平与转型升级综合改革的任务和要求不相适应，作风建设、廉政建设仍须常抓不懈。对此，我们必须高度重视，切实加以解决。

二、全面深化改革，务必坚定信心、抓牢机遇，凝聚加快转变经济发展方式、加速经济社会转型升级的战略共识

党的十八届三中全会，是在全面建成小康社会决定性阶段召开的一次重要会议，是我国改革开放历史上又一个重要里程碑。全会《决定》提出了全面深化改革的指导思想、目标任务、重大原则，是我们在新的历史起点上推进改革的科学指南和行动纲领。学习贯彻落实全会精神，是当前和今后一个时期重要的政治任务，我们要以强烈的进取意识、机遇意识、责任意识，准确领会全会精神，积极投身改革实践，推动更高水平小康社会建设迈上新的台阶。

高港提出争当泰州转型升级综合改革排头兵，"排头兵"体现在"率先"上，就是通过体制机制的率先改革，推动经济社会的率先转型；"排头兵"体现在"全面"上，不仅是经济领域的改革转型，而且是经济、组织、社会、生态、文化、法治"六大建设"的全面改革转型。应当看到，近年来高港改革转型发展的思路和实践，与十八届三中全会提出的"五位一体+党的建设"的改革部署高度吻合。对此，我们要坚定信心，在十八届三中全会精神指引下，巩固提升"六大建设"成果，并不断丰富内涵、放大效应。

根据中央和省市委的部署，立足高港现有基础，我们在全面深化改革的进程中要做到"六个结合"：

一要注重把改革创新与规范有序相结合。坚持把改革创新贯穿于经济社会发展各个领域和各个环节，以改革引领转型，以创新破解难题。坚决落实中央和省市委部署，把改革的"规定动作"落地化、具体化，最大限度释放改革红利。突出改革的系统性、整体性、协同性，把自觉维护中央大政方针的严肃性和因地制宜、充分发挥主观能动性结合起来，正确、准确、有序、协调推进。

二要注重把经济发展与社会进步相结合。"不唯GDP"不等于不要GDP，而是发展的要求更高、任务更重。把发展作为增强实力、改善民生、赢得尊严的根本路径，把促进公平正义、增进人民福祉作为改革发展的出发点和落脚点。突出科学发展这一主题，坚持经济建设、政治建设、文化建设、社会建设、生态文明建设和党的建设协同推进。紧扣转变经济发展方式这一主线，更加注重科技创新和低碳环保，既要金山银山，更要绿水青山。

三要注重把转型升级与融合发展相结合。咬定争当全市转型升级综合改革排头兵目标，更大力度推进企业转型、政府转型、社会转型，更高层次加快技术升级、产品升级、产业升级。突出产城融合和城乡融合，以产城融合引领城乡融合、以城乡融合促进产城融合，推动城市与农村共同繁荣、经济与社会协调发展、人与自然和谐共生。

四要注重把新型城镇化与城乡一体化相结合。推进工业化、信息化、城镇化、农业现代化"四化融合"，更加注重以人为核心的城镇化，统筹抓好中心城区、重点镇和新农村建设。整体推进城乡规划、产业发展、基础设施、公共服务、就业社保、社会管理"六个一体化"，促进城乡要素平等交换和公共资源均衡配置，形成以工促农、以城带乡、工农互惠、城乡一体的新型工农城乡关系。

五要注重把基层民主与法治建设相结合。围绕推进治理体系和治理能力现代化目标，正确处理民主与法治、自由与自治、开放与包容的关系，促进群众在城乡社区治理、基层公共事务和公益事业中依法自我管理、自我服务、自我教育、自我监督，从各层次各领域扩大群众有序政治参与。引导群众自觉履行法定义务、社会责任、家庭责任，推进政府治理与社会自我调节、公民自治的良性互动，形成全社会各尽其能、各得其所又和谐共处的良好局面。

六要注重把从严治党与群众路线相结合。全面落实"党要管党、从严治党"方针，坚决贯彻八项规定，集中精力整治"四风"，以抓铁有痕、踏石留印的力度抓好党风廉政建设，以优良的党风促政风带民风。扎实开展党的群众路线教育实践活动，坚持“从群众中来、到群众中去”，下力气解决一批事关群众利益的具体问题，全面加强长效惠民机制和群众监督评价制度建设，以优良实绩在群众心目中留下“痕迹”，赢得群众的信任与支持。

基于以上认识，抓好高港的改革，我们还需要知行合一、主动作为，科学谋划、稳步推进，正确处理好“三个关系”：

一要正确处理好政府与市场的关系。紧紧围绕使市场在资源配置中起决定性作用，放开用活市场这只“看不见的手”，完善由市场规则、市场价格、市场竞争构建的现代市场体系，使经济资源在配置中实现效益最大化、效率最优化；管住用好政府这只“看得见的手”，发挥政府在公共资源调节中的主导作用，更大力度发展社会事业、加强市场监管、保护生态环境，让“无形之手”充分施展、“有形之手”更加有效，更好地发挥市场与政府的正向叠加效应。

二要正确处理好胆子要大与步子要稳的关系。既发挥主观能动性，更尊重客观规律性，战略上勇于进取，战术上稳扎稳打。对中央有部署、省市有要求的，要坚决贯彻、落实到位；对认识统一、群众期待、条件具备的，要抓紧试点、积极探索；对认识不统一、条件不成熟的，不仓促推开，不急于求成。

三要正确处理好量力而行与尽力而为的关系。加强改革的前瞻性论证，协调好各种利益关系，既积极主动有为，尽最大可能使改革发展带来的利益增量为多数群众所共享，又立足现实基础，充分考虑各方面的条件和承受能力，把握好工作展开的时机和节奏，稳步推进各项改革，切实把改革力度、发展速度与政府财力、群众期待高度统一起来，使改革切合实际，行之有效、行之久远。

三、勇于改革创新，突出丰富内涵、统筹协调，与时俱进推动科学发展新的实践

2014年是贯彻落实十八届三中全会精神、全面深化改革的第一年，是实现“十二五”目标的关键一年，也是泰州转型升级综合改革的攻坚之年。研判当前形势，国际环境和国内条件都在发生深刻而复杂的变化，可谓是机遇和挑战并存、希望和困难同在。从国际环境看，突出表现为“两个更趋激烈”：一方面，欧美发达经济体缓慢复苏，但仍处于后危机时代，国家之间对资本、资源、市场的争夺更趋激烈；另一方面，新技术革命加速孕育并取得突破，各国抢占产业制高点和分工话语权的竞争更趋激烈。从国内环境看，主要表现为“两个没有改变”：一方面，随着改革的不断破题和纵深推进，必将进一步激发发展的内生动力和活力，中国经济整体向好的态势没有改变；另一方面，无论是设立上海自贸区，还是建立丝绸之路经济带和依托长江建设中国经济新支撑带，区域之间的竞争和合作将更为频繁，地区之间抢抓发展主动权、争夺发展领先地位的态势没有改变。我们必须把握发展大势，顺应时代潮流，进一步振奋精神状态、提升经济质态、优化社会生态，不断巩固高港经济社会加速转型、健康发展的大好局面。

全区工作的总体思路是：深入贯彻十八届三中全会精神，以转变经济发展方式为主线，以全面深化改革、加快转型升级为统揽，坚持稳中求进、改革创新的工作总基调，统筹做好促改革与稳增长、快转型、惠民生各项工作，推进企业转型、政府转型、社会转型和技术升级、产品升级、产业升级，不断丰富和提升“六大建设”内涵，奋力争当全市转型升级综合改革排头兵，为早日实现既定的“三步走”目标奠定坚实基础。

主要预期目标是：地区生产总值增长12%，公共财政预算收入增长10%，固定资产投资增长18%，高新技术产业产值占规模以上工业比重超过48%，城乡居民收入分别增长10%和11%，全面完成市交节能减排指标。重点做好六个方面的工作：

1. 在深化开放创新中加快转型升级，提高经济发展的质量和效益。做好明年经济工作，最核心的是要坚持稳中求进、改革创新。“稳”就是巩固稳中向好的发展态势，促进经济社会大局稳定，为全面深化改革创造条件；“进”就是积极推动改革创新，以改革创新促发展转方式调结构，实现更有质量、更有效益、更可持续的增长。

全力争创国家级经济开发区。创成国家级经济开发区是高港决胜区域竞争的重要支撑，要细化任务、倒排进度，确保两年内进入全省开发区“第一方阵”。提高开放开发水平，既要提升产业特色化水平，也要彰显园区现代化气息。密切关注上海自贸区的政策走向，研究掌握自贸区带来的市场规则和市场环境的变化，发挥自身优势，加强产业对接，加快融入苏南、接轨上海及自贸区，在更高层次上提高开放开发水平。以创建国家级、省级特色产业基地为关键，加快主导产业由产品集成向企业集群升级，强化龙头企业带动、链条扩粗延伸和研发设计配套，提升产业集聚度和竞争力。主动加强与商会、行业协会、产业研究机构的联系，锁定世界500强、行业50强以及“国字头”“中字号”企业，着力引进基地型、旗舰型项目。优化三大园区一体化空间布局，提升产业和商务承载能力，推动单一型工业园区向综合型产业新城转变。明年，三大园区“园中村”动迁和基础设施建设要一着不让加快推进，田许线升级改造工程要争取主线贯通；启动高新区环溪工业园布局规划，实施标准厂房建设，推进刁铺工业企业“退城进园”。突破瓶颈制约，既要坚定不移外向集聚，也要盘活资源内部挖潜。认真落实中央关于防控政府性债务风险的要求，一方面要负债有度，额度合理能偿还，成本可控能承受，科学使用重效益；另一方面要融资有方，通过合作共建、发行债券等方式，不断开辟融资建设新途径。坚持集约用地，更加注重投入产出比、财税贡献率，提高项目准入门槛；盘活闲置和低效利用土地，建设多层标准厂房，提高单位用地效益；加大用地计划上争和占补平衡推进力度，保障发展用地需求。改革园区建设机制，既要实施全区统筹，也要加大扶持力度。建立区项目建设编审会，对项目准入、选址、用地规模统一把关。按照事权与支出责任相适应的原则，完善园区财税体制，进一步加大对园区的投入。推动"飞地发展"，建立镇街与园区"成本共担、利益共享"的合作开发机制，实现资源利用和效益提升最大化。建立项目审批代理制、矛盾协调包保制、要素组织责任制，为客商营造一流发展环境。

加快企业转型升级步伐。充分发挥"一企一策"调研成果作用，帮助企业调优转型升级的方向、路径、措施，深化细化企业"六化"转型工程。把"品牌化、标准化"作为转变发展方式、提高市场竞争力的制胜法宝。坚持品牌型经济这一方向，引导企业由传统营销向品牌营销转变，建立全区企业品牌培育库，进一步健全目标管理、工作推进体系，提高品牌创建和标准化工作的组织化程度。坚持以标准化支撑品牌化，以标准升级推动产业升级，提升行业话语权。墙纸检测中心要拓展外延，检测范围要覆盖整个装饰材料行业；特防用品检测中心要优化升级，启动国家级申报工作。把"资本化、上市化"作为发展混合所有制经济的战略举措。按照"资源资产化、资产资本化、资本股份化"的思路，引导企业加快建立现代企业制度，通过资本合作、并购重组、高位嫁接等方式，由有限责任公司向股份有限公司转变，大力发展混合所有制经济。抓住股票发行注册制改革、新三板全面扩容的机遇，鼓励企业到多层次资本市场上市。深化政银企合作，设立5000万元金融信贷风险基金，为"健康档案"评级较优的企业提供政府增信服务；定期开展"金融超市"活动，引导银行加大对实体经济的信贷投放力度。把"信息化、高端化"作为赢得未来的核心支撑。以"企业院校行""蓝火计划"为载体，引进高校院所、国家级实验室的中试基地和科研成果。推进信息网络技术在企业管理、营销服务等领域的综合应用，提升企业生产经营信息化水平。抓住人民币对外升值、进口设备税费抵扣的机遇，加大对先进设备、技术和人才的引进，提升企业竞争力。

大力发展现代服务业。服务业在优化产业结构、提升城市功能、带动创业就业方面意义重大，是高港未来发展的优先领域。要抓住服务业扩大开放的机遇，以更宽广的视野集聚要素。大力招引金融、教育、文化、医疗等高端项目，加快提升城市功能。积极发展研发设计、服务外包等新型业态，为制造业提供功能支撑。以高端商务楼为载体，培育总部经济，加快龙冉壁纸、科冕木业区域总部落户高港。继续推进工贸分离，鼓励企业非核心业务实行社会化服务。要发挥资源优势，放眼更大市场搭建载体。加快构建物流产业体系，招引一批物流配套服务公司，打造粮油、建材、能源等综合性物流集散中心；推进集装箱物流中心项目建设，形成区域集装箱物流枢纽；加快速递物流基地建设，培育发展电子商务产业园，打造苏中速递物流集散基地；加快推进宏进农副产品物流园项目，建设苏中农副产品集散中心；依托公安训考基地，建设汽车综合服务产业园。要发展精品业态，满足群众多样化消费需求。城市商业要不断丰富业态、提高品位，发展品牌和连锁商业，打造功能齐全的城市综合体，留住和吸引高端消费。大力发展育幼养老、家政服务、健身娱乐、休闲旅游等产业，满足现代都市消费需求。

2. 在推进融合发展中加快城乡一体，提高新型城镇化建设水平。新型城镇化是以城乡统筹、城乡一体、城乡融合为基本特征的城镇化，是中心城区、重点镇和新农村协调发展、互促共进的城镇化。

完善中心城区形态功能。中心城区是区域经济社会发展的重要载体，也是推进新型城镇化的龙头。城市空间形态要再优化。突破空间分割，以银杏路为轴推进城乡融合，以田许线为轴促进园区融合，以高港大道为轴加快产城融合。东延柴墟路、港城路、春港路连接新的田许线，实施扬子江路、金港路南延和环港大道、环溪路西延工程，完善城区交通路网体系。有序推进城中村、老小区和城区重要节点改造，加快提升城市形象。稳步推进滨江新城和临湖新区建设，先行实施基础设施和环境打造。城市内涵品质要再丰富。围绕建设精致宜居的滨江港城，完善公共设施、配套服务和城市环境，加快台湾国际新城、明发城市综合体和索菲特大酒店建设，展现现代化、国际化气息。完善数字城管运行机制，推进城市环境综合整治"三年规划"，提高城市管理网格化、精细化水平。城市经营水平要再提升。综合用好各类资源，走以城养城、以城建城的路子，推进城市建设市场化、资金筹措多元化、基础设施社会化。区城投中心要向城市开发运营集团公司方向发展，不断提高资本运作水平和投融资效益。

提升重点镇建设水平。重点镇向上连接城区，向下辐射农村，是推进新型城镇化、城乡一体化的重要节点。要发挥地理人文优势。白马镇要按照"泰州城市新片区和后花园"的定位，加快推进工业企业退城进园、退二进三，放大海军诞生地品牌效应，打造红色文化旅游名镇。大泗镇要弘扬传统商贸文化，发挥交通区位优势，大力发展道口经济，做强二、三产业。胡庄镇要以银杏路建成为契机，加快工业集中区配套建设和高港现代农业产业园提档升级，在招引优质项目和农业发展“接二连三”上做好文章。要注重优化布局形态。按照城市组团的标准，完善镇区生产生活生态配套，整合农村事业建设资金，吸引各类资本投入公共基础设施建设，以便捷的公共服务、优美的人居环境提高吸引力和承载力，推进农民就地城镇化。要有序推进集中居住。结合农村土地制度改革，完善配套政策，充分调动镇街和群众的积极性。各镇街要合理确定集中居住区的布局、规模和开发模式，在尊重群众意愿的基础上，积极稳妥有序推进集中居住。对具有文化传承和地域特色的村居，要注意保留原始风貌，不能让历史和文化湮没在城镇化进程中。

激发农村发展活力。中央农村工作会议提出了“中国要强，农业必须强；中国要美，农村必须美；中国要富，农民必须富”。实践证明，我们“三农”工作的积极探索是完全符合中央要求的，这对我们是更大的鼓舞，要一以贯之、与时俱进向前推进。农业要强，既要强在现代经营体系，也要强在综合生产效益。鼓励承包土地向专业大户、家庭农场、农民合作组织流转，推动新增农业补贴重点向规模经营倾斜。鼓励农民兴办专业和股份合作社，培育经营性农业服务组织，支持其参与良种示范、农机作业、统防统治、农资营销等服务。加快农田水利网格化、灌溉设施硬质化建设，落实好仓储、烘干等配套设施，为农业规模化、机械化提供支撑。落实10万亩保障性基本粮田，做到区域粮食自给。推进小农场耕种生态化、粮食产品品牌化，着力提高种粮效益。在土地承包经营权确权基础上，做到农民权益确权固化，建立农业项目复垦准备金预缴和经营风险防范资金提取机制，保障农民合法权益。农村要美，既要美在村庄环境，也要美在社会和谐。农村建设不能简简单单移植城镇元素，应该有整洁的庭院、清澈的河水、成荫的树木、绿色的田野。要用好“1%村庄环境整治”资金，强化资金监管和工作考核，完善村庄保安、保洁、绿化养护、河道管护、公共设施维护长效机制，不搞“一阵风”、运动式的环境整治。树立农村社会系统治理的理念，重视农村“留守”问题和社会矛盾化解，增进亲情乡情，促进邻里和睦。农民要富，既要有物质层面的富裕，也要有精神层面的富足。积极搭建农民创业平台，落实各项惠农政策，鼓励农民自主创业。完善农民职业培训体系，为失地农民提供免费技能培训，打造新型职业农民队伍。有序吸纳农民和外来务工人员到城镇落户，解决好已进城落户群众的就业、社保、子女教育等问题，实现就业方式和生活方式的双重转变，适应和融入城市文明。

3. 在加强社会建设中改善民生，提高群众幸福指数。始终把人民群众对美好生活的向往作为奋斗方向，努力为群众提供更多的公共产品和更优的公共服务。

做好就业和保障工作。实施“百村千企万人”就业帮扶计划，不断扩大就业总量、提高就业质量。持续开展城乡贫困家庭“五送”活动，重点为“双零”家庭、贫困户提供就业援助。建立覆盖城乡、自由转接、优势互补的社会保障体系，健全社保标准增长机制，推动失地农民保障逐步向城镇职工养老保险并轨。构建沉底盖边的社会救助体系，动态调整城乡低保、医保、救助等标准，保证每个困难群众都能得到及时必要救助。

推进教育优质均衡发展。优化城乡教育布局，加大教育基础设施投入，不断缩小城乡差距、校际差距，创建全国义务教育发展基本均衡区。健全名师培养和后续管理机制，构建名师工作联动网络，不断提高教育教学质量。加快区级公办幼儿园建设，启动建设永安洲实验学校，新高港中学秋学期投入使用。区职教中心要成为企业职工技术技能培训基地，培养本地产业发展需要的“金蓝领”。大力推进面向社会的开放大学建设，构建终身教育体系。

提升公共医疗卫生水平。全面深化医疗卫生改革，依托高港医疗集团，完善各医院之间资源互补、利益共享机制，加快推进区域卫生信息平台和远程诊疗建设，增强优质医疗资源的流动性。加大与上海、南京等大型医院的合作，邀请知名专家教授定期坐诊，允许执业医师多点执业。加强疾病控制、卫生监督、妇幼保健等公共卫生服务建设，构建“小病在社区、大病进医院、康复回社区”的分级诊疗模式和双向转诊制度。

4. 在加快经济发展中突出生态建设，提高人居环境质量。生态环境是最宝贵的资源，也是最脆弱的资源。我们不仅要形成特色鲜明的产业竞争力，更要形成富有魅力的生态竞争力，力争明年创成国家级生态区。

坚持绿色发展。大力培育低碳经济、绿色产业，为经济发展植入更多的绿色 GDP。健全技改投入激励机制，推动企业改进工艺流程，提升装备制造水平。认真落实企业环保设施建设政府专项代理制度，实行专款专用，确保环保投入量化到位。实行更加严格的环境准入标准，严格控制高耗能、高排放行业新增产能，关停电镀、小化工等落后产能。加快转变资源利用方式，加大节约管理力度，降低能源、水、土地消耗强度，实现生产、流通、消费过程的减量化、再利用、资源化。

打造绿色环境。加大环境保护

力度，严格环境执法监管，坚决对污染环境、破坏生态行为“零容忍”。强化环境综合整治，加强工业废气、建筑扬尘治理，继续抓好秸秆禁烧和综合利用工作。加快推进污水管网和雨污分流改造工程，进一步提高污水收集处理率。依托3000亩芦荡建好沿江生态风光带、春江湿地公园，在孔桥建设银杏公园，沟通城市水系，构建水绿交融、水城一体的城市生态。

共享绿色生活。倡导绿色消费理念，注重节约资源和能源，实现可持续消费。鼓励消费者购买节能环保产品，减少使用一次性用品，推动消费方式积极转变。加强绿色文化宣传，开展生态创建进机关、进企业、进学校、进社区、进农村、进家庭，形成生态文明创建人人参与、生态文明成果人人共享的生动局面。

5. 在丰富文化内涵中增强文化软实力，提高城乡文明程度。“大江、大港、大桥”的区位优势赋予高港“大气、大度、大器”的精神特质。要增强文化自觉和文化自信，用文化塑造城市品牌、提升城市魅力、增强城市实力。

提升文化凝聚力。深入开展中国特色社会主义和中国梦宣传教育，广泛开展社会主义核心价值观教育实践活动，以体现、维护和赢得高港尊严为追求，凝聚广大干部群众热爱高港、建设高港的强大合力。大力选树“高港好人”“大江儿女”道德典型，在全社会掀起学习、崇尚、争当道德模范的热潮。深入推进全国文明城市创建，引导市民养成健康文明的生活方式，争做讲文明有礼貌、讲道德守秩序、讲友爱促和谐的实践者和传播者。加强社会舆论引导，健全政府新闻发布机制，净化网络环境，发出好声音，传播正能量。

提升文化惠民度。大江剧院要依托“苏演院线”，定期举办汇集名家名团的精彩演出；“大江放歌”要进社区、进企业，成为大众文化的广场；大江艺术团要吸纳文艺人才，提高专业化水平。扶持群众文化队伍发展，创作老百姓喜闻乐见的文艺作品。加快全民健身中心、幸福蓝海影城等项目建设，免费开放区文化馆、图书馆、档案馆，全面建成镇街宣传文化中心，构建“15分钟文化圈”。

提升文化竞争力。挖掘文化资源，加快海军爱国主义教育基地、白马海军诞生地博览园建设，筹建高港历史文化展示馆、白马工艺美术一条街，创树区域文化特色品牌。在创成省壁纸优质产品示范区的基础上，倾力打造工艺壁纸文化产业示范园。鼓励社会力量参与文化建设，引导社会资本进入文化产业，推动公共文化服务社会化发展。

6. 在强化法治建设中体现公平正义，提高社会治理水平。坚持共建共治共享理念，最大限度增加和谐因素、增强社会活力，提高社会治理的民主化、科学化、法治化水平。

加强基层民主政治建设。支持人大及其常委会依法履行职能，充分发挥政协作为协商民主的重要渠道作用。深化两代表一委员“工作日”制度，健全问题收集、交办、督查、反馈机制，保证群众诉求事事有回音、件件有落实。两代表一委员要主动深入群众，变“定点”为“上门”，扩大群众接触面；利用现代信息手段，及时收集社情民意，变“工作日”为“全天候”。充分发挥村居组织的作用，发展基层民主自治，推动社会管理向社会治理转变、社会治理向公民自治迈进。培育公民法治意识，务实推进“六五”普法，推动公民学法尊法守法用法。

健全权力运行监督机制。推动网上政务公开透明运行，及时公布审批流程、条件和进度，方便群众办事、接受社会监督。积极争取市区行政审批一体化，简化审批流程，缩短审批路径，提高办事效率和服务水平。规范招投标市场，加强中介机构监管，建立中介公司失信违约退出机制。对涉及群众利益的重大决策，实行社会公示和听证会制度，切实维护群众合法权益。完善司法监督和行政监督体系，促进监督工作经常化、规范化、程序化。纪检、组织、审计等部门既要各司其职，又要通力协作，形成监督合力，对各级领导干部特别是“一把手”加强审计，杜绝发生乱用、滥用权力现象。

加强和创新社会治理。加大对群众的教育引导力度，让群众在明晰权利义务的同时，依法合理表达利益诉求。全面激发社会组织活力，培育和发展行业协会商会类、科技类、公益慈善类、城乡社区服务类社会组织。加强司法调解组织规范化建设，健全司法救助体系，全力维护司法公平正义。完善社会稳定风险评估、矛盾纠纷预防和化解机制，确保矛盾稳控在基层、隐患化解在萌芽。继续保持对违法犯罪活动的高压态势，全面加强安全生产、食品药品监管等工作，确保社会大局和谐稳定。

四、践行群众路线，切实锤炼作风、提升能力，为全面深化改革、加快转型升级提供坚强保障

以党的群众路线教育实践活动为契机，充分发挥党的领导核心和战斗堡垒作用，不断推进党建工作载体创新、领域拓展、水平提升。

1. 扎实开展党的群众路线教育实践活动，展示为民务实清廉的好形象。根据中央统一部署，明年高港将正式开展群众路线教育实践活动。按照“照镜子、正衣冠、洗洗澡、治治病”的总要求，对作风之弊、行为之垢来一次动真碰硬的大排查、触及灵魂的大检修、洗心革面的大扫除。各级领导班子和领导干部要带头学习、带头听取意见、带头谈心、带头开展批评和自我批评，推动形成上级带头、领导示范、上行下效的生动局面。坚持边学边改、边查边改、边整边改，整改措施既要有清晰的“路线图”，更要有明确的

"时间表"，确保取得党员干部深受教育、突出问题得到解决、作风形象明显改进、人民群众真正满意的成效。

2. 强化队伍建设，打造德才兼备群众公认的好干部。按照"信念坚定、为民服务、勤政务实、敢于担当、清正廉洁"的新时期好干部标准，大力选拔专业水平高、实战经验足、落实能力强的优秀干部，做到选贤任能、人尽其才。坚持实践历练的培养模式，选派更多年轻干部到转型升级的主战场、到服务群众的最前沿去砥砺品质、提高本领。优化竞争性选拔干部办法、优秀年轻干部培养选拔机制，完善民主推荐、民主测评制度，坚决防止唯 GDP 论英雄的倾向和唯票数、唯年龄的现象。坚持把民生改善、社会进步、生态效益等作为重要的考核内容，对不同层次、不同类型的领导班子和领导干部实行分类考核。在改革创新发展过程中，准确把握和处理工作失误与失职渎职的界限区别，真正让干部甩开膀子、轻装上阵。

3. 推进基层服务型党组织建设，夯实和谐稳定发展的好基础。以党组织为核心集聚各类服务资源，把基层党组织的重心转移到服务改革、服务发展、服务民生上来。加大非公经济组织、社会组织党建工作力度，实施"一企一品"党建文化工程，实现党建元素与人才智力、企业实力的优势叠加。通过机关选派、竞争上岗等形式，建强基层"带头人"队伍，提高村居"两委"服务群众、做群众工作的能力。推动村居干部协会、村居社会事业工作站规范运转，加快推进村居便民服务中心高效利用，实行为民服务全程代理，让"愿服务、懂服务、会服务"成为党员干部的第一意识、基层组织的第一特征。

4. 深化党风廉政建设，营造风清气正的好环境。认真落实中央《建立健全惩治和预防腐败体系2013~2017年工作规划》，着力建设"服务高地、勤廉高港"。各级领导干部要严格执行《党政机关厉行节约反对浪费条例》《党政机关国内公务接待管理规定》，带头整改落实，带头建章立制，带头克己奉公。巩固扩大"三大直评"成果，加大行政监察、分片巡查和审计监督力度，及时发现和整治"庸懒散"现象。坚决查处违反中央"八项规定"和省市区委"十项规定"的行为，加大违纪违法案件查办力度，以反腐倡廉的实际成效取信于民。

同志们，高港的改革发展又站在了新的起点上，全区各级党组织和广大党员干部责任重大、使命光荣。让我们紧密团结在以习近平同志为总书记的党中央周围，坚定信心，务实奋进，全面深化改革，加快转型升级，以十八届三中全会精神统领科学发展新实践，为加快建成更高水平小康社会、率先基本实现现代化而努力奋斗！

政府工作报告

——在区第四届人民代表大会第三次会议上

区　长　周裕昌

2014 年 1 月 7 日

区委副书记、区长周裕昌在区第四届人民代表大会第三次会议上作政府工作报告

各位代表：

现在，我代表区人民政府向大会作工作报告，请予审议，并请区政协委员和其他列席人员提出意见。

2013 年工作回顾

2013 年，我们在区委的正确领导下，认真贯彻党的十八大、十八届三中全会精神，牢牢把握"稳中求进"的工作总基调，紧紧围绕"综合改革快转型、开放创新促发展、'六大建设'惠民生"，加快推进新型工业化、信息化、城镇化、农业现代化，经济社会继续保持良好发展势头，圆满完成了区四届人大二次会议提出的各项任务。

全区预计实现地区生产总值300亿元，增长12.30%；公共财政预算收入24.92亿元，增长17.10%；固定资产投资173亿元，增长25%；城镇居民人均可支配收入30200元、农民人均纯收入14220元，分别增长10%、11%。对照省36项新的全面小康指标，31项已达标，新一轮发展“三步走”目标取得阶段性成果。

加快转型升级，综合实力稳步提升。工业经济质效同增。规模以上工业实现产值1140亿元、销售1130亿元、利税154亿元、利润94.20亿元，分别增长17.60%、16%、14.50%、14.90%。新增规模以上企业24家，华润雪花啤酒江苏营销中心、大自然家居事业部等区域总部落户高港，扬子江药业、口岸船舶分别入选国家、省百强民企。主导产业增势强劲，新医药、粮油食品、装备制造、新材料四大产业实现产值720亿元，占规模以上工业比重达63.20%。产业结构持续优化，新兴产业产值占规模以上工业比重达80.60%。“六化”工程深入推进，“田河绳网带”成为我区首个集体商标，新增省著名商标3件、省市名牌产品13个，成立全省首家壁纸版权保护办公室，《高港壁纸联盟标准》成为全市首个联盟标准，墙纸、特防用品两个省级检测中心即将建成；龙冉装饰进入实质性上市阶段，三福船舶、恒源化织被认定为省五星级数字企业。农业现代化步伐加快。新增200亩以上小农场98家，农业规模经营比重达89.60%，比去年底提高8个百分点。新增高效设施农业1.35万亩，农业机械化综合水平达81%，粮食生产实现“十连增”。实施1000万元以上农业项目18个，农业利用“三资”15.38亿元，总投资3亿美元的宏进农副产品物流中心、总投资5000万元的“上膳源”生态农业项目成功落户。高港现代农业园加快发展，江苏中药科技园一期完成基础设施建设。现代服务业提速发展。完成服务业增加值91.50亿元、社会消费品零售总额34亿元，分别增长13%、12.50%。28个1000万元以上服务业重点项目完成投资26.20亿元，红星美凯龙建成营业，圆通、中通速递泰州集散中心加快建设，优力博仓储、国通速递、永乐汽车4S城等一批项目相继落户。大润发成为我区首家零售额超1亿元企业，海企仓储获批省级服务业标准化试点单位。科技创新能力增强。高新技术产业产值占规模以上工业比重达49.10%，全社会研发投入占GDP比重达3.60%，获批省创新型试点区，蝉联全国科技进步先进区，扬子江药业成为全市首家国家级技术创新示范企业。政产学研合作深入推进，达成产学研合作协议56项，新建产学研联合体16家、科技成果中试基地2家，成立汽车关键零部件产业技术创新联盟，建成船舶产业协同创新科技服务基地，科技镇长团成功派驻。专利申请量达2594件，其中发明专利535件。建筑业发展势头良好，实现建筑企业增加值77.90亿元，工程结算收入117.90亿元，均增长40%以上。

深化改革开放，发展活力更加彰显。各项改革稳步实施。出台推进转型升级综合改革的若干政策意见，经济发展环境不断优化。实体化运行行政服务中心，推行限时办结、并联审批和项目代办，审批事项由291项减少为183项，审批时限比市规定时限缩短50%。稳妥开展事业单位分类改革，全面完成岗位设置工作。创新财政预算管理机制，规范政府性融资项目审批流程，资金使用效益有效提升。完成农村集体土地所有权确权登记发证工作，顺利通过国家抽验。推行医疗保险支付方式改革，实行门诊包干、住院总额预付，城乡居民医疗区内实际补偿率达69%。开通“12345”民生服务热线，运行社会管理服务中心，便民惠民服务体系进一步健全。园区建设后劲增强。实施1亿元以上重大工业项目36个，统实企业、福马高新、鹏翎胶管、科冕二期、诚达精工等重大项目加快推进，扬子江新药一期、大自然木业、万向汽车安全气囊、益海瓶盖注塑、新安阻燃剂、创新电子等项目竣工投产。设立6000万元基础设施建设贴息专项资金，创业大道改造、江堤景观大道、锦江路永安段竣工通车，建成标准厂房25万平方米，5万吨级集装箱码头主体竣工，海事执法监管基地加快建设。高新区成功获批省新型建筑装饰材料产业园、省级墙纸优质产品生产示范区。开放型经济平稳发展。广泛开展招商活动，引进汇福粮油、阿玛宁功能饮料等超1亿美元或10亿元人民币项目4个，协议注册外资和港澳台资3.88亿美元，实际利用外资和港澳台资1.76亿美元，民营经济净增注册资本41.20亿元，增长152%。组织企业参加西洽会、广交会等活动，完成进出口总额11.80亿美元，实现外经合同额3622万美元。要素保障力度加大。建立企业运行质态“健康档案”，举办首届“金融超市”活动，招商银行进驻高港。全区金融机构存、贷款余额达231.40亿元、138亿元，分别增长8.90%、39.10%，创成省金融生态达标区。加大项目上争力度，累计上争各类扶持、奖励资金2.96亿元。发挥“土地储备银行”作用，提高土地资源整合利用水平，荣获全省首批国土资源节约集约模范区称号。加快引智步伐，引进高层次创新创业人才（团队）128个。

推进城乡融合，区域面貌明显改善。城市形态有了新提升。实施城建重点项目70个，完成投资超100亿元，为历年之最。滨江新城建设有序推进，建成“春江花月夜”观景平台、喷泉广场，海军赠送的一艘护卫舰运抵高港。明发城市综合体一期进展顺利，高层住宅、五星级酒店加快建设。口岸水景街区商铺启动销售，庆元桥、戚氏故居修复工程即将竣工。银杏路、长江大道东延、环溪路东延建成通车，田许线升级改造、231省道先导段、解放路东延加快建设。市、区重大项目动迁工作全面完成，实施动迁140万平方米。新建公共租赁房561套、限价商品房1038套，建成安置房11万平方米，蔡滩花苑交付使用，东方明珠启动交付，龙湖美景、新城名邸、水岸景城二期等加快推进。开展城市环境综合整治，出台中心城区预动迁、中心镇及农村住房建设管理实施办法，数字化城管通过省级评审验收，违法建设防治工作成效明显。镇村建设实现新突破。永安洲镇总规、大泗镇控规通过审查，白马、胡庄镇控规完成专家论证。集中居住新社区建设加快推进，孔桥街区总体规划完成初步方案。村庄环境长效管护深入推进，提前一年全面完成整治任务，创成省星级康居乡村89个。发展壮大村集体经济，创成市级十强村1个、小康示范村15个，获评省村级“四有一责”建设先进区。小型农田水利重点县工程扎实推进，新建电灌站54座、水渠110千米，原有电灌站产权全部收归集体所有。新建农村公路21条、农村桥梁26座。生态建设取得新成效。实施绿化造林，建设绿色通道12千米，新增造林面积4500亩，全区林木覆盖率、城市绿化覆盖率分别达26.90%和46.50%。加强沿江湿地和饮用水源地保护，整治、修复城乡水环境、水生态。强化污染防治和节能减排，建成污水管网32千米，万元GDP能耗、主要污染物减排完成市交指标，秸秆禁烧和综合利用工作保持全市领先。胡庄镇创成省级生态镇，白马镇、大泗镇创成国家级生态镇，我区顺利通过省级生态区验收。

加强统筹协调，社会事业蓬勃发展。民生事业持续推进。财政用于改善民生的支出增长20.10%，占公共财政支出的72.60%，为民办实事项目全面完成。推进城乡就业创业一体化，打造“15分钟公共就业服务圈”，新增就业5200人、创业5800人，城镇登记失业率控制在2%以内。城乡居民养老保险、新型农村合作医疗保险实现全覆盖，城乡居民低保、散居孤儿供养标准分别提高至每月480元、960元，“尊老金”标准全省最高，全年发放各类救助、保障资金4.60亿元。建立工资支付应急周转金和职工阳光互助互济基金制度，切实维护职工利益。高港出租车公司正式成立，市民出行更加便捷。启动第三次全国经济普查，单位核查工作顺利推进；新增“四上”企业174家，列全市第一。公共服务更加健全。深化素质教育，教学质量稳步提升，全国义务教育发展基本均衡区创建通过省级验收。校舍安全工程深入推进，新高港中学全面封顶，高港实验小学加固工程启动建设，学校运动场地塑胶化工程加快实施。组建高港医疗集团，泰州市第三人民医院创成二级甲等综合医院，高港中医院创成二级乙等中医院。数字化预防接种门诊实现镇街全覆盖，国家级慢病综合防控示范区通过审核。文化惠民工程扎实推进，“大江放歌”品牌深入人心，大江剧院成功加盟“苏演院线”，群众自编自演的广场舞《洲堤杨柳舞港城》荣获全国特等奖，创成国家一级图书馆、三级档案馆。全民健身中心加快建设，在全市率先建成村居体育健身工程点和城区“10分钟健身圈”。世代服务中心、残疾人康复中心、老年养护院投入使用，高港烈士陵园开工建设。社会环境安定有序。深入开展文明城市创建系列活动，通过全国城市文明程度指数测评，“道德讲堂”实现全覆盖，大泗镇、胡庄镇创成省文明乡镇。全面完成第十届村委会和第五届居委会换届选举工作。平安法治建设深入推进，构建政法综治服务三级平台，实现平安高港“十连冠”、法治高港“五领先”，公众安全感满意率全市第一。深入开展领导干部接访下访和信访积案化解，从源头上预防和减少社会矛盾。在全省首创企业安全状况风险评估，安全生产形势稳定向好。加强食品药品监管，公众饮食用药安全得到有效保障。完善应急管理体系，预防和处置突发事件的能力不断提高。

坚持高效履职，自身建设得到加强。理政水平不断提升。注重围绕区委决策抓落实，实行“月月考、家家评”制度，加强对重点工作、重大项目的跟踪督查。坚持科学民主决策，对事关群众利益的重大事项、重要决策，实行社会公示和听证制度。积极听取“两代表一委员”及各方意见，有效改进政府工作。工作作风务实高效。加强公务员队伍建设和管理，完善行政问责、绩效评估和效能监察制度，提高政府执行力。常态化开展“三解三促·两送两增”活动，组建村居群众工作队，干群关系进一步密切。深化“三服务、三尊重”活动，强化政策支持和要素保障，尽心竭力为基层和企业解决实际困难。推进行政权力网上公开透明运行和政府信息公开，发挥区长信箱、区长公开电话、大江论坛联系群众的桥梁纽带作用，不断拓展政情民意沟通渠道。严格执行中央“八项规定”和省市区“十项规定”，压缩办公经费，精简会议和文件，坚决制止铺张浪费。依法行政切实强化。深入开展“六五”普法工作，群众法制意识进一步增强。自觉接受区人大及其常委会的法律监督、工作监督和区政协的民主监督，累计办理人大代表建议39件、政协提案115件，办结率、见面率、满意或基本满意率均达100%。认真落实党风廉政建设责任制，强化预算执行、领导干部经济责任和政府投资审计，惩治和预防腐败体系更加完善。

此外，人武、双拥、物价、人防、气象、消防、广电、通信、电力、对台、外事、侨务、民族宗教、机关事务、交通管理、史志档案等各项工作取得新成绩，共青团、妇联、残联、老龄、红十字和关心下一代事业健康发展。

各位代表，过去一年成绩的取得，是市委、市政府和区委正确领导的结果，是区人大、区政协监督支持的结果，是全区上下攻坚克难、团结拼搏的结果。在此，我代表区人民政府，向在座的各位代表和委员，向全区人民以及所有关心支持高港发展的社会各界人士，表示衷心的感谢，并致以崇高的敬意！

在肯定成绩的同时，我们也清醒地看到工作中存在的问题：受宏观形势影响，部分行业和企业生产经营困难，引进外资和港澳台资、外贸出口形势严峻；城市综合配套功能有待提升，城乡统筹力度还需进一步加大；社会治理任务繁重，公共事业和民生投入还不能完全满足人民群众的期待；政府自身建设还存在一些薄弱环节，工作作风、服务效能需进一步提升。对此，我们将高度重视，采取有效措施，认真加以解决。

2014年工作安排

今年是贯彻落实十八届三中全会精神、全面深化改革的第一年，是实现“十二五”目标的关键一年，也是泰州转型升级综合改革的攻坚之年。政府工作的总体要求是：深入贯彻十八届三中全会精神，全面落实区第四次党代会第二次年会的各项部署，以转变经济发展方式为主线，以全面深化改革、加快转型升级为统揽，坚持稳中求进、改革创新的工作总基调，充分发挥市场在资源配置中的决定性作用，统筹做好促改革与稳增长、快转型、惠民生各项工作，推进企业转型、政府转型、社会转型和技术升级、产品升级、产业升级，不断丰富和提升“六大建设”内涵，奋力争当全市转型升级综合改革排头兵，为早日实现既定的“三步走”目标奠定坚实基础。

今年全区国民经济和社会发展的主要调控目标为：地区生产总值增长12%，公共财政预算收入增长10%；社会消费品零售总额增长13%，固定资产投资增长18%，高新技术产业产值占规模以上工业比重超过48%；城镇居民可支配收入和农民人均纯收入分别增长10%和11%；全社会研发投入占GDP比重3.65%；万元GDP能耗、环境质量综合指数完成市交指标。

围绕上述目标，我们将重点做好以下四个方面的工作：

一、推进经济领域改革，全力争创国家级经济开发区，提高经济增长质量和效益

以创建国家级经济开发区为抓手，推进开放创新深度融合，促进资源要素合理配置，推动经济更有效率、更可持续发展。

深化园区体制改革，加快扩容提质步伐。优化园区资源配置。按照管理与开发、政府与企业双重分离的原则，支持园区发展壮大投融资公司，参与园区土地收储和土地一级开发，通过经营土地、闲置厂房等要素积累资金，增强园区自我造血功能。吸引专业园区运营商、风险投资、私募股权等参与园区建设，有效解决园区融资难题。完善园区考核办法，注重对园区产业转型升级、土地利用效益、环境容量、能耗水平等进行评估，优先将土地、资金、政策等有限资源向优质园区集聚。以一流园区的标准规划建设高新区环溪工业园，加快临港经济园田许线以东区域土地规划修编，为未来发展留足空间。用好园区基础设施建设贴息专项资金，完善功能配套，基本建成污水总管及污水处理厂二期工程，推进创新大道改造、创业路北延、远东大道建设，促进三大园区路网、管网、电网、水网整合对接。加快“园中村”动迁，建设科技孵化、检验检测、物流交易、标准厂房等产业配套设施，完善星级酒店、国际社区、商务中心等生活服务功能，推动工业园区向现代产业新城转变。创新联动发展机制。建立园区联席会议制度，统筹基础设施建设、产业布局、项目布点、人才交流，实现资源共享，推动园区特色发展、错位发展。完善“飞地发展”政策，引导同类、同质企业向特色产业园区集聚，实现园区、镇街互动共赢。积极对接上海自贸区、苏南现代化建设示范区等国家战略，有效承接高端项目和产业链配套项目，更好地分享政策措施的“溢出效应”。各园区根据产业定位和发展实际，瞄准先进园区，找准标杆，结对共建。加大与上海、苏南等地园区的联系对接，探索共建共享、合作开发模式，在跨江联动、融合发展上取得突破。完善运行管理模式。减少管理层级，有序将经济管理、城市管理、社会管理、资源管理等行政权力下放至园区，调动园区的积极性、主动性。按照统一、精简、高效的原则，进一步优化机构设置，推动园区运行管理由机关模式向企业模式转变。对重大项目、重点工程建设，实行目标化管理、项目化推进，形成快速推进的工作运行体系。

加大优质增量投入，增强发展内生动力。强化项目支撑。编制产业招商目录，积极策划各类产业推介活动，致力引进一批补链、扩链型项目。组建高港上海、广州商会，举办高港（香港）投资合作联谊会，发挥人脉优势，开展以企招商、以商引商，吸引关联项目落户。力争全年引进超1亿美元或10亿元人民币项目6个。完善项目推进服务机制，按照“墙外事包办、墙内事帮办”的要求，建立重大项目储备、报批、建设跟踪管理制度，提高项目开工、投产速度，尽快形成产出效益。全力推动扬子江龙凤堂中药基地、汇福粮油、华润雪花二期、阿玛宁功能饮料等项目开工建设，福马动力、鹏翎胶管、诚达精工等项目建成投产。

建设产业基地。围绕四大主导产业,编制完成高港经济开发区产业发展规划,明确产业转型方向和产品升级空间,通过三年努力,创成5个国家级产业基地和2个省级产业基地。以扬子江药业为龙头,推动传统中药向现代中药转变,打造国家级中医药产业基地;引导益海粮油、统一食品、华润雪花等骨干企业增资扩股,提升产品价值,打造国家级粮油食品产业基地;实施汽车零部件、通用动力产业整合重组,加快由零件配套向部件制造提升,打造国家级通用动力产业基地;推进墙纸企业资源整合,建设墙纸交易市场,力争产能占全国比重达40%以上,打造国家级新型建筑装饰材料产业基地;加快船舶产业转型升级,大力发展远洋渔轮、执法船舶、军工船舰、海工装备,建设国家级船舶产业基地高港园区;扶持阻燃剂、蓝宝石晶体、诚达精工新材料等项目,争创省级新材料产业基地;依托圆通、中通、国通速递泰州集散中心,吸引电子商务龙头企业落户,争创省级电子商务产业基地。做强港口物流。加快港口基础设施建设和信息化改造,年内运营5万吨级集装箱码头,启动建设联检大楼,拓展保税、仓储物流、国际贸易、金融保险、信息咨询等功能,完善港口服务体系,向第三代港口转型。引进第三方物流企业,加强与上海、武汉、重庆等长江流域地区的对接合作,促进港口联合开发、物流联动发展,争取成为自贸区外的重要区域物流集散中心,打造港口服务基地,为产业基地建设提供有力支撑。

推进企业转型升级,做大做强实体经济。以"品牌化、标准化"为方向,提升产品竞争力。大力发展品牌型经济,建立全区列统企业品牌培育库,引导企业完善品牌策划、品牌管理及品牌发展机制,通过自主创牌、品牌嫁接、兼并重组等方式,加快由无牌、贴牌向品牌、名牌转变。新增中国驰名商标1件、省著名商标3件、省市名牌产品10个。按照"技术专利化、专利标准化、标准产业化"的思路,鼓励企业在采用先进标准组织生产的基础上,参与国家或行业标准制定,建立同行业联盟标准,提高市场话语权。墙纸、特防用品检测中心尽快投入使用,加快完善功能、提档升级,争创国家级检测中心。以"资本化、上市化"为引领,提升资本运营力。积极培育大企业、大集团,支持有实力的企业与央企、上市公司开展"高位嫁接"、强强联合,实施资本扩张,参与组建混合所有制企业。抓住新股发行由核准制走向注册制的机遇,推进30家重点企业股份化改造,指导企业加快建立现代企业制度,完善法人治理结构,由有限责任公司向股份有限公司转变。适应金融政策的变革,加强与国内券商、风投机构的联系对接,加快企业上市步伐,提高直接融资比例。深化政银企合作长效机制,设立5000万元金融信贷风险基金,依据企业"健康档案",通过对公存款奖励、存贷比考核等激励手段,为运行质态好、社会口碑好的企业提供政府增信服务。定期举办"金融超市"活动,鼓励驻区金融机构创新金融产品,优化服务体系,加大对实体经济的信贷投放力度,创成省金融生态优秀区。以"信息化、高端化"为支撑,提升科技创新力。实施企业信息化推进工程,加快重点行业生产装备数字化、生产过程智能化,将信息化融入企业生产、管理、销售各个环节,推动信息技术和工业技术融合创新。放大"蓝火计划"效应,发挥武汉理工泰州高技术研究院、高港高新技术创业服务中心、上海理工技术转移中心等载体作用,完善产学研协同创新机制,促进产业链与创新链有机融合。坚持技术创新市场导向,有效对接国内外优质科创资源,推动技术转移由单一成果引进向关键共性技术研究转变,促进科技成果资本化、产业化。更大力度推进"人才强区"战略,完善人才引培和奖励机制,壮大高层次人才队伍,引进各类高层次人才(团队)200个以上。

创建国家级经济开发区是全区人民关心的大事,目前,这项工作已被纳入省《沿江地区转型发展五年推进计划》。经过一年的努力,高港经济开发区产业特色更加鲜明,载体功能不断完善,综合实力明显提升,在省级开发区排名从78名上升至46名。下一步,我们将抓住国家深化改革、扩大开放的有利机遇,全力推进创建工作。加快完善相关材料,启动申报程序;科学谋划,提高创建工作的针对性、科学性、实效性,确保两年内进入全省开发区"第一方阵",早日创成国家级经济开发区。

二、推进城乡领域改革,加快新型城镇化步伐,形成城乡一体新格局

以"现代化、国际化"为引领,突出城乡统筹,推进城乡融合,加快建设生态优美、宜居宜业、独具魅力的滨江港城。

树立经营理念,促进城市发展。创新城建思路。通过BT、BOT等模式,创新合作方式,盘活要素资源。大胆引入市场机制,筹建地下管网工程公司,实行统一规划、建设和管理。组建以三大园区、区城投中心为出资人的股份制公司,共同经营高港污水处理厂。加强对政府投资项目的绩效管理,提高政府投资效益,防范债务风险。根据财权与事权相一致、责权利对等的原则,明确项目实施主体,确保项目规范运作。巩固放大"一户一卡"制度效应,完善土地征用、房屋征收补偿办法,维护群众利益。提升城市形象。加快滨江新城基础设施建设,实施一批生态景观项目,加快建设海军爱国主义教育基地、索菲特大酒店、泰州高港汽车南站,形成城市新亮点。推进明发城市综合体建设,启动台湾国际新城一期国际社区、五星级酒店等项目。加快口岸转盘、港城路道口、刁铺转盘等重要节点和城中村、老小区改造，优化美化城市形态。实施刁铺街区城市化改造，启动原三泰啤酒厂地块、解放路道口、环溪路道口等改造工程。推进锦绣珑湾、天逸华府、南韵家园、富林丽都等一批房地产项目，加大团购商品房安置力度，促进房地产市场健康发展。完善城市功能。注重规划引领，引进现代城市设计理念，加强对城市空间形态、建筑风格和色调的引导，彰显城市特色。优化路网结构，争取全长12.80千米、总投资12.50亿元的田许线主线贯通，同步完成港城路、春港路、柴墟路东延等接线工程，建成231省道先导段、海军东路、泗白路南延、银杏路西延等道路，有序实施扬子江路、金港路南延、古高线改造和环港大道、环溪路西延等道路工程，做好泰镇高速、宁通高速江广段扩容的配套服务，构建内联外环的城乡路网体系。依托高端商务楼，积极培育总部经济、楼宇经济。加快建设红星美凯龙二期、苏安商业广场、汽车综合服务产业园、海诞文化创意产业示范园等项目，引进一批国内外大型商业、餐饮连锁、休闲娱乐、金融保险等综合性商业服务设施，培育城市核心商圈。

加快“三农”转型，推进城乡一体。突出农业要强，推进规模化、机械化，让农业成为有效益、有奔头的产业。落实10万亩保障性基本粮田，全面推行以粮食或粮食结算兑付租金，建立农业项目复垦准备金预缴和经营风险防范资金提取机制，新增土地流转面积2万亩。规范、提升小农场建设管理，完善仓储、烘干、晾晒等配套功能，进一步明确经营主体，健全运作机制。积极上争国家级农业综合开发重点县及省以上土地综合整治项目，加快农田水利网格化、灌溉设施硬质化建设，高标准农田占比达50%以上。大力发展农机专业服务组织，提高农机使用率和集约化水平，建成一批农机综合服务设施点。推进高港现代农业园提档升级，在优质粮食、设施果蔬、生态养殖、农产品流通等产业上形成特色，打响品牌。发展农产品精深加工，搭建农产品网络销售平台，做强农业龙头企业，提高产业化经营水平。鼓励和引导工商资本到农村发展高效农业、设施农业、加工农业，向农业输入现代生产要素和经营方式。突出农村要美，推进园区化、社区化，让农村成为安居乐业的美丽家园。优化“1+5”集中居住规划，充分尊重群众意愿，注重传承历史文化，稳妥有序推进集中居住。加快推进孔桥街区集中居住试点，启动邻里中心、便民服务中心等配套设施建设，以完善的功能和优美的环境增强人口承载力和吸引力。推进农村土地制度改革，建立健全城乡土地承包经营权和建设用地使用权流转市场，探索农村宅基地退出激励和收回补偿机制。加快农村基础设施、社会事业、公共服务、社会管理等功能建设，推动中心镇向城市组团转变、零散村落向中心镇集中。白马镇放大海军诞生地品牌效应，加快文化、旅游和生态宜居名镇建设，打造“泰州城市新片区和后花园”；大泗镇重点发展道口经济，全力服务宏进农副产品物流中心建设，培植壮大生态种养园、中药科技园；胡庄镇加快镇村建设，做优做强高效农业，完善工业集中区功能，增强发展活力。突出农民要富，推进多元化、职业化，让农民成为体面的职业。依托高港职业技术学校、基层农技站所等平台，推广普及农业科技知识，培养一批种养能手，打造职业化的农民队伍。加快建立城乡统一、规范的人力资源市场，定期发布区内企业用工信息，鼓励农民就近就地就业。积极搭建创业平台，落实优惠政策，鼓励农民自主创业，引导开展网络销售、网上创业。探索多种形式的股份合作改革，开展农民土地权益试点工作，推动新型合作经济组织实体化运作和联社建设。鼓励村居通过盘活集体资产、兴办经济实体、实施资本经营、开展服务创收等形式，发展壮大村级集体经济。

加强环境保护，建设生态文明。树立绿色发展理念。把生态建设融入经济社会发展全过程，完善重大规划和重大决策环境影响评价制度，及时公布环境信息，加强社会监督。大力倡导生态文明，促进消费方式和生活方式转变，在全社会形成绿色消费的良好氛围。严守生态红线，健全资源有偿使用和生态补偿制度，建立吸引社会资本投入生态环境保护的市场化机制，推进环境污染第三方治理。加大司法保护力度，加强环保行政执法与刑事司法的有效衔接，严厉打击生态环境违法犯罪行为。改善区域环境质量。加强建筑业、交通运输业、公用事业、政府机关和居民生活等领域的节能降耗，积极发展循环经济和清洁生产，持续淘汰落后产能，完成市交减排任务。突出大气污染防治，编制大气污染源排放清单，严控工业废气、机动车尾气、施工扬尘、秸秆焚烧，持续压降PM2.5浓度。加强重点土壤污染源监管，强化农业面源污染治理，推进土壤综合治理与修复。开展城乡河道环境专项整治，实施活水截污工程，治理、修复河道水域生态，打造“水清、水灵、水美”的生态水环境。彰显生态宜居内涵。以滨江新城湿地建设和龙湖、凤湖环境打造为重点，推进植树造林、城乡绿化和湿地保护，建好大桥绿色景观带、沿江生态风光带、孔桥银杏公园，增强水源涵养能力和环境容量。深入开展城市环境综合整治，致力管市容、美环境、控违建，扮靓中心城区。完善村庄环境长效管护，持续改善居住环境。巩固提升省级生态区创建成果，加快生态园区、生态镇、生态村、绿色社区创建，力争创成国家级生态区。

三、推进社会领域改革，完善公共服务体系，促进社会公平正义

坚持以人民为中心的工作导

向,坚持把社会效益放在首位、社会效益与经济效益相统一,努力提供多样化、特色化服务,让高港人民生活得更加幸福、更有尊严。

丰富城市文化内涵。提升文明素质。深入开展"中国梦"的宣传教育活动,弘扬"三创三先"的新时期江苏精神和高港人不甘落后、敢于争先的精气神,以高港尊严凝聚人心,增强市民的城市认同感、归属感和自豪感。深入创建全国文明城市,开展"高港好人""大江儿女"评选活动,精心组织"道德讲堂""小手拉大手"和学雷锋志愿服务等活动,引导市民争做讲文明有礼貌、讲道德守秩序、讲友爱促和谐的实践者和传播者。促进文化惠民。开展大江放歌、大江艺术团基层巡演等活动,建立群众评价和反馈机制,打造高港文化品牌。加强与省演艺集团的深度合作,让市民在家门口享受高雅艺术和文化盛宴。壮大群众文化队伍,引导群众开展丰富多彩的文体活动,举办第二届社区群众文艺调演,创作更多老百姓喜闻乐见的文艺作品。加快全民健身中心、幸福蓝海国际影城建设,完善图书馆、文化馆、档案馆服务功能,全面建成镇街宣传文化中心,打造城市"15分钟文化圈"、农村"十里文化圈"和"20分钟体育健身圈"。激发文化活力。鼓励金融资本、社会资本和文化资源相结合,抓紧实施泰昌生木号、刁铺龙王庙等抢救性修缮工作,推进基督教堂、高港书画院、历史文化展示馆、白马工艺美术一条街、海军诞生地博览园等项目建设。用好文化产业引导资金,引进培育生态旅游、动漫设计、文化创意产业,打造工艺壁纸文化产业示范园,增强文化整体实力和竞争力。

完善公共服务体系。推进教育均衡发展。统筹抓好教育领域综合改革,均衡配置城乡义务教育资源,实行公办学校标准化建设和校长教师交流轮岗,创成全国义务教育发展基本均衡区。巩固学校优质化工程成果,实施"绿色质量"工程和薄弱学校提升工程,推进基础教育"两个示范区"建设。优化教育布局,鼓励社会力量兴办教育,推进学前教育改革发展,加快建设区级公办幼儿园、白马中心幼儿园,新建永安洲实验学校、孔桥实验学校,新高港中学秋学期投入使用。加快构建现代职业教育体系,深化产教融合、校企合作,培养高素质劳动者和技能型人才。提升卫生服务水平。深入开展医药卫生体制改革,实体化运行高港医疗集团,推进镇街卫生服务中心、村居卫生服务站一体化管理,逐步实现技术、人才、设备等资源全区共享。完善以人民医院为龙头,以社区卫生服务中心、卫生服务站为载体,以家庭医生服务团队为网底的三级服务网络;加快区妇幼保健所、疾控中心、卫生监督所建设,健全卫生服务体系。深化人口协调发展先进区创建,强化流动人口服务管理,打造计划生育优质服务品牌。健全社会保障机制。实施"百村千企万人"就业帮扶计划,强化服务平台建设和帮扶措施落实,促进大学毕业生、就业困难人员等重点群体充分就业。健全最低工资调整、工资正常增长和支付保障机制,扩大集体协商制度覆盖面,构建和谐的劳资关系。完善城乡社保体系,加快健全社会保障管理体制和经办服务体系。贯彻省政府93号令,落实"即征即保、应保尽保、分类施保、逐步提高"的要求。完善社会养老服务体系,发挥区老年养护院平台作用,加强居家养老服务站建设。优化社会救助体系,持续开展城乡贫困家庭"五送"活动,关爱弱势群体和困难家庭,做好残疾人服务保障工作,提高社会救助精细化程度。引导企业家、社会能人积极投身慈善事业,履行社会责任。

提升社会治理水平。深化平安法治建设。加强社会治安综合治理,建立立体化、现代化治安防控体系,依法打击各类违法犯罪活动,打造沿江最安全地区。大力开展"六五"普法宣传教育,深入推进"法律六进"和法治文化"六个一"工程,增强公民法律素养。健全基层群众自治机制,引导群众规范有序参与村级事务的决策和管理,实现政府治理和群众自治良性互动。释放社会组织活力。按照"保住基本、补上短板、兜好底线"的原则,推行"政府购买公共服务"模式,促进民间资本在社会事业领域持续健康发展。坚持积极引导和依法管理并重,推动社会组织完善法人治理结构,健全评估机制,提高承接政府转移职能、开展公益服务和中介服务的能力。加强社区物业管理和业委会建设,建立重心下移、责权利相一致的社区物业管理新体制,实现群众自我管理、自我教育、自我服务。构建公共安全体系。完善重大决策社会稳定风险评估机制,有效预防和化解社会矛盾。学习"枫桥经验",坚持依靠群众、依法治理,畅通信访渠道。加大网络监管力度,净化网络环境,传播正能量。加大食品药品执法、监督力度,建立原产地可追溯和质量标识制度,确保群众"舌尖上的安全"和药品安全。高度重视安全生产,完善隐患排查治理和安全预防控制体系,有效遏制重特大安全事故。加强国防动员常态化建设,积极推进双拥工作,深化军民融合发展。健全应急管理机制,提高事前预警、事中救援和事后恢复的综合处置能力。

四、推进行政体制改革,加快职能转变,建设服务型政府

行政体制改革是全面深化改革的突破口和重要环节,我们将把人民群众对美好生活的向往作为政府的工作目标,先行先试,主动作为,更好地发挥政府与市场的正向叠加效应。

正确履行政府职能。加强经济运行调节。强化对发展战略、规划、政策、标准等的制定和实施,提高调控水平和能力。高度重视经济普查工作，准确把握区域经济走势，增强研判、决策能力。发挥政策导向作用，认真落实中央、省、市全面深化改革的政策意见，抓住省沿江地区转型发展五年推进计划、加快苏中发展等政策机遇，最大限度释放改革红利，增强经济内生动力。注重发挥市场形成价格作用，推进水、天然气、交通等领域价格改革，放开竞争性价格环节。为企业着想，推动生产要素、政策资源、政府服务向实体经济集聚，帮助企业解决实际问题。深化行政审批制度改革。按照“接、放、管”和“控、调、改”的要求，对部门职能进行重新梳理，加大审批权限上争力度，再造审批流程，提高审批效率，最大限度减少政府对微观事务的管理。优化行政服务中心条块共管运行体系，完善联合审批、“三级联动”工作机制，将审批服务职能向园区、基层延伸，实行全过程监管，杜绝“两头受理”“体外循环”和“办件回流”现象。实施投资和财税体制改革。转变政府投资管理职能，强化节能节地节水、环境、技术、安全等市场准入标准，培育、吸引多元化投资或运营主体。鼓励全民创业，积极争取在外高港籍人士带资金、带项目、带技术回乡发展。推进工商注册制度便利化，鼓励符合条件的个体工商户转制为私营企业，激发民间投资活力。建立以体现政策和支出绩效为导向的财政资金配置机制，新增财力优先用于民生事业。加强政府项目论证、决策，努力控制融资成本，逐步将政府债务纳入财政预算管理。完善财政管理体制，探索建立事权和支出责任相适应的制度，实施全面规范、公开透明的预算制度。落实“营改增”和暂免征收部分小微企业税收政策，清理不合理税收优惠，营造公平发展环境。规范财税收入征管，建立健全税收征管保障体系，严格依法征税。

优化政府运行机制。推进机构改革。按照机构设置调整的各项要求，科学规范部门职责，理顺部门职能关系。加快事业单位分类改革，稳妥推进承担行政职能事业单位和从事生产经营活动事业单位改革，推动从事公益服务事业单位与主管部门理顺关系、去行政化，建立法人治理结构。严格控制机构编制，从严控制财政供养人员总量，事业编制总额以2012年底统计数为基数，五年内只减不增。整合执法资源。从事无巨细的审批中解脱出来，更加注重市场导向下的行政监管和服务，强化属地管理和部门监管职责，实行“宽进严管”，防止部分行政审批取消后的监管失控，让企业在同一条起跑线上竞争。加强对招投标市场、中介组织的监管，建立“黑名单”制度。全面开展食品药品监管体制调整，构建权责一致、功能匹配、运转顺畅、监管有力的监管责任体系。按照省市统一部署，稳妥实施工商、质监管理体制改革，优化资源配置，提高监管水平。调优考核导向。在重大事项决策过程中，优先考虑环境影响、科技创新、资源消耗、新增债务等因素，提升科学决策水平。规范达标创建活动，统一扎口管理，让基层腾出更多精力抓发展、惠民生。优化绩效管理，突出责任落实，确保权责一致，建设人民满意的服务型机关。完善考核评价体系，发挥新的全面小康、双轮驱动等指标体系的监测激励作用，更加重视劳动就业、居民收入、社会保障、人民健康状况。

加强政府自身建设。践行群众路线，牢记为民宗旨。按照“照镜子、正衣冠、洗洗澡、治治病”的总要求，扎实开展群众路线教育实践活动，针对“四风”问题，突出“四查四治”，对作风之弊、行为之垢进行大排查大检修大扫除。注重倾听民声、顺应民愿、敬畏民意，把解决群众困难、实现人民期盼体现在行动中，推动密切联系群众常态化、长效化。强化学习调研，树立务实作风。围绕建设学习型机关、塑造学习型干部的要求，深入开展调查研究，提高理论素养和业务能力，牢牢把握发展主动权。弘扬真抓实干的作风，树立正确的发展观和政绩观，不比条件比办法，不比困难比干劲，忠于职守，尽心竭力，争做改革的参与者、推动者，打造敢担当、有作为的政府，确保区委各项决策部署落到实处。坚持廉洁从政，展示清廉本色。加强法治政府建设，努力以法治思维和法治方式推进改革事业、规范施政行为。及时向区人大及其常委会报告工作，向区政协通报情况，注重运用“两代表一委员”工作室、工作日平台，认真办理代表建议和政协提案。深化政府信息公开，逐步推行政府权力清单制度，让权力在阳光下运行。全面落实党风廉政建设责任制，自觉遵守廉洁自律各项规定，严肃查处各类违法违纪行为。严格执行中央“八项规定”和省市区“十项规定”，认真落实党政机关厉行节约条例，加强公务接待管理，全面实施公务卡结算，以良好形象展示于民、取信于民。

各位代表，新的一年刚刚开始，新的形势催人奋进，新的征程任重道远。让我们紧密团结在以习近平同志为总书记的党中央周围，在市委、市政府和区委的坚强领导下，同心同德，与时俱进，扎实奋斗，全面深化改革，加快转型升级，为加快建成更高水平小康社会、率先基本实现现代化而努力奋斗！

媒体聚焦

多措并举推动城乡一体化
——对江苏泰州市高港区的调查和思考

实践证明，城乡发展一体化是解决“三农”问题的根本途径。如何因地制宜探索符合各地实际的城乡一体化之路，是一个亟待破解的难题。近年来，江苏省泰州市高港区按照科学发展观的要求，积极探索，走出一条多措并举推动城乡一体化的新路子，极大地促进了当地经济社会健康和谐发展。

做大做强工业经济提供坚实支撑

城乡一体化的进程，从一定意义上说就是为城乡居民提供更多的公共产品和更优质公共服务的进程。做好这项工作，需要大量政府财力投入。如何增加政府财力，以满足要求，这是各地推进城乡一体化必须首先解决的重要课题。高港区的做法是，强化工业主体地位以增强公共财力，这为推进城乡一体化提供强有力的物质支撑。

高港区1997年由泰兴、姜堰的7个乡镇组建而成，成立初期先天不足的管理体制和“非县非区”特点限制了发展速度，政府提供公共产品能力不能满足群众对公共产品的期待和要求。高港区委、区政府通过认真调研后认为，高港区经济、社会和人文基础好，人民群众创业致富的积极性高，适合工业经济发展，依托这些优势，可实施“工业立区、工业强区”战略，通过把小企业做大做强，让想创业的人干成事，鼓励和帮助群众创业致富，同时创造更多的税收，有效增加公共财政收入，增强政府提供更多公共产品的能力，满足群众对公共产品的期待和需求。

为此，高港区在注重招大引强的同时，把培大育强本土企业作为第一战略，通过本土企业的成长，奠定产业特色，壮大工业经济基础。针对干部服务意识淡薄、企业办事难、很多企业满足于小富即安的状况，在全区开展了“三服务、三尊重”活动，为企业发展营造良好氛围。“三服务”即服务企业、服务项目、服务投资者；“三尊重”即尊重企业家、尊重创业者、尊重纳税人。通过开展这些活动，规范了政府行为，为企业发展提供了良好外部环境，增强了干部的服务意识，激发了企业家创大业意识。

近年来，高港区充分发挥政府服务作用，通过开办厂长培训班，送企业老板到高校、国外学习，拓宽企业家的视野；通过“品牌化、标准化，资本化、上市化，信息化、高端化”为主要内容的“六化”工程，帮助企业转型升级，全面提升企业的整体素质和竞争力。这些措施有效推动了全区工业经济的快速发展，为财政收入奠定了良好基础。2012年，高港区财政收入可用财力超过21亿元，人均可用财力居泰州之首。

阳光操作房屋拆迁
有效破解最大难题

在推进我国城乡一体化进程中，房屋拆迁问题十分突出。这个问题解决得好不好，不仅直接影响我国新型工业化、城镇化进程，而且影响党群关系和社会稳定。高港区通过阳光拆迁，推行“五同步五公示”制度，有效破解了这一难题。

针对许多地方在推进城乡一体化进程中出现的房屋拆迁不公开、不公平，补偿依据和标准不统一、不透明情况所引发的种种矛盾和问题，高港区认真谋划，阳光操作房屋拆迁，由镇或街道、区监察局、区住建局、区物价局、区规划局、区国土局、区城管局七个部门组成一个工作班子，同入户，同丈量，同登记，同定性，同核准，相互制约监督，杜绝暗箱操作。尽管近年来各地的拆迁成本不断上涨，但在高港区一直保持较低水平，工作进展顺利，有效解决了拆迁操作层面的诸多问题。

针对一些地方农村违章建筑较多带来的矛盾和问题，特别是一些党员干部带头进行违章建筑，并由于拆迁时获得不合理补偿所造成的不良影响，高港区在江苏省率先建立城乡居民住房建筑档案。2008年，高港区从机关抽调400多名干部，组建了80多个工作组，对全区所有居民（包括农民）的住房状况进行调查。在摸清底数并将所有住户的住房情况由老百姓确认后进行公示，接受社会监督。对于违章建筑，高港区制定三条原则：第一，凡是严重影响公共生活和违反政策的，除个别特别困难户外，在取得群众理解支持的前提下必须坚决拆除。第二，对影响公共生活的违章建设，在公示并经本人确认办理相关手续后，拆迁时实行违建面积零补偿政策。第三，对合理不合法建筑按当时成本给予一定重置价格补偿。通过以上措施，为全区所有居民住房建立了档案，有效解决了一些党员干部带头进行违章建筑，以及通过违章建设冒领多领拆迁费用问题。另外，借鉴公安交管部门管理车辆的办法，出台住房年审制度。建立居民建房"一户一卡"管理机制，详细记载户主人口结构、房屋建筑面积、违章搭建面积等信息，年审以后，信息全部上网，并把资料公布上墙。通过公开公示，解决了农村建设信息不公开、拆除违章建筑补偿不透明等问题。通过年审及时增补变化的信息，对居民房屋进行动态管理，做到公开透明，使有关部门能够掌握准确资料，便于对权力和违法违规现象进行监督。由于工作到位，得到群众理解，这项工作推进顺利。

妥善处理土地流转
让农民获得实在利益

在开展农村土地整治和城乡建设用地增减挂钩试点过程中，有些地方违背农民意愿，强迫农民上楼，常常引发群众不满甚至群体性事件。高港区坚持尊重农民生活习惯、切实维护群众利益的原则，按照政府引导、群众自愿、节约资源、市场运作的要求，扎实有序推动农民居住向城区、中心镇、重点村集聚工作，有效解决了相关问题。

在推进新型工业化和城镇化过程中，集约使用和节约农村土地资源、土地流转所采取的方式以及妥善处理土地流转过程中产生的矛盾等，成为政府亟待解决的难题。高港区一改农村"户户有地，人人种田"的传统思路，实行"户户流转，能人种田"的政策，使土地流转起来，让有能力的人种田，实现农业规模化种植，推动农业向高效化、现代农业方向发展。但在解决土地流转问题过程中，如果伤及农民根本利益，必然影响农村社会稳定。鉴于实行土地现金流转，因物价指数的变动，土地流转费每年都要重新测算、调整并由此引发诸多纠纷和矛盾的实际情况，高港区大胆创新，改土地"现金流转"为"实物流转"，即土地流转费以粮食替代现金，这不仅解决了原住农民流转出土地后的口粮问题，而且解除了农民因物价上涨而遭受利益损失的后顾之忧。这一措施有效保护了农民利益。

着眼于土地集中流转后，既不迫使农民上楼，又对土地资源进行有效整合利用，解决农村长远发展问题，高港区在农村实行原生态、原风貌的社区规划建设，一方面尽量照顾和尊重群众的生活习惯，保持河网、道路、公共设施的已有便利；另一方面，按照城市社区科学长远发展的要求规划建设。比如，该区的乔杨社区保留了一户一院的风貌，同时根据不同村镇农民的不同需求，还建有连排、双拼和独体住宅。通过这种社区式的建设，一方面解决了农民集中居住的问题，同时避免了农民"被上高楼"状况的发生。社区的统一规划、统一绿化以及便民服务中心、文化娱乐、卫生服务、医疗、公共服务、体育等设施，给农民生产生活带来便利。这种集中居住得到了农民的一致认可。

土地流转后，由能人或农业公司统一耕种，农民仍可在当地务农并获得工资性收入。土地整理所节省的土地指标经批准后实行有偿使用，复垦土地可按国家政策办工业园区，而重置过程中村集体通过获奖或分红提高经济收入。由此，不仅集聚了工业、减少了环境污染、节约了土地指标、改善了农民住房条件，而且通过开发的余量解决了农村保障房问题，可谓一举多得。

建立三大直评机制把好事办实办好

好事要办好，实事要办实，关键是要倾听民意，把群众满意作为工作的出发点和落脚点。基层工作如不尊重民众的真实意愿，好事可能会办成坏事。高港区在全省首创村民直评村干部和民生部门、基层直评区级机关部门、"两代表一委员"（人大代表、政协委员、党代表）直评区四套班子的机制。三大直接评议机制促使干部的眼睛往下看，畅通了民意诉求的表达渠道，有效实现基层民主监督，化解了诸多利益矛盾。

高港区在实践中不断完善和优化直评机制，既注重年终测评，更强化平时监督，以推动各项工作的开展。直评机制具有互动、实效、推动性特点，为干部群众交流提供了平台，各级干部通过网络、博客、手机等途径，可及时了解群众期盼，帮助群众解决实际困难，真正转变干部作风，提升了机关效能。三大直评机制在政府审批、服务群众过程中，紧贴第一线，既提升了干部队伍整体素质、改善了干群关系，又解决了基层诸多矛盾和难题。自高港区建立和推行三大直评机制以来，及时整改和反馈群众反映的问题96%以上，群众信访量下降43%。

加强基层组织建设提供根本保证

基层组织建设是增强党的战斗力的根本保证。目前，基层组织薄弱是普遍存在的问题。为激发基层组织活力，使其更加有效运转，高港区通过加强基层组织建设，坚持用事业留人、感情留人、适当待遇留人，形成了让基层组织干部想干事、多干事、干成事的氛围。

针对农村基层组织干部年龄老化、工作待遇比较低、基层组织工作没有吸引力的状况，高港区提出，调动基层组织干部的积极性，一要领导切实重视基层工作，二要有必要的经费保障。经过努力，目前高港区已建立起一支高素质的干部队伍，成为维护基层和谐稳定的坚强力量，形成了有效的农村基层组织治理网络。

2008年，高港区在全区实行"强基工程"，每年斥资上年财政一般预算收入的1%，用于加强村级组织建设、发展农村公用事业、提高村干部待遇。村干部待遇的提高，增加了岗位吸引力，一批高素质基层干部成长起来，大大增强了基层组织的活力和带领群众干事业的能力。2010年，高港区进一步调整提高村、社区干部的工资和补贴待遇。2011年区财政直接发放给村支部书记的工资报酬平均达到4.30万元，3个定职干部，5到7个不等的定补干部，都获得相应比例的工资待遇。

2011年，高港区决定将原先支持汶川灾后重建的一般预算收入的1%作为社会管理专项资金，用于村居便民服务中心以及政法综治、平安创建工作。社会管理专项资金的增加，保证了社会事业工作站的作用向园区和企业延伸，使所有镇街都建立起政法综治中心，同时落实了3559名治安中心户长的补贴报酬。

2012年，高港区又增加了第三个1%，将财政一般预算收入的1%用于加强基层村居环境常态化管理，建立一支集保安、保洁、河道管护、公共设施维修于一体的村居、社区专业队伍，为整治村庄环境，使村庄的物业管理真正达到城市社区水平提供了保证。新的投入产生新的效果，高港区农村基层组织建设跃上新台阶，基层组织在城乡一体化进程中的作用得到充分发挥。

（2013年2月25日《学习时报》课题组成员：赵长茂、梁言顺、宋福范、祝灵君；执笔人：宋福范）

高港：推进"六大建设" 实现科学发展

党的十八大高举中国特色社会主义伟大旗帜，提出了全面建成小康社会和全面深化改革开放的宏伟目标，并鼓励有条件的地方在现代化建设中继续走在前列。高港区作为江苏的沿江板块和泰州的滨江主城区，将在中央、省委、市委的正确领导下，以转变经济发展方式为主线，以"现代化、国际化"为引领，以开放创新"双轮驱动"为动力，大力实施经济、组织、法治、文化、社会、生态"六大建设"，奋力争当泰州转型升级综合改革排头兵，力争在苏中率先基本实现现代化，加快走出一条具有时代特征和高港特色的科学发展之路。

以经济建设为中心，致力建设更具实力的富裕高港。牢牢抓住经济建设这一中心不动摇，坚持在发展中转方式，在改革中谋创新，在转型中增实力，力争到2016年，全区 GDP 占全市份额由目前的10%上升到15%以上，主要经济指标比2012年底翻一番。坚持以产业基础明晰产业方向、以产业优势构建产业体系、以产业特色形成产业集聚，进一步提高新医药、粮油食品、装备制造、新材料等主导产业的集聚度和竞争力；充分发挥大桥、港口、机场、高铁等区位交通优势，加快集聚一批高端产业、优质项目；以"现代化、国际化"为引领，深入实施企业"品牌化、标准化，资本化、上市化，信息化、高端化"转型工程，培育一批具有国际竞争力的企业集团和"小巨人"企业，力争到2016年末，本土上市企业超过5家，形成500亿级企业1家、100亿级企业5家、10亿级企业20家的企业成长梯队。

以组织建设为龙头，致力建设更有活力的创新高港。坚持党要管党、从严治党，时刻牢记"四个危险""四个考验"，不断提高党建科学化水平。着力加强领导班子建设，强化以民主集中制为核心的制度保障，着力打造一支能够担当高港未来发展重任的高素质干部队伍；加强党的基层基础建设，扩大覆盖范围，强化组织功能，创新活动方式，使基层党组织真正成为推动发展、服务群众、凝聚人心、促进和谐的坚强堡垒；加强人才队伍建设，注重引进高端人才和培养本土人才并重，为人才提供更多的创新机会、创业平台和发展空间，形成人才辈出、群贤毕至、人尽其才、才尽其用的生动局面。

以法治建设为关键，致力建设更为和谐的平安高港。巩固放大平安法治建设的国家级品牌效应，坚持寓管理于服务之中，努力打造"沿江最安全地区"。深入开展平安法治创建活动，进一步健全和完善城乡治安防控体系、社会预警体系和应急管理体系；以群众工作统揽社会管理，注重从源头上及时化解、妥善处置社会矛盾；坚持科学决策、民主决策、依法决策，完善重大事项风险评估机制，使各项决策充分体现人民群众意愿；进一步完善政务公开机制、直评监督机制、整改反馈机制，注重行政权力运行的公平正义和公开透明，努力打造法治政府、服务政府、责任政府。

以文化建设为内涵，加快建设更富特色的魅力高港。着力延续城市历史文脉，进一步保护、传承和弘扬好海军诞生地、口岸水景街区等历史文化遗存，打造高港特色文化品牌；以文化事业丰富人民生活，高标准建设博物馆、体育馆、全民健身中心等公共文化设施，构建区镇村三级公共文化网络，建设10分钟群众免费文化圈；以文化产业助推经济转型，大力培育软件外包、文化创意、动漫设计、文化旅游等新兴业态，促进文化与经济全面融合；以文明高港塑造城市精神，倡导社会主义核心价值观，引导群众养成健康文明的生活方式，增强感恩心和同情心，培育“开放包容、精神充实、道德健康”的新型市民。

以社会建设为基础，致力建设更加惠民的幸福高港。大力实施居民收入倍增计划，加快城乡就业服务体系、创业培训体系建设，全面提高群众收入水平，大力提升基础教育水平，打造一批名师名校；深化医药卫生体制改革，完善更为便捷高效的医疗卫生服务体系；全面构建统筹城乡、惠及全民、与经济社会发展水平相适应的社会保障体系。

以生态建设为抓手，致力建设更宜人居的绿色高港。以建设国际化城市为追求，在泰州和常州两大地级市之间打造一座具有国际化气息、现代化气质的滨江新城，展示“江东明珠、泰州门户”的崭新形象；致力统筹城乡发展，加快形成中心城区、中心镇、重点村各具特色、优势互补的新型城镇体系；加强村庄环境综合整治和长效管理，推进污水管网、绿色林网等生态工程建设，确保2014年建成国家生态区；大力发展生态经济、循环经济，加快形成节约能源资源和保护生态环境的产业结构、增长方式。

（2013年1月18日《新华日报》作者：王建）

高港产业蜕变
形成四大支柱

5月中旬，记者来到泰州高港区万向精工江苏有限公司车间，工人们正在进行汽车安全气囊的试产。这个总投资10亿元的安全气囊项目，是万向集团在高港继打造中国最大汽车轮毂轴承基地后的又一大手笔，今年将形成20万套产能，后年可达100万套。

一个个像这样的大项目建设投产，成为高港经济发展的重要支撑。一组数据，佐证了高港人埋头苦干、抢抓转型的收获。去年，高港地区生产总值、公共财政预算收入、规模以上工业产值等5项主要经济指标分别是2007年的5倍以上，五年翻两番的目标全面实现。今年一季度，高港区实现地区生产总值同比增长12.60%；实施亿元以上工业投资项目30个。

作为诞生于泰兴和姜堰农村接边地区的新兴城区，直到2007年，高港2800多家企业多为家族式、加工类、配套型中小企业，品牌意识淡薄、管理模式落后。“这几年，高港之所以能够快速摆脱金融危机带来的不利影响，实现强势复苏，关键得益于高港高端的产业体系所释放出来的核心竞争力。”高港区委书记王建说。

今年初，一家央企计划投资1亿元，入股华强照明公司，以扩大LED照明产品的生产规模。“项目达产后，华强照明年销售可达20亿元，是去年的两倍多。”华强照明公司董事长陈献华说。高位嫁接的不仅是资本，还有技术、品牌和市场。该公司主导产品“节能灯用芯柱”在国内市场占有率接近40%，可他们并未就此满足，而是通过与复旦大学联合研发，并与国内大公司合股投资3.90亿元，新上LED终端产品和UHP投影项目。其中，大功率UHP投影光源的开发，改变了我国高档投影机光源依赖进口的现状。

央企入股华强照明，是高港企业资本化运作的成功典型。到目前，全区已有3家企业进入上市辅导期，8家企业与国家基金、券商、风投等机构合作筹备上市，30家重点企业实施“模拟上市”。

高港区还引导企业用开放的视野集聚全球创新资源，一大批本土企业主动参与国家行业标准制定，成为细分市场的“单打冠军”。泰州富彤化工有限公司牵头制订工业用三氯氧磷新型标准后，产能居全国前列。去年下半年，富彤化工又有新定位：建设亚洲磷阻燃剂研究生产中心。该公司与世界五百强企业陶氏化学、德国拜耳、巴斯夫分别达成战略合作协议，在产品、品牌、技术、资金等方面全方位合作。区经信委主任陈新兵说，目前高港已与复旦大学、英国诺丁汉大学、武汉理工大学、西安工程大学合作，分别建设LED光源、船舶、新型建筑材料等关键产品中试基地，共引进高层次创新创业人才(团队)178个，48家企业与知名高校开展51个产学研合作项目。

工业经济高端攀升，使高港跃上新的发展平台，新医药、粮油食品、装备制造、新材料等四大特色产业蓬勃兴起。去年，该区四大主导产业产值合计占列统工业比重达83.10%。

“高港将抢抓泰州被确定为全省转型升级综合改革试点的契机和泰州长江大桥通车的机遇，呼应中国医药城快速崛起，乘势而上，顺势而为，借势发展。力争到2016年经济总量比2012年再翻一番，人均GDP进入苏南第一方阵，人均财政收入达苏南平均水平，在苏中地区率先基本实现现代化。”王建说。

（2013年5月26日《新华日报》记者：顾介铸、赵晓勇、刘宏奇；通讯员：程荣稳、邵釜明、杨鼎）

高港全面实现“五年翻两番”目标

一组统计数字显示:高港区预计2012年实现GDP 276亿元、财政总收入60.30亿元、公共财政预算收入21.30亿元、工业总产值1100亿元、规模以上工业产值960亿元。上述五项主要经济指标均为2007年的4倍以上,这意味着该区“五年翻两番”目标全面实现。

“高港近年来始终按照胡锦涛主席‘把泰州建设得更加美好’的指示要求,深入实施开放创新‘双轮驱动’战略,坚持‘工业立区、工业强区’不动摇,以工业经济的整体优势确立高港在区域经济中的竞争力和爆发力。”市人大常委会副主任、高港区委书记王建介绍说。当前,高港正全面深入贯彻党的十八大精神和胡锦涛主席视察泰州的重要指示精神,全力以赴推进转型升级综合改革,进一步调优思路、调高目标、调强举措,力争到2016年经济总量比2012年再翻一番,人均GDP进入苏南第一方阵,人均财政收入达到苏南平均水平,在苏中率先基本实现现代化。

营造“温室环境”造就四大产业

高港这几年的发展令人瞩目。而15年前,高港区刚刚成立时,在全市市(区)中面积最小、人口最少,经济总量也最小,曾被笑称为“老末”。

底子差、缺资源、少资金,曾长期制约高港的发展。如何突围?

高港的决策者审时度势,确定了以优化投资环境为突破口,以招商引资为切入点,走“以产业基础明晰产业方向、以产业优势构建产业体系、以产业特色形成产业集聚”的发展道路。

高港并不具备独特招商优势,可高港人用非凡的毅力和热情,特别是“一企一策”式的优质服务创造着工业项目落户的优势。

一个典型的例子是,在2012年10月底召开的高港区工业经济现场会上,与会人员走访获悉康驰汽配公司面临能源成本过高的压力。第二天该区就组织相关部门派员赶赴企业,制定出相应对策。

该区还主动加强经济形势研判和运行调节,通过设立3000万元中小企业融资担保资金、鼓励政产研学合作、出台金融机构考核办法等一系列措施,为企业发展营造“温室环境”。

资本流动和产业转移就像候鸟迁徙一样,哪里气候适宜,就在哪里筑巢安家,就在哪里繁衍生息,就在哪里发展壮大。

投资环境的提升,吸引了益海粮油、万向精工、统一集团、华润雪花啤酒、国机集团等一批大项目落户、发展和壮大。高港本土企业扬子江药业集团注重科技创新、新品研发,五年来建成了国家重点实验室、中药制剂、动力中心、冻干车间等一系列重点项目,2012年产值达到336亿元,实现了“五年翻番”。

目前,高港已形成了新医药、装备制造、粮油食品、新材料四大产业集群。如今,这四大主导产业产值合计占规模以上工业比重达83.10%。以粮油食品产业为例,2012年,益海粮油产值首次突破100亿元,以益海粮油为龙头的食品工业占全区工业的比重达20%。

“六化”助推工业经济转型升级

高伟化工“当家人”刘荣富两让股权给全球农化销售20强企业浙江新安化工的故事,颇耐人寻味。从2008年起,高伟化工先后向上市公司浙江新安化工集团两次转让70%股权。新安化工取得控股权之后,投入1.80亿元,上马磷酸酯系列阻燃剂,项目全部投产后年产值将达到15亿元。高伟化工由此也成为当地企业资本化运作的一个成功典型。

高港工业经济的崛起,一个重点举措是培大育强本土企业。

在2008年前,高港的2800多家企业绝大多数属于家族化、加工类、配套型中小企业,品牌意识淡薄、管理模式落后,产品竞争力不强。

近五年来,高港引导广大企业大胆解放思想,走出一条以“品牌化、标准化,资本化、上市化,信息化、高端化”为主要内容的“六化”转型之路。

“品牌化和标准化不仅让高港的一批企业站在了巨人的肩膀上,而且还让一些企业站到了全国的制高点,成为细分市场的全国冠军。”该区经信委主任陈新兵举例说,泰州富彤化工有限公司2010年牵头制订工业用三氯氧磷新型标准后,产能居全国前列。去年,苏中天线集团有限公司投资3000多万元建成整车射频检测平台后,不仅改变了原来依赖国外检测机构的历史,标准化的生产也让企业车载天线国际市场占有率一下子上升至15%,该集团也由此成为全球最大的车载天线制造商。据统计,近三年,高港区省著名商标、市级以上名牌产品、申报专利数量增幅均居全市前列。

与此同时,该区在重点企业和成长型企业中全面推行“模拟上市”,加快股份制改造,建立现代企业制度,完善法人治理结构;鼓励有条件的企业兼并重组,优势嫁接,强强联合,上市扩张,进一步提升行业竞争力。目前,该区已有50多家重点企业和成长型企业成功实施模拟上市。华强照明因为实行了模拟上市,良好的经营管理制度让企业获得国务院清洁能源基金的资金注入,LED产品成功打入国家清洁能源产品目录。

调高园区定位争创国家级开发区

近日,中国内燃机工业协会正式授牌高港区科技创业园中国通用动力产业基地称号，成为继中国壁纸产业基地之后又一个国家级特色产业品牌，这也是该区调高园区发展定位，打造特色产业基地的最新成果。

王建说，园区是转型升级的重要载体，也是产业发展的希望和潜力所在。高港的战略是，培育特色园区，放大自身优势，以省级高新区为统领，以科技创业园、核心港区、临港经济园为板块，争创国家级经济开发区。

科技创业园着力打造国家级新型建筑装饰材料、通用动力和汽车零部件产业基地；核心港区着力打造食品工业基地、船舶工业基地、新材料产业基地和临港物流基地；临港经济园围绕科技新城定位，发展智能电网、物联网、新能源汽车等产业，全力打造新兴产业集聚区。近年来，该区全力打造特色产业基地，以特色产业建设带动重大项目招引，以重大项目建设拉动工业经济增长。

此外，瞄准产业链的关键缺失环节及急需引进的行业、产品和技术，高港科技创业园积极实施“补链工程”，进一步完善产业链。例如，在提升汽车零部件产业核心竞争力方面，科技创业园积极推动万向集团追加投资。2010年落户的万向集团目前已决定中远期追加投资25亿元，实施年产5000万套汽车轮毂轴承单元项目，打造全球最大的汽车轮毂轴承生产基地。同时，万向集团还追加投资10亿元建设年产500万套汽车安全气囊生产线技改项目。

坚持园区特色化发展，不断拉长与完善产业链，其最直接的意义就在于为入园企业提供了更完整的产业配套与公共服务，全面降低了企业的发展成本，从而带来了项目落户投资的葡萄串效应。据了解，仅2012年，高港三大园区就引进超亿美元或10亿元以上重大项目6个，实施亿元以上工业重大项目43个。

展望新的发展征程，高港将抓住省、市委21号文件契机乘势而上，利用泰州长江大桥通车机遇顺势而为，呼应中国医药城快速崛起借势发展，努力把胡锦涛主席视察泰州的重要指示精神转化为强大的发展动力，更加突出综合改革、开放创新、城乡统筹、社会和谐，奋力争当全市转型升级综合改革排头兵。

（2013年1月4日《泰州日报》记者：张仲明；特约记者：邵釜明；通讯员：杨鼎、卞小士）

高港一号文件聚焦转型升级

2013年，高港区委、区政府一号文件聚焦转型升级。这份名为《高港区争当全市转型升级综合改革排头兵工作意见》的文件提出，以经济、组织、法治、文化、社会、生态“六大建设”为抓手，全面推进经济社会转型升级，力争到2016年，经济社会转型升级取得明显成效，确保GDP超500亿元、财政总收入超100亿元、公共财政预算收入超35亿元，比2012年翻一番；人均GDP进入苏南第一方阵，工业经济总量突破双千亿，战略性新兴产业产值和高新技术产业产值占规模以上工业总产值的比重分别达到50%和60%左右，人均财政收入达到苏南平均水平，在苏中率先基本实现现代化。

市人大常委会副主任、高港区委书记王建说，当前，高港的发展进入了新的历史时空，既有近年来高点定位、持续快速发展的坚实基础，又有大桥通车、机场通航形成的区位优势，更有省市21号文件和深化沿江开发战略带来的政策红利。作为泰州滨江主城区和苏中沿江板块，高港必须牢牢抓住综合改革试点的新机遇，在转型升级方面敢于突破、勇于争先，奋力争当全市转型升级综合改革排头兵，为泰州争创全省转型升级示范区勇挑重担、多作贡献。

近几年来，面对复杂严峻形势和经济下行压力，该区紧紧围绕争当全市转型升级综合改革排头兵的目标定位，统筹推进经济、组织、法治、文化、社会、生态“六大建设”，主要经济指标保持快速攀升态势，地区生产总值、财政总收入、公共财政预算收入、工业总产值和规模以上工业产值等五项经济指标顺利实现“五年翻两番”，为争当全市转型升级综合改革排头兵打下了坚实基础。

王建说，“排头兵”要体现在率先发展上，经济增速要保持全市前列，经济总量和运行质态要同步提升；要体现在协调发展上，在实现经济转型的同时，也要实现社会的同步转型；要体现在融合发展上，实现先进制造业和现代服务业“两业互动”、城市与农村统筹发展、高港与苏南的全面融合。“排头兵”的具体内涵是实现“六个率先”，即：以经济建设为中心，在发展速度和质态上全市率先；以组织建设为龙头，在党建工作创新上全市率先；以法治建设为关键，在保持社会和谐稳定上全市率先；以文化建设为内涵，在提升城市文明程度上全市率先；以社会建设为基础，在提供优质均衡的城乡公共产品和公共服务上全市率先；以生态建设为抓手，在打造滨江生态宜居环境上全市率先。

围绕加快经济转型升级，该区提出，打造全省国际先进制造业基地的重要板块、构建先进制造业与现代服务业“两业互动示范区”、创成国家级经济开发区和培育企业转型升级成长梯队。“这是立足高港实际作出的具体部署，目的就是要把转型升级综合改革试点提出的各项目标任务扎扎实实地落到实处。”该区区长周裕昌说。

在打造全省国际先进制造业基地的重要板块上，该区将重点促进主导产业高端发展和新兴产业规模发展，推动新医药、粮油食品、装备

"一企一策"助推转型升级

近日，高港区开展"送专家进企业"帮扶活动，聘请6位法律、财务、人力资源管理等方面的专家免费为10家企业现场"义诊"，专家们从人力资源管理、企业效率提升、企业未来投资方向和投资方式等入手，提出了45条专业化建议，促进企业提档升级。

今年以来，面对复杂多变的宏观形势，该区坚持"稳增长的关键在于强化服务企业、优化发展环境"的理念，在攻项目抓增量促转型的同时，把工作重点放在对现有骨干企业、落户项目和中小企业的服务上。对30家重点企业及产品进行梳理，建立了以产品、市场、技术、品牌、标准等为内容的企业信息数据库，在系统分析和评估产品的先进性、市场所占份额、企业运营效益、行业所处位置和产业发展前景后，有针对性地开展"一企一策"分类扶持。

凯威药用包装公司是国内最大的药用PVC硬片生产企业，由其生产的"凯威"牌固体药用PVC硬片已先后为扬子江药业、哈药集团、云南白药、西安杨森等国内600余家制药、保健品企业所选用。但由于产品档次不高，制约了企业进一步发展。

该企业负责人徐小圣告诉记者，高港区经信委主动牵线搭桥，使企业顺利与浙江塑料研究技术中心主任刘耀华、江苏大学杨卫国博士合作，开发太阳能电池背板项目。

目前，该项目已进入试生产阶段，企业正向国家药监局申报，加快GMP认证步伐，使太阳能电池背板生产线成为生产新型药包复合材料和太阳能电池背板合二为一的生产线，以更好地掌握市场先机。

"企业是经济稳定增长、转型升级的主体，实行'一企一策'是对'三服务、三尊重'活动的进一步深化。"市人大常委会副主任、高港区委书记王建说，今后将为所有规模以上企业建立信息数据库，通过"一企一策"更大力度地推动企业转型，帮助企业做强做精做特，从而为推进转型升级综合改革打下坚实基础。

为更好地服务企业，高港区实行领导挂钩帮扶制，区四套班子负责人每人挂钩帮扶一家重点企业。今年初，在该区一位负责人的"撮合"下，一家央企决定投资1亿元，入股华强照明器材有限公司，以扩大LED照明产品的生产规模。"项目达产后，华强照明年销售可达20亿元，是去年的两倍多。"该公司董事长陈献华对高港相关部门的高效服务连连称赞，"这次高位嫁接的不仅是资本，还有技术、品牌和市场，让我们对未来发展充满信心。"

高港区还引导企业用开放的视野集聚全球创新资源，一大批本土企业主动参与国家行业标准制定，成为细分市场的"单打冠军"。泰州富彤化工有限公司牵头制定工业用三氯氧磷新型标准后，产能居全国前列。该公司与世界五百强企业陶氏化学、德国拜耳、巴斯夫分别达成战略合作协议，在产品、品牌、技术、资金等方面全方位合作。

"一企一策"分类帮扶政策的实施，有力地促进了该区工业经济平稳增长，产业转型步伐加快，特色产业集聚加速。1至6月份，该区规模以上工业预计完成总产值、利税、利润分别为568.62亿元、75.89亿元、46.47亿元，同比分别增长22%、32.50%、33.30%，主要经济指标顺利实现"双过半"，多项指标增幅继续位居全市前列。

其中，预计完成高新技术产业产值299.06亿元，同比增长28.30%，占规模以上工业比重达52.59%。新医药、粮油食品、装备制造、新材料四大支柱产业预计实现工业总产值439.01亿元，同比增长18.20%，占规模以上工业比重达77.21%。

工业经济加快转型升级也拉动了该区经济综合实力显著提升。1至6月份，该区实现财政总收入33.43亿元，同比增长18.80%；公共财政预算收入12.46亿元，同比增长19.20%。

（2013年7月9日《泰州日报》通讯员：卞小士；记者：王庭君）

高港创建国家级经济开发区

以核心港区、高港高新区、临港经济园三大园区融合发展为先导，到2017年创成国家级经济开发区，达到省定新的全面小康指标要求，人均地区生产总值进入苏南"第一方阵"，人均公共财政预算收入和城乡居民收入达到苏南平均水平。在此基础上，到2022年，基本实现现代化，主要经济指标达到苏南"第一方阵"；到2027年，全面实现现代化，全面融入苏南、融入长三角核心区。这是记者从8月9日召开的高港区委四届四次全体（扩大）会议获悉的。

据了解，高港创建国家级经济开发区得到省市的重点支持，并已纳入省《沿江地区转型发展五年推进计划》。市人大常委会副主任、高港区委书记王建认为，创建国家级经济开发区纳入省《五年推进计划》，为高港创新体制机制，构筑更高层次发展平台提供了重大契机，只要做好"大江、大港、大桥"的文章，以区位上的"物理变化"，形成用好各种政策机遇的"化学反应"，主动对接、深度融合，高港就完全能够在互动中借力发展，率先融入苏南、融入长三角核心区。

高港要实现争当全市转型升级综合改革排头兵的目标，必须深入贯彻全省苏南现代化建设示范区工作会议和苏中发展工作会议、市委四届五次全会精神，在发展速度上、运行质态上走在全市前列，以争创国家级经济开发区为抓手，进一步提升在全市经济中的贡献份额。该区提出，立即启动创建申报工作，着力在扩大经济总量、深化开放创新、增强产业特色、提升高新技术产业比重、建立现代企业制度、优化载体环境等方面下工夫。通过高标准编制高港经济开发区总体规划、功能区控制性详规和各类专项规划，做到“三大园区一盘棋、规划编制一张图”。从今年起，区委、区政府每年将拿出6000万元基础设施建设贴息专项资金，助推园区形象提升、功能完善。通过发挥贴息资金的杠杆作用，推动三大园区通过BT、BOT等方式，集聚更多的社会资本，确保基础设施建设投入每年不少于15亿元，从而不断完善园区路网、管网等基础设施，真正使三大园区连成一片、融合发展。

据悉，目前高港已形成了新医药、粮油食品、装备制造、新材料四大特色产业，今年前7个月，实现规模以上工业产值510亿元，占全区规模以上工业产值的77.30%。该区计划用3至4年时间，创成中医药、粮油食品加工、船舶、汽车零部件、新型建筑装饰材料5个国家级特色产业基地，以特色产业基地支撑国家级经济开发区创建。

高港最大的优势在港口，实现港口、港区、港城联动发展，沿江开发与腹地开发互动并进，是高港创建国家级经济开发区的战略选择。目前，高港正集中力量加快实施田许路升级改造工程，打造连接三大园区的工业走廊；抓住上海自贸区设立、长江南京以下深水航道建设、国家规划建设长江中游城市群等重大机遇，加快港口信息化改造，争取联港铁路和保税功能，实现公铁水、江海洋联运，着力打造长三角区域物流中转基地。年内建成永安港务三期5万吨级集装箱码头、海事监管执法基地，启动建设联检大楼。统计数据显示，今年前7个月，核心港区、高港高新区、临港经济园分别实现规模以上工业产值161亿元、94亿元、106亿元，同比分别增长36%、35%、29%，保持了加速发展、转型发展、提升发展的良好态势。

（2013年8月13日《泰州日报》特约记者：邵釜明；通讯员：张玲、卞小士；记者：张仲明）

亿吨大港，从梦想照进现实

随着厚重的汽笛声由远及近，一艘来自韩国、总排水量7万多吨的巨轮驶抵泰州港核心港区，并顺利停靠在港区内最大的8万吨泊位。

“如今，7万多吨的‘巨无霸’早已成为泰州港的常客，借助先进的装卸设备，不到40个小时就能卸完整船货物，搁在十几年前，我们连想都不敢想！”市港口管理局副局长刘广宏告诉记者。

从停船谢客到吞吐破亿

谈及泰州港巨变，不得不提一个重要的时间节点——2011年11月18日。正是在这一天，泰州港货物吞吐量突破亿吨大关，成为全省第7个、全国第23个亿吨大港。

刘广宏介绍，泰州港2011年共实现货物吞吐量12037.64万吨，其中外贸吞吐量983.06万吨，完成集装箱吞吐量120140标准箱。同时，全港综合通过能力也跨入亿吨大关，实现了吞吐量和通过能力“双过亿”。

“上世纪80年代，我们靠着七八个浮码头从事建材、煤炭等内贸货物的中转，年景最好的1988年，也才完成了488万吨的吞吐量。”刘广宏回忆说，进入90年代后，随着向市场经济转轨，外贸周转的需求上升，当时的泰州港码头数量少，泊位容量小，装卸设备更是捉襟见肘，几乎到了“停船谢客”的地步。

“真正开始盘算向亿吨大港转变，始于10年之前。”刘广宏说，2003年我市开始实施沿江开发战略，十年间，借着这股东风，泰州港沿江码头开放泊位数由8个增加到29个，万吨级生产泊位数由11个增加到57个，分别增长2.60倍和4.20倍；年监管进出境船舶数由198艘增加到3160艘，增长了15倍，泰州港年吞吐量由780万吨增加到1.32亿吨，增长15.90倍，年均增幅36.90%。

从散货为主到标箱称王

尽管气温很高，但走进核心港区高港作业区，码头上仍是一派热火朝天的忙碌场景。在吊车师傅娴熟操作下，一个个集装箱从巨轮甲板上腾空而起，码头旁等待运输的卡车更是排成了长龙。

“集装箱码头一共有2台集装箱岸桥和场桥，我们三班倒，机器连轴转，一直是满负荷运转。”一名吊车师傅用颈间的湿毛巾擦了下汗，又握紧了操纵杆。据了解，泰州港共有高港、泰兴、靖江三大港区，这里是其中最大的集装箱码头作业区。

“过去的高港码头，尽是黄沙、水泥、煤炭、铁矿这些散货的天下，直到1995年我们才开始接触‘集装箱’这个词儿，当年总共才经手了500多箱，到了2012年，高港作业区的集装箱吞吐量已经达到13.70万箱。”泰州港务集团有限公司董事长蔡年生说。

蔡年生告诉记者，高港作业区专业化的集装箱码头建设始于2003年，初期投资7000多万元，目前已累计投入1.50亿元左右，作业区年标箱吞吐能力达20万箱，不但赢来了LG等泰州本土企业客户，还吸引了盐城、东台等周边地区的集装箱业务。

"集装箱吞吐量是衡量港口运输现代化程度的重要标志，与传统的散货相比，集装箱的附加值更高，体现出港口运营质态的不断攀升，也大大提升了长江黄金岸线的利用率。"蔡年生说。

从亿吨大港到亿吨强港

在高港核心港区的3个作业区中，除传统的高港和杨湾作业区外，最年轻的永安作业区竣工于2006年，今年刚满7岁。采访中记者了解到，虽然目前泰州港的集装箱业务主要集中在高港作业区，但未来永安作业区将成为集装箱吞吐的主阵地。

"实现从'亿吨大港'到'亿吨强港'的转变，必须要抓好两个重点。"刘广宏表示，一是重点推进核心港区建设，打造集装卸、仓储、配载、运输、代理、保税、贸易、信息咨询、商务金融服务于一体的多功能现代化的大型物流基地。二是重点推进集装箱发展，力争成为服务泰州市及周边地区、具有大型深水集装箱泊位、拥有先进物流和管理技术，与上海港、太仓港等干线港口接轨，并具有运输特色和市场竞争力的集装箱运输港口。

根据规划，"十二五"期间，泰州港还将新建52个生产性泊位，其中万吨级以上泊位32个，新增码头通过能力6682万吨，到"十二五"末，为适应腹地经济和贸易发展需要，沿江港口万吨级以上生产性泊位将达到75个，货物通过能力1.60亿吨，集装箱吞吐量达到100万标箱。

（2013年8月20日《泰州日报》记者：陈亚斌；特约记者：邵釜明；通讯员：钱网晓）

高港精彩演绎港城文化

"这么多京剧大腕一起来高港，真的没想到。我们看得很过瘾，很开心。"近日，高港区大江剧院正式加盟"苏演院线"，当晚，江苏省演艺集团的艺术家们为高港市民奉献了一场名为《京韵流芳星耀高港》的京剧专场演出。

这场演出中，著名京剧表演艺术家、两度"梅花奖"获得者、国家一级演员黄孝慈，国家一级演员李洁、周丽霞、严阵、李正华等轮番上场，让观众直呼过瘾。演出现场，观众掌声一阵又一阵。"高港的观众很懂京剧，我们愿意经常来高港演出。"演员黄孝慈说。

根据演出合同，每年江苏演艺集团将为高港市民至少奉献6场高水平的文艺演出。

据了解，在高港，像这样的高雅文化演出每年都有好多场。2010年元旦，泰州高港文化剧院(现大江剧院)举行民乐专场演出，来自长三角3个省市的37支乐团千人同台演奏，为观众奉上了精彩的民乐盛宴。

"让高雅艺术走近市民，满足了市民更高层次的文化需求。引进苏演集团、民乐演出这样的高雅文化，既是对市民文化意识的一种引领，也有助于培育高雅文化市场。当然这需要一个过程，一定要不遗余力地去做。"高港区委常委、宣传部部长程荣稳说。

如果说大江剧院内的高雅文化演出对观众欣赏要求较高，那么大江剧院外一年多达十场的"大江放歌"呈现的则是雅俗共赏的大众文化。

"大江放歌"是高港区近年来推出的群众广场文艺演出活动，每场演出的主题都和百姓生活密切相关，节目中贯穿了政策法规、科技普及、生活常识、文明礼仪等内容，让市民在欢声笑语中受到教育、得到启发。

毛学邦是高港区口岸街道文化馆一名已退休文化工作者，这些天，他比退休前还忙。他正忙着排演一个新节目，争取能上大江放歌文艺晚会。"大江放歌是高港人最喜欢的文化品牌之一，能上大江放歌，不容易，要有水平见功夫，一般的节目上不了。"说到这里，毛学邦很自信地一笑，"每年我排演的节目都能上这么一两个。"

大江放歌最大的特点是和高港"大江、大港、大桥"的地域文化特征紧密结合，传递高港"大气、大器、大度"的"精气神"。"大江放歌"活动吸引了高港区各类文艺人才，也成为群众展示自我的平台。市民把"大江放歌"亲切地称为家门口的"欢乐中国行"。

高港的乡村腹地并不那么深广，但是活跃在田间地头的"草根文化"却丰富多彩。喜洋洋农民艺术团是高港区胡庄镇一家"草根"艺术团，成立于2005年，这支艺术团每年送戏下乡，走遍了周边乡镇。2011年，她们自编自演的小品《戒赌》获得泰州市一等奖。"我们艺术团的成员都是土生土长的农民，但是才艺了得，有的甚至可以与专业歌手媲美。"喜洋洋农民艺术团舞蹈队长田美丽说。

喜洋洋艺术团让胡庄镇的文艺爱好者成了乡村明星。快板说唱《十八大精神指航向》、小戏《莲凤戏夫》《女儿也是传后人》、小品《三逛大邦》等由身边人表演身边事，寓教于乐，给广大村民带去无数欢乐与笑声。

像这样的"草根"演出团体在高港还有十多个。为了让"草根"演出更加繁荣，2012年，由高港文体旅游局牵头，在区层面组建起了一支规模较大的"草根"团队——大江艺术团，来自文化馆、学校、机关单位及各镇村的演员达两百多人。

"这支业余文化团队已成为高港的'星光大道'。"高港区委宣传部副部长、文体旅游局局长张霁明说，演员来自基层，演出在基层，团队成员已经成为最具活力、最受老百姓欢迎的文化使者。

高雅文化铸造精品，陶冶了情操，提升了素养；大众文化喜闻乐见，雅俗共赏；草根文化充满乡土气息，反映质朴的生活。张霁明表示，“三种文化”融合叠加，共荣共生，相得益彰，形成了1+1+1＞3的效果，提升了高港文化软实力，托起了欣欣向荣、魅力独具的港城文化。

（2013年9月27日《泰州日报》通讯员：张玲；记者：张仲明）

格局之变

——写在泰州长江公路大桥通车一周年之际

11月25日，泰州长江公路大桥通车整一周年。

去年的今天，喜雨绵绵，上午10时18分，在象征通车的红色缎带剪落瞬间，泰州大桥好似一条灵动的彩虹，惊人一跃，激荡着泰州人跨越长江天堑的兴奋和喜悦。

近万名建设者，奋战了1700多个日日夜夜，创造了世界桥梁史上的五项第一。

一桥连三市，一桥通三条国家高速，南北对接，东西融合，时空在这里裂变、缩小。

通车365天，这座承载了泰州百年梦想的世界级跨江大桥，正在深刻地影响着这座城市，以及两岸三市的人们。

车流量增速逐月攀升
目前每天车流量突破1万辆

通车当天中午12点，泰州大桥北收费站正式对社会开放，挂着苏、沪、鲁、蒙等牌照的汽车疾驰而来、呼啸而去，短短6个小时，就有2683辆汽车越江而过。

“泰州大桥一开通，交通量就迅速上升，当月的5天半时间就有3.60万辆车通行，日均通行量达6603辆，大桥吸引交通量转移的速度惊人。”江苏泰州大桥有限公司一负责人感叹道。

进入去年12月，泰州大桥的过桥交通量突破20万辆次，自此逐月攀升，到今年9月一举突破30万辆次，日均通行车辆突破1万大关。与我省境内其他过江大桥相比，泰州大桥车流量增长之快超乎想象。

今年国庆期间，我省高速路网迎来历史上最“疯狂”的一周，7天通行总流量达1241万，泰州大桥同样迎来了火爆的假期车流。根据统计，仅10月份，泰州大桥通行车辆44.98万辆，日均通行1.45万辆，国庆期间日最高车流量达5万辆。

截至目前，江苏沿江共有9座长江大桥。居江苏长江段之“中”，泰州大桥区位独特，通车一年来，不仅有效分担了南京大桥、江阴大桥、润扬大桥南来北往的拥挤车流，而且进一步优化了过江车流的路线选择，成为江苏乃至全国南北大交通的又一条快速通道。

截至今年10月底，泰州大桥累计通行车辆达280.36万辆，目前大桥每天的车流量均突破1万辆。

两岸生活方式改变
一桥三市步入“同城化时代”

陈梅芳，家住镇江扬中市区，原是高港区永安洲镇永胜村人，该村就在泰州大桥脚下。

“扬中与永安，过去一叫太平洲，一叫永安洲，是江上的两个姊妹岛，但隔江千里远。”今年40多岁的陈梅芳说，过去回趟娘家，多从高港汽渡过江，半个小时一班，通常都要折腾个把小时，遇到大雾等特殊天气还过不了江。“而现在，真的是一马平川，10分钟就能过江。如果老家亲戚说‘家来耍耍吧’，我会回答‘好的，几分钟就到’。”

正是看中了这一“几分钟”的速度，陈梅芳一年前投资100多万元，在高港区新办了一家名为“欧泰”的家具店，经营面积为1000平方米。“往来扬中和高港，只需20多分钟时间，就像在一个城市一样，非常方便。”

得益于泰州大桥的开通，如今已经更多的泰州人在长江对岸觅到了商机，黄桥烧饼店、麻糕店、溱湖八鲜、刁铺全羊席、永安全鱼席等泰州名点名菜也走进了常州、镇江市民生活。

一桥三市，泰州与常州、镇江实现了隔江“握手”，一小时通达，也让三市步入“同城化时代”。

在泰州吃吃早茶，在镇江尝尝锅盖面，在常州品品豆斋饼，或者玩玩泰州的凤城河、镇江的金山寺、常州的恐龙园，或者到常州、镇江乘高铁，到泰州乘火车北上，“一小时城市圈”正在改变着两岸三地市民的生活方式。

游客井喷创出新高
泰州加速融入华东线版图

大桥飞跨，也使泰州的旅游业出现了井喷行情。

以今年国庆黄金周为例，市旅游局列统的29家主要旅游景区（点）共接待游客184.51万人次，同比增长14.81%。

“在今年的增量客流中，很大一部分来自常州、镇江、宜兴、湖州等地，他们就是冲着泰州的人文生态旅游特色和交通的便利化，从泰州大桥一路过来的。”市旅游局副局长申强说，这其中，泰州早茶、溱湖八鲜、水城水乡风光成为了他们的最爱。

大桥通车一年来，两岸三市旅游频繁互动，游客更是往来紧密。

上个月，家住市区、85岁高龄的周永萱老人与子女一起，自驾玩了一趟扬中园博园，该园刚刚对外开放。泰州大桥的雄姿、扬中园博园的美景，让周永萱老人连称了不起，“跨过江就到，太近了。”据周永萱老人的子女透露，周老曾经还惦记着去玩玩常州花博会的。

为了看看江北的“邻居”，扬中八桥镇永胜村组织了350多名村民，乘着近10辆大巴，从泰州大桥过来，专题游览泰州城，看看中国医药城、游游凤城河。

如今，以泰州大桥、江阴大桥为快速通道，泰州与苏南、与长三角地区深度融合、互动的旅游格局已然形成。“泰州大桥的开通，有利于泰州客源半径的突破，泰州正在加速融入最具分水岭意义的新的华东线版图，在省内新兴旅游城市中抢先破门得分。”申强认为。

“中华名旦大江南之风雅颂”，是泰州市联合常州、无锡、苏州在四川省推出的一个特色旅游产品。得益于泰州大桥的便利，该产品专门将泰州纳入到江苏旅游热门线路。

在这条线路中，四川的游客从成都直飞常州，然后从泰州大桥来到泰州，体验泰州的凤城河、老街、溱湖等，然后再从江阴大桥离开泰州，直奔无锡。目前，泰州已接待四川游客1000多人，周周有团。

滨江新城雄姿初露
春江花月夜等重点项目加快建设

从泰州大桥下来，直入眼帘的就是高港区滨江新城。一年来，这里已经雄姿初露。

从大桥上放眼望去，在浩浩江水的北岸，滨江新城一片火热建设场景：投资3.80亿元的5万吨级集装箱码头已经建成，高耸的塔吊、巨大的货轮、穿梭的物流，凸现的是一个极具现代化的核心港区；4.60千米长的江堤景观大道建成，往日的荒滩草地不再，5万余株苗木装点大桥沿线，水网湿地交汇；海军文化公园加快推进，舰艇博物馆、观景平台、喷泉广场等正在加紧建设，海军515舰入驻……

滨江新城的规划，策应了泰州大桥通车后大交通格局形成的机遇。目前，以龙窝湖为核心、规划11.29平方千米的滨江新城正在有序推进，锦江路永安段建成，4条区间道路、新城名邸集中居住区、春江花月夜景区等重点项目正在加快建设。

以泰州大桥为背景，滨江新城正以大手笔推进城区建设，“城不见江、江不见城”的尴尬将就此终结。

作为北桥头堡，高港区抢抓机遇，因桥谋势、借桥造势、依桥强势，提出让产业和区位一起提升，招引大项目，吸纳大企业，集中精力发展核心港区、高新技术产业园和临港经济园三大园区。

今年，核心港区新开工的道路总长度达18千米，相当于前几年的总和，进一步拉开新城框架，实现港区道路的大联运、大通透，并彻底改变了一直以来港区腹地开发的基础设施瓶颈。

一年来，重大项目纷纷落户核心港区，总投资超20亿元的大项目就新增两家。目前，龙凤堂中药公司一期中药提取及药剂生产项目等全面开工。

沿江产业悄然变脸
“虹吸效应”正在充分释放

一桥通，两岸利。

泰州大桥通车一年来，不仅为两岸三地“同城化”创造了条件，也给彼此转型升级、实现产业分工与合作带来了众多机遇，产业、资本在新的空间上加速布局。

“我们从高港发货，考虑成本，只有急件送到无锡，大部分都送到扬州进行物流配送。泰州大桥通车后，我们的急件直接过江，平均一箱货能省1块钱，全年是蛮可观的。”江苏德泰墙纸有限公司副总经理李鹏举算起了经济账。

张肇雄，泰州统实企业有限公司总经理，台湾人，“很多台商之前都不知道泰州，因为泰州大桥，让大家认识了这个城市。过去，我们的统一冰红茶、统一阿萨姆的食品市场主要是在苏中、苏北。大桥通车了，也大大降低了往常州、镇江的物流成本，为我们开拓苏南市场提供了有利条件。”

与此同时，新加坡嘉里集团、上海明发集团、浙江万向集团等一大批跨国公司、央企与国内民企500强也纷纷选择在我市增资扩股。

而在对岸，众多项目也因桥而变。

10年前，镇江的本土企业中电电气集团选择了“走出去”。泰州大桥的通车，又让这家企业选择了回归。“如今大桥通车，巨大的交通优势必将形成沟通开放效应，融资平台、信息服务、人才引进等这些原来制约企业发展的要素正在变化。”集团董事方翔说，大桥通车后，该集团预估产值将增加50亿元。

通车一年来，泰州大桥对于资源、要素的“虹吸效应”正在充分释放，一个千亿级沿江产业带架构已经在长江两岸初具规模。

“泰州大桥的贯通，有助于实现长江南北两翼的联动。”江苏省社会科学院经济研究所所长葛守昆介绍说，泰州大桥加速了苏南产业向苏中和苏北快速推进、有序转移，成功实现了苏中、苏北与苏南板块的有效对接，加快了电子信息产业、装备制造业、精细化工等沿江产业带的快速成长。

（2013年12月25日《泰州日报》记者：叶桂华；通讯员：张玲、崔正彬）

大 事 记

1月

4日 中国共产党泰州市高港区第四次代表大会第一次年会召开。市人大常委会副主任、区委书记王建作题为《推进综合改革，深化开放创新，在十八大精神指引下迈出转型升级新步伐》的工作报告。

16~18日 中国人民政治协商会议泰州市高港区第四届委员会第二次会议召开。

17~19日 泰州市高港区第四届人民代表大会第二次会议召开。

23日 省人大常委会副主任柏苏宁对高港区"人大代表工作日"活动作出批示：该活动符合党的十八大提出的"完善代表联系群众制度"的要求，是应当肯定和值得提倡的。

是月 泰州市慕云儿童医院和高港中医院被市卫生局确定为第一批泰州市中医特色专科医院，泰州市慕云儿童医院刘富乐、高港中医院董青江、田河社区卫生服务中心戴永星被评为第二批泰州市基层名中医。

2月

4日 市人大常委会副主任、区委书记王建带队慰问海军某支队和"泰州舰"官兵。

17日 高港区学习贯彻中共十八大精神集中培训班开班。

27日 在全市三级干部大会上，市委、市政府表彰一批先进。高港区获2012年度工作目标考评一等奖。

28日 市人大常委会副主任、区委书记王建接受江苏电视台和《新华日报》《扬子晚报》《现代快报》《泰州日报》等10余个省、市媒体集中采访。

△ 大泗镇卫生院成为全市首个实行"先看病，后付费"医疗政策的乡镇卫生院。

3月

1日 江苏省装饰材料（墙纸）产品质量监督检验中心在高港高新区开工建设，规划用地约0.53公顷，建筑面积近5000平方米，总投入超1500万元。

△ 高港区村（社区）干部协会荣誉会长、刁铺街道界牌社区原党总支书记高寿祥当选"感动泰州"（2010~2012）十大人物。

2日 全市首个统计代理机构——泰州市高港区新城统计事务所在永安洲镇成立。

10日 高港区诗词楹联协会成立。

14日 "光普农场"落户大泗镇康乐村，成为高港区首个持照经营的家庭农场，也是全市首个个人独资企业性质的家庭农场。

23日 许庄街道孔桥中心社区成立全区首个中心社区党委。

是月 地税五分局被中华全国妇女联合会、全国维护妇女儿童权益暨平安家庭创建协调组评为全国维护妇女儿童权益先进集体。

4月

16日 全市首班快速公交K1路在海陵和高港之间开始营运。

23日 江苏扬子江药业集团凯威药用包装有限公司潘海霞（女）、江苏能建机电实业集团有限公司郭余庆、万向精工江苏有限公司潘文标、江苏腾龙园林绿化工程有限公司曹斌（女）、永安洲镇福沙社区王启东、口岸街道徐庄村徐勤生、区人大办周树发、地税五分局周伟生、高港实验学校朱月红（女）被市政府评为泰州市劳动模范。

5月

3日 全区首个社区党员服务群众工作室——“余庆工作室”在口岸街道新城社区挂牌成立。

9日 高港区与泰兴市启动第三轮边界线联检工作。

18日 高港区开展“985工程”高校研究生选聘活动。来自南京大学、东南大学、复旦大学等高校的23名硕士以上研究生参加选聘。

6月

2日 省委书记罗志军和省委副书记、省长李学勇率领出席全省苏中发展工作会议代表一行360余人，参观考察扬子江药业集团。

6日 高港区企业家协会成立。

9日 白马庙的传说、高港根雕、高港传统绳网带编织技艺和田河建房“说鸽子”入选第四批市级非物质文化遗产名录。

21日 在省综治委全体（扩大）会议上，高港区获2012年度平安县（市、区）、2012年度全省社会管理综合治理先进县（市、区）称号，实现“平安高港”建设“十连冠”。

△ 高港区开展首期“道德讲堂”总堂活动。

26日 高港大江剧院正式加盟“苏演院线”，成为泰州地区首个加盟该院线的剧院。

7月

1日 2013“谱写中国梦高港新篇章”媒体见面会在高港区举行。中央、省、市级20余个新闻媒体采访报道高港区融入苏南、接轨上海的发展蓝图。

9日 位于高港高新区的高港区新型装饰材料产业集聚区被省经信委认定为第四批江苏省中小企业产业集聚示范区。

13日 中共中央政治局常委、全国人大常委会委员长张德江，在省委书记罗志军和省委副书记、省长李学勇等陪同下，调研、考察扬子江药业集团，叮嘱：“药品研发一方面要抓好成果转化，另一方面要积蓄力量研发新药，同时还要重视中药的深度开发。”

14日 高港区红星美凯龙国际家居生活广场开业。

1~7月 高港大润发超市实现零售额近1.02亿元，成为高港区首个零售额突破1亿元的零售业企业。

8月

2日 省人大常委会常务副主任、党组副书记张卫国，省人大常委会秘书长、党组成员吕振霖一行到高港区视察“人大代表工作室”。

9日 区委召开四届四次全体（扩大）会议。市人大常委会副主任、区委书记王建作题为《加快转型升级，推进融合发展，为实现更高水平小康率先融入苏南而努力奋斗》的工作报告。

14日 总投资3亿美元的泰州宏进农副产品国际物流中心项目签约落户高港区。

23日 高港区举办“大江儿女·师德、医德模范”颁奖晚会。李峰等10名教师、史爱梅等10名医护工作者分别当选为师德模范和医德模范。

9月

8日 捐赠给高港区海军舰艇主题公园的海军515（厦门）舰顺利抵达高港区。

是月 泰州市东方离合器有限公司董事长、总经理江国辉当选“中国好人榜”敬业奉献好人。

10月

8日 高港区举办金融产品推介会暨银企签约仪式。17个金融机构与50余个企业达成68个融资协议，共融资17.66亿元。

15日 扬子江药业集团董事长徐镜人当选第四届江苏省优秀企业家。

25日 由区文体旅游局和口岸街道联合打造的广场健身舞《洲堤杨柳舞港城》获2013年全国广场健身操（舞）大赛特等奖。

11月

5日 区社会管理服务中心揭牌成立。

是月 高港区顺利通过科技部两年一度的县（市、区）科技进步考核。

△ 高港中医院创建成二级乙等中医院。

12月

18日 全区首个民办非企业性质的物业管理服务站在口岸街道新城社区鑫港花苑小区成立。

26日 区老年养护院、残疾人托养中心投入运营。

31日 中国共产党泰州市高港区第四次代表大会第二次年会召开。市人大常委会副主任、区委书记王建作题为《全面深化改革，加快转型升级，以十八届三中全会精神统领科学发展新实践》的工作报告。

是月 市第三人民医院创建成二级甲等综合医院。高港区以市第三人民医院为龙头，整合区内11个医院医疗资源，组建高港区医疗集团。

高港概貌

自然环境

【地域面积】 高港区位于泰州市市区南半部，濒临长江。北连泰州医药高新区，东接姜堰区、泰兴市，西临扬州市江都区，南与扬中市隔江相望。高港城区中心坐标为北纬32°19′06″、东经119°52′33″。全区总面积286.83平方千米。主城区东至东环路，西至南官河，南至港口路，北至宁通高速，建成区面积13.70平方千米。

【地形地貌】 高港区属长江三角洲冲积平原。古代是浅海，后来渐次成陆。地形平坦，地面高程一般2~5米、最低处1.80米（永安洲北沙局部地面）。大体北部为高沙平原，南部为沿江平原，江岸线附近的狭长区域为江边滩地。

【河流交通】 区域内主要河流有8条，东西向有许庄河、宣堡港、古马干河、生产河和周山河，南北向有南官河、引江河和西干河，均可通航。G2京沪高速、G40沪陕高速、336省道穿境，乡际、乡村均有公路通达。长江港口泰州港、南水北调枢纽工程引江河及泰州长江公路大桥，坐落境内。

【气候】 2013年，全区年平均气温较常年同期略偏高，年内气温起伏较大。全区年降水量较常年同期偏少，时空分布不均。年日照时数较常年略偏多。主要气象灾害有雾、霾、高温、强对流、寒潮等，其中，暴雪、暴雨等造成的影响较重。

气温 年平均气温16~17.40℃，较常年略偏高，较上年同期略偏高。7月和8月全区各地平均气温分别为30.30~32℃、30.20~31.30℃，均为1963年以来历史同期最高值。

降水 年降水量722.10~946.40毫米，较常年偏少，时空分布不均。

日照 全区年日照2076.40~2377.70小时，较常年略偏多。

大雾 6月13日4时，出现大雾，能见度仅100米，京沪高速（G2）泰州段发生多起连环车祸，造成路况受堵，多人受伤，到中午交通才得以恢复。12月8日晚，出现能见度小于200米的浓雾，长江泰州段水域因雾导致能见度不良实施临时交通管制，造成泰州段大量船舶滞留在码头、锚地。

暴雪 2月18日下午~19日凌晨，出现暴雪天气，雪深达15厘米。暴雪造成中小学推迟开学、市民出行受阻，影响春运交通运输，影响电力设施。部分房屋倒损严重，农作物大面积受灾，受灾人口49人，损坏房屋71间，倒塌居民住房41间，造成直接经济损失92.65万元。

大风 3月9日夜，出现8级阵风，瞬时极大风速20.70米/秒。大风造成棚架损毁、大棚薄膜损坏、棚内作物减产。

寒潮 全年出现3次区域性寒潮天气过程。3月19~21日，大部分地区出现寒潮天气过程，48小时最低气温降幅8℃以上，最低气温-0.70℃，出现在21日早晨，对小麦造成一定程度的冻害。受强冷空气影响，4月5~7日，出现寒潮天气过程，5日夜，伴有8级大风，瞬时极大风速17.50米/秒。48小时最低气温降幅8.90℃，7日早晨最低气温2.50℃，给农业生产造成一定的损失。受北方强冷空气南下影响，11月24~25日，出现寒潮天气过程，最低气温48小时降幅8℃以上。

暴雨 全年出现4个暴雨日，其中2个大暴雨日。受梅雨锋影响，6月25日，出现暴雨天气过程，日雨量119.20毫米。强降雨持续时间较长，造成城市局部内涝，农田积水严重。受北方冷空气与副热带高压西南侧急流的共同影响，7月5日和8日，分别出现暴雨，因降水强度不太大，未造成较严重的影响。8月25日，受短波槽、切变线和中尺度辐合中心的影响，出现大暴雨天气过程，造成城市局部内涝较严重。

梅雨 全年梅雨量偏少，梅期为6月23日~7月8日，入梅偏晚，出梅略早，梅期历时16天，较常年偏短。梅雨期出现两段强降水期，分别出现在6月25日及7月5~8日。

罕见高温天气 夏季出现持续时间长、强度强、范围广的高温天气，35℃以上高温日数为38天。高温日数突破有气象记录以来的历史极多值，比历史极值多出15天。极端最高气温为8月8日39.10℃（历史最高气温39.40℃）。

干旱 夏季高温少雨叠加，全区大部分地区农田土壤水分出现亏缺，部分地区出现旱情。对水产养殖造成很大影响，养殖池塘水质变坏，含氧量降低，鱼、虾、螃蟹等死亡率上升。

【水文水情】 2013年，高港境内长江最高水位为4.43米（废黄河高程，下同），发生在6月26日；长江最低水位为-0.10米，发生在12月21日。口岸闸全年引水280次24623.60万立方米，排水3次364.70万立方米。

【自然资源】 *长江岸线资源* 高港区拥有沿江岸线24.20千米，其中，水深-10米以上的一级岸线13.60千米，水深-5~ -8米的二级岸线3.30千米。可供开发利用的深水岸线9.50千米，可建设5万吨以上的码头近20个。

水资源 可利用的水资源主要为长江水，水量每年约有14.40亿立方米。全区水面广阔，资源丰富，江河塘中主要产鱼、虾、蟹、蚌、龟、鳖等。

江河资源 全区有区级干河9条、75.60千米，镇级中沟108条、254千米，村级河道1709条、750.30千米。

土地资源 全区土地总面积28683.55公顷，其中，农用地16687.24公顷，建设用地7563.80公顷，未利用地4432.51公顷。

矿产资源 全区共有砖瓦用黏土资源181.83万立方米，暂无其他矿产资源。

建置沿革

【概况】 高港区境域在周秦时代即为海阳（今泰州）邑地。汉元狩六年（前117年）为海陵县地。南唐升元元年（937年）设泰兴县，创治于济川镇（今口岸街道南），北宋乾德二年（964年）因济川镇圮于江，县治移至柴墟（今口岸街道）（南宋绍兴初年迁出）。南宋建炎四年（1130年），岳飞任通泰镇抚使兼知泰州，因泰州无险可恃退保柴墟，在南坝桥大败金兵。绍兴十年（1140年），泰州的治所曾一度移至柴墟。元末，徐达为进攻泰州，自境内大江口开浚河道直至泰州南门。明嘉靖年间（1522~1566年），泰州至泰兴的驿道经过境内，并设刁家渡铺、口岸铺。明代，口岸成为泰兴的西北重镇，先后建有口岸察院、口岸公馆等。清代，在口岸设巡检司，所治范围为泰兴县的西北片。清雍正十三年（1735年），泰兴全县分为四辖，口岸巡检司所治地域为“口辖”。口岸逐渐发展为长江北岸的一个重要港口和物资集散地。民国时期，境内各乡镇分属泰兴、泰县。民国38年（1949年）4月，中国人民解放军第三野战军副司令员兼副政委粟裕等，率司令部直属队抵达白马庙（今白马镇），设立东突击集团渡江作战指挥部。4月23日，成立中国人民解放军华东军区海军司令部，张爱萍任司令员兼政委，白马庙成为中国人民解放军海军诞生地。1997年8月，国务院批准设立泰州市高港区。

行政区划

【概况】 1997年8月，高港区成立时，辖永安洲、田河、口岸、刁铺、许庄、白马、野徐7个乡镇。2008年区划调整，辖口岸、刁铺、许庄3个街道及永安洲、野徐、白马3个镇，代管泰兴市胡庄镇、姜堰市大泗镇及两市部分行政村，野徐镇1个村划归泰州市周山河街区代管。2009年区划调整，辖口岸、刁铺、许庄3个街道及永安洲、白马、胡庄、大泗4个镇，许庄街道2个村划给野徐镇，调整后的野徐镇及刁铺街道部分村组划归泰州经济开发区代管。至2013年末，辖街道3个、镇4个，共有社区49个、村40个。

2013年高港区各街镇所辖村（社区）一览表

表1

街道、镇	社区	村
口岸街道	王营社区、口岸社区、龙窝口社区、城东社区、柴墟社区、新城社区、育才社区、城南社区、蔡滩社区、东南社区、朱营社区、戴集社区、集成社区、新明社区、引江社区、张马社区、田河社区	吴楼村、雅儒村、郎庄村、徐桥村、徐庄村、大石村
刁铺街道	关桥社区、通太社区、环溪社区、万庄社区、大丰社区、界牌社区	—
许庄街道	马厂社区、三星社区、官沟社区、周梓社区、三旗营社区、曹官营社区、许庄社区、乔杨社区、赵王社区、孔桥社区	明河村、钱赵村、管营村、蔡庄村

续表1

街道、镇	社区	村
永安洲镇	福沙社区、新街社区、中心社区、永兴社区、兴洲社区、永胜社区、上桥社区、建安社区、东江社区、兴隆社区、润洲社区	—
白马镇	金马社区、白马社区	岱白村、陈家村、陆家村、黄河村、前进村
大泗镇	大泗社区	时庄村、马龙村、康乐村、霍堡村、大马村、佴陈村、佴庄村、二陈村、北港村、曹于村、前进村、杨营村
胡庄镇	胡庄社区、汪群社区	赵市村、薛垛村、戴陈村、刘荡村、单王村、刘元村、史庄村、庵桥村、周马村、宗林村、丁庄村、田野村、陈隆村

人口·民族

【人口】 2013年末，高港区户籍总人口263413人（不含未落常住户口人员），其中，男性133446人，占人口总数的50.66%；女性129967人，占人口总数的49.34%。男女性别比控制在正常范围内，为102.68∶100。人口密度为918人/平方千米。全年出生人口2588人，死亡人口2458人。

【民族】 2013年，全区有少数民族31个，共670人，占人口总数的0.25%。少数民族人口中以土家族居多，有179人，其次为苗族，有94人。镇街中以口岸街道的少数民族人口居多，有151人。

2013年高港区少数民族人数及分布情况一览表

表2 单位：人

民族	口岸街道	刁铺街道	许庄街道	永安洲镇	白马镇	大泗镇	胡庄镇	小计
土家族	32	6	19	11	58	29	24	179
蒙古族	17	1	6	2	2	4	5	37
苗族	11	3	6	10	11	17	36	94
回族	16	4	10	2	2	2	3	39
满族	24	5	7	6	5	4	5	56
布依族	5	10	2	5	1	7	4	34
壮族	8	4	9	2	9	10	9	51
彝族	10	5	10	10	—	7	2	44
土族	3	—	1	2	1	—	—	7
侗族	6	—	2	1	3	1	7	20
傈僳族	2	—	—	2	—	—	1	5
仡佬族	2	—	4	—	—	—	—	6
黎族	5	—	—	2	5	4	3	19
藏族	2	—	—	—	—	—	2	4
白族	3	—	—	—	—	2	7	12
傣族	3	5	2	3	3	2	1	19
朝鲜族	1	1	—	—	2	—	—	4
瑶族	—	—	—	5	2	—	1	8

续表2

民族	口岸街道	刁铺街道	许庄街道	永安洲镇	白马镇	大泗镇	胡庄镇	小计
拉祜族	—	—	—	—	—	—	1	1
锡伯族	1	—	—	1	—	—	—	2
哈尼族	—	3	—	—	—	2	2	7
佤族	—	2	—	—	—	—	—	2
畲族	—	—	3	1	2	—	—	6
普米族	—	—	1	—	—	—	—	1
保安族	—	—	2	—	—	—	—	2
维吾尔族	—	—	—	1	—	—	—	1
景颇族	—	—	—	—	1	—	—	1
裕固族	—	—	—	—	—	1	—	1
水族	—	—	—	—	—	2	—	2
纳西族	—	—	—	1	—	1	2	4
羌族	—	—	2	—	—	—	—	2
合计	151	49	86	67	107	95	115	670

古迹·名人

【古迹】 高港区有全国重点文物保护单位1处(中国人民解放军海军诞生地旧址),省级文物保护单位1处(雕花楼),市级文物保护单位7处(城隍庙、龙王庙、泰昌生木号、龙泉池浴室、解放街戚宅、解放街孙宅、俱家庄战斗纪念碑)。有南宋民族英雄岳飞大胜金兵的遗址南坝桥,有明代南京吏部左侍郎储巏读书处古迹口岸寿胜寺,有南宋遗址口岸庆元街、口岸解放街清式民居、古东岳庵等。另有红色旅游景点中国人民解放军海军诞生地纪念馆。

【名人】 有北宋名臣潘及甫、明代儒学大家储巏、明代武进士戚世光、清康熙侍卫徐左柱、清开明绅士赵良礼、一代高僧仁德法师、《解放军报》总编赵易亚少将、现代"生命之约"英雄刘绍安、民间收藏家蔡礼泉、儿童作家陈谟、著名作家叶文彬、中国空间技术研究院空间科学与深空探测专家叶培建、著名职业经理人唐骏等。

中国人民解放军海军诞生地旧址

地方美食

【全鱼席】 高港南濒长江,自古盛产以"长江三鲜"(鲥鱼、刀鱼、河豚)为代表的各类江鲜。高港全鱼席精选高港特产的各类江鲜,根据不同水产品的特点,通过清蒸、白汁、黄焖、红烧等烹饪手法,保证各类江鲜的原始口味。高港全鱼席约有30余个品种,其中,红烧河豚、白汁鮰鱼、清蒸刀鱼、黄焖江鳗、清蒸江蟹等为全鱼席中的上品。

【全羊席】 刁铺全羊席具有上百年历史,用料考究、工艺独特、口味鲜嫩、色香俱佳、养身补体。全部菜肴皆以1年生山羊为原料,经去膻工艺后,或焖或炖或炒或冷切或红烧或油浸，使羊的眼、耳、心、肝、腰、脑、蹄、卵、鞭、肠、肚、肉等每个部位都做成一道或数道佳肴。其中以扒乳羊、蟹黄羊肉狮子头、生爆羊球片、多子多福、豆腐烩羊脑、鳜鱼烧羊肉为代表。

【全牛席】 新中国成立前，大泗有“霍堡庄、穷叮当、杀老牛、卖生姜”的说法。霍堡人做牛肉生意已有近百年的历史。霍堡牛肉传承到今成为大泗独特的菜肴。大泗镇现有几十个牛肉店，其中以“泗水人家”全牛席最为有名。全牛席以牛的头、尾、蹄、内脏、肉为原料。上菜顺序，从头到尾，极为讲究，共有百余种菜品。最具代表性的有十大名菜，依次是：牛气冲天（牛头）、爆炒世界（牛眼）、美味牛簧（牛舌）、生爆牛宝（牛宝）、酸辣牛肚（牛肚）、心怀天下（牛心）、铁板腰花（牛腰）、快马加鞭（牛鞭）、祥龙摆尾（牛尾）、脚踏实地（牛蹄）。牛肉分水牛肉和黄牛肉，水牛肉虽然肉嫩，但水分多，味不正。而黄牛肉纹理清晰，肉实味美，为大泗全牛席的首选。

国民经济和社会发展

【概况】 2013年，高港区实现地区生产总值300.16亿元，按可比价格计算，比上年增长12.28%。其中，第一产业增加值9.91亿元，增长3.10%；第二产业增加值198.53亿元，增长12.45%；第三产业增加值91.72亿元，增长12.87%。人均地区生产总值超11万元。产业结构持续优化，三次产业增加值比例调整为3.30∶66.14∶30.56。城镇化水平进一步提高，年末人口城镇化率达59.94%。

【农业】 2013年，全区粮食总产量14.08万吨，受种植面积减少的影响，比上年下降1.23%。设施农业面积2320公顷，新增设施农业面积900公顷，新增设施渔业面积53.33公顷。农田有效灌溉面积达1.20万公顷，年末农业机械总动力10.08万千瓦，比上年末增长6%。至年末，组建农民专业合作社212个。全区加入农民专业合作社的农民成员和团体成员数达9134人，比上年新增2813人。

【工业和建筑业】 2013年，全区实现规模以上工业总产值1170.90亿元，比上年增长20.79%，其中，轻、重工业分别增长23.38%和18.17%；集体工业增长42.29%，股份制工业增长22.75%，外商及港澳台商投资工业增长6.30%。规模以上工业企业实现主营业务收入1150.36亿元，增长18.12%；实现利税164.28亿元，增长22.07%；实现利润100.26亿元，增长22.37%。企业亏损面5.95%，比上年末下降4.86个百分点；亏损企业亏损额0.62亿元，增长30.72%。全年完成建筑业总产值276.34亿元，增长50.70%；竣工产值268.49亿元，增长79.64%；建筑业企业房屋建筑施工面积1772.70万平方米，增长74.08%，其中，新开工面积1344.24万平方米，增长99.59%；竣工面积1065.42万平方米，增长79.39%（其中住宅竣工面积731.12万平方米，增长73.10%）。

【固定资产投资和房地产】 2013年，全区完成固定资产投资174.73亿元，比上年增长26.13%。其中，第二产业投资86.75亿元，增长26.60%；第三产业投资87.98亿元，增长26.09%。二产投资中，制造业投资86.75亿元，增长30.04%；高新技术产业投资20.32亿元，增长13.11%，占工业投资比重23.42%。1亿元以上项目30个，本年完成投资85.17亿元，占项目投资总量的59.27%。全年房地产开发完成投资31.03亿元，增长29.83%；商品房销售44.50万平方米，其中住宅销售43.61万平方米，分别增长37.20%和97.96%，实现商品房销售额20.79亿元，其中住宅销售额20.19亿元，分别增长23.90%和110.75%。商品房屋价格呈现平稳增长的态势。住宅销售平均价格4630元/平方米，上升6.46%，其中高档商品房销售平均价格8835元/平方米，上升22.40%。

【国内贸易】 2013年，全区实现社会消费品零售总额34.41亿元，比上年增长13.83%。按消费形态分，批发和零售业零售额29.83亿元，增长16.30%；住宿和餐饮业零售额4.58亿元，下降0.10%。限额以上批发和零售企业的消费品中，中西药品零售额13.65亿元，增长33.04%；通信器材零售额0.51亿元，增长20.90%；煤炭及制品零售额0.51亿元，增长19.38%；石油及制品零售额1.70亿元，增长15.61%；五金、电科（电子科学与技术）零售额0.42亿元，增长52.82%；家用电器和音像器材零售额0.40亿元，增长9.03%；食品、饮料、烟酒零售额1.38亿元，与上年基本持平；日用品零售额0.31亿元，增长12.57%。

【外向型经济】 2013年，全区完成进出口总额125342万美元，比上年下降16.70%。出口总额59401万美元，下降32.70%，其中，一般贸易出口额13629万美元，下降7.03%；加工贸易出口额45772万美元，下降37.21%。进口总额65941万美元，增长6.10%。全年新批协议外资和港澳台资38810万美元，实际到账外资和港澳台资20071万美元，分别下降22.07%和13.74%。

【财政和金融】 2013年，全区完成财政总收入70.39亿元，比上年增长16.71%，其中，公共财政预算收入24.92亿元，增长17.05%；政府性基金收入24.16亿元，增长44.85%。实现公共财政预算支出21.34亿元，增长13%。其中，教育支出3.96亿元，增长5.27%；公共安全支出0.56亿元，下降5.07%；社会保障和就业支出1.55亿元，增长21.72%；城乡社区事务支出3.89亿元，增长77.20%；科学技术支出0.62亿元，增长25.79%。年末，全区金融机构存、贷款余额分别达231.40亿元和138亿元，增长8.90%和39.10%，创成省金融生态达标区。

【科技和教育】 2013年，全区专利申请量2759件，其中发明专利642件。全年获批高新技术企业6个，认定省后备高新技术企业14个；新认定省级高新技术产品50项。实现高新技术产业产值583.11亿元，比上年增长28.80%。组织实施国家级火炬计划7项、国家星火计划6项，国家级科技支撑计划1项，国家级科技型中小企业创新资金项目2项；实施省级科技支撑计划2项，省级知识产权战略计划项目1项；新认定国家重点新产品1项、省级高新技术产品50项；2人列入省企业博士集聚计划；扬子江药业集团获省级科技进步三等奖1项；新增省确认民营科技型企业20个。

年末，全区有各级各类学校33所，其中，普通中学10所、职业中学1所、小学10所、幼儿园12所。全区普通中学在校人数5592人，毕业人数1913人；职业中学在校人数3142人，毕业人数866人；小学在校人数13152人，毕业人数2205人；在园幼儿5202人。学龄儿童入学率、小学毕业生升学率、初中毕业生升学率均为100%。

【人民生活和社会保障】 年末，全区家庭总户数81704户，户籍总人口26.34万人（不含未落常住户口人员），其中女性13万人。户籍人口中，18岁以下人口3.57万人；18~35岁人口5.66万人，35~60岁人口11.23万人，60岁以上人口5.88万人。年末常住人口25.14万人，比上年增加400人，人口出生率8.31‰，死亡率7.79‰，人口自然增长率0.52‰。人口城镇化率59.94%。全年新建创业培训基地5个、创业孵化基地3个；新增就业人数11086人，净增就业人数8100人，促进失业人员再就业2786人；城镇登记失业率1.87%。全民保障步伐加快，全区城镇职工养老、医疗保险参保人数分别达4.54万人和5.66万人，参保覆盖率分别达99%和99.10%；城乡居民基本养老保险总人数92651人，参保覆盖率99.80%。

组织机构及负责人

中共泰州市高港区委员会

书　　记　王　建
副 书 记　周裕昌
　　　　　封新华（至12月21日）
常　　委　王　建
　　　　　周裕昌
　　　　　封新华（至12月21日）
　　　　　杨春宣（至6月26日）
　　　　　张兆洋
　　　　　陈　军
　　　　　程荣稳
　　　　　韩　亚
　　　　　吴　斌
　　　　　蒋向荣
　　　　　陈志斌
　　　　　唐明刚（6月26日任）

泰州市高港区人大常委会

主　　任　王　建
副 主 任　刘　鹏（至3月12日）
　　　　　刘振东
　　　　　李达华
　　　　　张　勤（女）
　　　　　王国平（1月9日任）

泰州市高港区人民政府

区　　长　周裕昌
副 区 长　陈　军
　　　　　吴　斌
　　　　　邵春宁（女）
　　　　　孙桂银（至3月29日）
　　　　　蔡秋云（女）
　　　　　肖志勇
　　　　　徐绍文（6月27日任）
　　　　　包　亚（6月27日任）

政协泰州市高港区委员会

主　　席　任寿南
副 主 席　仲新光
　　　　　周法鸣
　　　　　李　强
　　　　　李新美（女）
　　　　　钱亚东
秘 书 长　马步忠

中共泰州市高港区纪律检查委员会

书　　记　张兆洋

法院、检察院、人武部

法　院
院　　长　胡欣荣（女）
检察院
检 察 长　华为民（1月19日任）
人武部
部　　长　杨春宣（至3月31日）
　　　　　王友茂（3月31日任）

区委工作机构及区委部门管理机构

办公室（研究室、督查考核办与其合署，挂接待办牌子）
主　　任　袁　斌
研究室
主　　任　田宝武
督查考核办
主　　任　袁　斌
网络信息管理中心
主　　任　徐旭东
组织部（非公有制经济组织党工委与其合署）
部　　长　陈志斌
非公有制经济组织党工委
书　　记　孙　跃（至3月6日）

戴建斌(12月21日任)
组织员办公室
主　　任　叶俊东
宣传部(挂文明办、文联牌子,社科联与其合署)
部　　长　程荣稳
外宣办(区新闻办)
主　　任　邵釜明
统战部(区委台办与其合署,挂区政府台湾事务办公室、区民宗局牌子)
部　　长　周法鸣
台　办
主　　任　乔国平(至12月21日)
　　　　　吴　虓(12月21日任)
政法委(综治办与其合署)
书　　记　蒋向荣
综治办
主　　任　杨　勇
编委办(挂区事业单位登记管理局牌子)
主　　任　丁春枝(至6月27日)
　　　　　高志勇(6月27日任)
维稳办
主　　任　姚　飞(12月25日任)
机关党工委
书　　记　封六生(至6月27日)
　　　　　陈振东(6月27日任)
老干部局
局　　长　包志明
信访局
局　　长　王明龙
机要保密局(副乡科级)
局　　长　于　云
文明办
主　　任　卞晓江(至3月6日)
沿江开发办
主　　任　王　庆

区人大常委会工作机构

办公室(挂研究室牌子)
主　　任　周树发
研究室
主　　任　张　平(6月27日任)
人事代表工作委员会
主　　任　丁春枝(11月27日任)
财经工作委员会
主　　任　刘晓春
法制工作委员会
主　　任　李秀年
教科文卫工作委员会
主　　任　朱冬林
城乡建设工作委员会
主　　任　戴凤鸣

区政府工作机构

办公室(挂政府研究室、法制办、外事侨务办、应急办牌子,正科级下属事业单位:机关事务局)
主　　任　顾为进
政府研究室
主　　任　王飞平
法制办
主　　任　冷　洪
发改委(挂物价局、服务业发展办牌子)
主　　任　王　庆
物价局
局　　长　吴玉春
经信委(挂中小企业局牌子)
主　　任　陈新兵
中小企业局
局　　长　程永进
教育局(挂教育督导室牌子)
局　　长　李俊仁
科技局(挂知识产权局、地震局牌子)
局　　长　包　亚(至3月29日)
　　　　　孙　跃(3月29日任)
监察局(与纪委合署,挂纠风办牌子)
局　　长　毛一鸣
民政局
局　　长　葛　武
司法局
局　　长　祁亚峰
财政局
局　　长　王金云
人社局(挂公务员局牌子)
党组书记　居山林
住建局(挂建工局、规划办牌子)
局　　长　邱小平
水利局
局　　长　胡万源
农　委
主　　任　陈宝进
商务局(挂粮食局牌子)
局　　长　吴　虓
文体旅游局
局　　长　张霁明
卫生局
局　　长　梅　跃
人口计生委
主　　任　李友荣
审计局
局　　长　江淑平(女)
环保局
局　　长　匡裕民
统计局
局　　长　李正堂
安监局
局　　长　秦荣生
食药监局
局　　长　李新美(女)

区委、区政府直属机构及直属事业单位

城管办
主　　任　张万卿
供销总社
主　　任　毛照明
史志档案办
主　　任　阙　进
行政服务中心
主　　任　尹晓平
区级机关事务局
局　　长　戴永建
金融办
副主任　陆　波(主持工作)

区政协工作机构

办公室
主　　任　(暂缺)
学习提案文史委
主　　任　朱长顺
经济城乡建设委
主　　任　邹贤平
社会法制委
主　　任　陆惠章

科教文卫体委
主　　任　徐亚明

群众团体

总工会
主　　席　张　琴（女）
团区委
书　　记　徐思达
妇　联
主　　席　李　平（女）
工商联
主　　席　李　强
残　联
理 事 长　刘富庭
科　协
主　　席　蒋　为
文　联
主　　席　卞晓江（至5月14日）
侨　联
主　　席　卢国平（1月17日任）
红十字会
常务副会长　唐秧林

园区、街道、镇

高港高新区
党工委书记　陈　军
管委会主任　包继春
财政局局长　包继春
社会事业一局局长　匡裕民（至1月15日）
　　　　　　　　　邵剑峰（1月15日任）
社会事业二局局长　张宏生
招商局局长　田光明
规划建设局局长　刘长军
党政办主任　栾　勇
泰州港核心港区
党工委书记　韩　亚
党政办主任　金正文（7月9日任）
财政局局长　王镇静
招商局局长　吴　娓（至1月15日）
经济发展局局长　邱卜雨
社会事业局局长　金　星
临港经济园
党工委书记　徐绍文
管委会主任　张桂林
口岸街道
党工委书记　徐绍文
办事处主任　张桂林
人大工委主任　韩记国
政协工委主任　（暂缺）
刁铺街道
党工委书记　张宏生
办事处主任　李伯英（女）
人大工委主任　李凤华
政协工委主任　（暂缺）
许庄街道
党工委书记　邵剑峰
办事处主任　匡裕民（至1月15日）
　　　　　　田光明（1月15日任）
人大工委主任　袁荣堂
政协工委主任　（暂缺）
永安洲镇
党委书记　韩　亚
镇　　长　王镇静
人大主席　金　星
政协工委主任　（暂缺）
白马镇
党委书记　马才本
镇　　长　马才本
人大主席　周鑫科
政协工委主任　李乃和
大泗镇
党委书记　李金寿（至11月13日）
　　　　　魏玉云（11月13日任）
代理书记　魏玉云（6月27日～11月13日）
镇　　长　丁新成（至4月3日）
　　　　　包　亚（4月3日任）
人大主席　陶春山
政协工委主任　（暂缺）
胡庄镇
党委书记　王国平（至3月6日）
　　　　　卞晓江（3月6日任）
镇　　长　邵剑峰（至4月13日）
　　　　　陆明航（4月13日任）
人大主席　曹建芳（女）
政协工委主任　（暂缺）

垂直机构

公安分局
局　　长　孙桂银（至1月31日）
　　　　　薛荣美（1月31日任）
国土分局
局　　长　陆　俊
工商分局
局　　长　曹映华
国税二分局
局　　长　赵剑三
地税五分局
局　　长　虞　健
电视节目中心
主　　任　周越星
交通分局
局　　长　高林海
规划分局
局　　长　刘国圣
人防办
主　　任　戈　琦
交巡警二大队
大 队 长　薛荣明
消防大队
大 队 长　吴文俊
气象分局
局　　长　赵　蓓（女）
质监分局
局　　长　高希兆
电信分局
局　　长　王广宇
邮政分局
局　　长　缪晓波

（李　艳　王　伟）

园区建设

泰州港核心港区

【概况】 泰州市泰州港核心港区以永安洲镇为主载体，规划面积55.90平方千米，拥有-12米以上长江深水岸线12.80千米，是长江中下游地区重要的天然深水良港。2013年，实现地区生产总值64.11亿元，财政总收入5.75亿元，公共财政预算收入3.41亿元。工业总产值298.55亿元，装备制造、粮油食品、新材料产业分别实现产值66.93亿元、125.76亿元、69.77亿元，食品工业园创成泰州市粮油食品特色产业园。高新技术产业产值76.64亿元。服务业增加值16.76亿元，全社会固定资产投资80.72亿元。协议利用外资和港澳台资14782.80万美元，实际到账6240万美元。完成自营进出口8035.20万美元，新增外贸企业3个。新增境外投资企业1个。

【基础设施建设】 2013年，核心港区围绕国电泰州发电有限公司二期、扬子江药业集团龙凤堂中医药高科技产业园、新材料产业园等重点项目及其他基础设施建设，实行"阳光拆迁"，累计拆迁1050户，总面积41万平方米。道路基础设施总投入8亿元，总长度22千米。污水接管实现全覆盖，泰州中航船舶重工有限公司污水管网竣工。投资170余万元启动路灯改造工程，将569盏高压钠灯替换为使用寿命更久、照明效率更高、能耗更少的135瓦的LED节能灯，全年节约用电22万千瓦时，节省电费19万元。

核心港区标准厂房区

【新项目投入56亿元】 2013年，核心港区共实施新开工项目、工业技改项目33个，总投资56亿元，其中1亿元以上项目9个。总投资20亿元的扬子江药业集团龙凤堂中医药高科技产业园项目落户并开工建设，益海（泰州）粮油工业有限公司年产2.50亿只瓶盖注塑项目、泰州新安阻燃材料有限公司年产4万吨磷酸酯阻燃剂项目竣工投产，江苏扬子催化剂有限公司年产2000吨重整催化剂、2000吨加氢催化剂项目，恒达化工科技（泰州）有限公司年产2万吨CMC项目和泰州市天润合成化工有限公司不饱和聚酯树脂项目等按序时推进。

【拓宽融资渠道】 2013年，核心港区突破以财政出资为主的单一资金渠道，采用多种形式发展小额贷款公司和担保公司。共有江苏锦通投资担保有限公司、江苏银广担保有限公司、泰州市永盛担保有限公司3个担保公司,泰州市高港区能建农村小额贷款有限公司1个小额贷款公司,泰州市永安洲资金互助合作社、泰州市高港区三泰农村资金互助合作社2个互助合作社,总注册资金5亿元,对外担保金额20亿元,担保户数1000户,累计担保笔数2500笔。组织推荐优良中小企业申请银行贷款,启动中小企业信用等级评定工作,举办政银企恳谈会、"金融超市"活动和项目对接会,帮助企业拓宽融资渠道。

【科技创新】 2013年,核心港区完成高新技术产业产值76.64亿元。工业技改投入44.69亿元。申报专利434件,其中发明专利146件,申报专利贯标企业3个。申报科技项目41个,立项37个。获得国家、省、市、区科技扶持资金420万元。获批国家星火计划1个、江苏省高新技术企业2个、江苏省民营科技型企业4个、江苏省科技型中小企业7个、江苏省高新技术产品10个。泰州三福船舶工程有限公司、泰州市博泰电子有限公司获江苏省企业知识产权管理标准化示范先进单位称号,核心港区科技企业孵化器获批市级科技企业孵化器。

【515舰移交海军文化公园】 8月27日,海军515舰退役移交仪式在福建省宁德市举行。9月6日,515舰停靠核心港区三福船舶1号码头。海军文化公园位于泰州长江公路大桥北面,规划建设来访船舶服务区、海军纪念广场区和海军诞生历史游览区。来访船舶服务区占地面积3.90公顷,建有来访船舶停靠点和服务站;海军纪念广场区及海军诞生历史游览区建设集纪念广场、博物馆、观景平台、舰艇参观(舰艇停靠点)、科普教育等各种功能于一体的参观景点。

【华夏重工新品打破国际垄断】 2013年,江苏华夏重工有限公司自主研制的两艘中型模块化拼装型挖泥船交付使用,标志着该企业在模块化拼装型挖泥船生产领域取得重大技术突破,填补国内行业空白,打破长期以来的国际垄断。该船由江苏华夏重工有限公司联合国家708所和上海交通大学海洋船舶设计院设计、制造,采用全电变频驱动技术,每万立方米土作业油耗仅为3.70万吨,为进口挖泥船油耗的一半,每艘售价600万元,仅为国外同型号的1/4。

【科冕木业建成国内首条单板层积材生产线】 2013年,泰州科冕木业有限公司投入1.40亿元从芬兰引进国内首条单板层积材生产线投入试生产。原木经过截断、扒皮、软化处理后,进入该生产线,即可产出长18.30米、宽1.80米单板层积材,厚度可随需要进行调整,最薄可达1.80毫米。单板层积材为高性能人造板材,具有比普通钢材更高的强重比,弹性、弯曲强度等力学指标是实木的两倍以上,适用于大跨度、高抗震等级建筑物。

(李 誉)

高新技术产业园区

【概况】 2013年,江苏泰州高港高新技术产业园区实现地区生产总值66.10亿元,比上年增长20.12%;工业总产值211.87亿元,增长20.40%;规模以上工业总产值171.47亿元,增长33.72%;公共财政预算收入2.83亿元,增长34.76%。协议利用外资和港澳台资1.50亿美元,实际利用外资和港澳台资5510万美元,自营进出口9081.91万美元。年内,省级生态园区创建工作通过省环保厅技术评审,被评为江苏省装饰材料特色产业园、江苏省壁纸优质产品生产示范区、江苏省循环化改造示范试点园区、江苏省"三网"(电信网、广播电视网、互联网)融合试点园区和江苏省工会工作模范园区。

【特色产业发展】 2013年,园区壁纸、通用动力及汽车零部件、电子信息和生命健康四大特色产业实现开票销售46.10亿元,占全部开票销售的72.26%;实现产值120亿元,占全部工业总产值的56.64%。省商务

科冕木业单板层积材生产线

厅批准在园区设立江苏泰州高港新型装饰材料产业园，高港壁纸产业集群被省质监局认定为省优质产品生产示范区，省墙纸检测中心投入运营在即，高港壁纸联盟标准通过省级技术评审，成立全省首个壁纸版权保护办公室。

【实施项目建设20个】 2013年，园区实施各类项目70个，计划总投资近60亿元。泰州大自然德森堡木业有限公司年产30万樘高档木门、泰州浙华机械精锻有限公司年产2万吨热精锻、泰州统实企业有限公司新增1条无菌线和4条制盖线、泰州成兴汽车部件有限公司汽车弹簧、万向精工江苏有限公司年产100万套汽车安全气囊、江苏福马高新动力机械有限公司年产100万台发动机及汽油发电机组等项目建成投产。泰州市金海运船用设备有限公司、江苏博莱登电子科技有限公司等厂房交付使用，江苏鹏翎胶管有限公司年产1.50亿件汽车用流体管路项目7万平方米厂房交付使用在即。红星美凯龙国际家居广场一期正式营业，泰州明发国际广场6栋高层建至18层以上，118米高五星级酒店开工建设。泰国阿玛宁国际集团有限公司投资1亿美元的功能性饮料项目、广东星徽精密制造股份有限公司投资3亿元的高档五金项目落户。

【基础设施建设】 2013年，园区新（改）建道路3.50千米，创业大道一期、环溪路东延、解放路东延一期建成通车，启动创新大道改造、永盛路东延、永福路等工程，环溪路西延开始规划设计。新增绿化面积7万平方米，完成4条中沟生态化景观改造工程。建成三星嘉苑18栋5.60万平方米安置房，启动新城花园二期1.50万平方米、育才花苑二期11万平方米建设。投资2亿元团购泰州明发国际广场464套近5万平方米商品房用于安置。完成银杏路、泰州明发国际广场二期、安置三区、创新大道、永盛路及区属重点工程田许路等项目共31.50万平方米拆迁工作。科技孵化器一期4栋人才公寓及2.60万平方米标准厂房主体工程交付。

【科技创新】 2013年，园区成功申报省级高新技术产品10个、国家重点新产品1个。2个项目获市级科技支撑计划立项，4个项目获市级创新基金立项，2个项目获国家火炬计划立项，新增市级工程技术研究中心4个，环保型高性能壁纸用水性油墨项目、人民币全自动封包设备项目获国家科技型中小企业创新资金扶持140万元，10个项目获科技型中小企业风险补偿贷款3250万元。泰州市天鑫机械有限公司、泰州市金鹰齿轮有限公司、泰州友润电子有限公司3个企业成为计量合格确认单位；江苏保力自动化有限公司、江苏德泰墙纸有限公司、泰州龙冉装饰材料有限公司、泰州市华强照明器材有限公司4个企业被认定为国家AAA级标准化良好行为企业。泰州艳阳天塑料科技有限公司、泰州市海博汽车科技有限公司2个企业被认定为市级创新型企业，泰州市天鑫机械有限公司、泰州市环科生物新能源有限公司、泰州晟禾水处理设备制造有限公司、泰州海天半导体有限公司、江苏德泰墙纸有限公司、泰州市华强照明器材有限公司、江苏追日汽车同步器有限公司7个企业被认定为省民营科技企业，江苏康贝宠物食品有限公司和江苏神驰机电有限公司2个企业通过省级知识产权贯标验收。

【创成省工会工作模范园区】 园区总工会针对园区外资企业多、外来务工人员比率大、分化组合快的特点，探索建立领导督查、联合审查和目标激励机制，坚持“党工共建”，发挥龙头企业和骨干企业的示范引领作用，实现工会组织全覆盖，形成街道、村（社区）、企业工会“小三级”网络体系。建立工会组织355个，工会组建率超过98%，会员18187人，入会率96%。4月8日，高港高新区被省总工会评为江苏省工会工作模范园区。5月9日，江苏省总工会副主席曹海到园区授牌。

【全省首个壁纸版权管理办公室】 4月11日，园区成立全省首个壁纸版权管理办公室，围绕普法宣传教育、作品登记服务、打击侵权盗版、调解版权纠纷开展工作。全年园区壁纸企业投入200余万元建设花稿设计开发中心，申报花型714个，版权申报率100%。

【泰国阿玛宁功能性饮料项目】 4月，园区与泰国阿玛宁国际集团有限公司签订功能性饮料项目引进协议。项目总投资1.05亿美元，注册资本3500万美元，在园区建立开发、生产、深加工、销售国际知名品牌“金牛”和“黑豹”功能性饮料产业基地。年内，完成工商注册，项目一期土地指标落实，开展项目环评报告及开工前各项准备工作。

【广东星徽五金精密制造项目】 5月14日，园区与广东星徽精密制造股份有限公司签订五金精密制造项目引进协议。项目总投资3亿元，注册总资本7500万元，生产滑轨、铰链等五金产品。计划2015年建成投产，投产后年开票销售可达2亿元。一期项目投资1.20亿元，注册资本3000万元。年内，完成工商注册，土地转让金按合同约定到账，等待土地上市指标。

【高港区汽车关键零部件产业技术创新联盟】 6月14日，高港区汽车关键零部件产业技术创新联盟成立大会在园区召开。会议通过联盟章程，选举产生理事长，明确8个单位为常务理事单位。邀请清华大学、浙江大学、东南大学、武汉理工大学、吉林大学、江苏大学教授，以及江苏福马高新动力机械有限公司、泰州市奥鑫机械有限公司等企业技术工程师担任联盟专家。全区有40个企业加入联盟。

【省新型装饰材料产业集聚示范区】 7月9日,园区新型装饰材料产业集聚区通过江苏省经信委审查认定,继汽摩零部件产业集聚示范区之后,园区建成第二个省级产业集聚示范区。园区集聚江苏皇冠壁纸有限公司、江苏德泰墙纸有限公司和泰州龙冉装饰材料有限公司等10余个全国知名的壁纸生产企业,壁纸产量占全国总产量的30%。

【省级循环化改造示范试点园区】 9月17日,园区被省发改委、省财政厅确定为省级循环化改造示范试点园区。是年起,省财政连续三年每年下达250万元资金,支持园区泰州麒润电子有限公司再生铜项目,废旧壁纸集中回收与处置交换平台,华润雪花啤酒(泰州)有限公司冷凝水、二氧化碳回收和酒糟综合利用工程,泰州海天半导体有限公司年产4亿只半导体晶体管电子产业链延伸关键项目4个重点循环化改造项目。

【华润雪花啤酒江苏区域营销中心】 11月25日,华润雪花啤酒江苏区域营销中心落户园区。华润雪花啤酒江苏营销中心成立后,将实行产销分离,省内南京、苏州、无锡、常州、泰州5个工厂的产品,全部由位于园区的营销中心统一对外销售。

【大自然木业家居事业总部】 12月,香港大自然德森堡木门控股有限公司下属的木业家居事业部总部落户园区。该家居事业部总部具有决策管理、行政管理、资产管理、资金结算管理、研发管理等职能。香港大自然德森堡木门控股有限公司下设的徐州木门工厂、珠海木门工厂、泰州木门工厂、南海厨衣柜工厂等木门工厂和家居工厂生产的产品全部调拨至泰州大自然德森堡木业有限公司对外统一销售,并通过合理的定价将各工厂产品利润汇集到泰州大自然德森堡木业有限公司。

(薛　峰)

临港经济园

【概况】 2013年,临港经济园实现地区生产总值71亿元,比上年增长20%;完成公共财政预算收入2.20亿元,增长36.60%;工业总产值199.57亿元,列统工业产值178.18亿元,分别增长9.31%和13.68%。共有13个项目签约落户,其中1亿元以上项目6个,总投资16.25亿元。协议利用外资和港澳台资5500万美元,实际利用外资和港澳台资3500万美元。

【基础设施建设】 2013年,临港经济园"三横"道路建设完成投资7740万元,六条支路建设完成投资756万元,110千伏专线工程完成投资6000万元,清水管道改迁工程完成投资2000万元,姜堰水厂清水管道改迁工程完成投资2000万元,临港·水岸景城项目完成投资6亿元,泰州纤维检验所项目完成投资1620万元,一期标准厂房项目完成桩基工程,垃圾中转站项目进场施工。

"三横"道路工程　远东大道长1340米,宽25米,总造价3300万元,年内完成投资2970万元,至年末,具备通车条件;龙窝大道长1200米,宽40米,总造价4050万元,年内完成投资3240万元,至年末,桥西路段完成4层6%的灰土和1层12%的灰土施工,桥东部分进行河塘清淤等工作;文圣大道长1000米,宽25米,总造价1800万元,年内完成投资1530万元,至年末,完成4层6%的灰土和1层12%的灰土施工。

六条支路工程　总造价约9450万元,年内完成投资756万元,工程共分4个标段。一标段为团结路(东南村—江平公路),长1829米,宽15米,造价2110万元,年内未开工;二标段包括长513米、宽30米水岸路(景城路—336省道),长423米、宽44米景城路(水岸路—宣堡港河),宽18.60米水岸景城小区南门小田河中沟桥,宽44米景城路小田河中沟桥,造价3020万元,12月中旬开工;三标段包括长822米、宽15米友谊路(团结路—田许线),长307米、宽25米客瑞斯路(远东大道—凌家路),造价约1640万元,12月中旬开工;四标段为新乔路(远东大道—文圣路),长1190米,宽25米,造价约2680万元,12月中旬开工。

110千伏(诚达精工)专线架设工程　线路全长17千米,6月施工,12月竣工,总投资6000万元。

姜堰水厂清水管道(临港经济园段)改迁工程　沿团结中沟西侧布设,全长2千米,7月竣工通水,完成投资2000万元。

临港·水岸景城　用地17.87公顷,总造价17亿元,总建筑面积48万平方米,其中,地上建筑面积35万平方米、地下建筑面积13万平方米。共建17+1高层12栋、11+1小高层15栋、多层8栋,有各种房型2424套,配套邻里中心、社区用房、会所、农贸市场、幼儿园等公共服务设施。一期在建10栋17+1高层,9栋11+1小高层,总建筑面积29万平方米,主体工程基本封顶;8栋多层,总建筑面积5万平方米,10月上旬开工,完成投资6亿元。

泰州纤维检验所　占地1公顷,建筑面积7700平方米,总造价约1800万元。年内,完成部分土建工程,投资1620万元。

一期标准厂房　位于友谊路北侧、团结河东侧,新建6栋4层标准厂房(长108米,宽27米,高23米),总建筑面积7.19万平方米,占地4公顷,总造价约1.40亿元。10月开工,12月完成桩基工程施工。

垃圾中转站 选址于江平线南侧，大桥北接线以东约100米，占地面积0.47公顷，建筑面积500平方米，2层框架结构形式，总造价约150万元。12月进场施工。

【项目建设】 2013年，临港经济园新开工项目11个，续建项目5个。泰州诚达精工新材料有限公司项目4条还原生产线土建工程基本完成，1号还原生产线设备安装完成95%的工作量，铸造车间完成土建60%，钢结构准备安装前工作。江苏格律斯科技有限公司项目1号楼竣工，2号楼主体结构封顶，3号、4号楼二次结构施工结束。江苏客瑞斯电动车有限公司项目5栋厂房全部施工结束，进行场内道路建设和生产设备安装（2号、5号为生产车间）。江苏昆仑光源材料有限公司项目办公楼和1号车间基本施工结束，设备安装即将完成，3号、4号车间封顶，水处理、泵房均在建。江苏扬泰电子有限公司项目1号、2号厂房施工至±0，3号厂房浇筑整板基础。泰州汇锦电子有限公司项目1号、3号车间主体竣工。江苏安奇正消防设备有限公司项目1号办公楼施工至±0，2号厂房垫层浇筑完。江苏港城中药养生有限公司项目桩基工程结束，进行土建施工的前期准备。电子商务城（汽车4S城）项目桩基工程施工结束，进行桩基检测。中瑞物流（中通快递）电子商务中心施工至1层结构，办公楼施工至2层结构，分拣中心施工至±0，完成基础工程。圆通速递和国通速递围墙施工结束。江苏正申索具有限公司项目办理招、拍、挂手续。江苏苏骏纺织有限公司项目完成1栋厂房的承台浇筑。江苏天华索具有限公司项目开工在即。江苏澳伦特印刷器材有限公司项目围墙施工完成，进行试桩。

2013年6月26日，江苏扬泰电子有限公司项目签约落户临港经济园

【企业转型升级】 2013年，临港经济园开展"一企一策"调研，使用近7亿元的"过桥资金"，引导企业走"品牌化、标准化，资本化、上市化，信息化、高端化"之路。江苏正申索具有限公司、江苏海通索具有限公司、泰州市创新电子有限公司、江苏扬子江药业集团凯威药用包装有限公司、江苏昆仑光源材料有限公司创成省著名商标，"田河绳网带"成为全区首个集体商标，泰州超人汽车电子有限公司创成省工业化、信息化融合示范企业，江苏扬子江药业集团凯威药用包装有限公司通过新型复合材料产品认证，江苏亿尔等离子体科技有限公司研发的等离子医用固体废物处理装置获3项发明专利，泰州三福船舶工程有限公司、泰州市恒源化织厂成为省五星级数字企业。全年完成高新技术产业产值60.50亿元；专利申请515件，其中发明专利140件，专利授权131件；申报获批各类科技计划17项，获市级科技奖2个、区级科技进步奖11个。

【上海理工大学技术转移中心揭牌】 12月20日，上海理工大学—泰州市高港区临港经济园技术转移中心揭牌。该中心系由上海理工大学与临港经济园共建的以推进技术转移、成果转化、人才培训和技术咨询为核心的信息互通平台。上海理工大学每年转让3件发明或实用新型专利落户临港经济园。

（朱春生）

农业·水利

农　业

【概况】 2013年，高港区农业系统围绕“农业要强、农村要好、农民要富”目标，发展现代农业。以太阳能杀虫灯、喷滴灌等生态节能设施为主，新建高效设施农业900公顷。加大高港现代农业园转型升级力度，引进总投资1500万元的江苏上膳源生态农业发展有限公司，建成80公顷的标准化有机蔬菜生产基地。全区农民人均纯收入14976元，比上年增长11.40%；农业增加值9.91亿元，增长3.10%。新建各类小农场98个，总面积2266.67公顷，全区规模经营比重达98%。新增高速插秧机、大中型拖拉机、秸秆还田机、联合收割机等各类农机具165台（套），发放农机补贴268.49万元。农业利用“三资”15.38亿元，其中外资和港澳台资1965万美元，农产品出口额3686万美元。申报各类农业项目48个，申请财政资金3602万元。全区12个市级以上农业龙头企业完成销售收入14.18亿元，增长19.60%。新建、完善绿色通道12千米，新增造林面积300公顷，完成中幼林抚育面积333.33公顷，建成省级绿化示范村8个。实施秸秆机械化还田，麦草全量还田率95%以上，夏、秋两季秸秆禁烧和综合利用工作继续保持全市第一。新增无公害农产品57个、绿色食品1个，农产品抽检合格率99%。全区新增农民专业合作社57个，新增登记成员数2813人，社区股份合作社工商注册率76%。创成全市十强村1个，小康示范村16个、达标村2个。年内，高港区获全市农业农村工作专项二等奖，区农委被评为区人民满意机关。

【农产品质量监管】 2013年，高港区加强镇街农产品质量安全监管站规范化运行建设，实现区、镇街和规模果蔬基地农药残留快速检测室全覆盖，永安洲镇、胡庄镇、许庄街道、口岸街道4个农产品质量安全监管站获江苏省乡镇农产品质量安全监管公共服务机构考核评价规范优秀等次。建成区农产品质量安全监管网站。加强对“三品一标”（无公害产品、绿色食品、有机食品和农产品地理标志）农产品和名牌农产品的培育和监管，新申报无公害农产品57个、绿色食品1个，获评泰州市诚信单位6个、守信单位2个。

【三大合作组织建设】 2013年，高港区三大合作组织发展量质并举，社区股份合作社累计工商注册登记63个，其中村级62个，工商注册率76%，登记成员数17.30万人；土地股份合作社累计工商注册24个，登记成员数5411人；农民专业合作社累计工商注册199个，登记成员数9134人。在胡庄镇2个村级经济合作社开展试点，办理工商注册。开展“五好”（服务成员好、经营效益好、利益分配好、民主管理好、示范带动好）农民专业合作社示范社创建工作，明确专人挂钩合作社，定期进行业务指导，创成市级“五好”示范社8个、区级22个，占总数的15%。

【土地规模经营】 2013年，高港区适度规模经营面积不断扩大，累计土地适度规模经营面积1.30万公顷，规模经营比重98%。新建小农场98个，规模经营面积2266.67公顷，流转农户12747户。

【土地确权登记】 2013年，高港区开展农村土地承包经营权确权登记试点工作，选择胡庄镇、白马镇和其余镇街各1个村作为试点，完成试点区域入户调查、合同签订、张榜公布、登记造册和发证工作，农村土地承包经营权证换发率99.30%。

【村集体经济发展】 2013年，高港区投入5400万元在高新区和临港经济园兴建标准厂房5.40万平方米，每年为经济薄弱村增收24万元。成立蔡滩、龙窝口、王营集体资产管理有限公司，以公司化运作，通过盘活存量资产、发展物业项目、开展有偿服务等多种途径发展村级集体经济，增强村级集体经济实力。年内，全区村级集体经营性收入总额5145.41万元，村平均61.25万元，全面实现集体经营性收入30万元以上。

【农业保险】 2013年，高港区制定农业保险实施方案，将保险与农业项目实施相结合，实行区、镇联合，全区水稻、小麦、油菜、能繁母猪执行100%的承保率，高效设施农业保险实现总保费411.14万元，超额完成市交任务，开出全市内塘螃蟹保险第一单。

【农村实事工程】 2013年，高港区实施农村新一轮实事工程，农业专项技术培训3843人，农机职业技能培训205人，乡镇企业经营管理人员培训305人，转移农村劳动力1600人。新建农村公路34.70千米、桥梁26座。疏浚整治农村河道2条、2.10千米，村庄河塘18条、14.59千米，土方32.28万立方米。开展各类文艺演出40余场，区“大江艺术团”组织送戏下乡14场，送图书7000册，送电影786场，新增有线电视用户终端1310个。全区人均纯收入低于5000元以下的5583户（9825人）全部脱贫。

【农业生态环境保护】 2013年，高港区将秸秆综合利用工作作为农业生态环境保护的关键举措，夏、秋秸秆综合利用率分别达98.30%和97.10%，秸秆禁烧和综合利用工作夏秋考核均名列市区第一名。建设规模畜禽场沼气治理工程3处，畜禽粪便综合利用率96.10%。

【水稻种植机械化】 2013年，高港区新增高速插秧机24台，其中，六行机16台、四行机8台。全区水稻种植面积7860公顷，插秧机保有量692标台，实现机插秧大田面积6386.67公顷，机插率81.30%。

【农机具推广】 2013年，高港区开展“农机化推进年”活动，提升农机化水平。享受国家和省级农机补贴268.49万元，推广新型农机具165台（套），农业综合机械化水平80.40%。新建农机专业合作社19个，组建企社共建专业合作社1个。

【农机安全监理】 2013年，高港区落实农机安全生产责任制，强化农机安全生产源头管理，深化安全生产专项治理活动，构建“平安农机”长效机制，增强农机事故应急处置能力，不断加强自身建设，保障和促进农机安全生产。注册登记联合收割机24台、拖拉机28台。年检拖拉机528台，其中，变型拖拉机220台、小型拖拉机250台、大中型拖拉机58台；年检收割机112台；驾驶员换证52人；手扶无挂车备案登记近400台，投保各类农机政策性保险232份。查处违章拖拉机42台、驾驶员48人。

【农业产业化】2013年，高港区新增泰州市大江禽业有限公司、益海（泰州）粮油工业有限公司、泰州市福兔面粉有限责任公司、泰州中嘉农业开发有限公司、泰州市鑫马生态农业观光旅游发展有限公司、江苏泰供海诞现代农业发展有限公司6个市级龙头企业。永安洲农产品加工集中区被认定为省级农产品加工集中区。实施省级产业化项目3个、市级产业化项目2个，上争财政资金321万元。农业龙头企业完成销售收入91.79亿元，实现利润3.71亿元。

【农业招商引资和农产品出口】 2013年，高港区农业利用“三资”15.38亿元，其中1000万元以上农业内资项目18个，总投资10.87亿元。农业实际利用外资和港澳台资1965万美元，农产品出口3686万美元，其中益海（泰州）粮油工业有限公司农产品出口额3248万美元，比上年增长57.80%，位列全省前100名。

【农业综合开发】 2013年，高港区新建高标准农田466.67公顷，总投资966万元，其中财政资金910万元。项目区新建桥梁3座、机耕路9.91千米、泵站8座、涵洞11座、硬质渠道6.78千米、仓库320平方米、晒场540平方米，项目区农民人均增收256元。

【农业法治】 2013年，高港区重点打击假冒伪劣农资产品，整顿规范农资市场，保障农业生产安全，维护农民合法权益。组织各类农业执法检查行动45次，出动执法人员500余人次，检查整顿农资经营企业及经营户100余个。立案查处各类农业违法案件13起，其中，农药案件4起、肥料案件7起、农产品质量案件2起。

【新建小农场98个】 至年末，高港区建成各类小农场98个，规模经营面积2200公顷，涉及流转农户12747户。其中，66.67公顷以上的2个，33.33~66.67公顷的15个，13.33~33.33公顷的79个，13.33公顷以下的2个；粮食种植业型86个，养殖业型2个，园艺种植型4个，种养结合型6个。加大小农场配套设施建设，指导镇街按333.33公顷的作业覆盖面，统一规划建设粮食晾晒场、农机库、烘干、储藏、加工车间等必备设施，规划21个标准化农机场库。

【建成市级农业产业园2个】 2013年，高港区新增市级农业产业园2个，分别为胡庄蔬菜园艺产业园和

工业·建筑业

工　业

【概况】2013年，高港区完成工业总产值1279.60亿元，比上年增长16.50%；列统工业产值、销售、利税、利润分别达1170.90亿元、1150.40亿元、164.30亿元和100.30亿元，分别增长20.80%、18.10%、22.10%和22.40%。30个重点企业开票销售167.70亿元，增长-12.10%，其中，开票销售增幅高于全区列统企业平均水平的有17个，负增长企业16个。实施1亿元以上重大技改项目36个，工业技改财务发生数88.06亿元，增长28.60%。组织申报国家中小企业发展专项资金项目2个。全年上争资金超过3000万元，其中，省转型升级专项资金项目8个，上争资金1370万元。扬子江药业集团、泰州口岸船舶有限公司分别入选国家、省百强民营企业；扬子江药业集团成为全市首个国家级技术创新示范企业；扬子江药业集团、泰州苏中天线集团有限公司获市十佳转型升级示范企业称号；高港高新区获批省级新型装饰材料产业示范聚集区，核心港区获批市级粮油食品特色产业园区。

【工业项目建设】2013年，全区实施1亿元以上工业投资项目36个，其中新开工12个，完成技改投入74.18亿元。万向精工江苏有限公司、华润雪花啤酒（泰州）有限公司、泰州统实企业有限公司、益海（泰州）粮油工业有限公司、泰州苏中天线集团有限公司、江苏环球船舶配套设备有限公司、扬子江药业集团等企业项目竣工投产或部分竣工投产，全年新增产值40亿元。高港高新区的泰州大自然德森堡木业有限公司、泰州浙华机械精锻有限公司、江苏福马高新动力机械有限公司、泰州市金海运船用设备有限公司项目，核心港区的泰州科冕木业有限公司二期、泰州市泰氟隆制品有限公司、江苏扬子催化剂有限公司项目，临港经济园的泰州诚达精工新材料有限公司、泰州市创新电子有限公司、江苏昆仑光源材料有限公司、泰州汇锦电子有限公司项目，大泗镇江苏宇马铝业有限公司项目，胡庄镇江苏乐泰食品有限公司项目等有序推进。在建的36个1亿元以上重大项目中，属于新医药、粮油食品、装备制造、新材料四大支柱产业的项目有27个，占总数的75%。扬子江药业集团现代中药研发及生产技术改造项目被认定为全省十大技改示范项目。

【新兴产业发展】2013年，高港区大力发展生物医药、高端装备制造、新一代信息技术等战略性新兴产业。扬子江药业集团江苏龙凤堂中药有限公司、泰州诚达精工新材料有限公司、江苏扬子催化剂有限公司等一批企业成功落户，汽车轮毂轴承、安全气囊、LED光源、蓝宝石晶体、阻燃剂等项目建成投产。新型装饰材料产业通过省中小企业产业集聚示范区认定。

【企业“六化”工程】2013年，高港区继续实施企业“六化”（品牌化、标准化，资本化、上市化，信息化、高端化）转型升级工程，提升企业综合竞争力。制定壁纸联盟标准，成立高港区汽车关键零部件产业技术创新联盟，特防、壁纸两个省级检测中心建成在即。新增省著名商标3件、省名牌产品3个。泰州三福船舶重工有限公司、泰州市恒源化织厂被省经信委认定为五星级数字企业，泰州市博泰电子有限公司、泰州正大饲料有限公司、泰州中航船舶重工有限公司、江苏海企化工仓储股份有限公司、泰州友润电子有限公司、泰州市沃爱特化工有限公司、益海（泰州）粮油工业有限公司认定为四星级数字企业。泰州苏中天线集团有限公司、江苏海企化工仓储股份有限公司获批省“两化”（信息化与工业化）融合示范企业，华润雪花啤酒（泰州）有限公司、泰州超人汽车电子有限公司、江苏宇马铝业有限公司获批省“两化”融合试点企业。扬子江药业集团和江苏海企化工仓储股份有限公司被评为省管理创新示范企业和优秀企业。高港高新区创成省级“三网”（电信网、广播电视网和互联网）融合试点区和“两化”融合试验区。

【企业培训】 2013年，高港区继续举办企业高级经营管理人员研修班。以EMBA工商管理课程体系为框架，系统培养高层管理者，促进企业管理转型升级，提升企业管理者的综合素质和能力。扬子江药业集团徐浩宇等15名企业家被列为市百企示范培育企业企业家素质提升工程培育对象，江苏海企化工仓储股份有限公司史先召等10名企业家被列为市百名新生代企业家培育工程培育对象，泰州市博泰电子有限公司施吉连被列为省第一期科技企业家培育工程培训对象。（鲍　馨）

2013年高港区工业经济工作先进单位一览表

表3

荣　誉	单　　位
十佳优秀企业奖	泰州口岸船舶有限公司、益海（泰州）粮油工业有限公司、泰州三福船舶重工有限公司、华润雪花啤酒（泰州）有限公司、泰州市创新电子有限公司、泰州市华强照明器材有限公司、泰州统实企业有限公司、江苏能建机电实业集团有限公司、江苏神驰机电有限公司、富彤化学有限公司
税收上台阶奖	江苏康贝宠物食品有限公司、江苏宇马铝业有限公司
信息化推进奖	泰州苏中天线集团有限公司、江苏海企化工仓储股份有限公司、泰州三福船舶工程有限公司、泰州市恒源化织厂、泰州市博泰电子有限公司、泰州正大饲料有限公司、泰州中航船舶重工有限公司、泰州友润电子有限公司、泰州市沃爱特化工有限公司、益海（泰州）粮油工业有限公司

·扬子江药业集团·

【概况】 扬子江药业集团系集科工贸于一体、产学研相结合、跨地区的国家大型制药企业集团，主要产品中西药并举，覆盖10大系列、20余种剂型、200余个品规。2013年，集团拥有员工10498人，其中专业技术人员7500余人，总资产162.09亿元。全年实现产值386.38亿元，主营业务收入385.90亿元，比上年分别增长14.93%和15.10%，各项主要经济技术指标均创历史新高，名列国内医药行业前茅。

药品研发　集团研发部门坚持以市场需求为导向，明晰研发分工，整合研发资源，梳理研发项目，推进研发进度，在人才引进、产学研合作、成果转化等方面进步显著。药物研究院全年新立项品种9个，获取生产批件4个，申报国家973课题、国家重大专项、博士聚集计划等科技项目26项。获专利授权6件，新申请发明专利4件，1件PCT专利新增3个国家和地区授权。中药研究院立足做“名优、特效治疗用药”核心理念，全年调研项目70余项，获批中药创新药生产批件1项，有2个中药品种上市，在研项目31项，承担国家重点支持的国际合作项目银杏叶片欧盟注册、欧洲药典中药专论等进展顺利。集团子公司上海海雁医药科技有限公司在研的7个创新药市场前景广阔。与四川大学华西医院签订产学研战略合作框架协议。

市场销售　集团经营线贯彻“强化新品推广、重视学术营销”经营方针，有效应对各种考验，深入挖掘市场潜力，着力破解增长难题，保证销售指标完成，全年任务完成率115%。新品推广意识增强，学术推广的数量规模、专家层次和实际效果显著提升。独家品种毛利占比40%。依靠学术推广引领，“地佐辛”“田力”“蓝芩”“唐林”“苏黄”等独家和优势品种销量飘红，其中“地佐辛”比上年增长50%。海外贸易业务区域不断扩大，成功签署多项合作协议，新销售点不断涌现，贸易额比上年增长12.60%。新增销售涉及俄罗斯、菲律宾、蒙古、几内亚、埃塞俄比亚等国家。澳大利亚、英国等高端市场进入实质合作阶段。

质量管理　集团生产线采取整合产能、扩大批量、质量管理攻关、劳动竞赛等措施，提高产能，全年完成产量296万件，比上年增长10%。严把药品质量关，加快推进产品质量管理水平与国际接轨。相继开展两次“质量月”活动，深入排查与整改质量隐患，强化全员质量意识。推行卓越绩效管理模式，以总分全省第一名的成绩顺利通过江苏省质量奖检查验收。启动6西格玛管理项目，推动精益化管理。完成10余个品种一致性评价工作。推进新版GMP贯彻实施，37个车间均通过新版GMP认证。

人才引进和培养　全年招聘1163人，其中，硕博高层次人才71

人、社会成熟人才154人。实施素质提升工程，建立71人的内部培训师队伍，组织开展新员工入职培训、班组长培训等，员工年人均培训54课时。建立后备人才培养机制，后备人才数量337人。畅通晋升渠道，通过民主选拔晋升25名主管级以上管理干部。依法规范劳动用工，建立薪酬良性增长机制，对部门和子公司20%优秀员工进行薪资调整；及时足额为所有在职员工缴纳保险；申报特殊工时制，保障职工身体健康和休息休假权利。集团被省人社厅授予江苏省劳动保障诚信示范企业称号。

【领导考察】 6月2日，省委书记罗志军和省委副书记、省长李学勇率领出席全省苏中发展工作会议代表一行360余人，参观考察集团。罗志军和李学勇充分肯定集团的发展思路，称赞集团技术设备、人才和项目一流，勉励未来发展得更好。6月20日，全国人大代表、省经信委主任徐一平集结近20名江苏全国人大代表考察集团生产研发一线。7月13日，中共中央政治局常委、全国人大常委会委员长张德江，在省委书记罗志军和省委副书记、省长李学勇等陪同下，调研、考察集团，叮嘱："药品研发一方面要抓好成果转化，另一方面要积蓄力量研发新药，同时还要重视中药的深度开发。" 11月8日，国家食品药品监管总局副局长刘佩智调研考察集团。

【企业荣誉】 2月25日，在全市开放创新和工业经济大会上，集团被评为十佳企业、工业国税开票销售十强企业和发明专利十强企业，获市长质量奖，集团药物制剂新技术国家重点实验室主任路显锋被评为十佳科技创新标兵。4月3日，被省经信委、省中小企业局、省总工会、团省委、省妇联评为2012年度江苏省用户满意服务单位。5月21日，被江苏省质量强省推进工作领导小组授予江苏省质量管理优秀奖。7月17日，全国医药工业信息年会揭晓2012年度中国医药工业百强企业榜单，集团位居第三名，同时获最佳研发产品线工业企业称号。7月27日，在全国新特药品交易会新药论坛上，集团获2013中国医药企业创新力二十强称号。8月12日，被中国医药质量管理协会评为全国药品质量诚信建设示范企业。8月31日，中国企业联合会发布2013中国企业500强排行榜，集团位列308位。10月15日，在江苏省优秀企业家表彰会上，集团董事长徐镜人获第四届江苏省优秀企业家称号。10月16日，被省精神文明建设指导委员会评为省文明单位。11月12日，中国化学制药行业年度峰会揭晓2013年中国化学制药行业工业企业综合实力百强榜单，集团位列榜首，并被评为中国化学制药行业"两化"融合标杆企业品牌，"韦迪"（注射用泮托拉唑钠）、"依康宁"（银杏叶片）、"加罗宁"（地佐辛注射液）、"左克"（盐酸左氧氟沙星）获优秀产品品牌称号。11月4日，被工业和信息化部、财政部认定为2013年国家技术创新示范企业。12月7日，在2013年全国工业重点行业"双十"企业信息发布会上，集团获工业重点行业效益十佳、销售十强企业和中国工业重点行业杰出贡献企业称号，集团董事长徐镜人获中国工业行业领军人物称号。

【徐镜人当选第十二届全国人大代表】 1月23日，在江苏省十二届人大一次会议第三次大会上，扬子江药业集团董事长徐镜人再次当选为全国人大代表。3月5~17日，徐镜人出席十二届全国人大一次会议。5日，中共中央政治局委员李源潮出席江苏代表团审议时接见徐镜人。

【2012年中华医学科技奖颁奖大会】 1月27日，由中华医学会主办、扬子江药业集团独家资助的中华医学科技奖2012年获奖项目在京揭晓，共有85项医学科研成果获奖，其中，一等奖8项、二等奖25项、三等奖47项，另有2项获卫生管理奖，2项获医学科普奖，1人获卫生政策奖。卫生部党组书记张茅、卫生部副部长刘谦和扬子江药业集团董事长徐镜人出席。

【获全国医药行业QC成果一等奖"九连冠"】 7月19日，由中国医药质量管理协会主办的全国医药行业质量管理（QC）小组成果发表会在银川闭幕，扬子江药业集团以89项QC成果一等奖、88项最佳发表奖的业绩，再次获全国医药行业QC成果一等奖总数第一名，奖牌总数创历史最高水平，蝉联全国医药行业QC成果一等奖"九连冠"。

【集团第四次党代会】 9月3日，扬子江药业集团第四次党代会召开。63名党代表参加会议，以无记名投票的方式选举产生新一届党委班子和纪委班子。徐镜人、徐丽琴分别当选新一届党委书记和纪委书记。省委组织部副部长赵永贤、市委副书记杨峰等出席。

【中检院在集团召开药品生产质量管理座谈会】 10月14日，中国食品药品检定研究院（简称"中检院"）在扬子江药业集团召开药品生产质量管理座谈会，就如何加强院企联系和合作、提高服务水平和效率、从源头上把好质量关、保证公众的饮食用药安全，听取企业的意见和建议，进行深入的探讨和交流。中检院党委书记、院长李云龙和国内21个制药企业的质量负责人参加。

（李　江）

·新医药产业·

【概况】 2013年，高港区新医药产业实现产值415.95亿元、销售399.81亿元、利税45.31亿元，比上年分别增长23.70%、15.30%、11.20%。有规模以上企业4个。

【江苏扬子江药业集团凯威药用包装有限公司】 成立于1994年，位于口岸街道朱营社区，主要生产药用PVC硬片、PVC/PVDC复合硬片。产品由国家食品药品监管总局颁发注册证，通过ISO 9000质量管理体系认证。公司注册资金5600万元，固定资产2亿元，占地13.33公顷，建筑面积2.50万平方米，员工400余人。2013年，被评为江苏省科技型中小企业、江苏省重合同守信用企业、高港区安全生产先进企业。全年实现产值2.50亿元、销售2.20亿元、利润1950万元。（鲍　馨）

·粮油食品产业·

【概况】 2013年，高港区粮油食品产业实现产值147.63亿元、销售145.01亿元、利税25.31亿元，比上年分别增长22.80%、20.40%、14.70%。

【益海(泰州)粮油工业有限公司】 由丰益中国新投资私人有限公司独资建设的粮油加工企业，成立于2006年12月，位于核心港区。总投资2.31亿美元，注册资本8900万美元，占地66.67公顷。主要从事大豆、菜籽等农产品生产加工、仓储及销售，为中国食用油市场畅销品牌——“金龙鱼”系列食用油的主要生产基地之一。2013年，公司投入1亿元建设益海工业园瓶盖注塑项目投产。被评为江苏省节水型企业、江苏省工业旅游示范点企业、泰州市农业产业化龙头企业，被认定为四星级数字企业。全年实现销售70.54亿元、利税3.44万元。

【江苏康贝宠物食品有限公司】 系研发、生产、销售宠物营养食品的企业。注册资本2000万元，总资产1.10亿元，员工480人，工程技术人员138人，其中中高级职称人员82人。共有狗咬胶、肉制品、鸟食、小动物食品、烘焙五大系列产品。拥有CPET、PEIDI国外品牌，“禾仕嘉”“佩蒂”“贝家”国内品牌。产品远销美国、日本、韩国和欧盟等国家和地区。2013年，建立占地面积73.33公顷宠物食品原材料种植基地。全年实现产值11.66亿元、销售11.66亿元、利润1.06亿元、税收1.88亿元。

【泰州统实企业有限公司】 成立于2012年3月7日，由台湾统一实业股份有限公司投资兴建，位于高港高新区，总投资9000万美元，注册资本3000万美元，系高港区投资规模最大的台资企业。员工350人，其中大专及以上学历人员占50%以上。生产“统一”牌冰红茶、低糖绿茶、鲜橙多、蜜桃多、冰糖雪梨、阿萨姆奶茶、伯爵奶茶等饮料，主要销往华东区。2013年，新增1条无菌冷充填生产线，清洗、灭菌时间缩短15%，生产效率提高超过20%，每分钟可生产720瓶饮料。建成4条瓶盖生产线，设备全部从意大利及美国采购，年产瓶盖20亿只。全年实现产值5.07亿元、销售5.07亿元、利润0.38亿元、税收0.38亿元。

【华润雪花啤酒(泰州)有限公司】 成立于2011年1月，系华润雪花啤酒(中国)有限公司旗下企业。2013年，公司严格贯彻执行国家、总部和区域公司质量管理标准，组织完善工厂质量管理体系，分解和落实质量目标。能耗控制在目标范围内，污水全部达标排放，无环保事件发生，被评为泰州市绿色企业。通过安全标准化三级验收，安全目标达成率100%，全年未发生安全事故和记录工伤，获得江苏区域公司通报嘉奖。根据总部要求，全面推进精益管理，收集改善项目提案519件，采纳494件，取得良好的经济效益，获2013年度华创集团精益管理优秀团队奖。包装车间工会小组被江苏省总工会评为模范职工小家。全年实现产量106031千升、销量140867千升，销售额2.35亿元、税收2967.60万元。（鲍　馨）

·装备制造产业·

【概况】 2013年，高港区装备制造产业实现产值377.72亿元、销售370.55亿元、利税55.34亿元，比上年分别增长14.40%、13.70%、17.10%，有规模以上企业77个。其中，船舶行业实现产值195.13亿元、销售192.23亿元、利税30.43亿元，有规模企业以上11个；机电行业实现产值118.20亿元、销售116.07亿元、利税17.57亿元，有规模以上企业33个。

【泰州口岸船舶有限公司】 2013年，公司完工交付16艘船，待交4艘，共80万载重吨。完成产值45亿元、销售45亿元，入库税金1.40亿元。

生产经营　全年承接新船订单53艘，约350万载重吨。生产任务排产至2016年末，部分排至2017年，交付船舶出厂合格率100%。在坚持主流船型基础上，公司开发一系列多用途船、工程船、海工辅助船舶、海峡客滚船、渔船等船型，形成产品差异化。新接订单中的20.80万吨散货船为公司历史载重吨之最，15艘3.85万吨散货船为单个船东一次下单数量之最，产品结构实现“大型化、批量化”突破。公司获江苏省依法管理诚信经营先进企业称号，被江苏省工商局评为省级守合同重信用企业。

质量管理　公司全年分段制造和大合拢装配报检一次合格率始终保持较高水平，机管电舾安装质量明显提升，拼板自动焊一次拍片合格率平均90%，高于往年指标。TK0412车辆舱甲板以进口防滑甲板涂料取代以往烧焊防滑条防滑，在满足防滑要求的同时，大大减少焊接打磨工作量，提高工作效率，新涂层表面质量优异。祥龙、海宇两个内装施工单位一次检验平均合格率与往年相比大幅提高。贯彻执行PSPC标准，内场油漆破损率始终控制在1.80%左右。

科技创新　全年自主研发新技术、新工艺22项，申报国家专利36项，其中13项获得国家实用新型专利授权，1项发明专利获得授权，18项发明专利审核中。研究开发应用软件5项，获得国家软件著作权登记证书4项。公司单舱万吨级重吊船被科技部评为国家重点新产品。制定实施创新项目实施办法，鼓励发明创造，培育科研成果。公司对ERP系统进行功能拓展和独立自主维护；对OA办公系统进行维护完善和二次开发，顺利通过验收。公司通过科技部等三部委组织的高新技术企业认定，被评为江苏省知识产权管理标准化示范先进单位。

人才管理　全年引进硕士研究生2人、本科生26人；2名高层管理人员参加华东理工大学EMBA学习，2人参加江苏省高级职业经理人培训并取证，4人参加江苏省中级职业经理人培训。共有5人获得高级职称，17人获得中级职称，51人获得初级职称。公司员工王海东成为享受国务院特殊津贴专家，并入选江苏省好青年百人榜。制定实施班组建设管理暂行办法，提高管理水平和工作效率。外包工工资支付情况得到市、区领导的肯定。组织各类培训7000余人次，被泰州市经信委评为企业培训工作先进单位。

【泰州三福船舶有限公司】 2013年，公司完工交付15艘船，待交2艘，共61.80万载重吨。完成产值42亿元、销售42亿元，入库税金1.20亿元。

经营管理　公司致力技术进步和创新，提升建造水平和能力，实施品牌和质量提升战略，推动精益造船，打造高效的船舶制造体系。努力打造专业化、特色化的中型船舶企业，做大做强船舶出口基地，准确做好产品市场定位，不麻木跟从和简单攀比。错位发展，细分市场，形成特色优势，如多用途船、化学品船、海工驳船、拖船等。全年承接新船订单36艘，约210万载重吨。生产任务排产至2017年末，交付船舶出厂满意率、合格率均达100%。全年自主研发新技术、新工艺10项，申报国家专利16项，其中6项获国家实用新型专利授权。

质量管理　按照现代造船的模式对钢加工、分段、管加工车间的流程进行优化改造，达到同行业先进水平。按照区域化管理的思路，对各车间的生产责任重新进行划分，修订完善生产车间原则分工的规定、分段建造材料交接规定、码板及帮材管理规定、工装件及材料管理规定、分段建造胎架管理规定。对大舾装生产设计进行单元模块化设计，提高分段的预舾装率，船舶的现配管重新进行优化设计，平均每条船减少约300根。对18000吨多用途船进行性能优化，在螺旋桨的尾部增加桨帽鳍，提高推进效率，降低主机油耗。

人才管理　全年引进博士生1人、硕士研究生6人、本科生30人。重视内部人员能力的培训提升，1人参加江苏省高级职业经理人培训并取证，1人参加江苏省能源管理师培训并取证，2人获得高级职称，27人获得中级职称，46人获得初级职称。通过环境管理体系、质量管理体系、职业健康安全管理体系复审，通过江苏省高新技术企业复审，通过江苏省一级Ⅰ类船舶生产企业复审。

【泰州市旺灵绝缘材料厂】 成立于1984年4月12日，位于永安洲镇马船东路，2000年改制为股份合作制企业。职工296人，工程技术人员46人，其中具有高级职称人员11人。固定资产1亿元。系生产微波印制板电路基板的专业厂家，主导产品有聚四氟乙烯玻璃布覆铜箔板系列、微波复合介质基片系列、微波电子器件、LED铝基板系列及绝缘、防粘漆布类，产品广泛应用于航天、航空、通信、导航、雷达、电子对抗、半导体照明等领域，市场占有率93%以上。2013年，实现产值9.80亿元、销售9.10亿元、利润1.05亿元。

【泰州市创新电子有限公司】 成立于2001年，注册资本3000万元，系专业从事液晶显示器支架、笔记本电脑转轴研发与制造的高新技术企业。2013年，设备技术改造投入2000万元，主要用于设备高端化升级、提高装备自动化程度。全年实现产值8.19亿元、销售8.19亿元、利税5.07亿元。

【泰州市欣港电子材料有限公司】 成立于1999年，主要生产经营汽车窗框、服饰、织带、废品等，通过ISO 9001:2000质量管理体系认证。2013年，氰化金钾（镀用活化剂）产品延伸新产品柠檬酸金钾，新增产值1.96亿元。全年实现产值5.80亿元、销售5.79亿元、利润400万元。

【泰州苏中天线集团有限公司】 成立于1986年，2000年改制为有限公司，注册资金8800万元，员工326人，总资产34559万元。主要配套于大众、通用、福特、标致雪铁龙、奔驰、宝马、菲亚特、现代、克莱斯勒等国际整车厂，为国内规模最大、技术开发力量最强、自动化程度最高的汽车天线专业制造商。2013年，“苏中”牌天线被认定为江苏省名牌产品。全年实现销售3.51亿元、利税9261万元。

【泰州诚德钢管有限公司】 成立于2008年，系江苏诚德钢管股份有限公司子公司，占地面积10公顷，建筑面积5.50万平方米。生产直径86~440毫米各类中大口径碳素及合金钢无缝钢管，主要用于重型机械、天然气存储、核电、风电、海上石油平台、航天、航空等行业。2013年，通过ISO 9002质量体系复证审核，通过美国石油协会API-5CT、API-5L换版审核。企业科技活动经费支出1000万元，占销售收入的4%。全年实现产值2.87亿元、销售2.62亿元、利润175万元、税收118万元。

【江苏神驰机电有限公司】 成立于2009年3月，位于高港高新区，总投资1亿元，注册资本3000万元，占地4.20公顷，建筑面积2.50万平方米，员工300余人。主要产品有通用发电机及汽油发电机组、农业机械、园林机械等。产品主要销往美国、加拿大、日本和欧洲等国家和地区。2013年，实现产值2.65亿元、销售2.60亿元、利润786万元。

【万向精工江苏有限公司】 系浙江万向精工有限公司在高港高新区投资设立的全资子公司。总投资5亿元，占地面积13.33公顷。主要开发生产汽车轮毂轴承单元、汽车轮毂轴承等汽车零部件产品。产品进入国际、国内主流汽车主机厂配套，在全国各地设立特约经销商80余个，远销到美国、欧洲、东南亚、中东等国家和地区。2013年，实现产值2.95亿元、销售2.28亿元、利润400万元、税收30万元。

【江苏昆仑光源材料有限公司】 成立于1969年，系专业生产电光源专用金属材料和精密合金材料的高新技术企业。位于扬子江南路3号，占地面积2.84公顷，建筑面积16535平方米。员工300余人，其中，高级工程师5人、各类工程技术人员30人。固定资产原值5393万元、净值2467万元。年产各种金属材料1800余吨。2013年，投入360万元采用国内首创金属盘元剥皮工艺和合金材料包覆工艺生产杜美丝。企业注册商标被认定为江苏省著名商标、泰州市知名商标。全年实现产值9396万元、销售7343万元、利润134万元。

（鲍　馨）

·新材料产业·

【概况】 2013年，高港区新材料产业实现产值71.64亿元、销售70.39亿元、利润7.11亿元、税收11.18亿元，比上年分别增长57.20%、53.50%、105.60%和102.40%，有规模以上企业26个。其中，化工新材料行业实现产值67.64亿元、销售66.63亿元、利润6.93亿元、税收10.84亿元，有规模以上企业20个；壁纸行业实现产值4亿元、销售3.76亿元、利润0.18亿元、税收0.34亿元，有规模以上企业6个。

【泰州市恒源化织厂】 成立于1993年12月，位于泰州市高港区江平东路188号，占地面积1.04万平方米，集体企业，主要从事活性染料的生产与销售。从业人数116人。总资产9978万元。2013年，通过ISO 9001:2000质量管理体系认证和ISO 14001:2004环境管理体系复审。环保型高耐日晒耐汗光红色活性染料项目通过国家科技型中小企业技术创新基金项目验收，高固色率特深黑F、活性红B被认定为省高新技术产品。企业被认定为五星级数字企业。全年研发经费支出392万元，实现产值9.26亿元、销售9亿元、利润0.84亿元、利税1.34亿元。

【富彤化学有限公司】 前身为泰州富彤化工有限公司，成立2004年10月，位于永安洲镇高永化工集中区。占地近13.33公顷，有员工200余人。2013年，公司1万吨/年亚磷酸项目建成，2万吨/年TEP新材料阻燃剂项目一期工程安装，30万吨/年三氯化磷、15万吨/年三氯氧磷扩建项目有序推进。全年完成固定资产投资6000万元，实现产值3.70亿元、销售3.30亿元、利税2000万元。

【江苏德泰墙纸有限公司】 成立于2009年10月，位于高港高新区。占地面积4.67公顷，总投资1.20亿元，计划建设中高档墙纸生产线10条。其中，一期占地3.10公顷，建成生产车间8500平方米，仓库1万平方米，辅助生产房、宿舍楼等2000平方米，中高档墙纸生产线5条，年产各类墙纸300万卷。主要产品有PVC墙纸、无纺墙纸、纯纸印花墙纸、绒面墙纸及特殊要求的工艺墙纸等，可广泛使用于家庭居室及公共空间的室内装饰。企业通过住建部康居产品认证、中国环境标志产品认证（十环认证）、ISO 9001质量体系认证、ISO 14001环境体系认证。先后获中国墙纸行业十大品牌、中国墙纸行业十大出口企业、泰州市知名商标、泰州市外观设计优势企业等荣誉。2013年，实现产值1.20亿元、销售9600万元、利税960万元。

【江苏典雅墙纸有限公司】 坐落于高港高新区，占地面积4公顷。公司一次性引进国际先进的全自动生产线4条，专业生产胶面壁纸、纯纸、无纺纸、绒面纸、水洗壁纸等中高档产品。2013年，对生产线的印刷加热装置进行改造，产量提高30%。研发出06和08型无纺高发泡产品，相对于一般的无纺纸产品，立体感、手感更好。获中国墙纸墙布市场影响力品牌荣誉，被泰州工商局评为重合同守信用企业，通过ISO 9001质量体系认证和ISO 14001环境体系认证。全年实现产值4000万元、销售4300万元。

【泰州新安阻燃材料有限公司】 由上市公司浙江新安化工集团股份有限公司、阻燃剂行业知名企业淳安千岛湖龙祥化工有限公司及江苏荣天集团共同投资，位于核心港区高永化工区。专业生产磷酸酯阻燃剂系列产品，出口欧美、东南亚、日本、韩国等地区和国家。总资产8962万元，职工70人，其中各类工程技术人员16人。2013年，实现销售3011万元，实缴税金46万元。（鲍　馨）

·其他产业·

【江苏宇马铝业有限公司】 2013年，公司建成第二条粉末喷涂生产线，投入试生产；新购1台500吨挤压机；建成理化检测中心。农业蔬菜大棚专用铝型材应用开发项目被列为国家星火计划，YMGR568系列新产品被评为江苏省高新技术产品，新型节能注胶铝型材工艺技术的研究与应用项目被列为泰州市科技支撑项目。全年申请专利85件，其中，外观81件、实用新型2件、发明专利2件；获授权专利98件，其中，外观94件、实用新型2件、发明专利2件。被省经信委评为江苏省信息化与工业化融合试点企业，被江苏远东国际评估咨询有限公司认定为资信等级AAA级企业，被市知识产权局、工商局、广电局评为正版正货承诺试点单位，被区政府评为安全生产工作先进企业。全年实现销售2.28亿元、利润1061万元、税收1021万元。

【泰州远大旅游用品有限公司】 成立于2005年，主要生产经营桌上游戏台、篮球架、货架等系列产品，公司拥有自营进出口权，产品销往美国、德国、澳大利亚等100余个国家和地区。2013年，公司组织技术人员全面对老产品进行改造，优化加工程序，降低成本300余万元。投资300余万元引进板式家具生产线，促使公司产品从单一类型产品向多元化过渡。全年产量443229台，实现产值8996万元、销售8525万元、利润564万元、利税714万元。

【泰州市白马塑料制品有限公司】 成立于2005年，与安徽海螺集团、益海粮油、中储粮、浙江达多集团保持合作关系，是全国包装制业的会员单位，同行业位居前列。2013年，新增2条生产线，形成年产销量1亿万条生产能力。全年实现开票销售6400万元、税收370万元。（鲍　馨）

建　筑　业

【概况】 2013年，高港区完成建筑施工总产值285亿元，比上年增长40%，占市交指标的123.87%；实现建筑业增加值77.99亿元，增长40%，占市交指标的124.98%。完成在建工程709项，建筑面积1537万平方米；竣工工程501项，竣工面积1041万平方米。完成境外营业额1098.40万美元，增长13%。引进和培养经营、管理类人才151人，申报中、高级职称31人，初级职称109人，组织各类业务培训10次。

【工程质量管理】 2013年，区住建局利用开展质量兴区活动的契机，强化对建设、勘察、设计、施工、监理、质量检测、审图等单位执行建设工程质量管理规定和工程建设标准的监督检查。对检查中发现有重大工程质量问题的项目，及时发出整改通知，限期进行整改，对违法违规行为依法予以查处。全年创省优工程2项、“梅兰杯”等市优工程10项，创省级文明标准化工地3个、市级文明标准化工地21个。

【新增资质企业19个】 2013年，区住建局实施培强扶弱、优化结构策略，积极培植规模企业做大做强。引导低资质企业利用高等级资质企业的品牌和信誉，挂牌承接工程。对经营不规范、状况不佳的企业加以整顿，引导资质单一的企业向专业化方向发展，申报增项，拓展领域。全年新申报三级资质企业19个，资质升级3个，申报增项4个。至年末，全区共有资质企业89个，其中，一级企业2个、二级企业18个。涉及资质门类齐全，主要有房屋建筑、钢结构、市政公用工程、水利水电工程、消防、地基与基础工程、装饰装修、玻璃幕墙、金属门窗等。

2013年高港区新增建筑安装资质企业一览表

表4

企业名称	序列	类别	发证时间
泰州市龙江建筑安装有限公司	施工总承包	房屋建筑工程	2013-02-19
泰州马甸建筑工程劳务有限公司	劳务分包	水暖电安装作业分包	2013-03-11
泰州市高港区爰东建筑劳务有限公司	劳务分包	木工作业分包	2013-03-11
泰州市龙腾建筑劳务有限公司	劳务分包	脚手架作业分包	2013-03-11
泰州市金海建筑装饰工程有限公司	劳务分包	木工作业分包	2013-03-11
江苏国瑞电力工程有限公司	专业承包	送变电工程	2013-03-25
江苏宏程新型建材有限公司	专业承包	预拌商品混凝土	2013-04-27

续表4

企业名称	序列	类别	发证时间
江苏荣军建设工程有限公司	劳务分包	砌筑作业分包	2013-05-30
江苏铭峰建设工程有限公司	施工总承包	房屋建筑工程	2013-06-03
江苏鑫泰智能科技有限公司	施工总承包	房屋建筑工程	2013-07-29
江苏润都建设工程有限公司	施工总承包	房屋建筑工程	2013-09-22
泰州乔杨开发投资有限公司	施工总承包	房屋建筑工程	2013-10-09
江苏万基建设工程有限公司	施工总承包	房屋建筑工程	2013-10-30
泰州市勇发电力设备有限公司	专业承包	机电设备安装工程	2013-11-13
泰州市中晟建筑安装工程有限公司	专业承包	建筑装修装饰工程	2013-11-19
江苏步步高建设有限公司	施工总承包	市政公用工程	2013-11-26
泰州市恒立基础工程有限公司	专业承包	地基与基础工程	2013-11-26
泰州市飞越建筑安装工程有限公司	施工总承包	房屋建筑工程	2013-12-11
江苏惠维商砼有限公司	专业承包	预拌商品混凝土	2013-12-11

【行业转型升级】 2013年，区住建局开展科技进步和科技创新活动，推进行业转型升级。引导企业开展新技术、新工艺、新材料、新设备开发利用，淘汰落后生产技术，淘汰高耗能、高污染生产工艺，全年行业技术装备投入6.88亿元，比上年增长14%。产业结构变化明显，以房建施工为主的经营模式逐步向基础设施领域发展，以土建施工为主的经营模式开始向服务业延伸，以单纯从事施工承包的经营模式开始向工程总承包领域拓展。全年实现多元化产值722万元。

【江苏大江建设工程有限公司】 前身为1997年成立的泰州市高港建筑安装工程总公司，建筑施工总承包一级资质企业。2013年，企业坚持“信守合同、质量兴业、用户至上”方针，牢固树立“抓质量拓市场、创名牌打天下”理念，面对日益激烈的竞争，在稳固本地市场的同时，力求在深圳“栖身”，在北京、内蒙古拓展“立足”，积极开拓海外市场。实现建筑业总产值36.86亿元，建筑业增加值9.80亿元，施工总面积211.63万平方米，入库税收2812万元，竣工产值26.15亿元，竣工面积150.61万平方米。有从业人员2400人，有职称人员302人，其中，高级职称14人、中级职称91人。注册资本2.50亿元。

【江苏临港建设有限公司】 前身为1975年成立的口岸建筑安装工程公司，建筑施工总承包二级资质、市政公用工程施工总承包三级资质、起重设备安装工程专业承包三级资质企业。2013年，企业坚持以“质量兴业、安全为先、用户至上、诚信履约”方针，在拓展外埠市场的同时，开创本土业务。实现建筑业总产值29.88亿元，建筑业增加值8.36亿元，施工总面积285.42万平方米，入库税收1569万元，竣工产值28.77亿元，竣工面积212.83万平方米。有职工1982人，各类技术经济管理人员200余人，其中，中高级职称30人、一级建造师12人、二级建造师28人、小型项目管理师30人，主要机械设备246台(套)。

(姚　翔)

商贸流通

进出口贸易

【概况】 2013年，高港区完成进出口总额125342万美元，比上年减少16.65%。其中，进口65941万美元，增长6.06%；出口59401万美元，减少32.66%。由于国际航运市场持续低迷，原材料、劳动力成本持续上升，船舶订单下滑明显，甚至出现船东要求推迟交船和毁单现象，船舶出口下滑。

【企业自营进出口】 至年末，高港区有进出口实绩的企业累计105个，其中，外贸流通企业16个、自营生产企业55个、“三资”企业（中外合资经营企业、中外合作经营企业、外商独占经营企业）34个。自营生产企业全年进出口9481万美元，比上年下降56.32%；“三资”企业进出口88515万美元，下降1.20%；流通企业进出口27346万美元，下降30.03%，进出口产品涉及机电船舶，大豆、纺织服装、建材化工、食品轻工等，主要出口亚洲和欧洲，主要从拉丁美洲、北美洲、亚洲和欧洲进口。

2013年高港区新增获自营进出口权企业一览表

表5

企业名称	企业名称
江苏赛维环保有限公司	江苏晋和电力燃料有限公司
泰州腾飞集装袋有限公司	泰州市高港区天宇吊装设备有限公司
泰州市瀛通商贸有限公司	江苏临港投资开发有限公司
江苏鹏翎胶管有限公司	江苏鸿泰环保科技有限公司
泰州市创新国际贸易有限公司	泰州市瑞丰化工有限公司
泰州松丽进出口贸易有限公司	江苏荣天化工集团有限公司
泰州市聚豪进出口有限公司	泰州市荣美液压机械制造有限公司
泰州奥力克制冷设备有限公司	泰州德瑞特石油机械有限公司
江苏隆昌电子科技有限公司	泰州永隆船务代理有限公司
泰州市源盛塑胶有限公司	江苏福缘达热工科技有限公司
江苏百顺胶粘带有限公司	泰州市新兴船舶配套设备有限公司
泰州汇锦电子有限公司	泰州市永正救护装备有限公司
江苏凯圣新材料科技有限公司	泰州贺安特动力科技有限公司
泰州市爱华墙纸有限公司	—

【上争进出口扶持资金484.57万元】 2013年，区商务局为外贸企业争取各类项目资金484.57万元。其中，中小企业国际市场开拓资金100.42万元，省进口贴息资金3.40万元，双轮驱动资金97.70万元，信用保险保费补贴资金19.56万元，国际展补贴22.53万元，引进先进技术补贴12.57万元，商务发展专项切块资金228.39万元。

【组织企业参展广交会】 2013年，全区共有泰州远大旅游用品有限公司、江苏鼎元厨具有限公司、泰州环艺艺术品有限公司等11个企业参展第113、114届广交会（中国进出口商品交易会），展出摊位36个，摊位类别涉及家具、工具、玩具、旅游休闲、餐具等，其中，一般性摊位28个、品牌摊位8个。企业签约成交额3000万美元。（毛梅林）

商 业

【概况】 2013年，高港区社会消费品零售总额23.87亿元，比上年增长12.90%，增幅居全市第二位。其中，批发贸易额14.88亿元，增长26.90%；零售贸易额15.85亿元，增长13.80%。住宿业营业额1015万元，增长44.90%；餐饮营业额4.43亿元，下降1.90%。

【成品油市场监管】 2013年，全区加油站（点）23个，其中，中石化13个、中石油2个、社会加油站8个（其中长江、水上加油点共5个）。3月，23个加油站（点）成品油零售经营批准证书年检换证，22个加油站（点）通过初审，泰州市港泰原料分公司因危化证到期换证尚未办好，放弃年检。完成2013年度加油站发展计划上报工作，经省、市主管部门认可下达建站计划2个。

【烹饪餐饮行业协会】 3月，中央“八项规定”执行后，餐饮行业在公务接待方面经营状况呈现下降趋势，高港区烹饪餐饮行业协会指导餐饮企业调整经营策略，走大众餐饮之路。4月，组织部分餐饮企业参加酒店管理及调整转型专题培训班。7月，组织开展餐饮企业文明餐桌活动，印发活动方案，倡导各餐饮企业参与“不剩饭、不剩菜、吃不完就打包”行动。9月，组织部分餐饮企业参加江苏省厨师节暨第七届全国烹饪技能竞赛，夏威夷大酒店荣获烹饪技能竞赛铜奖。10月，组织会员单位到南京参观2013年江苏国际餐饮博览会。

【“万村千乡市场工程”覆盖率100%】 年初，全区共有农村连锁农家店172个。因道路建设、城乡改造拆迁等原因，至年末，还有138个，存活率80%。完成农家店信息化改造20个，实现直营店镇街覆盖率100%，农家店村（社区）覆盖率100%。

【“家电下乡”收尾工作】 2月，区商务局开展“家电下乡”自查自纠工作，出动人员5人，检查网点50户，回收未使用标识卡744张，指导企业撤下“家电下乡”指定店标识和宣传材料，完成家电下乡收尾任务。

【生猪屠宰管理】 2013年，全区生猪进点屠宰量59935头，定点屠宰率100%。全年出动人员202人次，开展屠宰场日常现场抽查。开展联合执法检查活动2次，处置群众举报2起，处置白肉300千克，维护全区肉品市场秩序。关停不合格屠宰场3个。

【鲜活农产品直供社区示范工程】 2013年，江苏泰供海诞现代农业发展有限公司成为泰州市鲜活农产品直供社区示范工程实施单位。该单位在市区完成16个社区直供店、配送中心及网络平台建设，共投资672万元，服务范围覆盖海陵区、高港区和泰州医药高新区，日销售农产品90余万元。

【商务综合执法大队筹建】 3月1日，区商务局召开商务行政执法工作研讨会，讨论建立执法体系、规范执法行为和执法过程中遇到的具体问题。7月，成功申报省市场监管公共服务体系建设试点。11月，组织全局行政执法人员参加业务知识考试，申请换发行政执法证。至年末，部分装备到位，人员基本到位。

【电子商务培训】 12月12日，区商务局、发改委联合开展高港区电子商务专题培训班，就电子商务发展趋势、网络营销服务、企业网络营销管理等进行专题培训。各园区、镇街分管负责人及职能科室负责人，区级机关各部门负责人，区外贸进出口企业负责人、业务员和大学生村官共350余人参加培训。

【红星美凯龙一期对外营业】 红星美凯龙项目位于创业大道与泰州大道交叉路口，总投资12亿元，总占地33.33万平方米，规划建设12万平方米家居广场、3万平方米酒店、大型购物中心及配套设施，其中，一期投资3.60亿元，建设占地6.30万平方米的红星美凯龙国际家居广场。7月14日，泰州红星美凯龙国际家居广场对外营业。年内，有“大自然”“欧派”“圣象”“科勒”等100余个知名品牌入驻。

【大润发超市销售超亿元】 高港区大润发超市自2012年11月23日开张营业，至2013年8月末，销售额突破1亿元，成为高港区首个销售过1亿元的零售企业。大润发超市为时代广场一期项目，地处高港新老城区接合部，不仅可以辐射高港区的各镇街，还吸引扬州市江都区浦头镇的居民。超市营业面积约1万平方米，一楼以日用百货为主，二

大润发超市

楼以食品为主。开业后日均人流量2万人次。（毛梅林）

粮　　食

【概况】 2013年，高港区粮食系统完成地储粮轮换、清仓查库、全社会粮食食用油及油料供需调查、仓储企业熏蒸作业备案、应急采购单位落实、危仓老库维修方案实施等工作。地方储备粮扩增工作按计划实施，全区地方储备量0.40万吨，新增储备0.20万吨。全年收购粮食178.26万吨，销售185.77万吨。高港区国有粮食购销公司被评为江苏省农民满意粮食收购企业。

【危仓老库维修改造】 2013年，区商务局组织申报危仓老库维修改造项目，将国家拨付的仓房维修补助资金100万元用于汪群粮库、胡庄粮管所维修，年内全部完工。

【粮食流通统计】 4月1~10日，区商务局全面检查国有粮食企业、纳入粮食流通统计范围的重点非国有粮食经营企业及转化用粮企业的商品粮库存情况，重点核实粮食库存的数量、质量、储粮安全及账实相符情况。粮食流通统计工作通过省、市粮食局验收。

【粮食流通监督检查】 2013年，区粮食系统对取得粮食收购许可证的所有法人、其他经济组织和个体工商户进行核查2次。持有粮食收购许可证的经营户共有18户，其中，国有企业9户、民营企业6户、个体工商户3户。利用市粮食流通管理信息系统和省粮食行政执法电子政务系统，对全区所有粮食的经营者形成监管，录入和上传各项数据，将各项监督检查情况实时公示。累计开展检查52次，出动执法人员156人次，检查从事收购活动的经营点17个，其中政策性粮油委托收储库点1个。

【粮食行业消防安全整治】 8月，高港区商务、消防、安监等部门开展粮食行业消防安全大排查大整治活动，重点检查各级消防安全责任是否落实到位；是否建立安全生产领导机构，职责分工是否明确；消防安全管理的规章制度是否健全并能发挥实效，应急预案是否完善；各类消防器材是否到位，随时能够发挥作用；企业作业是否符合消防安全规定，库内用电、仓内照明、库区火源管理等是否符合有关规定。共出动检查人员54人次，未发现重大消防安全生产隐患。对部分库点的老化线路进行改造，对消防器材配备不足的收储库点下拨资金购置消防器材。

【粮食行业安全生产隐患排查治理】 2013年，区商务局开展粮食行业安全生产隐患排查治理行动，加强对在建工程、外租设施设备、储粮安全、化学药剂管理的监管和检查。出动检查人员108人次。对车辆、驾驶员合法证照和资质情况，以及安全管理基础台账情况进行检查，防止驾驶员超速、超载、疲劳驾驶和违章操作，排除车辆存在的事故隐患。加强对各级储备粮油和小包装成品粮油的安全检查，加强仓储管理。加强对储粮化学药剂的管理，对储粮化学药剂实行“四统一”（统一集中采购、统一专人专库保管、统一领用、统一处理残渣和废弃物）。各涉粮企业制作统一的安全制度和经营管理制度，要求各企业严格做到制度上墙。排查出租房屋、粮库等方面的事故隐患，对生产、加工、销售、储存、居住区域的安全隐患进行排查整治，对使用、储存、经营易燃易爆化学物品，以及电气设备、电源线路进行维护。经过检查，未发现生产隐患。全区粮食企业未发生安全责任事故。

【“放心粮油示范店(柜)”创建】 8月，区商务局授予大润发超市、思家乐购物中心、好卖得超市、好乐购超市、胡庄广润超市、吴氏日杂店区级“放心粮油店（柜）”称号。对创建成功的店（柜）定期进行检查、复审，发现问题及时指出，限期整改。（毛梅林）

供　　销

【概况】 2013年，高港区供销社系统实现商品销售额52.38亿元，消费品零售额33.19亿元，农副产品交易额11.71亿元，连锁销售14.77亿元，报表利润1275万元。新建和提档升级三星级为农服务社5个，其中口岸街道引江为农服务社为省级样板示范社，创建农民专业合作示范社4个。创建庄稼医院4个，新建规模市场1个。举办安全培训班1期，组织安全检查4次，查处安全隐患12个，限期整改12个。区供销总社被市供销总社评为2013年度综合业绩考评一等奖。泰州市集泰农产品有限公司、泰州市福齐天生物科技有限公司被市供销总社评为2013年全市供销系统十强企业，胡庄供销社被评为优秀基层社，引江为农服务社被评为优秀为农服务社，泰州市兴农银杏产销专业合作社被评为优秀专业合作社。

【"三社"建设】 2013年，全区"三社"（为农服务社、农业专业合作社和基层供销社）建设取得新进展。全年新建为农服务社1个，提档升级为农服务社4个，全部通过省、市供销总社的验收，全区为农服务社（中心）总数101个。领办、参办农民专业合作社4个，创建农民专业合作社联合社1个，全区各类农民专业合作社总数31个，农民专业合作社联合社总数4个。基层供销社消灭"两空社"（空白社、空壳社）建设实现新突破，达到"五有"（有证照、有场所、有人员、有经费、有标识）标准5个。"三社"建设上升幅度列全市之首。

【新农村现代流通网络工程】 2013年，区供销总社农资、日用工业品、农产品购销、烟花爆竹、再生资源回收、非处方药品"六大网络"体系建设更趋完善，全系统连锁龙头企业6个，配送中心8个、各类经营服务网点500余个、连锁网点200余个、直营店125个、配送网点1220个，农业资料配送率96%，日用品连锁配送率86%。形成区、镇街、村（社区）流通网络体系。

【社有企业项目】 2013年，泰州市高港区烟花爆竹批发有限公司配送中心、泰州市集泰农产品有限公司果蔬配送中心项目通过省专家组评审。泰州市福齐天生物科技有限公司农资配送中心一期项目获得全国供销总社扶持资金278万元。农业综合开发供销总社新型合作示范项目泰州市杏都葡萄专业合作社33.33公顷优质葡萄种植基地扩建进入省、市验收阶段。

【引江为农服务社成为省级样板示范社】 口岸街道引江为农服务社成立于2009年9月，服务总面积2000平方米，服务设施齐全，设有"一牌、二市、二场、八家、八室"。"一牌"，按照全省统一样式，悬挂引江为农服务社标牌；"二市"，设有农资超市和日用品超市，总营业面积200平方米，日用品超市经营品种1000余个，农资超市经营品种50余个，日用品配送比例60%，农资配送比例100%；"二场"，设有篮球场和健身广场；"八家"，设有党员之家、人大代表之家、政协委员之家、民兵之家、工会之家、妇女之家、老年之家和残疾人之家；"八室"，设有医疗卫生室、计生服务室、文体活动室、图书阅览室、村民电教室、民事调解室、村民代表议事室和警务室。12月，引江为农服务社被江苏省供销总社评为省级样板示范社。

（高庆东）

物　　流

【概况】 2013年，高港区物流园区开票销售收入66.92亿元，税收4.30亿元。泰州港永安港区集装箱物流工程完成投资1.60亿元，5万吨级码头吊机安装完毕，陆域堆场吹砂工程结束。圆通、中通速递泰州集散中心等项目加快推进。海泰化工产品交易市场运营态势良好，19个大型化工生产企业完成交易额3.50亿元，新引进2个化工品运输企业，总投资1000万元。

【海企化工成为省级服务业标准化试点单位】 江苏海企化工仓储股份有限公司是由江苏省国资委下属江苏省海外企业集团投资组建，总投资5.30亿元，是首个进军化工物流业的省属企业。主营醇类、酸类、芳烃类等数十种液体化工品仓储服务，建成30万立方米库容，码头年吞吐能力达400万吨。公司化工物流服务标准化项目被江苏省发改委、质监局列入2013年度江苏省服务业标准化试点项目，液体化学品槽车装卸安全作业规范被列入2013年度江苏省服务业地方标准项目。化工物流服务标准化项目的主要内容是完善化工物流生产现场的标准化设备（包括作业信息共享平台、作业调度通信设备、化学品槽车的检测仪器和自动化装卸系统、安全防护设施、安全标识等），根据现场专业人员实际操作经验，建立液体化学品槽车的规范化作业流程，制定符合现场作业实际的标准规范。

【圆通速递泰州集散中心建设】 项目总投资3亿元，建设周期2013~2015年，主要建设快件枢纽集散中心、圆通速递航空枢纽中心、电子商务仓储配送中心等设施。年内，项目完成土地平整及其他施工准备工作。

【中通速递泰州集散中心建设】 项目总投资2亿元，建设周期2013~2014年，主要建设电商中心、快件分拣中心、仓储配送中心等设施。年内，电商中心主体建筑建至地面2层，快件分拣中心、仓储配送中心桩基工程完工。

（王　睿）

城乡建设·环境保护

城市规划

【概况】2013年，泰州市规划局高港分局（简称“区规划分局”）组织规划修编，指导完成白马镇总体规划、白马镇控制性详细规划、胡庄镇总体规划、大泗镇控制性详细规划、永安洲镇总体规划修编，服务锦绣珑湾、天逸华府、南韵家园、扬子江药业集团龙凤堂、江苏中药科教园等重大城建项目和龙湖美景、新城名邸、育才花苑二期等民生保障工程，推进永安洲镇污水处理厂二期工程（含污水总管）、田许线改扩建等基础设施建设。

【乡镇总体规划与控制性详细规划修编】2013年，区规划分局要求各镇完善总体规划编制和报批工作。启动大泗镇、白马镇和胡庄镇控制性详细规划编制工作。

白马镇总体规划与控制性详细规划修编　对白马镇总体规划成果进行完善，进一步优化镇区路网布局，并在镇总体规划层面上落实部分现状工业用地，切实解决遗留难题。指导白马镇在控制性详细规划编制中坚持高标准、严要求，确保发展方向清晰、定位准确。6月27日，白马镇控制性详细规划通过专家论证。11月19日，白马镇总体规划获市政府批复。12月29日，白马镇控制性详细规划获市政府批复。

胡庄镇总体规划与控制性详细规划修编　督促胡庄镇推进总体规划、控制性详细规划修编进度，按照专家论证意见要求，结合镇区现状、实际发展需求，修改、完善道路和用地布局。9月26日，胡庄镇控制性详细规划通过专家论证。11月19日，胡庄镇总体规划获市政府批复。

大泗镇总体规划与控制性详细规划修编　指导大泗镇在控制性详细规划编制中细化总体规划成果，落实江苏中药科技园、供销产业园等重大项目。5月9日，大泗镇控制性详细规划通过专家论证。11月19日，获市政府批复。

永安洲镇总体规划与控制性详细规划修编　协助永安洲镇继续推进总体规划修编，以已编制的核心港区控制性详细规划为基础，落实产业、项目用地，重点对核心港区生活配套功能进行补充、完善。1月30日，永安洲镇总体规划通过专家论证。11月19日，获市政府批复。

【城建项目服务】2013年，区规划分局与中建八局、宇业集团、泰州恒建置业有限公司等超前对接，解答建设单位关于高港区建设背景、规划要求等疑问。主动与建设单位沟通初步方案，发挥规划参谋作用，协助解决锦绣珑湾、天逸华府、南韵家园等项目涉及的问题，及时将方案报区政府、市规划局进行审查，督促建设单位按照会议意见进行修改完善，节约项目审批时间，锦绣珑湾、天逸华府、南韵家园等项目规划方案均于年内获批。协助扬子江药业集团、核心港区管委会理清龙凤堂项目用地范围，明确规划技术指标要求，确保项目材料齐全随到随办。跟踪服务江苏中药科教园项目建设，协助建设单位准备报批材料，解答报批程序疑问。

【民生保障工程服务】2013年，区规划分局审查龙湖美景、新城名邸、育才花苑二期等安置区方案。针对项目前期周期较长、规划技术规定与原出具指标要求不一致的问题，做好项目前后衔接，确保项目规划方案符合要求、切合实际，龙湖美景、育才花苑二期方案年内批准。主动服务基督教堂项目建设，协助区委、区政府联系规划设计单位，了解项目建设要求，提供规划建议，配合做好面积测算、范围比选、方案布局等工作。

【推进基础设施建设】 2013年，区规划分局会同区环保、水利、住建、国土等部门就高港高新区污水管网建设开展调研，研究确定扩建方案。会同水利、交通部门就污水主干管网和沿途提升泵站开展选址工作，提供选址意见。开展田许线改扩建路线比选，结合宁通高速扩容，提出定线位、分类建议，供市规划局和区委、区政府决策，线位确定之后第一时间出具全线规划红线。综合考虑解放路东延周边项目建设现状、东延段与西段衔接、拆迁成本等多种因素，对解放路东延道路线形进行比选，确保解放路东延道路规划红线的顺利办理。落实项目周边配套道路，先后出具春城路东段、口岸东路龙湖美景段等道路红线。拉开重点片区城市道路框架，服务重点片区建设，按照控制性详细规划先后出具滨江新城经六路、经七路、纬七路、纬九路和临港经济园远东大道、文圣路、龙窝路等道路规划红线。以高港自来水厂出厂总管改造、诚达精工110千伏专供线路等市政工程为抓手，与市规划局市政处联动，解决群众、企业关心的热点和难点问题。

【建设项目规划审批】 2013年，区规划分局共办理城建项目选址意见书37份，用地面积150万平方米；建设用地规划许可证47份，用地面积218万平方米；建设工程规划许可证47份，建筑面积62万平方米。依据规划编制土地出让规划条件47份，用地面积273万平方米。初审各类单位建设、工业企业规划设计方案44个。

【“绿色通道”服务】 2013年，区规划分局继续坚持工业项目“绿色通道”服务，办理各类工业项目建设用地规划许可证44份，用地面积121万平方米，建设工程规划许可证33份，建筑面积51万平方米；出具规划条件33份，用地面积138万平方米。审批工业项目规划方案44个。

（李德江）

城乡建设

【概况】 2013年，高港区实施城建重点项目70个，总投资超100亿元。协议动迁1600户，拆除面积140万平方米。完成156个自然村的整治任务，创省星级以上康居乡村32个、环境整洁村83个。高港中学、城南小学和龙湖美景项目指挥部被省住建厅评为2013年度重点工程劳动竞赛有功单位。

【城市动迁】 2013年，高港区主城区实施王营社区三福船舶用地东侧地块、城东社区王营河西侧道路、龙湖美景安置区一期、231省道先导段、基督教堂、王营河路北延、银杏路、明发城市综合体、田许路改造等项目动迁工作，动迁房屋面积140万平方米。全年动迁工作无遗留问题，无群众上访，无违法违纪举报。

·房地产综合开发·

【概况】 2013年，高港区开工住宅面积80万平方米，竣工面积50万平方米，开工建设安置房面积60万平方米。水岸帝景四期、栖园一期、时代广场等一批项目建成。锦绣珑湾、天逸华府、龙湖美景开工建设。

水岸帝景 位于金港北路，占地面积32.13公顷，建筑面积46万平方米，总投资12亿元。年内，四期10万平方米竣工。

天逸华府 南临港城路，北临春城路。由江苏宇泰置业有限公司投资建设，占地面积15公顷，建筑面积39.60万平方米，总投资15亿元。年内，一期9万平方米开工并启动销售。

龙湖美景 为高港区拆迁安置项目，位于扬子江南路西侧，友谊港北侧，总用地面积13.90公顷，建筑面积33.55万平方米，总投资10.50亿元。年内，一期工程6.07万平方米开工建设。

中建·锦绣龙湾 位于蔡圩河北侧，扬子江路东侧，占地面积20.33公顷，建筑面积45.40万平方米，计划总投资23.50亿元，分两期开发。其中，一期南地块占地面积11公顷，建筑面积21.50万平方米；二期北地块占地面积9.33公顷，建筑面积23.90万平方米。年内，一期工程开工建设并启动销售。

水岸景城 位于沿江高等级公路以东，宣堡港以南，小田河中沟以北，占地面积17.87公顷，建筑面积48万平方米，计划总投资17亿元。一期建设高层，总建筑面积29万平方米，年末，主体工程基本封顶。

恒元城 位于高港高新区创业大道北侧，占地面积7.33公顷，建筑面积15.50万平方米，总投资3.50亿元。年内，红星美凯龙家居广场竣工。

【房产管理】 2013年，区住建局办理预销售许可事项17件，批准预售面积50.90万平方米。简化房屋产权发证登记程序，加快办证速度，全年产权发证6593本，确权面积117.36万平方米，办理他项权证1232本，完成房产权属交易2948宗。强化直管公房、白蚁防治、房产档案利用等惠民职能，改善服务态度，提高服务水平。

【物业管理】 2013年，区住建局征收公用设施维修基金1272万元，新申报物业服务企业1个，新增外地备案企业4个，指导成立业主委员会2个。继续实施老小区整治改造，完成港城花苑、港城花园、港都花园、鸿翔御景、春港花园等小区整治工程。建立健全投诉回访机制，制定整改措施，督促整改落实，处理各类投诉162起，回访满意率99%。

【住房保障】 2013年，全区发放离休干部、退休教师、镇街退休人员

发现抛洒滴漏现象100余次，查处和制止超载、车轮带泥污染路面等违法行为150余起。对6个建设工地不间断巡查，发现问题随即通知相关职能部门，督促施工单位遵守扬尘治理的有关管理规定，落实覆膜、洒水等防尘降尘措施，治理建设工地扬尘。完成6个建设工地项目整治任务。其中，高港高新区电子信息产业园、龙湖美景等建设工地被评为省级文明施工单位。

【环卫管理】 2013年，区城管办对城区26条主次干道、110万平方米清扫面积实行16小时清扫保洁制，要求每天上午8:30前必须对城区主干道清扫一遍。科学编配机扫线路，人工保洁与机械保洁相结合，主干道实现全天候保洁、无缝隙覆盖。市容环卫工作获市区考核第一名。

【城市环境综合整治】 2013年，区城管办将城市环境综合整治工作要求与高港实际情况紧密结合，研究细化整治方案，认真开展调查摸底，编制《高港区城市环境综合整治三年规划》，确定未来三年城市环境综合整治的工作目标及项目清单。牵头负责城市环境综合整治工作，通过沟通协调、督查督办、狠抓进度等措施推进。落实基础设施改造、雨污分流工程、河道管护、新增停车设施(泊位)、规范道路交通秩序和农贸市场经营秩序等一系列整治措施，解决一大批群众关心的热点、难点问题，群众满意度98.80%，全面提升城郊结合部、城中村、老旧小区、农贸市场、城市河道、背街小巷等12个重点区域和城市线条的整体环境。其中，三星南北路、蔡圩河、龙湖美景3个项目被列为优良项目，占全市优良项目的50%；兴洲社区河、孔桥片区广告改造、城市出入口、低洼易涝片区等整治项目，多次被省、市作为亮点项目和成功案例进行推广。组织开展城市管理示范社区、示范路创建工作。永安洲镇润洲社区创成全区第一个省级城市管理示范社区。

【城乡垃圾处理】 2013年，区城管办强化城乡垃圾一体化管理，认真统计垃圾进站和出站数量，建立台账，统一安排密闭式垃圾运输车送垃圾焚烧发电厂进行无害化处理，无害化处理量4.20万吨。集镇垃圾收集率98%以上，农村垃圾收集率90%以上，生活垃圾无害化处理率100%，全区7个镇街全部通过市城乡生活垃圾一体化管理检查验收。全区涉农村(社区)生活垃圾一体化达标村创建工作三年目标任务一年完成，78个涉农村(社区)全部通过市验收合格。

【农村环境长效管理】 2013年，高港区制定《泰州市高港区村庄环境长效管理工作意见》《泰州市高港区村庄环境长效管理考核办法》，成立村庄环境长效管理工作领导小组。成立82个村(社区)管护站，管护人员792人，区财政投入近1000万元专项资金。对全区各镇街、村(社区)环境长效管理情况进行巡查，每季度及时将巡查情况反馈至相关镇街、村(社区)，对存在的问题通报跟踪。根据得分结果评选长效管理流动红旗单位。永安洲镇获年度流动红旗单位。全区主要道路沿线和村容镇貌焕然一新，河塘坡岸、房前屋后等卫生死角得到有效清理，农村生产、生活、生态环境显著改善。

【违法建设防治】 2013年，高港区围绕"新生违建零增长、历史违建负增长"目标，调整工作思路，强化属地责任，做好违法建设防治工作。全年拆除违法建设149户，面积8237.48平方米，其中，新生违法建设面积4862.68平方米，历史违法建设面积3374.80平方米。新生违法建设发现率、办复率、办结率100%，拆除率98%以上。高港区违法建设防治工作考核和交办案件考核均列全市第一位。

【"一户一卡"年审工作】 2013年，区城管办按照区委、区政府"两年一小审、五年一大审"要求，在全区范围内启动新一轮"一户一卡"年审工作。全面掌握全区2011~2013年新批建房、违法建设、城市动迁造成的卡片数据变更情况，更新"一户一卡"资料，防止违法建设合法化。

【数字城管建设】 2013年，区城管办加强与各职能部门的沟通联系，建立协调联办、处置回访机制，理顺工作流程，建立数字化城管系统。12月，数字化城管平台通过省级专家组考核验收。全年受理各类案件信息20758件，反馈20401件，处理19917件，及时处理15834件，反馈率98.28%，处理率95.95%，及时处理率76.28%，及时派遣率99.58%。数字化城管工作考核获市区第二名。 (胡 静)

环境保护

【概况】 2013年，高港区环境空气质量良好天数百分率80%，集中式饮用水源地水质达标率100%，水域功能区水质达标率100%，功能区环境噪声达标率100%。环境质量指数89.20分，优于市交小康社会环境质量综合指数目标值85分要求，继续保持全市领先。12月27日，高港区省级生态区创建工作通过省考核组验收。区环保局被区委、区政府评为2013年度效能建设先进单位和2013年度法治建设先进集体(依法行政先进单位)。

【污染物减排】 2013年，泰州市政府下达给高港区主要污染物减排任务为化学需氧量削减4%、氨氮削减3.60%、二氧化硫削减0.20%、氮氧化物削减1%。区环保局制定减排方案，推进工程减排、结构减排和管理减排，全年排定水污染减排项目6个、大气污染物减排项目3个。核心港区投入1200万元，建成泰州中航船舶重工有限公司到永安洲污水处理厂6千米污水管网和1座泵站。区政府投资2100万元，建成港城路、通港路、通扬路共7.65千米污水管网。高港高新区投入600万元，铺设创业大道（马厂中沟—周梓中沟）污水管网1.40千米。大泗镇投入1500万元，建成7.80千米污水管网和1座提升泵站。主城区及高港高新区日收集污水量9100吨，新增日均污水处理量1600吨。永安洲污水处理厂新增日均处理污水量450吨。泰州金泰环保热电有限公司在高港高新区投资1100万元，铺设供热管网7千米。科思燃气、港华燃气投入515万元，铺设天然气管网11.30千米。全区实际完成化学需氧量削减214吨，氨氮削减34吨，二氧化硫削减26吨，氮氧化物削减35吨，均超额完成市交减排任务。

【企业违法排污整治专项行动】 2013年，区环保局制定《2013年度高港区环保专项行动工作方案》，会同市、区监察局和市环保局确定市级挂牌督办企业13个、区级挂牌督办企业4个。全年召开挂牌督办企业过堂会2次，现场整治督查86次，17个企业全部整治到位，通过市、区两级考核验收，整治成效得到省环保厅苏中督查中心和市环保局肯定。

【饮用水源地保护】 2013年，高港区认真实施《高港区水源保护区污染防治管理办法》，建立健全饮用水源地日常巡查制度，督促永安洲镇加强渔船停泊点整治，全区饮用水源水质达标率100%。

【放射源监管】 2013年，区环保局对全区3个Ⅱ类射线装置及2个放射源使用单位进行检查，未发现有违法行为。指导8个医疗机构办理辐射安全许可证申领或延期手续。组织13个射线装置使用单位、1个放射源使用单位共53人参加泰州市辐射环境监督站辐射安全和防护知识培训。

【危险废物监管】 2013年，区环保局对泰州宇新固体废物处置有限公司等5个危险废物处置利用单位和17个危险废物产生单位进行检查，对照《危险废物规范化管理指标体系》打分。5个危险废物处置利用单位中，4个达标、1个不达标；17个危险废物产生单位中，8个合格、6个基本合格、3个不合格，对不合格企业发出限期整改通知或行政处罚。17个危险废物产生单位每月登录江苏省危险废物动态管理信息系统网上申报，泰州市伟业拆船轧钢有限公司按季和年填报《进口固体废物加工利用经营情况报表》，泰州市永安洲污水处理厂按季和年填报《工业污水集中处理厂污泥产生及处理处置情况表》。对99个企业的危险废物转移申请预审，对危险废物种类严格把关，对超出经营范围的拒绝接受，减少集中处置时对周边环境影响。

【环境监察】 2013年，全区开展环境监察1300人次，监察企业160个，制作整改和限期整改通知68份、监察记录900份，对5个违法排污企业立案查处。加强工业污染源监管，在非工作日时间，开展3次零点行动，出动100余人次，对50个重点排污企业进行执法检查，全区污染物达标排放率提高。按照《泰州市建设项目环境监察工作暂行规定》要求，对新建项目组织现场监察，对符合验收的26个新建项目出具书面现场监察意见。提升远程监管能力，督促企业对已安装的10台流量计、氨氮仪、COD在线监测仪进行维护，每月与市环境监察局远程监控平台对接，每季将监控数据和监督性监测数据进行比对。5月，联合江苏海企化工仓储股份有限公司开展环境安全应急演练。全区未发生环境污染事故。

【环境监测】 2013年，区环保局编制《高港区环境监测站标准化建设方案》。对38个重点排污企业进行118次监督性监测和22次信访监测。受高港高新区管理部门委托，从2月起每月对园区2个污水泵站水质进行监测。5月下旬，对王营河、新区南北河等8条河道水质进行监测。接受泰州市环境监测中心站下派的高港城区区域环境噪声监测任务，完成建成区内14个网格共12.90平方千米范围昼夜间环境噪声监测任务。

【环保信访处理】 2013年，区环保局持续畅通“12369”环保举报热线，安排专人专车24小时值班，全面实施环保信访回复制度和信访包案制度，明确信访承办责任人和回复时限，做到受理及时、处置及时、回复及时，切实维护群众的环境权益。全年受理环保方面的人民来信、来访、来电81件，调查处理率和办结率100%，越级信访比上年下降21%，没有发生严重影响社会稳定的环保信访事件。

【建设项目环境管理】 2013年，区环保局严格执行市政府《关于切实加强环境准入管理的决定》，对所有新建、改建、扩建项目，严把建设项目环保审批关、建设关、验收关。全年审批建设项目110个，其中，区环保局审批项目104个，上报泰州市环保局审批项目6个；工业项目50个，三产项目60个；环境影响评价报告书15个、报告表76个、登记表17个。建设项目环境影响评价报告书（表）、登记表审批率及“三同时”（环保设计与主体同时设计、同时施工、同时投产使用)执行率均为100%。

【清洁生产审计审核和环境行为评级】 2013年,区环保局对泰州市永鑫化工有限公司、泰州市惠利电子有限公司进行强制清洁生产审计。指导华润雪花啤酒(泰州)有限公司等4个企业开展2013年度强制清洁生产审核验收。全区82个企业(含2个国有控股企业)参加2012年度泰州市环境行为评级,评定绿色企业5个、蓝色企业59个、黄色企业13个、红色企业2个和黑色企业1个。

【环境宣传教育】 2013年,区环保局开展省级生态区创建、"5·22"国际生物多样性日和"6·5"世界环境日等环境宣传活动,悬挂宣传横幅约400条,发放宣传画册2000份。5月,区环保局会同区教育局推荐永安洲中心小学排练的舞蹈《森林小卫士》,代表高港区参加2013年省绿色学校生态文明文艺表演大赛,获优秀奖。

【环保资金上争】 2013年,区环保局筛选高港高新区至永安洲污水处理厂污水管网、胡庄镇污水处理厂、高港高新区河道整治等项目上报,全力上争省级以上各类环保引导资金。上争省级以上农村环境连片整治资金726万元,为高港高新区污水管网项目上争国家淮河流域环保补助资金457万元,为胡庄镇污水处理厂及其配套管网项目上争省级环保引导资金118万元,为高港高新区河道整治项目上争省级环保引导资金97万元。

【省级生态区创建验收】 2013年,区环保局对照《泰州市生态市建设三年行动计划纲要》和《2011~2013年高港区生态建设工作实施意见》,在环保目标责任状中明确各园区、镇街、相关部门创建职责及生态创建任务,推进生态区创建工作。3月5日,《高港区生态区建设规划》通过省环保厅专家评审。5月23日,白马镇、大泗镇创建国家级生态镇通过省级考核验收。8月14日,区委、区政府召开生态文明建设暨省级生态区技术评估迎检动员大会。9月27日,高港区通过省级生态区技术评估。12月27日,高港区生态区创建通过省级考核验收。年内,胡庄镇创成省级生态镇;许庄街道乔杨社区通过国家级生态村创建验收,口岸街道徐庄村、刁铺街道大丰社区、永安洲镇东江社区、永安洲镇福沙社区创成省级生态村,口岸街道徐桥村等19个村创成市级生态村;永安洲中心小学创成省级绿色学校,海军小学和汪群小学创成市级绿色学校;口岸街道柴墟社区等8个社区创成市级绿色社区。

【区机动车排气污染检测站建成】 2013年,根据泰州市政府批准实施的《泰州市区机动车排气污染检测场站布局规划》,泰州市高港区华安机动车检测有限公司投资800万元,在扬子江北路3号(刁铺转盘)建设机动车尾气检测项目,检测能力为2万辆/年。8月1日,区机动车排气污染检测站通过区环保局环境影响评价审批;9月25日,获得江苏省质监局计量论证;10月30日,江苏省环保厅发放机动车环保定期检验委托证书;11月19日,正式投入运行。

(曹庆余)

2013年9月26日,高港区省级生态区技术评估会现场

交通·电力·通信

交通行业管理

【概况】 2013年，泰州市交通运输局高港分局（简称“区交通分局”）牵头实施总投资8.50亿元的银杏路工程、总投资12.40亿元的田许线改扩建工程，协调服务S231先导段、长江大道、高港客运站等市及区重点工程，实施内河港口管理和征收货港费。全年查处各类违法违章行为293起。区交通分局被评为江苏省交通运输行业作风建设优秀单位、江苏省文明单位。

【农村公路建设与管养】 2013年，全区农村公路道路完工项目21个，完工里程34.70千米，桥梁开工26座，完工26座，完成投资8900万元，全面完成年度计划。做好辖区内农村公路的管养工作，永安洲镇创建成全市唯一的省级农村公路管养和安保工程示范镇。

【客运管理】 2013年，高港车站在全区设立2处服务点。就近安排过境车辆进站，合理安排班次及时间，方便旅客出行。全区开通公交线路19条、公交车145辆，覆盖89个村、社区。对7条公交线路进行优化调整。区交通分局联合教育和交警部门认真梳理校车经营单位、车辆、驾驶人，加强安全教育，落实各项安全措施。

【货运管理】 2013年，区交通分局严格按照许可准入资质条件进行许可，许可程序合法有序，共许可业户1399户、车辆1952辆，总载重12061吨，无一起行政不作为，无一起投诉。调研全区运输企业，引导运输企业走规范化、规模化经营之路。扬子江药业集团汽运公司成为100辆车以上货运规范企业，泰州港久汽运公司成为货运节能减排示范企业及“江苏快货”品牌企业，核心港区永安联江物流成为规模物流企业，泰州高港华盛集装箱运输公司成为农村示范物流企业，高港申通快递有限公司成为专线快货企业。联合公安、工商、邮政、移动部门，对全区物流快递业市场进行专项整治。强化行业统计工作管理，落实专人具体负责，各运输企业每月末按期上报统计报表。

【内河港口治理】 2013年，区交通分局加强港口码头经营行为管理，确保港口码头业户守法经营、持证

高港汽车客运站规划效果图

经营。与征收点船闸部门、电信部门对接，安装电脑收费系统，对收费人员进行现场指导。全年征收货港费371.07万元。

【服务重点交通工程】 2013年，区交通分局积极服务S231先导段工程，确保早日实现沿江高等级公路与长江大道接线贯通。多次向区政府负责人汇报情况，争取支持。深入一线，协助做好当地群众的工作，积极化解矛盾。完成S231先导段工程征地拆迁工作，施工单位顺利进场施工。服务泰州高港汽车客运站工程，主动承担协调服务职能，完成工程项目建议书及批复、项目选址意见书、规划红线图、可行性研究、项目总体规划方案设计、场地前期设计等，完成项目地块居民房屋拆迁和附作物清算，可供施工的场地条件初步具备。

【银杏路和田许线建设】 2013年，银杏路完成全线路基施工，完成水泥稳定碎石摊铺12.30千米，完成沥青下面层摊铺8千米，完成SMA-B（沥青混合料结构）上面层摊铺2千米，完成投资2.40亿元。田许线改扩建工程一期完成2座桥梁吊装，完成水泥稳定碎石摊铺1.60千米，完成全线路面底基层施工。田许线改扩建二期工程BT（建设—移交）合作单位确定。（黄维民）

港 口

【概况】 2013年，泰州港务集团有限公司（高港、杨湾、永安港区）完成货物吞吐量3201万吨，比上年增长6.90%；完成外贸吞吐量534万吨，增长24%；集装箱进出口完成17.60万标准箱，增长29%；完成总营业收入2.80亿元，增长3.30%。年内，集团获全国模范职工之家、江苏省交通运输行业“安康杯”竞赛优秀组织单位、泰州市文明单位标兵和泰州市服务名牌（企业）等称号。

泰州港永安港区

【港口生产】 2013年，泰州港务集团有限公司港口生产经历上半年快速增长，下半年急剧下降的过程。上半年，港口生产累计增长30%，最高月装卸自然吨171万吨。面对下半年的经营困难，在巩固老货主的同时，努力培育新货主、新货种，积极应对市场疲软对港口生产的冲击，有效遏制下半年生产的快速下滑。煤炭作为港口第一大货源，全年完成970万吨，比上年增长5.90%。提升“前港后厂”物流客户服务水平，永安港区后方益海（泰州）粮油工业有限公司在不占用港口堆场的情况下，中转量持续增长，完成粮油进出口209万吨，增长23.70%。杨湾港区完成货物吞吐量1013万吨，成为继永安港区后第二个千万吨级港区。

【码头建设】 2013年，杨湾作业区一期工程码头和永安作业区一期工程码头结构加固改造工程完成施工。永安港区三期工程在完成各项单项审查的基础上，通过省发改委项目核准，完成全部项目前期工作；码头水工工程全部完成；陆域堆场工程在完成基础工程招标后，进入施工阶段。配合泰州经济开发区经济发展和港口盘活资产需要，将高港港区集装箱码头转让给后方临港工业企业，并启动高港港区4、5、6号码头改造工程，适应集装箱码头转让后的港口生产需要，完成项目通航安全、水利、防洪等单项审查，并获交通部码头岸线使用的批复。

【安全标准化达标建设】 2013年，泰州港务集团有限公司开展安全标准化达标创建工作，从基层公司抽调人员编制安全标准化文件。安全监督部每月通报各部门存在的安全隐患情况及上月隐患整改情况。投入280万元购置24车位“高港渡3号”全回转汽车渡轮，提高汽渡安全性。

【职工技能】 2013年，泰州港务集团有限公司实施“人才强企”工程，加强员工队伍建设，提高员工能力和素质。集装箱港务分公司电动机械班韩欣获江苏省五一劳动奖章后，集团开展“向韩欣学习、做金牌蓝领”主题活动。5月，在高港区第二届职业技能大赛上，集团获维修电工组一等奖1个、二等奖4个、三等奖3个，获叉车组二等奖、三等奖各1个。开展基层公司“师带徒”活动，9月，表彰奖励21名技术工种优秀带徒师傅，特等奖获6000元奖励。9月12日，举办女职工身心健康专题讲座，邀请市妇幼保健院和泰州师范高等专科学校专家主讲。12月，137人参加集团高级工考核，27人通过考核。

【获全国模范职工之家称号】 泰州港务集团有限公司工会坚持职代会制度，每年年初，召开职工代表大会，促进职工民主参与、民主决策和民主管理。坚持民主协商制度，国际金融危机爆发后，企业与职工代表集体协商，签订《双保共约协约书》，“保岗、保薪、保权益，不裁员、不降薪、不欠薪。”加强基层民主管理，指导下属控股公司成立分工会。强化“集群智，聚全力，谋发展”的企业民主管理机制建设，及时化解劳动关系矛盾。做好冬季送温暖、夏季送清凉、三八助单亲、8月“金秋助学”等工作。深化企业精神文明建设，先后开展“港口发展与青年职工自身发展的相互促进”主题活动、客户节、董事长推荐读书和“工人先锋号”争创等活动。2013年8月，集团工会被中华全国总工会评为全国模范职工之家。

【省港航单位工会联委会第六次会议】 9月，江苏省港航单位工会联委会第六次会议在泰州港务集团有限公司召开。南京港、镇江港、扬州港、江阴港、南通港、张家港港、连云港港、徐州港、江苏长博集团、江苏河海公司、江苏省航运公司、省交通厅苏北航务管理处、江苏省运河航运有限公司13个港航单位党委书记及工会主席、工会主要工作人员共40余人参加会议。各港航单位围绕具有港航特色的劳动技能竞赛、技术革新、发明创造、技术攻关等活动进行交流。

【2人获高级技师资格】 11月，泰州港务集团有限公司技术信息部杨剑峰、集装箱港务分公司韩欣获得由人社部和交通部联合颁发的高级技师资格证书，填补集团高级技师的空白，实现高技能人才高端培养零突破。

【液化天然气装载机启动】 3月9日，泰州港务集团有限公司与徐工集团举行LNG（液化天然气）装载机交车仪式。LNG燃料具有热值大、性能高等特点，是一种清洁、高效的能源。与普通柴油动力装载机相比，LNG燃料消耗费用仅为柴油的70%左右。年内，永安港区完成11台LNG装载机试点，取得较好的节能效果，被评为全省交通系统节能降耗示范项目。 （季　玲）

电　力

【概况】 2013年，国电泰州发电有限公司有员工348人，其中，专业技术人员84人、技能人员190人。未发生人身、设备、火灾及环境污染事故，实现连续安全生产2047天。发电量完成121.32亿千瓦时，平均上网电价429.78元/兆瓦时（含税），电价政策执行到位，电费回收率100%。入炉综合标煤单价控制在652.60元/吨(不含税)，比上年下降115.92元/吨。完成工业总产值53.92亿元，增加4.66亿元；实现利润总额10.18亿元，增加3.18亿元，创历史最高水平；上缴税费6.84亿元，增加1.99亿元。获江苏省电力行业优秀企业、江苏省文明单位、中国美丽电厂等称号。

【安全生产】 2013年，国电泰州发电有限公司以建设本质安全型企业为目标，全面落实安全生产责任制，完善安全生产激励约束机制，充分发挥“两个体系”（安全生产保障体系、监督体系）的作用，实现生产、基建零事故。初步建立风险预控体系，加强重大危险源管理，抓实风险评估工作，确定公司级危险作业14项，通过全员、全过程、全方位管控，有效降低高危作业风险。有序开展南京亚青会保电、安全生产月、安全生产大检查等活动，深化隐患排查治理，共排查并整改安全隐患32条，整改率100%。加强外包单位的安全管理，严把资质关，全年对外签订安全协议132份、安全目标责任状21份，进行入场安全教育1708人次。

【挖潜增效】 2013年，国电泰州发电有限公司进一步深化“拓市场，争电量”活动，加强电力市场的研判，强化“三同”（同区域、同机组、同时期）对标，实施智慧营销、专业营销，实现争量保价、增效保收。基数电量完成109.91亿千瓦时，争取基数外电量11.41亿千瓦时。平均基数上网电价445.82元/兆瓦时，高于区域内百万机组平均水平。发电利用小时6066小时，超过江苏统调平均水平467小时。将控煤价作为利润增长的突破口，结合生产需求，合理控制库存，优化来煤结构，形成生产经营协同作战机制。加强燃料管理，提高采制化工作水平，创新掺烧管控模式，全方位控制燃料成本。全年采购煤炭576.99万吨，入厂标煤单价622.79元/吨，比上年下降113.94元/吨，在江苏区域领先。掺烧经济煤种396.19万吨，掺烧率67%，节约燃料成本1.28亿元。强化资金管控，在确保资金安全的基础上，加强资金预算和执行监控，通过降低融资规模、发行低成本私募债，以及加大银行承兑汇票开具力度等手段，控制和降低资金成本。至年末，公司资产总额75.08亿元，增加10.55亿元；净资产收益率35.06%，增加8.73%；财务费用15115万元，减少8706万元，综合资金成本累计5.09%，较年初下降0.96个百分点。

【转型升级】 2013年，国电泰州发电有限公司加快转型升级步伐，增强企业综合盈利能力。热力市场拓展取得突破，与泰兴市阿贝尔化学（江苏）有限公司签订供热协议，积极推进管网建设的前期准备工作，同步开展益海（泰州）粮油工业有限公司、汇福粮油集团项目的供热可行性研究工作。充分发挥储煤场、码头、装船机的资源优势，积极开拓煤炭销售市场，持续完善燃煤经营定价机制、激励机制和监督机制。全年销售煤炭187.93万吨，其中，原煤165.34万吨、块煤20.13万吨、末煤2.46万吨，实现销售利润1671万元，比上年增加682万元。加强市场调研，跟踪市场动态，在固体废物产量同比下降的条件下，实现综合利用销售收入3900万元。

2013年6月26日，国电泰州发电有限公司二期工程3号炉浇筑第一罐混凝土

【节能环保】 2013年，国电泰州发电有限公司利用1号机A级检修，对汽动引风机、高中低压缸汽封等实施节能改造。推行经济调度，优化运行方式。根据煤质和负荷情况，优化主辅机运行方式，深入开展指标竞赛和异常指标分析，提高生产人员的节能意识、节能管理能力和经济运行水平。12月23~27日，举办首届“科技周”活动，宣传公司机组安全可靠运行、节能、环保等方面取得的成绩，并邀请专家进行专题讲座。结合管理提升活动，制定三年对标规划，扎实开展对标管理工作，通过抓指标带管理。全年供电煤耗完成290.76克/千瓦时，比上年下降1.88克/千瓦时；综合厂用电率完成4.55%，下降0.30个百分点。机组等效可用系数91.31%，提高1.34个百分点。严格落实环保责任，加大环保设施改造治理力度和环保资金的投入，完成SCR（选择性催化还原法）脱硝改造、空预器改造、低氮氧化物燃烧器改造等技改项目，脱硫脱硝系统投运率100%，二氧化硫排放总量下降112吨，烟尘、氮氧化物排放均符合国家特别排放限值要求。全年未发生环保投诉和纠纷，年中和全年均免于现场核查。充分利用国家政策，累计获得节能环保专项资金2594万元。

【1号机组A级检修】 4月4日，国电泰州发电有限公司1号机组A级检修正式开始，历时64天，较计划提前11天。此次检修共完成标准项目860项、非标准项目98项、技改项目7项。公司成立专门的组织体系，对机组所有设备进行全面细致的摸底和技术分析，以保证检修工作有的放矢，重点发现并处理大口径联箱裂纹、发电机定子槽锲松动、高压导汽管插管破裂、中压转子冷却插管变形并缺损、GGH（烟气换热器）中心筒外壁及内部净烟道腐蚀严重等重大设备缺陷及隐患，进一步提高机组的安全可靠性。修后机组经济指标得到较大提高，供电煤耗282.66克/千瓦时，较修前降低8.67克/千瓦时；生产厂用电率3.10%，较修前降低1.12个百分点；锅炉效率94.87%，较修前提高1.34个百分点；汽机热耗7485.30千焦/千瓦时，较修前降低77.29千焦/千瓦时。

【二期扩建工程】 6月26日，国电泰州发电有限公司二期扩建工程3号炉浇筑第一罐混凝土，实现高标准开工。7月19日，国电泰州发电有限公司二期扩建工程取得环保部《关于江苏国电泰州电厂二期百万千瓦超超临界二次再热燃煤发电示范项目环境影响报告书的批复》，核准所需的水土保持、节能评价、稳维评价等26个支撑性材料全部齐备，核准请示于8月上报至国家发改委，待核准。围绕建设总体目标，坚持稳中求进的原则，有序推进工程建设，安全、质量、工期、造价均处于受控状态。至年末，3号炉炉架吊装至第9层，4号炉炉架吊装至第5层；3号炉煤仓间第2层钢结构完成，进行钢煤斗吊装；3号汽机机座8.60米以下开始浇注，烟囱外筒施工至130米，各辅助系统施工同步推进。持续深化精细化管理，重点落实土建及工艺方面精细化管理的要求，混凝土工艺、成品保护、地下埋管等工作取得良好效果，在土建第一阶段质量监督检查中获得好评。全面优化设计，加强招标管理，严格控制工程造价。全年招标设备及工程90项，完成投资14.20亿元。（张倩倩）

通　　信

·电　　信·

【概况】 2013年，中国电信股份有限公司泰州分公司高港区局（简称“区电信局”）完成业务收入8763万元，净增智能机用户1.51万户，净增移动用户0.81万户，净增宽带用户0.32万户，净增ITV信息互通频道用户0.32万户。

【营销竞赛】2013年，区电信局组织开展元旦、春节双节促销活动和“红五月”“暑期宽带规模发展”“天翼业务规模发展”“渠道攻坚　规模突破”“收入提升专项竞赛”“天翼嘉年华”“跨年度百日攻坚”等营销竞赛活动。

【业务管理】2013年，区电信局推进店长承包制，加强店长队伍建设，提升店长对门店的管理能力，调动营业员销售积极性。明确各支局包保责任人的工作目标，通过参与包保支局的经营活动，发现支局经营活动过程中存在问题，制定改进计划，落实整改措施。对低销量门店实行认领包保工作，由包保责任人对门店经营状况进行深入了解，发现存在问题，通过店面转型，适应手机销量的店面需求；指导路径和销售，提升销售技能。加强渠道协同，改变等客户上门的单一营销方式，改为“走出去”的多点营销模式，通过进村、进小区、进企业（专业市场）“三进”活动，挖掘市场潜力，实现规模发展。（孙　伟）

·移动通信·

【概况】2013年，中国移动通信集团江苏有限公司泰州分公司高港营销中心（简称“高港移动”）用户规模18.90万户，运营收入超过1.50亿元，比上年增长7.50%。

【网络建设】2013年，高港移动新增GSM（全球移动通信系统）基站24座（共192座），共有2G室内分布系统114个、3G室内分布系统47个、4G室分布系统4个，实现80处WLAN（无线局域网）热点地区的覆盖，网络质量有较大提升。

【宽带业务发展】2013年，高港移动新建宽带小区34个，对原有小区补盲46次，涉及34个小区。新增覆盖1.03万户，总覆盖3.50万户，80%以上小区和村（社区）实现宽带接入。全年宽带用户净增2052户，用户规模提升47%，覆盖区域渗透率18%。对宽带用户进行网内4M免费提速，基本满足用户对网速的需求。

【企事业单位和集团业务发展】2013年，高港移动积极参与企事业信息化建设，全年新增签订专网专线247条，范围覆盖全区7个镇街，产生收入260万元。积极参与惠民工程建设，协助区人社局建成“12345”民生服务热线；与区食药监局共同建设药店远程监管项目，实现对药店药剂师到岗情况监管，规范药店售药。（王　艳）

·联通通信·

【概况】2013年，中国联合网络通信有限公司泰州市高港区分公司（简称“高港联通”）在渠道建设、队伍建设、网络建设及文化建设等方面都取得显著成绩，公司各项业务实现有效发展。全年通信服务收入完成1893.30万元，比上年增长13.80%。共有3G基站80座、2G基站70座。

【业务发展】2013年，高港联通围绕“沃3G”品牌，结合存费送机合约计划、购机送费合约计划，特别是苹果手机合约计划实施方案，3G品牌得到客户的认可和欢迎。实现2G业务稳步增长、3G业务快速增长的目标。全年发展2G用户17773户、3G用户13474户，其中合约机用户近4800户；通过加大信息化小区覆盖，新增宽带用户400户，无线固话用户2474户。

【市场拓展和维系服务】2013年，高港联通新增合作厅15个、便利店78个，基本实现销售网点全覆盖。年初成立客服部，3名客服经理对全区7126户VIP用户进行维系服务。重点推进落实转型、分级服务，通过改进服务短板，降低投诉，基本实现提升客户满意度、降低客户投诉率和高端客户离网率的工作目标。年内，客服部申斥率为零，万人投诉率低于全区平均值。（邹　群）

高港联通服务大厅

金　融

金融管理与服务

【概况】 区金融办成立于2013年5月，系区政府管理、服务、协调金融工作的正科级直属事业单位。年内，区金融办建立企业运行质态“健康档案”，探索设立5000万元的金融信贷风险基金，为企业融资提供增信服务；举办首届“金融超市”活动，17个银行与54个企业达成68个融资意向合作项目，金额17.66亿元；举办企业财务人员培训班。至年末，工商银行、农业银行、中国银行、建设银行、交通银行、邮政储蓄银行、招商银行、江苏银行、南京银行、泰州农商行、江阴农商行均在区内设有支行。人保财险、人保寿险等14个保险机构开展业务。华泰证券设点营业。有小额贷款公司6个，其中，农村小额贷款公司5个、科技小额贷款公司1个，注册资本金总计9.40亿元，贷款余额10.50亿元，支持客户数565户，累计贷款余额36.49亿元。全区金融机构存、贷款余额分别为231.40亿元、138亿元，比上年分别增长8.90%、39.10%，存贷比较上年增加12.91个百分点，贷款增幅列全市第一。年内，高港区创成省金融生态达标区。

【银企沟通平台】 2013年，区金融办走访90余个企业，就企业新上项目、技术改造、扩大生产等方面融资需求情况进行调查，把调查情况向市、区各银行反馈。收集汇总全市17个银行的金融信贷创新产品，汇编成册印发给所有企业负责人和财务总监，方便企业掌握熟悉符合自身发展的信贷产品。利用“高港金融”QQ交流群(成员为各银行员工)，共享最新经济金融形势政策和企业融资需求状况。

【金融交流会】 8月6日和22日，区金融办先后牵头召开全区政银企学习交流会和金融形势学习交流会，市人大常委会副主任、区委书记王建出席并讲话，与部分银行负责人和企业代表互动交流，邀请中国人民银行泰州市中心支行行长贾拓作金融形势报告。12月13日，举办领导干部金融知识专题报告会，邀请南京大学商学院副院长、国际金融管理研究所所长、博士生导师裴平围绕人民币内外价值偏离和美国的金融霸权等进行授课。

【推进企业上市】 2013年，区金融办先后组织德邦证券、东吴证券、长江证券等券商调研富彤化学有限公司、江苏海企化工仓储股份有限公司、泰州龙冉装饰材料有限公司、江苏能建机电实业集团有限公司等企业，帮助企业了解上市流程，明确上市途径。11月19日，牵头举办全区企业财务人员培训班，编制《企业上市工作辅导读本》印发给企业负责人和财务总监，帮助企业了解上市基本条件、操作流程和法律法规等内容。富彤化学有限公司、江苏海企化工仓储股份有限公司等企业完成法人治理结构调整，变更为股份有限公司，江苏海企化工仓储股份有限公司进入江苏省企业上市培育计划后备库。

【小额贷款公司监管】 2013年，区金融办严格按照省、市金融办监管工作部署要求，多次召开小额贷款公司监管会议，严格要求各小额贷款公司规范运营。指定专人负责日常监管，建立健全小额贷款公司财务数据和经营情况定期报送制度。9月，开展监管评级工作，抽查3个小额贷款公司，泰州市三泰农村小额贷款有限公司和泰州市远航农村小额贷款有限公司均达A级以上。

【反非法集资行动】 8月16日，高港区召开会议，传达省、市关于排查清理涉嫌非法集资广告资讯信息的要求，部署打击非法集资活动工作。区委宣传部会同电视节目中心对电视、广播、互联网、手机短信等信息发布渠道进行监管；区城管办对户外广告进行规范管理，配合职能部门拆除和清理涉嫌非法集资户外广告；区农委、商务局分别对农村资金互助合作社和典当行进行全面排查清理；各镇街指定专门人员，进村入户宣传政策法规；区金融办承担活动的统筹协调工作，对各镇街活动开展情况进行检查督促，协助各部门开展工作。信息传播载体实现非法集资广告零发布。

【金融调研】 6月，区金融办调研全区政府性投融资情况。8月，调研全区6个小额贷款公司，形成《关于进一步加快我区小额贷款公司发展的对策建议》。9月，针对中小企业“贷款难、难贷款”的现象依然比较突出的问题，走访银行、企业，起草《全区银行机构存贷比低的成因及对策分析》《关于建立政府风险投资基金及运营管理的若干建议》等数篇调研报告。

【“金梦帮扶”活动】 年末，区金融办组织驻区银行机构开展“金梦帮扶”活动，驻区11个银行机构积极参与，捐助现金3.83万元、日常生活用品若干，捐助贫困家庭及孤儿20人。

【首届“金融超市”活动】 10月8日，区金融办举办金融产品推介会，即首届“金融超市”活动。全市17个银行和省内3个证券公司共设置展位20个，分别采取发放宣传手册、多媒体演示、面对面交流等多种方式，就金融创新产品、企业上市运作等内容向企业作详细介绍。初步达成融资意向合作项目68个，共计金额17.66亿元。在此次“金融超市”活动上，区财政首次尝试拿出5000万元的对公存款，按照各银行对中小企业的贷款投放金额，以20∶1的比例给予相应的对公存款奖励，并对排在前五名的银行现场集中办理对公奖励性存款。

（谢丽丽）

2013年10月8日，高港区金融产品推介会暨银企签约仪式现场

银　行

·中国工商银行股份有限公司泰州高港支行·

【概况】 2013年，中国工商银行股份有限公司泰州高港支行（简称“工行高港支行”）人民币各项存款余额19.63亿元，各项贷款余额7.93亿元。实现拨备前利润3864万元。

【贷款管理】 2013年，工行高港支行重点支持全区重大项目、重点企业，加大优质中小微企业和个人客户信贷投放力度，夯实个人信贷业务，全年发放各类贷款7.93亿元；支持中小企业发展，灵活运用抵押、担保等贷款方式，新发放中小企业贷款1.81亿元；国际业务较快发展，全年国际业务融资发生额3.11亿元，结售汇1.79亿美元。

【存款管理】 2013年，工行高港支行坚持“抓大不放小”原则，重点抓机构存款和新型经济体贡献度。客户经理重点围绕代发工资业务，通过客户维护、业务支持、积分回馈、优惠服务等手段，提高留存率。量化考核指标，层层分解落实。竞争中高端客户，把竞争中高端客户、维护中高端客户提高到战略地位，抓住业务发展主动权。创新服务手段，采取公公联动、公私联动、私私联动等措施，提高产品覆盖率。至年末，人民币各项存款余额19.63亿元，其中，对公存款余额9.65亿元、储蓄存款余额9.98亿元。外汇各项存款余额147.14万美元。

【中间业务】 2013年，工行高港支行广开中间业务收入来源，坚持把优质客户的拓展作为中间业务工作的落脚点。做好理财销售，积极发挥理财产品优势，提升理财产品的渗透率，提高收益水平。加大发卡力度，抢占分期市场，提高收入水平。针对园区企业外来务工人员较多和福农卡汇款优势等特点，向外来务工人员和代发工资企业推荐使用福农卡。是以汽车分期为主体，抢占分期付款业务市场。提高国际业务对中间业务的贡献度，了解客户需求，制定服务方案，落实营销责任，扩大外汇客户群，带动国际结算业务快速增长。提高电子银行发展质量，促进中间业务收入的快速提升。推广个人网上银行客户证书，促进电子银行开户量、交易额等指

标的全面增长。全年实现中间业务收入2026万元。（魏金山）

·中国农业银行股份有限公司泰州高港支行·

【概况】 2013年，中国农业银行股份有限公司泰州高港支行（简称“农行高港支行”）本外币各项存款余额43.09亿元，当年净增5.08亿元；表内外各项贷款余额16.16亿元，当年净增5.11亿元。主体业务总量、增量市场份额均居高港区金融同业前列。年内，农行高港支行被江苏省农行评为内控管理综合评价一类行，获江苏省文明单位称号。

【资产业务】 2013年，农行高港支行推行信贷组合管理，合理配置经济资本，通过上争规模和结构调整，加大对实体经济支持力度，重点保证新落户区内项目、地方特色产业和小微企业的资金需求，当年新增法人客户项目贷款4.55亿元，贸易融资贷款净增2515万元，个人贷款净增3126万元。面对经济下行、潜在信用风险加大的严峻形势，主动调整投放策略，在风险可控的前提下，稳步推进信贷结构调整，整合信贷资源投向运行质态优、科技含量高、发展前景好的小微企业，以及贴现、质押等低风险信贷业务，信贷结构和资产质量进一步改善。

【负债业务】 2013年，农行高港支行组织实施“春天行动”“激情仲夏”和“赢在金秋”等专项竞赛活动，实现本外币各项存款高平台上的新跨越。年末，本外币各项存款余额43.09亿元，比年初净增5.08亿元。其中，储蓄存款23.79亿元，比年初净增3.58亿元，总量、增量市场份额均列区内四大行第一位；对公存款19.29亿元，比年初净增1.50亿元，总量、增量市场份额分列区内四大行第一位和第三位。

【中间业务】 2013年，农行高港支行坚持传统业务与新兴业务“双轮驱动”，当年实现中间业务收入3082万元，比上年多增222万元。在传统业务方面，注重零售板块的中间业务收入。围绕集成银行业务体系建设，通过贵金属和“本利丰”“双利丰”“安心得利”等个性化理财产品营销和代理保险“双单作业”，提升个人理财业务的价值创造能力。围绕电卡业务体系建设，通过支行强势推动、网点全员营销、公私批零联动，促进电卡业务有效发展。积极发展传统业务的同时，在信托融资、私募债等新兴业务上加大拓展营销力度。年内，作为主承销行，率先在银行间市场交易商协会注册私募债业务6亿元，并成功发行全市第一单。

【经营转型】 2013年，农行高港支行实施网点分类管理，增强网点对公营销能力。将辖内6个网点分为3种类型，实施分类管理。其中，综合型网点2个、偏对公型网点2个、偏对私型网点2个。总体指导思想是综合型网点公私业务齐头并进，偏对公型网点逐步提高对公业务的贡献比重，偏对私型网点重点发展个人业务、兼顾对公业务。逐步下放对公信贷业务调查权，促进网点对公业务有效发展。优化服务渠道结构，提高电子渠道交易量占比。通过构建电子商务等新型交易平台，完善电子渠道服务功能，实现客户交易的电子化、自助化、离行化，引导柜面业务向电子渠道分流。转变业务增长方式，提升全行持续发展能力。在存款考核上由以往的偏重时点存款考核转向日均存款考核，并将理财、基金、国债、保险等产品纳入折效存款考核。在存贷利率管理上，加大利率市场化改革步伐，最大限度贴近市场需求。在中间业务收入上，重视高端投行、基础结算、电子银行、银行卡等中间业务发展，对不同类型的中间业务收入实行差别计价。（张国太）

·中国银行股份有限公司泰州高港支行·

【概况】 2013年，中国银行股份有限公司泰州高港支行（简称“中行高港支行”）实现营业净收入10477万元，中间业务收入4643万元，拨备前利润7524万元。至年末，本外币一般性存款余额36.83亿元，比年初净增6.66亿元，其中，企业存款余额20.79亿元、储蓄存款余额16.04亿元。本外币各项贷款余额15.85亿元，其中，消费贷款余额3.87亿元、公司贷款余额11.98亿元。

【存贷协调发展】 2013年，中行高港支行坚持“存款立行，贷款兴行”理念，强化对扬子江药业集团、泰州口岸船舶有限公司、中海油气（泰州）石化有限公司等传统客户的服务，巩固战略伙伴关系。以资产带动负债，实现滨江工业园5亿元授信的投放。深度跟进江苏大江建设集团有限公司、富彤化学有限公司、泰州长江公路大桥等重大项目，配合做好相应的金融服务。以各网点为基点建立辐射圈，对接核心港区、高港高新区、滨江工业园等，重点关注新入驻的企业客户，进行摸排式营销，加大对中小企业的扶持力度。

【金融产品创新】 2013年，中行高港支行发展投行业务，整合融资、理财等非传统授信业务，先后叙做3亿元短期融资券、3亿元理财池业务。充分发挥国际结算业务优势，先后叙做辖内首笔船舶行业“国内融信达”业务1亿元，首笔“汇利宝”业务836.20万美元、“双币模式人民币协议融资”业务2.50亿元，财保通项下协议融资5000万元。个人金融方面，及时把握黄金销售旺季，研发出“雕花楼”特制贵金属。提高白金卡配比，推动“出国金融一站式服务”等新兴业务。

中国银行高港支行外景图

【国际结算业务】 2013年，中行高港支行共实现国际结算市场业务量6.20亿美元，比上年增长0.20亿美元，增长率3.30%，区内同业排名第一。新增跨境人民币结算业务6.33亿元，新增远期结售汇4.70亿元，新增保函5.90亿元，在全区名列前茅。（吴　强）

·中国建设银行股份有限公司泰州高港支行·

【概况】 2013年，中国建设银行股份有限公司高港支行（简称“建行高港支行”）本外币各项存款余额44.88亿元，净增16.30亿元；各项贷款余额29.06亿元，净增13.88亿元；账面利润8970万元；中间业务收入4500万元。年内，建行高港支行获泰州市文明单位称号，被建行泰州市分行评为2013年度先进集体。

【业务拓展】 2013年，建行高港支行加大对区财政局、区人社局、扬子江药业集团、益海（泰州）粮油工业有限公司、中海油气（泰州）石化有限公司等重点客户的业务拓展。组织高港中学搬迁、水岸景城保障房等民生贷款项目的营销和推进。全力支持高港区三大工业园区实体经济的发展。全年投放各类贷款32.80亿元。

【产品创新】 2013年，建行高港支行营销校园一卡通、公共资源交易平台中心、金融社保卡等业务。建行高港支行营业部、兴港分理处、刁铺分理处被建行总行评为星级网点，三泰储蓄所升格为可办理对公业务的综合型网点，服务水平、服务功能和市场竞争能力全面提高。贷款业务开展“雪中送炭”和“发现之旅”活动，支持一批创新型、成长型企业走出困境。（季晓东）

·交通银行股份有限公司泰州高港支行·

【概况】 2013年，交通银行股份有限公司泰州高港支行（简称“交行高港支行”）本外币各项存款余额25.06亿元，比年初增加3.58亿元；贷款余额15.53亿元，其中小企业及个人贷款4亿元，全年累计投放18.68亿元；国际业务结算6.10亿美元；实现经营利润5300万元。

【支持地方经济建设】 2013年，交行高港支行支持重点企业、重点项目和科技型中小企业发展，累计发放大中型企业本外币一般授信贷款10亿元，其中，对泰州口岸船舶有限公司新增贷款1.25亿元，泰州三福船舶工程有限公司新增2000万元。重点支持区招商引资项目泰州诚达精工新材料有限公司，新增项目贷款授信1.80亿元。发挥小企业“展业通”贷款门槛低、流程短的优势，发放小企业贷款40笔、3.50亿元，助推区内小企业发展。（凌　杰）

·江苏银行股份有限公司泰州高港支行·

【概况】 2013年，江苏银行股份有限公司泰州高港支行（简称“江苏银行高港支行”）本外币各项存款余额8.77亿元，其中，储蓄存款1.04亿元，公司存款7.73亿元；各项贷款余额8.15亿元，其中，个人贷款0.55亿元，对公贷款7.60亿元。实现中间业务收入648.92万元，实现国际结算业务量11816万美元，完成国际结算中间业务收入155万元。理财类资产销售2.26亿元。

【业务发展】 2013年，江苏银行高港支行发放6.40亿元信托资金，派生存款2.50亿元。全年新增授信客户30户，新增投放贷款7.80亿元；新增无贷户22户，无贷户存款7000万元。（戴晓妍）

·南京银行股份有限公司泰州高港支行·

【概况】 2013年，南京银行股份有限公司泰州高港支行（简称“南京银行高港支行”）人民币各项存款余额11.05亿元，其中，企业存款8.74亿元、储蓄存款2.31亿元；贷款余额7.41亿元，其中，公司贷款余额6.78亿元、个人类贷款0.63亿元。中间业务收入228万元。完成1单3亿元集合信托的保管业务，完成1单融资租赁业务，完成3单委托贷款业务。

【构建立体式营销】 2013年,南京银行高港支行积极构建立体式营销。行长牵头营销重点项目、政府存款,客户经理负责中小企业营销,理财经理守好支行高端客户,柜面人员把好散户结算。行长室全年牵头营销的重点有财政存款、扬子江药业集团纯存款、泰州港务集团有限公司粮食仓储项目资本金、泰州三福船舶工程有限公司保函业务、益海(泰州)粮油工业有限公司代发工资、国电泰州发电有限公司纯存款、泰州市港城建设投资发展中心及核心港区信托资金归集、高港高新区污水处理项目、江苏江东港口投资有限公司三期码头项目和金港建设房地产销售等。

【负债业务】 2013年,南京银行高港支行通过信贷客户结算归行率统计表,监测授信客户正常经营结算账户的日均存款和敞口授信余额的比例,准确把握客户资金在行内行外的流动情况,提高结算归行率;通过纯存款客户营销推进表,着力强化无贷户的营销工作,提升无贷户存款对总存款的贡献度;通过重点客户(项目)营销推进表,对重点客户和项目实施支行行长室挂牌营销,把握推进节点和进度,提升竞争重点客户和项目的能力。旺季结束实现存款新增3.44亿元,存款总额11.80亿元。

【金融服务】 2013年,南京银行高港支行继续坚持立足地方经济、服务地方发展的理念,既注重扶持区域重点项目和重点企业,又利用自身的产品优势服务区域小微企业,解决小微企业在业务发展过程中的融资难题。全年表内外授信总额15.50亿元。打造"金梅花"理财品牌和"信易贷""购易贷""房易贷"等个人金融服务产品。

【案防宣传】 2013年,南京银行高港支行围绕营业网点防抢防盗、防电信诈骗、防止自助银行装设非法装置,全面加强人防、物防、技防和制度防。做好相关台账的登记工作,在上半年和下半年分别进行防盗防抢演练,多次组织员工学习防电信诈骗知识。全年举办各类金融业务知识进社区活动6次、反假币知识宣传2次;成功堵截1起电信诈骗,为客户挽回损失近100万元。

(汤冬梅)

·江苏泰州农村商业银行股份有限公司新港支行·

【概况】 2013年,江苏泰州农村商业银行股份有限公司新港支行(简称"泰州农商行新港支行")本外币各项存款余额99389万元,比上年净增15086万元。各项贷款余额68450万元,实现净利润4048.05万元。

【资产业务】 2013年,泰州农商行新港支行在立足"三农"的基础上,继续加大对小微企业的贷款投放力度。全年投放小微企业贷款7705万元,比上年增长12.09%。实现打造"农民兄弟的贴心银行、社区居民的亲情银行、中小企业的伙伴银行"的服务承诺。

【存款业务】 2013年,泰州农商行新港支行最早实现人民币存款利率上浮10%,利用政策优惠,回馈广大客户。依托农村市场,储蓄存款稳步增长,利用政府平台,实现对公存款质的飞跃。至年末,存款余额99389万元。

【中间业务】 2013年,泰州农商行新港支行积极发展中间业务,加强代收代付业务,发行新一代"圆鼎卡"2526张,实现磁条卡向芯片卡的推广和过渡。推广二代手机银行业务,实现跨行业务零收费。

(潘 浒)

·中国邮政储蓄银行股份有限公司泰州市高港支行·

【概况】 2013年,中国邮政储蓄银行股份有限公司泰州市高港支行(简称"邮储银行高港支行")坚持稳步经营,突出创新转型,加快提升盈利水平,坚持服务"三农"战略定位,增强风险控制。至年末,人民币各项存款余额7.90亿元,当年净增3.20亿元;各项贷款余额15.70亿元,净增3.03亿元。

【资产业务】 2013年,邮储银行高港支行主动服务区域经济,重点支持重大项目、重点企业,与国电泰州发电有限公司建立合作关系,新增贷款2.90亿元。加大中小企业和个人客户贷款投放力度,进一步夯实信贷业务,做大做强信贷规模。至年末,贷款余额15.70亿元,其中,中小企业及个人贷款1.30亿元、项目贷款14.40亿元。

【负债业务】 2013年,邮储银行高港支行以走出银行营销为重点,抓住滨江工业园拆迁、田许路拆迁机遇,排计划、定方案,全员出动;利用交叉营销办法,加大对中高端客户的营销力度,促进个人储蓄稳步增长。至年末,个人储蓄存款余额1.90亿元,净增0.84亿元。

(包粉华)

·江苏江阴农村商业银行股份有限公司高港支行·

【概况】 2013年,江苏江阴农村商业银行股份有限公司高港支行(简称"江阴农商行高港支行")人民币各项存款余额22785万元,各项贷款余额29019万元。全年实现营业收入1119万元,利润178万元。完成结售汇789.14万美元,国际业务结算量1047.95万美元，个人理财业务1165万元，卡消费577万元，代理企业财产保险保费收入14万元，开立企业对公结算户41户。

【存款业务】 2013年，江阴农商行高港支行实行人民币存款利率一浮到顶，全部上浮10%，利用政策的灵活性回馈客户。至年末，实现存款余额22785万元，比上年增长3.45%。其中，对公存款18529万元、储蓄存款4256万元。

【贷款业务】 2013年，江阴农商行高港支行立足服务高港区经济发展，完善授信模式，重点针对园区、镇街小微企业开展各项金融服务。至年末，贷款余额29019万元，比上年增长18.44%，其中小微企业贷款余额19928万元，占比68.67%。

【中间业务】 2013年，江阴农商行高港支行加快中间业务发展，全年完成国际业务结算量1047.95万美元，比上年增长73.21%；结售汇789.14万美元，增长227.44%；个人理财业务1165万元，增长223.61%；卡消费577万元。新增企业网银20户、个人网银40户，手机银行签约139户，新开立外汇结算账户4户。（周　颖）

保　险

·中国人民财产保险股份有限公司泰州市分公司高港营业部·

【概况】 2013年，中国人民财产保险股份有限公司泰州市分公司高港营业部（简称“人保财险高港营业部”）完成总保费收入5397万元，其中车险保费收入3038万元，比上年增长21%，占市场份额（高港）60%。非车险新增保费638万元。

【非农保险业务】 2013年，人保财险高港营业部非农险业务全面超额完成上级公司下达的各项经营目标。全年车险签单12212份，签单保额52.70亿元，收取保费3038万元，比上年增长21%；非车险保费1809万元，承担风险31.38亿元，增长5%。平均月增53万元，创高港营业部组建以来最高新增保费纪录。

【农业保险业务】 2013年，人保财险高港营业部在继续抓好水稻、小麦、油菜等主要种植业保险的同时，加大高效农业保险推进力度，扩大保险范围，增强农业抗御风险的能力，为全区农业经济发展保驾护航。承保水稻8000公顷，涉及农户5.74万户，签单保费297万元；小麦8666.67公顷，涉及农户5.85万户，签单保费332万元；油菜2026.67公顷，涉及农户2.19万户，签单保费54万元。

【理赔管控】 2013年，人保财险高港营业部有效报案数量4911件，比上年上升90.13%，已决赔款1682万元，上升82.09%，赔付率54.71%，上升3.93个百分点。1万元以下理赔周期13.70天，提速47.67%。估损充足率，全险种88.21%，车险81.57%，财产险116.34%，农险101.91%。1万元以上车险案均赔款41931元，下降13.07%，其中，涉伤案均赔款52543元，下降23.10%；不涉伤32646元，下降1.57%。完成反欺诈案件11件，反欺诈金额56.97万元，反欺诈金额占比1.85%。非车险两年滞案率2.63%。（宗　芬）

·中国人寿保险股份有限公司泰州市分公司高港营业部·

【概况】 2013年，中国人寿保险股份有限公司泰州市分公司高港营业部（简称“中国人寿高港营业部”）总保费收入1.39亿元。其中，个人保险业务保费收入8090万元，银行保险业务保费收入5181万元，团体保险业务635万元。全年处理赔付案件1207件，赔款支出560万元，结案率100%。

【内控管理】 2013年，中国人寿高港营业部修订完善行政管理办法，规范员工日常操守，形成以制度管事、制度管人的良性氛围。强化合规经营，组织开展防范和打击集资诈骗宣传教育活动，推进内控标准执行及评估测试工作，开展“学制度、懂制度、守制度”专题教育活动，将制度学习作为员工日常培训教育的重点内容。继续开展“诚信我为先”主题教育活动，引导销售人员将诚信理念和诚信行为融入销售服务全过程。特别关注重点领域、关键岗位的风险。开展效能监察和“小金库”专项治理、关键岗位检查、预警回访等工作，提升风险管控能力。（赵桂根）

综合管理与监督

发展规划管理

【概况】 2013年,高港区实现服务业增加值91.72亿元。固定资产投资完成174.73亿元,增长26.10%。规模以上完成投资143.69亿元,增长25.40%。全区在建重大项目99个,总投资406.56亿元,当年完成投资125.97亿元。区发改委上争项目12个,上争资金5112万元。年内,区发改委被市发改委评为系统目标管理先进单位,获泰州市服务业目标考核一等奖;被区委、区政府评为效能建设先进单位,获高港区质量强区工作贡献奖。

【经济运行预警分析】 2013年,区发改委加强对经济运行的监测和分析,全面总结全区经济运行中取得的成绩,深入剖析存在的突出问题,有针对性地提出应对措施,按季形成经济运行形势分析报告,提交区人大常委会审议通过《关于全区2013年上半年国民经济和社会发展计划执行情况的报告》,为区委、区政府研究部署发展举措提供依据。

【课题研究】 2013年,区发改委加强调查研究,完成《现代服务业与先进制造业融合发展调研报告》《高港区冷链物流调研报告》《生产性服务业调研报告》《服务业招商工作思路》等调研材料。

【服务业固定资产投资】 2013年,全区完成服务业固定资产投资97.98亿元,比上年增长26.10%,占固定资产投资总量50.35%。实施28个投资1000万元以上的服务业重点项目,共完成投资21.89亿元,江苏省特种安全防护产品质量监督检验中心、中兴大酒店、泰州市乐泰食品速冻冷藏配送中心、大泗邻里中心等10个项目顺利竣工,圆通速递泰州集散中心、明发商业广场国际商务中心等项目加快推进。

【服务业税收增加】 2013年,全区完成服务业税收14.49亿元,比上年增长34.04%。其中,列入市“提速升级四大工程”的7个服务业重点企业,实现利税18270.22万元。累计培育限额以上及重点服务业企业138个,其中1亿元以上企业18个。

【服务业招商引资】 2013年,高港区重点包装15个重点服务业项目,制作招商宣传资料,编写项目投资指南。组团参加2013中国泰州服务业投资说明会,成功签约高港区白马镇休闲游乐公园、优力博仓储物流项目等3个项目,项目总投资7亿元。引进国通快递泰州集散中心、永乐汽车4S城等项目,协议引进外来资本10亿元。

【服务业转型升级】 2013年,全区服务业以转型升级作为发展重点,在旅游、文化创意、科技服务等领域取得突破。电子信息产业园项目一期工程完工。省级壁纸检测中心、特防产品检测中心相继建成。中药科技园发挥“政产学研”平台优势,项目建设加快。江苏海企化工仓储股份有限公司成为全市首个省级服务业标准化试点单位,被评为省、市两级服务业名牌。

【规模以上项目建设】 2013年,全区实施规模以上施工项目157个,计划总投资165.13亿元,单体项目投资规模1.05亿元。新开工项目140个,计划总投资154.33亿元,单体项目投资规模1.10亿元。全区城乡规模以上项目到位资金165.69亿元。政府预算内资金0.11亿元,国内贷款15.58亿元,利用外资和港澳台资0.30亿元,自筹资金148.46亿元。

【项目上争】 2013年，区发改委共上争项目12个，涉及农业、高新技术产业、社会事业、基础设施、民生等领域，上争资金5112万元。其中，扬子江药业集团中药提取项目获中央预算内产业振兴和技术改造资金1277万元，泰州市高港区临湖新区污水管网一期工程、海军诞生地纪念馆基础设施项目分别获中央预算内资金600万元、560万元，江苏能建机电实业集团有限公司年产300万片蓝宝石半导体照明基片生产线项目、泰州市庆丰农业科技有限公司农业循环经济项目分别获中央预算内投资资源节约和环境保护项目资金490万元、310万元，江苏中药科教园项目获国家服务业引导资金150万元。

【重大项目建设】 2013年，全区在建重大项目99个，总投资406.56亿元，当年完成投资125.97亿元，完成投资计划的86.88%。项目开工建设94个，开工率94.95%。

农业项目　3个项目全部开工，总投资5500万元，当年完成投资1290万元。

工业项目　43个项目开工40个，总投资142.30亿元，当年完成投资61.97亿元。

服务业项目　16个项目全部开工，总投资88.06亿元，当年完成投资28.26亿元。

社会事业项目　3个项目全部开工，总投资3.43亿元，当年完成投资2.84亿元。

城建及公用基础设施项目　14个项目开工13个，总投资27.24亿元，当年完成投资7.85亿元。

安置区及房地产项目　20个项目开工13个，总投资144.97亿元，当年完成投资24.92亿元。（王　睿）

2013年高港区99个重点项目建设情况一览表

表6

项目名称	建设性质	总投资（亿元）	年内完成投资（亿元）	年内实施进度	实施主体
总　计	—	406.56	125.97	—	—
工业项目（共43项）	—	142.30	61.97	—	—
年产60万镗高档木门项目	新建	6.50	6.10	投产	泰州大自然德森堡木业有限公司
年产100万台发动机及汽油发电机组项目	续建	10.00	4.00	投产	江苏福马高新动力机械有限公司
船用救生设备项目	续建	1.00	0.60	1、2、3号厂房交付，办公楼主体完成40%	泰州市金海运船用设备有限责任公司
年产1800万箱果汁饮料及4条瓶盖线项目	新建	6.50	3.50	1条无菌线和制盖线投产	泰州统实企业有限公司
年产100万套汽车安全气囊项目	新建	2.00	1.00	投产	万向精工江苏有限公司
年产1.50亿件汽车用流体管路项目	新建	10.00	4.00	办公楼装修完成30%，1、2、3号车间钢结构房屋封面板完成，密炼车间装修，部分设备进厂	江苏鹏翎胶管有限公司
ABS阀体、安全气体发生器项目	新建	0.90	0.26	1、2号厂房内外粉刷	江苏博来登汽车部件有限公司
汽车弹簧项目	新建	0.50	0.50	准备工程初验	泰州成兴汽车部件有限公司
精密模具项目	新建	0.60	0.15	厂房基础施工完成80%，综合楼封顶	泰州铭建精机模具有限公司
摄像五金器材项目	新建	0.40	0.13	厂房主体至三层，综合楼封顶	泰州宇铨五金器材有限公司
纸币自动封包项目	新建	0.80	0.20	办公楼封顶，厂房主体完成60%	江苏保力自动化科技有限公司
许庄民营工业园标准厂房	新建	1.35	0.47	开工1栋	许庄街道
年产2.50亿只瓶盖注塑项目	新建	1.00	0.88	投产	益海（泰州）粮油工业有限公司

续表6

项目名称	建设性质	总投资（亿元）	年内完成投资（亿元）	年内实施进度	实施主体
6万立方米单板层积材、10万立方米胶合板、500万平方米实木复合地板木材加工区项目	续建	23.10	2.54	电器设备部分安装中	泰州科冕木业有限公司
电子元器件SMD承载带项目	续建	0.66	0.40	工程竣工，设备安装	江苏泰氟隆科技有限公司
年产4万吨磷酸阻燃剂项目	续建	3.00	1.48	TCPP、TCEP、IPPP试生产	泰州市新安阻燃材料有限公司
年产8万吨磷酸三酯阻燃剂项目	续建	5.00	2.45	消防验收通过。TCPP：试生产；TEP:设备安装基本完成；BDP：工程设计中	富彤化学有限公司
年产200吨高精度聚四氟乙烯薄膜项目	新建	1.20	0.43	办公楼和厂房一层浇筑完成	泰州市亚星塑业有限公司
年产2000吨重整催化剂、年产2000吨加氢催化剂项目	新建	1.29	0.73	主车间平面铺设好，综合楼一、二层墙体砌筑好，还原车间框架浇筑完成	江苏扬子催化剂有限公司
400吨／年四乙基铵基四氟硼酸盐项目	改扩建	0.60	0.11	项目暂停	泰州万丰化工有限公司
年产10万吨润滑油综合利用项目	新建	3.00	3.00	工程竣工	江苏明浩新能源发展有限公司
年产410万卷墙纸生产线项目	新建	1.10	0.60	投产	江苏东宇墙纸有限公司
年产36套海洋疏浚机械设备和8台挖泥船二期项目	新建	3.50	0.28	二期办公楼封顶	江苏华夏重工有限公司
年产60吨奥拉西坦、年产0.50吨埃索美拉唑原料药生产项目	新建	1.54	0.15	项目暂停	江苏托邦化工有限公司
扬子江药业新药项目	新建	15.00	10.90	水针4号车间投产；冻干粉针3号车间进行净化施工和主要设备安装；口服液2号车间投产；瓶装输液、软袋输液车间、动力中心施工结束	扬子江药业集团
年处理12600吨中药材提取车间项目	改扩建	1.80			
年产2940万支冻干粉针、6000万支小容量注射剂项目	新建	5.00			
年产8万吨特种铸件项目	新建	9.80	6.40	1号和2号还原生产线设备安装完成	上海恩思凯投资有限公司
年产1亿套各类显示器转轴项目	续建	3.60	0.60	工程竣工	泰州市创新电子有限公司
年产400万套电脑转轴和600万套弹簧项目	续建	2.20	0.94	完成3号车间外墙施工，办公楼基础施工	泰州汇锦电子有限公司
年产1.40万吨船舶电子仪器等船舶配套件项目	续建	2.80	1.80	办公大楼内部装修	江苏环球船舶配套设备有限公司
电动车制造项目	新建	3.50	2.50	1号厂房完成95%，2号厂房完成95%，3号厂房完成95%，4号厂房完成100%，5号厂房完成100%	江苏客瑞斯电动汽车有限公司
微波器电子仪器项目	续建	1.20	0.58	两栋装备楼主体施工至9层结构	江苏格律斯科技有限公司

续表6

项目名称	建设性质	总投资（亿元）	年内完成投资（亿元）	年内实施进度	实施主体
专用金属材料和精密合金材料项目	新建	1.20	0.78	办公楼，车间三、四施工	江苏昆仑光源材料公司
年产500台消防机器人项目	新建	1.00	0.18	基础开挖	江苏安奇正消防设备有限公司
港城中药饮片及保健食品项目	新建	2.00	0.65	基础开挖	泰州港城中药养生有限公司
临港经济园标准厂房区项目	新建	4.00	0.50	桩基工程	江苏临港经济园投资开发有限公司
年产量100万只汽车轮毂项目	扩建	0.51	0.51	设施、设备安装调试完成，投入生产	泰州市康驰汽车配件有限公司
年产5600吨船舶配套产品及钢结构项目	新建	0.53	0.40	设施、设备采购	泰州市鼎盛船舶科技发展有限公司
年产5500吨塑料编织袋项目	扩建	0.51	0.40	设施、设备采购	泰州市白马塑料制品有限公司
年产2万吨再生塑料造粒	扩建	0.52	0.41	设施、设备采购	泰州市腾发工程机械设备有限公司
氟碳和医疗器械项目	新建	1.10	0.65	试生产阶段	江苏宇马铝业有限公司
汽车部件项目	新建	0.50	0.23	换址、办理立项等手续	江苏汇德汽车部件有限公司
现代服务业项目（共16项）	—	88.06	28.26	—	—
柴墟水景街区	续建	8.50	0.20	进行配套设施施工	泰州金港建设投资发展有限公司
时代广场	续建	6.40	0.60	试运营	江苏润泰置业有限公司
苏安商业广场（金凤凰国际商务中心）	续建	1.50	0.75	地上二层施工结束	泰州凤凰大酒店有限公司
圆通速递泰州转运中心	新建	3.00	1.06	桩基施工	泰州圆通速递有限公司
中通速递泰州转运中心	新建	1.50	0.75	基础开挖	泰州中瑞物流有限公司
红星美凯龙家居广场	续建	3.00	0.50	营业	泰州恒元置业有限公司
高港电子信息产业园	新建	3.80	1.40	竣工交付	高新区开发投资公司
明发商业广场	续建	22.00	12.80	11栋高层6栋基础施工完成70%，5栋高层底板施工完成85%	明发集团（泰州）房地产开发公司
永兴路商业街二期工程	新建	0.80	0.80	工程竣工	泰州市中恒置业有限公司
泰州港集装箱配套中心	新建	2.00	0.80	集装箱码头岸桥部分安装完成，调试中。道路部分（陆域部分）施工中，上部结构正在招投标，环场道路确定施工单位	核心港区
海军文化博览园	续建	10.00	1.00	工程绿化、对抗演练中心、拓展训练中心基础设施全部完成	泰州市海诞城市投资发展有限公司
海诞文化创意产业示范园	续建	10.00	2.50	整体规划设计、景观绿化完成，商业一条街工程建设启动	泰州市海诞城市投资发展有限公司
宗教文化园	续建	2.56	0.80	白马庙二期工程竣工	泰州市海诞城市投资发展有限公司

续表6

项目名称	建设性质	总投资（亿元）	年内完成投资（亿元）	年内实施进度	实施主体
世泽雕艺园	新建	5.00	1.00	古城风貌馆、历代名贤馆、吉祥文化馆建成	江苏世泽艺术品有限公司
江苏中药科技产业园（科教培训中心）	新建	7.00	2.30	完成园区水电、地形整理、道路等各项基础设施建设；完成神农湖、福禄湖、长寿湖等景区建设，智能温室设计的招标和设计方案确定，办公楼、教学楼工程开工	江苏神奇中药科技有限公司
大泗商贸小区	续建	1.00	1.00	装潢阶段	泰州圆融投资置业有限公司
现代农业项目（共3项）	—	0.55	0.13	—	—
凯世源绿化建设工程	扩建	0.20	0.03	基础绿化过半	泰州市凯世源绿化有限公司
丰汇长江水产特种水产养殖	续建	0.20	0.04	交付使用	泰州丰汇长江水产有限公司
逸夏果园	续建	0.15	0.06	竣工投产	逸夏果园有限公司
社会事业项目（共3项）	—	3.43	2.84	—	—
新高港中小学	新建	2.20	2.00	小学部、宿舍和食堂主体封顶并通过验收，进行内装修；艺体楼、中学部主体封顶，准备主体验收前的工作	区住建局
永安监管救助基地项目	新建	0.80	0.76	公寓楼、综合训练馆装修基本结束；二期业务用房副楼完成二层，主楼完成一层；绿化工程招标结束	泰州海事局
白马镇政法文化中心	新建	0.43	0.08	工程全面竣工	白马镇政府
基础设施项目（共14项）	—	27.24	7.85	—	—
银杏路	续建	5.50	2.80	道路全线贯通	泰州市港城建设投资发展中心
田许线改扩建	新建	12.50	1.00	2.66千米全线贯通，二期施工单位进场	泰州市港城建设投资发展中心
泰州高港区临湖新区污水管网工程（一期）、高港区通港污水管网工程	新建	0.15	0.07	完成总体工程量的46%	江苏望涛投资建设有限公司
高新区道路工程	新建	0.52	0.40	解放路一期竣工；永盛路一期雨污水完工，道路结构层施工	高新区开发投资公司、明发集团（泰州）房地产开发公司
高新区污水管网工程	新建	0.20	0.07	完成1300米污水管网施工	高新区开发投资公司
创新大道拓宽	新建	1.00	0.25	太平中沟桥施工，马厂桥至泰高路段非机动车道灰土施工，金海运段灰土施工50%	北京海城公司
锦江路	续建	1.90	1.20	永安段竣工	核心港区
建桥路东延	续建	1.05	0.53	永安段路灯安装	核心港区
滨江新城道路工程	新建	1.52	0.26	经六路河塘清淤回填；经七路排水变更核查，纬七路污水设计出图；对路灯设计进行核查	核心港区

续表6

项目名称	建设性质	总投资（亿元）	年内完成投资（亿元）	年内实施进度	实施主体
大桥风景区项目（海博馆）	新建	0.35	0.11	暂停	核心港区
临港经济园“三横”道路工程	续建	1.65	0.85	远东大道二灰结石施工结束；龙窝路（团结河以西）6%灰土4层施工结束；文圣路完成6%灰土4层、12%灰土1层施工	江苏凯世源投资开发有限公司
白马镇污水管网工程	新建	0.30	0.13	工程全面竣工，管网铺设8千米	白马镇政府
胡庄污水处理厂及管网工程	新建	0.30	0.08	污水处理厂主体建成	胡庄镇政府
大泗镇污水管网工程	续建	0.30	0.10	竣工	大泗镇政府
安置区及房地产项目（共20项）	—	144.97	24.92	—	—
王营花苑一期	续建	9.54	1.70	34幢主体验收，进行配套施工	区住建局
龙湖美景	新建	9.00	2.00	1~8号楼地下室施工结束，进入主体施工；9~14号地下室施工	区住建局
腾龙御园一期	续建	8.30	2.30	竣工	泰州通海房地产开发有限公司
腾龙御园二期	新建	9.38	0.75	打桩	泰州通海房地产开发有限公司
临港·水岸景城	续建	17.00	4.50	17+1高层共10栋：8栋完成二次结构，完成主体结构验收，内装饰完成11层；2栋完成主体结构验收，内装饰完成15层。11+1小高层共9栋：5栋完成内装饰；2栋主体结构验收，内装饰完成11层；2栋完成主体结构验收，内装饰完成8层	江苏临港经济园投资开发有限公司
胡庄镇区综合改造项目	新建	1.20	0.31	前期工程结束，围墙搭建完，准备动工	胡庄镇政府
恒元城商住开发	续建	3.00	1.00	4栋楼高层地下室施工完成65%，2栋楼高层封顶	泰州恒元置业有限公司
三星嘉苑（安置三区）	续建	2.10	0.30	配套道路施工，绿化施工40%	高新区
高新区生活配套区（天然居）	新建	3.00	1.43	别墅外墙施工完成80%	泰州长三角置业有限公司
育才花园二期	新建	3.00	0.06	桩基施工完成20%	高新区
云墅壹号房产开发项目	新建	3.50	0.02	1号、2号楼基础施工	泰州恒兴投资有限公司
兴洲花苑二区17幢小高层	续建	2.75	1.40	A、B、C区附属工程及室内修整，D区景观工程，零星工程竣工验收	核心港区
滨江新城公寓楼一期（新城名邸一期）	新建	6.00	1.96	滨江新城二层结构施工	核心港区
栖园	续建	5.00	1.40	室内外装修	泰州亿嘉置业有限公司

续表6

项目名称	建设性质	总投资（亿元）	年内完成投资（亿元）	年内实施进度	实施主体
格林美郡	续建	7.00	1.05	15、16栋装饰	泰州海西置业有限公司
美岸栖庭	续建	5.00	0.85	配套工程	泰州市金达房地产开发有限公司
水岸帝景	续建	12.00	0.90	打桩	江苏兆达房地产开发有限公司
宇业·园中园房产项目（景江东方）	新建	14.00	1.00	多层封顶，高层施工至14层	江苏宇泰置业有限公司
新城领域房产项目	新建	2.50	1.00	一期别墅区封顶，二期高层施工至2楼	泰州市新世纪房产公司
"中建·珑湾壹号"房产开发项目	新建	21.70	1.00	别墅主体封顶，高层主体施工	中建楷昕房地产开发有限公司

财　政

【概况】 2013年，高港区财政总收入实现70.39亿元，公共财政预算收入实现24.92亿元，其中税收收入20.44亿元。用于改善民生的财政支出增长20.10%，占公共财政支出的72.60%。年内，区财政局被评为江苏省文明单位、泰州市文明单位标兵、高港区人民满意机关，获全市财政综合工作考核一等奖。

【推动实体经济转型升级】 2013年，区财政局参与研究制定《推进转型升级综合改革的若干政策意见（暂行）》，明确财政奖补标准，调整补助方式，安排园区基础设施项目贷款区级财政贴息资金6000万元，转型升级、新兴产业创业投资引导资金2000万元，"六化"工程专项奖励资金300万元，支持产业升级，推动园区发展。及时兑付各类奖扶资金，拨付产业转型升级、科技创新、重点工程循环经济、旅游及服务业发展引导资金等2.16亿元。进一步加大对农业园区经济的支持力度，市、区财政投入资金1800万元，推动市农业重点项目工程，支持高港现代农业产业园、许庄花卉苗木基地、大泗生态种养基地三大项目建设。推广农业保险，全区农业保费规模1116万元，区财政投入保费补贴443万元，新增螃蟹、桃、露地葡萄等五类保险。全年理赔农户364万元，增强农业减灾抗灾能力。

【财政服务】 2013年，区财政局进一步放大"阳光财政"服务品牌的创建效应，不断优化服务方式，为各类产业提供财政服务。支持开展政银企对接活动，帮助筹建高新区长兴科技小额贷款有限公司。开展财政政策宣传咨询活动，现场解答群众问题，向社会各界赠送财政政策汇编。积极帮助各类产业上争资金，全年共向上级争取工业、农业、服务业补助资金2.15亿元。

【收入征管模式创新】 2013年，区财政局会同税务部门深入一线调研，加强重点行业、重点领域的分析，准确把握财政收入变动趋势，及时下达年度目标任务，制定出台2013年财政收入征收镇街、园区考核办法，将考核方式由按年考核改为按季考核，促进各项收入按序时进度完成，提高各镇街、园区组织收入的积极性。积极推进社会综合治税平台建设，加大涉税信息比对力度，在强化重点税源监控的基础上，密切关注已经投产达效的新税源企业，使新经济增长点转化为新收入增长点。继续完善税收收入为主、非税收入为辅的征缴体系，充分发挥零散税收征收管理办公室作用，加强绳网吊具、医疗器械、舞台音响、房屋租赁等零散税收的征管，最大限度减少税收流失。全区公共财政预算收入实现24.92亿元，完成预算的106.41%，完成市下任务的102.68%，比上年增长17.05%，高于全市平均增幅5.90个百分点，其中，税收收入完成20.44亿元，增长19.23%，高于全市平均增幅5.94个百分点；财政总收入实现70.39亿元，完成预算的106.11%，增长16.71%，高于全市平均增幅5.68个百分点。

【推进政策惠民】 2013年，区财政投入教育事业经费4.58亿元，支持新高港中小学、校舍加固、运动场地塑胶化等工程建设，落实中等职业教育免学费政策，支持提升全区教育质量。进一步提高城乡低保救助标准，安排城乡低保资金2489万元。提高孤儿生活津贴标准，发放孤儿生活津贴100万元。提高"尊老金"标准，发放"尊老金"818万元。调整医疗救助范围，安排城乡居民医疗保险财政补助5551万元。通过"一折通"发放涉农补贴，涵盖村干部报酬、农作物良种补贴等20余项，发放补贴8639万元，补贴兑付率100%。

【推进实事惠民】 2013年，区财政局以为民办实事项目为核心，进一步加大财政资金倾斜力度，推进各项为民办实事工程。着力加大对农村基础设施建设的支持力度，整合使用上级财政资金、本级配套资金和“一事一议”农民筹集资金4515万元，支持新建农村公路40.59千米，新改建农村小型桥梁25座，新建、改造灌溉泵站54座，整治区级干河0.46千米，疏浚中沟5.30千米，有效改善农村生产生活条件。积极推进就业创业工程，安排就业再就业资金295万元，推进国家级创业型城市创建，支持新建创业孵化基地3个，支持开展就业创业免费培训1315人次。

【推进创建惠民】 2013年，区财政局积极推进文明城市创建工程，高度关注文化事业发展，安排“大江放歌”“苏演院线”和农村电影放映等资金123.41万元，推动雕花楼、图书馆等公益性文化设施免费开放，农家书屋等重点文化惠民工程深入实施，农村文化体育场所建设成效显著。继续加大强基工程、农村村庄环境整治和社会管理创新3个1%资金投入，积极推进平安创建、法治创建和省级生态区创建，支持完善基层基础建设，推动平安高港创建“十连冠”、法治高港“五领先”，村级“四有一责”建设成为全市唯一的省先进区。支持开展村庄环境整治，全区89个村（社区）全部创成省星级康居乡村，省级生态区创建顺利通过验收。

【推进预算绩效管理】 2013年，区财政局按照建设节约型机关的要求，深化部门预算改革，修订公用经费定额标准，统筹安排存量资金，提高资金利用水平。进一步深化绩效管理，对2013年部门预算申报20万元以上的项目，均纳入绩效评价试点范围，批复2013年预算绩效目标107个，在上年已实施的项目支出中，选择55个开展自评，项目覆盖所有预算单位，积极引进第三方评价，对重点项目聘请中介机构和专家参与，规范绩效目标的申报和审核，突出绩效评价结果应用，为更科学的编制预算提供依据。

【财政管理模式创新】 2013年，区财政局积极创新财政投入模式，密切关注区重点项目建设，与上海建工集团对接洽谈，于10月签订投资建设合同，促使其参与高港区城市基础设施建设，解决田许路改扩建工程的资金缺口。积极创新风险防范机制，配合政府性债务交叉审计，摸清全区家底，制定出台《高港区政府偿债准备金管理办法》等制度，提取偿债准备金3亿元，促进政府融资平台的规范运作。

【财政监督检查】 2013年，区财政局加强3个1%资金监管，针对存在问题，提出专账核算、规范支付、加强督查、动态管理等建议，促进资金规范使用。加强内部监督检查，针对发现的镇街财政财务管理制度等方面的11个问题提出处理意见，督促立即整改到位。对国库资金进行检查，与开户银行核对账户余额、抽查资金运行状况，确保国库资金安全。加强会计信息质量检查，采取上下联动、内外联合的方法，先后对4个农村小额贷款公司、2个医院、2所学校和2个区级单位的会计信息质量和部门预算及决算质量等进行检查，对存在的14个会计质量方面的问题，依据《中华人民共和国会计法》《财政部门监督办法》及行业会计制度分别提出处理意见，被查单位迅速进行整改。

【全区首个科技小额贷款公司成立】 2月1日，泰州市高港区长兴科技小额贷款有限公司成立，注册资金1.50亿元，地址位于高港大道与创业大道交叉路口，为全区首个科技小额贷款公司。全年发放贷款179笔、6.52亿元，科技型中小企业贷款占79.85%，主要投向初创期和成长期早期企业，重点支持生物医药、粮油食品、装备制造、现代物流等行业，化解科技创新项目资金瓶颈。（赵　明）

税　务

·国家税务·

【概况】 2013年，泰州市国家税务局第二税务分局（简称“国税二分局”）以“税源专业化管理规范年”为工作主题，以“服务转型升级，提升国税形象”为活动载体，在组织税收收入、深化税源专业化管理、提升税收服务效能、加强干部队伍建设方面成效显著。全年组织国税收入21.51亿元，完成公共预算收入5.97亿元。被评为江苏省文明单位、江苏省廉政文化建设示范点、泰州市文明行业标兵、泰州市文明单位、泰州市廉政文化建设示范点和区人民满意机关(单位)。国税二分局综合业务科、税源管理二科被市国税局评为十佳标兵科室，2人立泰州国税系统三等功，5人获市国税局嘉奖，2人分别被评为全市国税系统十佳征管能手、十佳服务明星。

【税源管理】 2013年，国税二分局探索现代税收征管改革路径，按照税收风险管理流程科学设置岗位，从地区经济特点、管理现状编制税源管理年度规划并组织实施。加强辖区内年销售收入超过500万元的31个重点行业、16个风险行业多层次和立体化监控管理，重点对金属制品业、化学制造业、船舶制造及配套行业实施风险应对。对增值税增长低于销售收入增长的异常企业、企业所得税贡献率低的企业和行业税负偏低的中小企业实施风险应对。通过行业数据采集、指标分析运用，建立行业成本项目管理模型，提高行业税收管理质量。全年风险应对累计补缴增值税4038万元、所得税290万元,应对总成效7326万元,户均成效57.69万元,应对入库税款和总成效占组织收入的比重分别为4.01%、4.13%。

【规范专业化管理模式】 2013年,国税二分局规范基础事项管理模式。按照“服务个性化、管理细致化、监控精准化”管理思路,对重点事项实行动态监控,按照规模、行业、税种、同类企业其他地区的财务指标等口径做好分类分析工作,初步实现基础管理事项科学化、精细化分工。规范税源管理机构模式。设置情报管理团队,负责将涉税风险信息转化成可交换、可共享的情报信息,共发布各类信息情报23509条,发布数量位居全市第二。设置风险应对管理团队,负责税源专业化管理工作的总体规划、业务指导,以及风险应对任务的跟踪复核、绩效评价工作。设置3个风险应对实施团队,对运输发票抵扣异常企业、电力(热力)的生产和供应业、金属制品制造业、通用设备制造业、批发业、混凝土制造业等行业实施风险应对127户次。

【税收风险快速反应机制】 4~5月,国税二分局研究确定税收风险快速反应机制工作原理。6~7月,研究确定突发高风险情况的具体内容。8~9月,进行税收风险快速反应机制工作中的相关文书和工作流程的合法性审核,完成项目文本初稿。10月,全面推行运用,征管质效得到有效提升。

【综合治税】 2013年,国税二分局发挥综合治税平台作用,强化第三方信息采集利用,提高社会化综合治税效率。1~10月,对泰州市国税局下发的市、区财政局和市人民银行等8个部门提供的涉税情报信息进行核实处理,合计补缴所得税290余万元,加收滞纳金3万余元。

【税法宣传】 4月,国税二分局组织开展主题为“税收·发展·民生”的税收宣传月活动。在大泗镇、胡庄镇设立税收宣传展板,在高港高新区设立税法咨询台,向社会各界宣传税收政策、办税流程,发放税收宣传资料2000余份,接受税法咨询并解答涉税问题100余个。

【纳税服务】 2013年,国税二分局针对园区企业反映的税收政策问题认真开展研讨,重点做好高新技术产业、企业自主创新、资源综合利用、现代服务业发展相关税收优惠政策的解读,引导和促进企业科技进步、产业结构调整。全区固定资产抵扣税款15902万元,为企业转型升级储备能量。依法及时办理各类退税7750万元,办理自营出口退税43122万元。落实增值税起征点调高、小微企业税收优惠等惠民政策,全区受惠纳税人3215户。

【省级廉政文化示范点建设】 2013年,国税二分局在创成泰州市廉政文化示范点的基础上,创新廉政教育的形式和载体,积极创建省级廉政文化示范点。廉政文化档案、廉政文化长廊、廉政文化室和“家庭助廉”系列活动受到省考核验收组的充分肯定。12月,被评为省级廉政文化建设示范点。 (郝 郢)

·地方税务·

【概况】 2013年,泰州地方税务局第五税务分局(简称“地税五分局”)组织各项税收收入99241万元,一般预算税收收入76255万元,组织地方基金及社会保险费67351万元。地税五分局被评为全国维护妇女儿童权益先进集体;在市地税局“六好班子、八强团组、十佳干部”创争活动中,2个科室跻身八强团组,2人获评十佳干部。

【税源调查】 2013年,地税五分局先后组织2次大范围税源税基摸底和3次典型调查,对6个有突出影响的重点行业、3大主体税种和4个重点小税的税源分布情况、增减变化趋势,尤其是营改增带来的后继影响进行分析与预测。与区、镇街、园区建立广泛的沟通与联系渠道,多次协调、对接,加强全方位调研,做到收入工作底数明、情况清。

【挖潜增收】 2013年,地税五分局紧抓园区、城区建设重点项目和企业自建项目,加大政府性投资项目清理和企业自建项目排查力度,入库税款近500万元。依托政府平台建设的相关投资公司、其他服务项目等,开展突击性清理检查,组织入库各项税收3000余万元。对企业转让房产等进行重点清查,入库税收1000余万元。

【重点税源管理】 2013年,地税五分局对重要行业、重点企业和主体税种,依托重点税源数据管理平台,加强审核、分析和日常对接、监控,做好基数加增量的计划管理、日常跟进的进度管理和重点事项的针对性管理,促进重点税源税收收入稳步增长。强化企业所得税汇缴和个人所得税全员全额管理,汇缴环节重点抓面上辅导及催报催缴,确保汇缴申报率100%。全员全额申报侧重申报的准确性和真实性,做到申报数与社保参保人数对比,申报金额与税前扣除金额对比,通过比对发现疑点,督促纠正,提高准确率。

【纳税人涉税信息清理】 2013年,地税五分局集中基础管理和风险应对的全部力量,开展纳税人涉税信息的重新登记、采集和审核。在深化辅导、定向审核、全程把关上下工夫,做到边清理数据,边组织税收入库。实现3800余户纳税人的数据真实性清理,入库税款400余万元。

【税收风险管理】 2013年，地税五分局强化推送任务完成，完成推送中、低及行为类风险评定任务和疑点审核共206户，应对入库税款1052万元，收入贡献率2.52%。加强注销登记检查，对2011~2013年经营情况和清算期涉税情况进行重点审核，把握剩余财产分配和个人收益测算信息，及时组织应对入库，增收税款300余万元。认真实施举报案件检查，抓好核实清查、档案管理和及时回复等环节工作。依法保护举报人和被举报人的合法权益，严格规范涉税行为，共查补税款30余万元，按规定处理5户违章使用发票案件。坚持各税统查，对市地税局推送疑点以外的涉税事项逐一核实，在系统中新增疑点户300余户，实施积极应对，查补各税近200万元。加强薄弱环节和重点区域检查与促改，对日常掌握的涉税线索和其他反馈的税源信息加大甄别利用和及时应对的力度。重点加强自建项目未开票、新增资产未入账等方面的检查。结合涉税辅导和业务提醒，督促企业缴纳应对期的税款，增加收入近400万元。

【税收服务】 2013年，地税五分局创新开展税收进校园和地税志愿服务进工厂、进家庭、进社区等主题活动。推进税收宣传、税收结对帮扶、勤廉示范岗建设等活动。利用“纳税人之家”“纳税人学校”等平台，加强税收特色服务，把握“问、查、改、促”4个环节的工作，做到问需求、查问题、改流程、促事项整改和服务质效提升。年内，整改问题40余个，硬软件投入20余万元，为530余户纳税人帮办实事965件，解决各类难题19个，创新服务事项4个，解决政策性、事务性提案3件，为纳税人办理各类税收优惠1.29亿元。

【获评全国维护妇女儿童权益先进集体】 地税五分局十分注重妇女儿童工作，不断加强妇女干部队伍建设，全力支持分局妇女组织开展工作。通过岗位培训、创争锻炼等提升妇女干部履职能力，增强集体荣誉感。在三八妇女节和六一儿童节等重要节日期间，组织开展关心妇女儿童身心健康和成长的活动，保持家庭、单位之间的互动共融，号召干部、职工勇献爱心，通过学雷锋、志愿服务等活动向妇女儿童提供帮助。2013年3月，被全国妇联等单位评为全国维护妇女儿童权益先进集体。（陈兰芳）

统　计

【概况】 2013年，高港区统计局开展基层基础规范化建设、第三次全国经济普查、统计服务、统计执法检查等重点工作，完成“八项工程”(转型升级工程、科技创新工程、农业现代化工程、文化建设工程、民生幸福工程、社会管理创新工程、生态文明工程和党建工作创新工程)、现代化体系、战略性新兴产业、妇女儿童等统计监测，开展劳动力、人口变动等抽样调查，投入产出、文化产业等专项调查。区统计局被省统计局评为2013年度县级统计局规范化建设示范单位，被区委、区政府评为2013年度高港区人民满意机关(单位)。

【第三次全国经济普查】 5月，第三次全国经济普查启动，区统计局成立区、镇街第三次经济普查领导和办事机构，印发《关于开展高港区第三次经济普查的通知》《关于成立高港区第三次经济普查领导小组的通知》《泰州市高港区第三次经济普查“两员”选配工作指导意见》，选调文化水平高、业务素质好的6名业务人员到区普查办公室工作。落实普查方案，做好普查“两员”(普查指导员和普查员)业务培训，共培训普查“两员”1200余人次。完成PDA(掌上电脑)普查软件的安装、调试，培训、指导“两员”PDA普查软件的使用，保障普查登记的正常开展。全区单位核查登记率111.30%，个体户总户数比第二次全国经济普查增长30%。11月，在泰州市统计局组织的核查阶段事后质量抽查中，区统计局以零差错通过核查。

【年报和定报工作】 年初，区统计局分专业对年报和定报工作进行布置和业务培训，举办培训会议16场次，参训人数1300人次。各专业统计人员严格按照“一套表”统计方法制度和上级统计部门统一要求，抢抓时间效率，强化数据质量管理，全面完成2012年统计年报任务，按时上报、如期公布2013年月度和季度统计数据。在泰州市统计局19个日常工作单项考核中，农业、工业、外经、服务业、综合统计等15个单项名列第一。

【统计服务】 2013年，区统计局将统计服务载体建设作为提高统计服务能力的重要突破口，对《高港统计手册》《高港统计月报》《高港统计年鉴》等服务载体从内容、指标、版面设计上进行改版。着重推进统计课题研究工作，多角度开展调研，形成季度、年度系列分析，全年编发统计分析135篇、统计信息504则。

【统计监测和调查】 2013年，区统计局先后开展“八项工程”、现代化体系、更高水平小康、转型升级评价指标、战略性新兴产业、生态城市建设、高新技术产业、妇女儿童等统计监测。开展特色产业园区统计监测，对江苏中药科技园、高港高新区、江苏省高港现代农业产业园的发展规模、速度、结构、效益及特色产业发展状况，进行动态监测分析。组织劳动力、人口变动抽样调查，文化产业、投入产出、粮食测产等专项调查，摸清全区经济、社会基本情况，为各级领导决策提供依据。

【统计“双基”建设】 2013年，区统计局进一步推进统计基层基础（简称“双基”）建设。重点抓各镇街统计站规范化建设，从数据采集与上报、数据质量、原始记录、统计台账、报表装订到档案管理等环节，明确工作目标，建立工作岗位责任制、管理工作制度和统计业务工作流程，8个统计站全部通过市级验收，高港高新区统计科被省统计局评为乡镇统计规范化创建示范单位。延伸规范化建设至村居，在全市范围内率先出台《2013年联网直报企业、村居统计工作规范化创建计划》，对村居规范化建设创建目标、内容、时间、奖惩措施等方面作出具体要求。至年末，98%的村居通过规范化验收，其中24个达到示范要求。

【统计信息化建设】 2013年，区统计局把统计信息化建设摆在突出位置，依托电子政务网络“村村通”工程，相继完成区级局域网和镇街统计内网工程，将过去镇街通过 VPN 构建的虚拟专网改变成 SDH 光纤接入专用网络，实现国家、省、市、区、镇街五级光纤接入统计内网。

【统计数据质量控制】 2013年，区统计局全面实施“1+9”（《江苏省统计数据全程质量管理工作规范》和《江苏省基本单位名录库质量管理办法》《江苏省企业一套表数据质量管理办法》《江苏省农业统计数据质量管理办法》《江苏省固定资产投资统计数据质量管理办法》《江苏省服务业数据质量管理办法》《江苏省社会科技统计数据质量管理办法》《江苏省国民经济核算数据质量管理办法》《江苏省部门统计数据质量管理办法》《江苏省统计检查制度》）数据质量管理体系，建立、完善统计数据全程质量管理实施办法，全面建立数据质量管理责任制，规范统计调查业务流程。对照统计人员须持证上岗要求，全区统计从业资格参考人员269人，比上年增长13.03%。至年末，全区统计从业资格持证人员近1500人，覆盖一、二、三次产业所有行业。不定期对企业一套表统计制度执行情况、企业统计基础建设情况、企业主要统计指标数据质量情况和统计人员持证上岗情况等进行监督检查。全年检查单位334个，其中监审11个、数据质量检查323个。组织各专业人员对全区334个联网直报企业进行清查。

【工业电子台账建设】 2013年，区统计局探索整合统计数据资源、规范统计工作流程、提升统计数据质量的新方法和新模式。多次组织镇街统计人员到苏州吴中区了解工业电子台账的建立、推广、使用和完善情况，召开规模以上工业企业电子台账培训会议，在全区推广工业电子台账。至年末，全区90%的规模以上工业企业建立工业电子台账，数据质量提高。

【统计服务代理机构】 2013年，区统计局在联网直报企业较多的口岸街道、永安洲镇分别成立泰州市高港区临港统计事务所和泰州市高港区新城统计事务所，全面代理统计事务。在区政府出台《高港区在口岸、永安洲试行统计代理工作意见》的基础上，印发《高港区统计代理试行办法》，对统计代理人的资格认定、统计代理机构、统计代理业务范围、统计代理的申请、统计代理人的权利和义务、代理责任等方面进行细化。至年末，有79个企业与统计代理机构签订协议。 （丁淑芬）

审　计

【概况】 2013年，高港区审计局共实施审计项目108个，查出违纪违规金额2031.82万元，管理不规范金额20897.50万元，决定收缴7.74万元，追缴社保基金利息249.81万元，核减工程造价8790万元。先后完成大江集团改制净资产状况、义务教育学校债务、泰州市富康担保有限责任公司参保17个企业风险情况等审计调查和全区7个镇街水利管理服务站清产核资，参与水景街区项目建设事项协调和正大财富广场遗留问题处理，与相关部门、单位共同完成区卫生监督所财务检查和区高中债务化解工作，会同相关部门督查、指导全区村居资产、资金、资源清理和财务审计工作，会同口岸街道办对口岸社区2007~2013年财务进行审计。各镇街审计所共审计项目204个，查出违纪违规行为金额773.90万元、损失浪费金额1413万元，增加效益7414万元。区审计局实施的一审计项目在全省优秀审计项目评比中获奖，档案工作通过省三星级测评，局机关被评为区效能建设先进单位，局办公室获区勤廉示范岗称号。

【财政财务审计】 2013年，区审计局组织对2012年度本级预算执行及其他财政收支情况，区农委、文体旅游局、商务局、许庄街道办财政收支实施审计。本级预算执行审计重点检查财政支出结构、资金投向，关注重点支出安排和保障情况，摸清财政资金结存、非税收入规模和结构、专项资金设立使用的规范性及结余情况等，并对财政专项资金的效益和效果进行分析评价；针对2012年社保审计发现社保基金存储金融机构未执行优惠利率导致社保资金损失的问题，突出关注社保基金优惠利率执行情况。口岸街道、许庄街道、白马镇等审计所共对46个科室、行政村的财务进行审计。

【政府性债务审计】 根据审计署的统一部署和市审计局的安排，8~9月，区审计局对海陵区及所属3个乡镇截至2012年6月政府性债务进行审计，重点审计涉及政府性债务的政府部门和机构、经费补助事业单位、公用事业单位、融资平台公司等单位。审计严格按照现场审计程序操作，认真做好保密工作，加强与上级审计部门沟通联系，注重与海陵区有关部门协调，按时报送审计工作动态，认真审核、汇总审计数据，在规定时间内完成审计任务。

【民生资金（项目）审计】 2013年，区审计局放大“民本审计”品牌效应，加大对民生资金和项目审计力度，实施2012年度“1%强基工程”专项资金、农业综合开发资金审计调查，对村庄环境整治工程、区2012年度新型农村合作医疗基金和区城乡居民医疗保险管理信息系统进行审计，配合市审计局完成高港区医疗救助资金绩效审计。

【经济责任审计】 2013年，受区委组织部委托，区审计局组织对区农委、统计局等6个部门单位(原)主要负责人任期经济责任实施审计，促进相关部门和单位健全完善制度、规范管理、提高效益，促进领导干部更好地守法守规守纪尽责。刁铺街道、胡庄镇审计所完成14个干部离任审计项目。

【固定资产投资审计】 2013年，区审计局组织对春港路东延、柴墟路东延和计划外83个工程项目及2011年度小型农田水利重点县工程实施竣工决算审计，净核减工程造价8790万元，核减率13.50%。跟踪审计高港大道、环港大道、通港路、泰州市公安训考基地、人民路维修工程等15个重点工程项目。永安洲镇、口岸街道、许庄街道审计所对本级财政投资的132个基本建设项目实施审计。

【审计成果转化】 2013年，区审计局加强对审计情况的综合分析和研究，做好审计成果的深加工，注重从制度、机制层面提出对策和建议。区住建局根据审计建议，建立完善重大经济决策制度、往来款项管理制度、收入管理制度、固定资产管理制度和财务审批制度等内控制度。做好审计决定的跟踪落实，加强审计回访，督促审计决定与建议按时落实，向社会公开审计结果9个。

（沙 亮）

物价管理

【概况】 2013年，高港区物价局承办各类涉案价格鉴证120件，标的总额3264万元，其中民事诉讼涉案财物价格鉴证上升30%。年内，区物价局被评为省价格工作先进单位、泰州市价格管理工作先进集体、高港区效能建设先进单位。

【收费年审】 2013年，高港区成立由区物价、监察、财政、地税等部门组成的收费年审工作领导小组，出台《关于开展2012年度收费许可证、经营性服务收费登记证年审工作的通知》。采取上门年审为辅、送审为主方式，对行政事业性收费单位上门年审的16个，送审的65个，年度审验合格的73个，建议整改的6个，移交检查分局的2个。对经营性服务收费单位上门年审的4个，送审的22个，年度审验合格的23个，建议整改的3个。先后专题约谈相关单位负责人6人，指出存在问题，提出整改措施，对违规情节较为严重的2个单位实施立案调查。制定《收费单位年度审验登记表》，对执收单位一年来的收费收入进行登记，加强对执收单位收费收入及支出的监管。

【价格专项检查】 2013年，区物价局先后开展旅游价格、江鲜价格、药品零售行业等专项检查，重点对各收费单位的收费公示、明码标价、执行收费政策方面进行查处。3月，联合区文体旅游局首次对5个旅行社进行专项检查，进行相关法律法规的宣传讲解，对检查中发现的各类价格违规行为进行纠正。3月19日，联合区烹饪餐饮行业协会及永安洲镇召开餐饮行业明码标价工作提醒会后，对各江鲜特色餐饮单位的明码标价工作进行上门指导，对不符合明码标价要求的单位责令整改，推动明码标价工作，扭转高港区江鲜消费价格奇高的现状，使江鲜价格趋于合理。7月起，对全区药品零售单位进行全面清理整顿，主要检查明码标价和执行政府定价情况，本着初次不罚的宗旨，对检查中发现的明码标价不规范、不执行政府定价等价格违法行为进行口头警告并递交书面整改通知书，督促经营者规范经营、诚信守法。共检查56个药店，送达33份整改通知书。配合市物价局开展涉农、房地产、教育、医疗等专项检查。

【清费治乱】 2013年，区物价局梳理各单位实际执收的行政事业性收费项目、标准及依据，对涉及的7个部门逐一上门征求意见、签字盖章。对照清理要求，拟暂停（免征）行政事业性收费项目11个，涉及收费额38.21万元。降低行政事业性收费项目2个，涉及收费额123.57万元。对重点工业项目建设收费优惠减免，每年可减轻社会负担200余万元。

【价费公示】 2013年，区物价局将江鲜、秋季螃蟹、冬季羊肉价格纳入“价比三家”的比价体系，利用高港城市频道、高港物价局网站、社区“价格服务之窗”公示栏、《泰州城色》报刊、《高港价格监测》内部简报、高港区政府网站六大平台发布价格信息。《泰州日报》《扬子晚报》和新浪、网易等网站作专题报道。与区纪委联合在民生资金监管平台增设价格信息窗口，充分利用各类价格监测数据，整合价格信息资源，丰富信息发布内容，推进重要民生价格公示由城区向农村、由市民向农民延伸。

【水价改革】 2013年，区物价局先后对胡庄自来水厂、高港自来水有限公司、永安洲自来水厂2011~2013年的营运成本进行成本监审，及时调整非居民用自来水价格、居民用自来水价格、区域供水长江达镇工程自来水价格和永安洲镇自来水价格。其中，非居民用自来水价格中，其他生活用水由每立方米3.15元调至3.41元，生产和服务业用水由每立方米2.99元调至3.56元，特种用水由每立方米4.43元调至4.73元。民用类自来水到户价格由每立方米2.55元调至2.90元。永安洲镇居民生活用水每立方米2.55元，其他生活用水每立方米3.15元，生产和服务业用水每立方米2.99元，特种用水每立方米4.43元。根据省、市文件精神，出台优惠配套措施，平价商店经营用水和城市社区居委会等公益性服务设施用水，按居民用水价格执行；对学校、民政福利院用水执行居民用水价格；对区低保和特困居民家庭每户每月补贴5吨水费。通过网站、电视台等媒体对外公布调整文件和水价调整方案。

【非居民用天然气价格改革】 2013年，区物价局贯彻落实国家、省、市关于调整天然气价格文件，启动调价工作。主动与上级部门对接，吃透各项政策精神，把握调价时机。主动争取上级的技术支持，开展天然气企业成本价格的核算，为调价提供理论依据。召开供气单位与用气企业座谈会，听取双方对调价的意见与建议，充分把握好调价幅度，促进企业良性发展。管道燃气非居民用气基准价格从每立方米2.90元调整为3.26元。

【价格认证】 2013年，区物价局进行13个重点工程建设涉及“三农”利益项目的价格认证，标的额4000万元。共承办成本认证30件，标的额10亿元；二手非住宅用房交易计税价格认定62件，标的额近2亿元。围绕团购安置房的可行性，承办5个入围开发企业商品房成本认证工作，通过“挤水分”，减少后期不合理利润，为区委、区政府提供团购价格依据。

【价格举报】 2013年，区物价局加强“12358”价格举报电话值守工作，保证24小时值班，及时答复“12358”价格举报电话、物价局网站举报箱、市（区）长信箱、“12345”政府热线、大江论坛等各类投诉平台上群众提出的问题。全年受理价格举报案件11件，价格咨询31件，办结率和回复率均达100%。

2013年6月13日，区物价局召开永安洲镇民用水价改革简易听证会

【价格诚信创建】 2013年，全区成功申报5个省价格诚信单位，实现医药零售和教育行业零的突破。区物价局对6个明码标价试点单位和5个价格诚信单位进行业务指导和监督检查，通过近半年的规范和监督，经营状况正常的试点单位和价格诚信单位均达到省物价局对明码实价工作的要求。选取4个重点商贸流通企业建立价格诚信档案，定期组织检查人员进行价格检查，详细记录每次检查的情况，定期对其进行诚信等级评定。

【平价商店建设】 2013年，全区有平价商店14个，覆盖主城区及主要街道、社区。区财政每年拨付专项活动经费，确保平价商店的监管资金，区发改委、农委、商务局、供销总社和白马镇通过各种渠道给予海诞蔬菜基地政策与资金扶持，确保平价商店后方基地稳定。依托网络平台，加强日常考核监管，聘请社区兼职监督员加强平价商店执行相关政策的监督管理，定期组织量化考核，优秀的给予奖励，不合格的予以摘牌。

【惠民药店创建】 年初，区物价局在药店自愿报名的基础上，实地走访考察、严格审核，确定高港隆泰大药房、百姓人大药房（春港路店）为惠民药店，并于4月28日授牌。8月，在日常巡查中发现隆泰大药房没有严格执行惠民政策，立即采取措施取消其资格，新增百姓人大药房（人民路店）为惠民药店。“价格惠民药品专柜”在《价格惠民药品目录》内选择不少于100个品规的惠民药品，价格实行普惠制，按低于市场平均销售价优惠3%以上销售。对持有“医药资助卡”的受资助人实行特惠制，其可在任意价格惠民药店购药，如果购买惠民药店内选定的普惠药品，则按平均价优惠3%的基础上再优惠2%的价格购药。在营业场所的醒目位置设置惠民药品价格公示牌（表），每月定期公布该店经营的惠民药品的药品名称、规格、生产厂家、零售价格、市场平均价格和优惠率等，供市民选择比对购买。（赵 菲）

工商行政管理

【概况】 2013年，高港区工商企业登记注册总数5340户，注册资本总额300.63亿元，其中，法人企业3676户、有限责任公司3685户、国有企业37户、集体企业171户。累计登记注册外商投资企业93户，其中，中外合资企业36户、中外合作企业2户、外商独资企业55户，投资总额14.34亿美元，注册资本11.82亿美元，外方认缴注册资本7.23亿美元。个体工商户15325户，从业人员3.07万人，注册资本30亿元。私营企业4669户，其中，有限责任公司3443户、独资企业1221户、合伙企业5户，投资者人数7769人，雇工人数60189人，注册资本184.59亿元。各类市场11个，其中，消费品市场10个、生产资料市场1个，商品交易市场成交额53.01亿元。广告经营单位39户，从业人员158人，广告经营额4038万元。工商机关全年检查合同92份，金额0.25亿元；办理动产抵押登记41件，帮扶企业融资1.86亿元，盘活企业资产4.26亿元。查处各类行政处罚案件192起，罚没金额90余万元。年内，泰州工商行政管理局高港分局（简称“区工商分局”）被评为全市工商系统重点工作先进单位，刁铺工商所被评为省工商系统廉政文化建设示范点。

【综合监管示范区创建】 2013年，区工商分局以创建综合监管示范区为契机，构建良好市场秩序。围绕产城一体，在永安洲镇开展创建试点，打造样板，强化示范，推动监管职责全面落实。采取“疏堵结合、分类管理、综合治理”的方法，全力参与文明城市创建，依托园区、镇街因地制宜开展无照经营取缔工作，全年查处无照经营案件58起，疏导办照246户。推进网络市场监管，对辖区内118个网站实行亮照亮标。全年检查重点热点行业企业203户、个体工商户366户，新办企业回访584户，企业年检率82%，个体工商户验照率73.50%。

【红盾创业服务活动】 2013年，区工商分局开通外网登记，完善网上预约服务和网上咨询互动等流程，外网登记率100%。打破按辖区办理登记的限制，实行个体工商户“同城通办”，由申请人自主就近选择登记窗口，全年“同城通办”个体工商户63户。将农民专业合作社及注册资金100万元以下个人独资企业登记权限下放至基层工商所，进一步提升市场主体准入效率。推行“先照后证”，通过“分段式审批”帮助6个投资周期较长的企业及时领取营业执照。积极服务重大项目落户，全程跟踪服务扬子江药业集团江苏龙凤堂中药有限公司设立登记，帮助企业到省工商局核准名称，单位主要负责人与市工商局对接解决登记中的难题，确保企业在项目启动前完成登记。落实国家相关政策规定，免收企业、个体户注册登记费和工本费，实行“零成本注册”服务，全区新登记的648户企业和2468户个体工商户直接受益，累计免缴注册费和工本费1212.79万元。

【推进民营经济发展】 7月，区民营经济发展领导小组办公室调整，改设在区工商分局。年内，区工商分局积极履行牵头协调职责，对各园区、镇街及50余个重点企业进行走访调研，宣讲相关政策，了解地方党委、政府和企业的需求，以及当前经济发展中遇到的困难，征集各类建议、意见35条。提请区政府召开民营经济发展工作推进会，修订《高港区2013年度民营经济专项考核办法》及相关奖励政策，促进全区民营经济发展提速、比重提高、质量提升。全年净增个体工商户2468户，超过全年目标数45%，净增私营企业648户，净增注册资本45.16亿元，创业培训880人次。

【商标品牌培育】 2013年，区工商分局积极向区委、区政府建议，将商标品牌培育工作纳入政府目标考核体系，加大“三名”商标（全国驰名商标、江苏省著名商标和泰州市知名商标）奖励力度，全年新申

2013年高港区新注册著名商标和知名商标一览表

表7

类别	商标名称	注册人	地址
省著名商标	扬子江	扬子江药业集团	扬子江南路1号
	STRONKIN	泰州市创新电子有限公司	江平路
	昆仑及图	江苏昆仑光源材料有限公司	扬子江南路3号

续表7

类别	商标名称	注册人	地址
市知名商标	海企仓储	江苏海企化工仓储股份有限公司	永安洲工业园
	ROOSIN	泰州市榕兴抗粘敷料有限公司	口岸工业园区远东大道8号
	高申及图	江苏正申索具有限公司	口岸街道田河社区
	德泰墙纸	江苏德泰墙纸有限公司	高新区创业大道东首
	图形	江苏兴迪氯碱设备有限公司	白马镇工业园区
	HD及图	泰州宏达工矿安全部件有限公司	胡庄镇工业集中区
	龙冉壁纸	泰州市龙冉装饰材料有限公司	高新区创业大道北侧
	杏都	泰州市杏都葡萄专业合作社	胡庄镇薛垛村七组
	图形	泰州市翔宇吊索具有限公司	许庄街道许南村
	图形	江苏皇冠壁纸有限公司	高新区创业大道
	建源	泰州建源仪表有限公司	刁铺街道刁蒋路东侧
	西贝及图	泰州市西贝吊具厂	口岸街道人民路100号
	爱维塔	江苏鼎元厨房用具有限公司	口岸街道远东大道

报省著名商标3件、市知名商标13件。单位主要负责人对接重点企业开展上门服务，全区32个重点骨干企业的商标注册率达95%；对注册商标零持有企业，加大培育和引导，全年新注册商标290件。支持外向型出口企业和定牌加工企业申请国际商标注册，提升自主品牌影响力，全年新注册国际商标4件。引导农副产品商标注册，全区共有农副产品商标26件。实施“一社一标”工程，全区农民专业合作社共有注册商标22件。8月22日，《中国工商报》商标专刊以“‘商标增量季’放大品牌效应”为题头版头条专题报道区工商分局的做法。

【融资助企活动】 2013年，区工商分局充分运用动产抵押登记职能，帮助企业解决融资难题，全年办理动产抵押登记41件，帮扶企业融资1.86亿元，盘活企业资产4.26亿元。组织银行、资金合作社等融资机构举行银企对接会，促成江苏郁金香装饰材料有限公司等11个企业与银行达成合作意向。

【流通领域产品质量安全监管】 2013年，区工商分局共培训食品经营户112人，新创建市级食品安全示范店5个。开展车用燃油、消防产品、手机和儿童用品等消费者申诉举报集中的产品质量专项整治，坚决打击掺杂掺假、以次充好、以不合格商品冒充合格商品等违法行为，立案查处销售不合格汽柴油案件3起，查获不合格汽油、柴油9吨。强化对食品、农资等重点产品质量监测，全年抽检商品344批次，立案查处经销不合格商品案件27件。

【专项执法活动】 2013年，区工商分局先后开展“双打”（打击侵犯知识产权和制售假冒伪劣商品专项行动）、打击非法传销和“红盾护密”等专项执法活动，进一步净化市场环境。开展“双打”行动，查处没收假冒“茅台”“五粮液”等酒类300余瓶，不合格复合肥30余吨，“三九”味精228千克。开展打击传销专项活动，参与省工商局统一部署的“隆力奇”非法直销及香港宏圆集团“三养合一”（消费养老+企业连锁养老+养老公寓募集股连锁养老）违法活动清查。实施“红盾护密”行动，与25个企业签订商业秘密保护协议，企业联手保名牌，协助核心港区新区农机厂到连云港灌云县打假，查获侵权收割机刀片300余把，货值金额3万余元。全年出动执法人员266人次，检查各类市场主体551户次，查处各类行政处罚案件192起，罚没金额90余万元。

【消费维权】 2013年，区工商分局优化“12315”投诉举报机制，深化“12315”消费维权站点建设，全区设立“一会两站”（消费者协会分会、消费者维权投诉站、“12315”联络站）89个，建立消费维权教育基地2个。构建“12315”热线与“12345”政风行风热线的快速响应机制，实现“统一受理，对口调解”，逐步实现工商行政调解与社会大调解的有效融合。推广应用“移动派单”系统，提升消费申诉处置效率，全年受理消费者申诉举报239起，成功调处223起，规定时间内办结率97.80%，申诉调解成功率85.70%，消费者对办理工作满意率95%以上，为消费者挽回经济损失10.50万元。

【"田河绳网带"集体商标注册】 2013年，区工商分局将"田河绳网带"作为集体商标上报给国家工商总局，5月，被国家工商总局商标局正式受理，实现高港区集体商标零的突破。该集体商标成功注册后，可以将绳网带产业中小企业力量集中起来，整合资源，统一管理，统一品牌，共同创立名牌，提高产品和服务的竞争能力。企业可以以"田河绳网带"的名义参加国际、国内行业展销会，争取更好的生存和发展空间，在品牌发展上也可以以较低的成本取得最大的品牌优势。

【刁铺所创成全省廉政文化建设示范点】 刁铺工商所积极打造廉政文化建设"五面墙"：政务公开墙、荣誉墙、勤政文化墙、廉政文化墙、亲情文化墙，动员干部、家属共晒廉政宣言，采用明信片式"督防表"提醒八小时内靠监督、八小时外靠自律，推进工商队伍的清正廉洁。2013年3月26日，省工商局纪检组组长江斌、监察室主任孙苹到刁铺工商所视察廉政建设情况，对刁铺工商所做法给予充分肯定。12月，刁铺工商所通过省工商局检查验收，被命名为全省工商系统廉政文化建设示范点。（钱国梁）

国土资源管理

【概况】 2013年，泰州市国土资源局高港分局（简称"区国土分局"）配合处理涉土行政诉讼案件1起，胜诉率100%。办理提案、议案13件，答复率、满意率均100%。全年办理群众来信14件（其中省以上交办信8件），来访24件，受理"12336"电话举报3件，受理市（区）长信箱2件，受理行风热线2件，信访结报率100%，无1例赴省进京上访。高港区创建成江苏省首届国土资源节约集约模范区、江苏省土地执法模范先进区；区国土分局被评为江苏省文明单位、江苏省国土资源系统预防职务犯罪先进集体、江苏省国土资源系统依法行政先进单位、泰州市依法行政示范单位、泰州市"三下乡"服务先进集体、高港区人民满意机关，获2013年度全市国土资源系统综合一等奖、高港区"创新创优"一等奖。

【用地保障】 2013年，区国土分局共上争各类计划229.87公顷，上报农转用征收批次（项目）15个，用地总面积259.49公顷。有效保障扬子江药业集团龙凤堂、江苏鹏翎胶管有限公司、永安洲实验学校等一批重大项目和重点民生工程的用地需求。

【耕地保护】 2013年，区国土分局探索建立耕地管护"中心户长责任制"，每10户选1人，全区聘请756人担任耕地保护中心户长，承担耕地管护第一责任，实行全天候监测。全年新增耕地48.47公顷，占市交指标的132%，全部通过省国土厅验收。通过内联外调，累计实现区外调取指标40公顷。许庄街道省级土地整治项目新增耕地32公顷。胡庄镇省以上高标准基本农田建设项目获省国土厅批准，争取项目资金2650万元。

【节约集约用地】 2013年，区国土分局总结提炼"八高节地"（以规划控制为龙头，高起点布局；以差别化供地为导向，高门槛配置；以用地节点为关口，高密度监管；以消除违法状态为标准，高态势执法；以土地储备银行为载体，高效益盘活；以严守耕地红线为己任，高标准整治；以转型升级为目标，高端化发展；以政策激励为引领，高空化发展）用地新模式，全区土地利用结构发生明显变化，每公顷产出首次超过4500万元。3月，高港区被省国土厅评为江苏省首届国土资源节约集约模范区。通过"土地储备银行"盘活存量平台，核心港区56.47公顷闲置土地得到有效盘活，中共江苏省委新闻网和《泰州日报》头版头条专题报道。全区建成高标准厂房15万平方米，有效解决150个中小企业用地，泰州友润电子有限公司创造3.75亿元/公顷的产出纪录。策应城镇化发展要求，全年拆迁140万平方米，其中以团购方式安置拆迁户3150户，节约用地105公顷；以集中居住方式安置拆迁户560户，节约用地18.67公顷。

【规范用地秩序】 2013年，区国土分局针对小农场建设，制定出台《高港区设施农业用地管理意见》《高港区规范农机场库管理实施意见》，对农机场库建设的原则、规划布局、用地标准、设施配置标准和审批流

2013年12月10日，高港区召开土地执法模范区验收汇报会

程等方面提出具体要求。全区通过规划引导,落实农机场库21个,有效遏制涉农用地乱占滥用行为。共组织区级层面巡查24次,巡查用地项目216宗,巡查面积1026.87公顷,及时制止违法用地“苗头”3起。年内,顺利建成江苏省土地执法模范先进区,顺利通过国家土地督察南京局例行驻点督察和验收,违法用地比例和数值全市最低,整改率全市最高。

【土地经营】 2013年,区国土分局挂牌出让经营性用地11宗,面积61.34公顷,获取土地出让金10.90亿元。工业用地25宗,面积113.42公顷,获取出让金3.60亿元。共办理抵押登记140宗,抵押融资金额40.16亿元。

【确权登记】 2013年,区国土分局积极开展农村建设用地确权发证工作,作为全市唯一试点市(区),工作成效显著。“不发问题证,不留后遗症”等工作经验被《国土资源报》专题报道。在全市首批实行城镇地籍管理信息系统统一登记制度。共办理宅基地登记发证6宗,国有土地使用权登记发证(初始登记、分割登记、权属变更登记、名称地址变更登记、分割证换发证)2881宗,正确率100%。顺利通过省国土厅组织的农村集体土地所有权确权登记发证工作抽查验收。

【地质矿产管理】 2013年,区国土分局及时换发采矿许可证2个,足额征缴矿补费,入库率100%。

【地质灾害评估】 2013年,区国土分局及时做好地质灾害危险性评估级别核定和备案。全年评估备案43宗,其中,危险程度一级2宗、二级2宗、三级39宗,准确率100%。

【国土资源法律法规宣传】 2013年,区国土分局利用“4·22”地球日、“6·25”土地日,开展“走进你我他,共建好家园”宣传活动,累计发放各类宣传资料9500份,制作宣传展板30幅,接受群众咨询50余起,受众6万余人。举办高港区首届“国土资源杯”摄影大赛,收到参赛作品1051幅,评出一等奖1个、二等奖5个、三等奖10个。

(王珊珊)

质量技术监督管理

【概况】 2013年,泰州质量技术监督局城区(高港)分局(简称“区质监分局”)持续丰富品牌化、标准化工作内涵,服务全区产业转型升级;推进省级检测中心功能建设,打造壁纸优质产品生产示范区,服务国家级经济开发区创建;开展特种设备安全隐患系列整治,维护人民群众生命财产安全。区质监分局先后被评为江苏省质量技术监督系统先进单位、江苏省质量技术监督系统依法行政示范点、法治泰州建设依法行政先进单位、区人民满意机关,获区“创新创优”一等奖。

【名牌化和标准化工作】 2013年,区质监分局制定《高港区2013~2015年品牌化、标准化培育计划》,计划三年培植省名牌产品8个、市名牌产品42个,制修订国家或行业标准10个以上,每个园区、镇街都落实相应的重点目标和重点企业。全年新增省名牌5个、市名牌13个,市质量奖6个。4个企业通过标准化良好行为企业AAA级评审,江苏海企化工仓储股份有限公司化工物流项目成为全区唯一的江苏省服务业标准化试点,泰州市旺灵绝缘材料厂、泰州口岸船舶有限公司参与制定的9项行业标准待发布实施。

【省级检测中心建设】 2013年,省级特防用品检测中心和省级墙纸产品检测中心被国家质检总局授予产品质量监督检查资质。2个省级检测中心土建工程均基本结束,进行实验室装修。

【省级壁纸优质产品生产示范区】 2013年,区质监分局开展省级壁纸优质产品生产示范区创建工作。对壁纸企业先后开展计量器具、特种设备、标识标注、标准备案专项整治活动,对原辅材料、检验设备及过程检验、出厂检验记录等进行定期执法检查,限制整改到位。全区壁纸企业有标生产率、计量器具检定合格率、通过或正在开展质量体系认证率、产品委托送检率、监督抽查合格率均达100%。高港壁纸产业集群被省质监局认定为省优质产品生产示范区,成为江苏省年内新增的10个优质产品示范区之一。

【制定壁纸联盟标准】 2013年,区质监分局在壁纸行业率先试点以产品标准换代升级推动产业转型升级,牵头组织江苏德泰墙纸有限公司、江苏皇冠壁纸有限公司、江苏东宇墙纸有限公司和泰州龙冉装饰材料有限公司等重点壁纸企业开展联盟标准制定工作。4月9日,副区长肖志勇带领部分壁纸企业负责人到苏州市吴江区震泽镇参观学习蚕丝被联盟标准实施工作。5月27日,在省质监局举办的全省联盟标准项目申报答辩会上,墙纸联盟标准答辩成绩名列全省25个申报单位之首,被列入全省15个试点单位之一,成为泰州市第一个开展联盟标准的试点项目。12月26日,壁纸联盟标准通过专家组评审并在省质监局备案。该联盟标准主打环保牌,重金属、甲醛等环保指标限量远低于国家标准和欧盟标准,是高港区标准创新的重要突破,成为高港壁纸产业抢占行业制高点、形成品牌竞争优势的重要支撑,对其他地方传统特色产业产生示范作用。

【特种设备监管】 上半年，区质监分局开展3次特种设备整治行动，先后督查和整改45个小锅炉及快开门压力容器、29部电梯、37个升降机，全部建立登记档案，监管数据实行动态更新。8月始，开展全区特种设备安全隐患整治，查处存在安全隐患企业250个。分3个片区召开监管会议，部署督查整改任务。10月，联合江苏省特种设备安全监督检验研究院泰州分院、各镇街分组对存在隐患的企业进行现场核查，核实每台特种设备资料，督促企业补齐设备台账，帮助联系相关资质单位，指导企业消除特种设备安全隐患。 （张国亮）

食品药品监督管理

【概况】 2013年，高港区食药监局围绕监管为民、保障群众饮食用药安全中心大局，着力解决群众最关心、社会反响最强烈的食品药品安全问题。强化食品安全监管，开展餐饮服务安全放心工程创建，组织开展食品安全专项整治，开展食品安全检测。开展药品、医疗器械、保健品和化妆品（简称“药械保化”）专项整治，规范基本药物质量管理，建立药品零售企业远程监控体系，加强风险监测。全年未发生食品安全事故，未发生食物中毒事件，未发生源头性药害事件。上报药品不良反应210例，医疗器械不良事件145件。处理投诉举报26起，案件受理率100%，办结率100%。区食药监局被评为市文明单位、区效能建设先进单位、区法治建设工作依法行政先进单位，获市食品药品监管系统工作目标考核二等奖。

【食品药品行政许可】 2013年，区食药监局严格执行“受理、审查、审批”三分离制度，由窗口专人负责受理行政许可申请并进行初审，各业务科室负责对申请人的资格、申请材料及相关要求进行实质审查，分管负责人进行审批。对行政许可审批事项，实行层级和流转签批，按照职责、分工和时限等要求，明晰责任，提前介入，主动服务，在期限内办结。全年受理各类许可383件，发证222件，小餐饮备案59件，不予许可65件，整改85件。

【餐饮服务食品安全放心工程创建】 4月10日，区食药监局召开餐饮服务食品安全放心工程创建推进会，组织各镇街和餐饮经营企业参观刁铺街道机关食堂、许庄小学食堂和国源大酒店，现场感受餐饮行业后厨的制度建立、规范流程、场地整改、档案管理等，为创建工作提供感性认识和参考标准。落实人员责任，督查各项创建举措，严格检查互查。10月初，经市纪委、食药监局验收达标，顺利完成第二周期创建任务，建成市级示范镇街2个和示范单位5个。

【学校食堂餐饮安全监管】 2013年，区食药监局与区教育局及时对接，召开协调会，制定全区食堂达标建设规划，确保软硬件到位。对新建学校食堂主动提前介入，按照A级标准进行流程布局指导。开展专项检查，及时通报存在的问题和安全隐患，制定整改方案并监督落实。举办食堂食品卫生安全知识培训，全区31所学校（幼儿园）负责人、食品安全管理员和食堂负责人共100余人参加。

【“小餐饮”备案和农家宴监管】 2013年，区食药监局根据《泰州市食品摊贩餐饮服务备案管理暂行办法》的规定，推进“小餐饮”备案和农家宴管理工作。全区“小餐饮”备案率城区100%，农村90%；集体聚餐备案率、现场指导率超过90%。

【重大活动餐饮安全保障】 2013年，区食药监局先后实施区党代会、人大与政协会议、中高考、泰州医药博览会等重大活动餐饮安全保障7项，保障餐次47次，保障就餐人次2.12万，未发生1例集体食物中毒事故。

【食品安全专项整治】 1月25日~2月25日，区食药监局开展春节食品安全专项整治，重点检查乳制品、食用油、非法添加剂等，检查餐饮单位450个。2月27日~3月31日，开展春季学校食堂安全专项检查，检查餐饮单位31个。4月27日~5月1日，开展五一期间食品安全专项整治，重点检查调味料、白酒、“瘦肉精”肉品等，检查餐饮单位55个。5月6~7日，开展肉制品安全治理，检查餐饮单位14个。5月8~20日，开展旅游景区餐饮安全治理，检查餐饮单位30个。全年出动1800人次，发现索证索票台账资料不全、从业人员健康证未办理等问题，执法人员下发现查检查笔录、监督意见书、责令改正通知书，确保存在问题整改到位。

【食品抽样快检】 2013年，区食药监局组织对全区腌制菜、面制品、熟肉制品、盒饭等监督抽样100批次，对食用油、面粉、牛奶豆浆、蔬菜、猪肉等快检200批次，平均合格率97%。

【“透明厨房”】 2013年，区食药监局积极探索餐饮服务单位电子化监管途径，建立行政监督和群众监督新平台。采用视频技术，使用玻璃窗口，设置参观通道，打造“透明厨房”，对原材料采购、加工、制作和餐桌进行全程监管。年内，餐饮服务示范单位和学校食堂均安装视频监控，视频监控率100%。

【药械保化专项整治】 2013年，区食药监局开展打击保健食品非法生产、非法经营、非法添加、非法宣传专项行动，以及药品“两打两建”（严厉打击药品违法生产，严厉打击药品违法经营，加强药品生产经营规范建设,加强药品监管机制建设)专项行动,出动执法人员195人次,检查各类保健食品经营企业90个,发现可疑保健食品35件,发出协查函32份,收到复函20份,确认假劣保健食品15批次,罚没2.20万元。开展口腔医院(科室)定制式义齿、保健食品山芪参胶囊、隐形眼镜市场等专项整治,出动执法人员180人次,覆盖全区所有卫生院、零售药房和口腔诊所,立案查处4起,罚没1.20万元。

【基本药物质量管理】 8月,区食药监局召开全区医疗机构会议,部署实施《药品使用质量管理规范》检查工作。组织医疗机构和乡镇卫生院进行规范性自查,并及时反馈自查报告。11月,对高港人民医院《药品使用质量管理规范》情况进行检查,合格率100%。对乡镇卫生院和二级以上医疗机构进行基本药物质量抽检,合格率100%。对舒筋活血丸、血塞通片、清开灵颗粒、排石颗粒、复方黄连素、金胆片等基本药物进行80批次的抽样检验,合格率100%。

【药品零售企业远程视频监管】 4月和12月,区食药监局两次召开药品零售企业负责人会议,研究药品零售企业远程视频监管方案。经过多次洽谈和反复论证,落实最优方案。年内,全区85个药品零售企业中,有63个实现远程视频监管。

【药品医疗器械稽查】 2013年,区食药监局开展药品医疗器械稽查,打击违法违规经营行为。全年立案15起,结案13起,移交公安机关3起,取缔无证销售医疗器械企业7个,无证经营中药饮片企业1个,无证经营药品企业1个,销售不合格医疗器械企业1个,协调处理纠纷24起,查获伪劣中药饮片4批次、保健食品15批次,药物抽样80批次,罚款计10.30万元。

【食品药品安全宣传】 2013年,区食药监局建立部门网站,开通泰州市食药监管系统首个新浪政务微博——@高港区食药监局,及时发布更新各类信息。举办"食药监杯"学习贯彻中共十八大精神知识竞赛,在高港电视台开设食药《健康小贴士》图文专版,普及群众食品药品安全知识。与区司法局联合制作食品药品安全公益广告,在公交车上免费循环播放,提高群众对食品药品安全知识知晓率。 (张 敏)

安全生产监督管理

【概况】 2013年,高港区安全生产形势继续保持平稳态势,发生各类生产安全事故138起,死亡25人。其中,道路交通事故61起,死亡21人;工商贸事故3起,死亡3人;建筑事故1起,死亡1人;火灾事故73起,无人员死亡。全区连续九年未发生有较大影响及较大以上生产安全事故,连续四年获市政府安全生产综合考核一等奖。

【安全生产监督检查】 2013年,区安监局检查生产经营单位561个次。其中,检查危化品企业96个次,下发现场检查记录96份,排查一般事故隐患321个,督促整改316个,整改率98.44%。检查烟花爆竹批发公司及零售网点171个次,下发现场检查记录171份,排查一般事故隐患368个,整改368个,整改率100%。检查造(拆)船企业16个次,下发责令整改指令书16份,排查事故隐患81个,督促整改81个,整改率100%。检查人员密集场所230个,查处一般火灾隐患2796个,责令当场整改1576个,责令限期整改1220个,整改率100%。检查建筑施工企业30次,排查一般事故隐患810个,下发隐患整改通知书157份、停工通知书31份。

【安全生产专项整治与"打非治违"】 2013年,区安监局牵头组织区安全生产委员会成员单位,先后开展餐饮场所燃气安全、造(拆)船、特种设备等行业领域的安全生产专项整治和"打非治违"(打击各类非法生产经营行为)。检查使用燃气餐饮场所439个,排查出一般安全隐患657个、重大安全隐患4个,全部整改到位。检查造(拆)船企业7个,排查隐患59个,全部整改到位。开展特种设备专项整治,排查出小锅炉使用单位15个、快开门压力容器使用单位8个及简易升降机使用单位30个,下发特种设备安全监察指令书35份,立案查处2起,对全区28个重点单位在用电梯逐台排查,全部落实检验要求。检查化工企业23个,排查整改隐患389个,责令停产停业13个,立案查处16个,罚款37.60万元。开展建筑工程专项整治,下发整改通知单127份、停工通知单36份,查封未取得起重机械设备使用登记证而擅自使用的塔吊19台。全区共6个企业获市级重大隐患整改补助资金,补助资金总额65万元。

【危化品安全监管】 2013年,区安监局在对所有涉及重点化工工艺和高危储存设施的企业进行自动化控制改造的基础上,聘请行业专家开展危化品输送管道设施、交通运输安全等专项检查。检查企业23个,排查整改隐患389个,责令停产停业13个,立案查处16个,罚款37.60万元。

【职业病危害监督管理】 2013年,区安监局摸清全区木制家具、蓄电池、电子产品、皮革箱包和制鞋、水泥五大行业职业病危害状况,查明接触职业病危害人数6166人,396个企业完成网上申报。督促相关企业健全职业病危害防治制度和操作规程,完善职业健康档案,企业职业病危害申报率100%。

【安全生产风险评估】 2013年，区安监局牵头组织消防、质监等部门和各园区、镇街，对所有工业生产型企业开展隐患排查和风险评估。掌握所有工业生产型企业的区域行业分布、危险等级、安全管理现状、重大危险源点、安全隐患数量等情况。市安全生产委员会办公室专门发文在全市推广该做法。至年末，风险评估中排查出的3044个一般安全隐患全部整改到位，90个重大安全隐患按“一患一档”要求建档，并督促整改到位。

【安全生产事故隐患排查治理体系建设成全省示范】 高港区坚持把安全生产事故隐患排查治理体系建设作为安全生产的基础工程，依托体系资源优势，突出与安全监管、行政执法、日常工作、安全标准化创建“四个结合”，实现隐患排查治理体系建设与安全生产各项工作同步推进、同步运行。10月29日，省安监局局长王向明调研高港区隐患排查治理体系建设工作情况，给予高度评价。11月19日，在无锡召开的全省隐患排查治理体系建设推进会上，高港区作为隐患排查治理体系建设示范单位作经验交流发言。至年末，全区共有992个企业用户在系统注册登记，通过系统累计上报隐患4410个，整改完成4407个，整改率99.93%。

【安全生产标准化建设全市领先】 2013年，区安监局结合“1+3”监控法（事故隐患和职业危害监控法，事故隐患和职业危害动态管理机制、事故隐患和职业危害持续改进机制、事故隐患和职业危害系统评价机制）、创建安全合格班组等工作，强化企业基层基础、生产现场的安全生产工作。7个化工生产企业、14个危化品经营企业、168个小微型工贸企业通过三级安全生产标准化考评验收。全区94个规模以上工贸企业中，1个通过一级安全标准化达标验收，1个通过二级安全标准化达标验收，92个通过三级安全标准化达标验收，规模以上工贸企业安全标准化工作进度名列泰州市第一名。

【安全生产规范化建设】 2013年，全区所有园区、镇街均配备“1+2”（1名行政编制加2名事业编制）专职安全管理人员，解决基层安监“没人管”的问题。配备专用交通工具，购置数码照相机、录音笔、便携式打印机等执法装备，解决基层安监“没法管”的问题。健全完善安全管理制度和台账，制定、完善《乡镇安全监管检查指导手册》，定期组织评估和修订，解决基层安监“查什么”“怎么查”的问题。各园区、镇街实现工作职责、机构设置、管理人员、办公设备、工作制度、档案管理、信息平台“七个到位”，做到“关口前移、重心下移”，全面提升安全监管能力和水平。

【安全生产宣传与培训】 2013年，区安监局开展安全生产宣传周、咨询周、科技周、应急预案演练周等活动，在高港电视台开辟《安全生产电视之窗》专栏，营造“以人为本、关注安全、关爱生命”的浓厚氛围，强化广大群众的安全生产意识。6月，设立宣传牌30余块，发放各类宣传资料、手册6000余份，接待群众咨询1000余人次。联合区公安、消防等部门制定《高港区危险岗位作业安全管理办法》，明确规范特种作业人员、外来务工人员的教育培训、日常监管和违法追责。注重安全生产教育培训，组织部分企业负责人参加生产安全事故公审旁听，参观南通监狱，接受安全生产警示教育。在华润雪花啤酒（泰州）有限公司举行全区危化品事故安全生产应急救援演练，模拟液氨贮罐发生泄漏后的应急处置和应急救援，邀请全区所有化工企业负责人、各园区及镇街分管负责人到场观摩。开设各类安全生产培训班82期，累计培训各类人员5700余人次。 （顾忠林）

2013年7月12日，高港区召开全区安全生产工作会议

中共高港区委

重要会议

【区第四次党代会第一次年会】 1月4日,区第四次党代会第一次年会召开。市人大常委会副主任、区委书记王建作题为《推进综合改革,深化开放创新,在十八大精神指引下迈出转型升级新步伐》工作报告。会议指出,紧紧围绕争当全市转型升级综合改革排头兵的目标定位,致力"稳增长、快转型、强特色、惠民生",统筹推进经济、组织、法治、文化、社会、生态"六大建设",全区"五年翻两番"目标全面实现,率先基本实现现代化开局良好。会议强调,认真学习、深刻领会、全面贯彻十八大精神,毫不动摇地走具有高港特色的科学发展之路。在前进的道路上,做到更加突出综合改革,更加突出开放创新,更加突出城乡统筹,更加突出社会和谐。会议要求,在推进综合改革中加快转型升级步伐,在深化开放创新中提高经济增长质量和效益,在统筹城乡发展中加快城乡一体化进程。会议提出,打造"三宽四有"型干部队伍,做到眼界宽思路宽胸襟宽、有信念有本领有担当有正气,切实担负推进转型升级综合改革的时代重任。

【区三级干部大会】 3月8日,全区三级干部大会召开。市人大常委会副主任、区委书记王建作题为《在新的起点上开创城乡一体、融合发展新局面》工作报告。会议指出,"三农"工作和城乡统筹进入到新的发展阶段,必须强化融合发展的理念向纵深推进。解决"三农"问题,根本途径是要推进城乡发展一体化。推进城乡一体化,关键是要走融合发展的道路,加快构建新型工农城乡关系;根本上是为城乡居民谋福祉,让他们既有物质层面的改善,更有精神层面的提升。会议要求,以"三农"工作的有效突破,开创城乡一体、融合发展新局面。突出农业要强,大力推进规模化、机械化,提升效率和效益;突出农村要好,大力推进园区化、社区化,体现和谐与生态;突出农民要富,大力推进多元化、职业化,做到殷实和文明。会议强调,强化基层党组织建设,充分发挥党员干部的主导性作用和广大群众的主体性力量。突出固本强基,发挥基层组织的战斗堡垒作用;提升干部能力,锤炼推动发展的过硬本领;集中民力民智,激发广大群众的主体力量,为争当全市转型升级综合改革排头兵、在苏中率先基本实现现代化作出新的更大贡献。会议表彰2012年度"四个文明"(物质文明、政治文明、精神文明、生态文明)建设先进集体和先进个人。

【区委四届四次全体(扩大)会议】 8月9日,区委四届四次全体(扩大)会议召开。市人大常委会副主任、区委书记王建作题为《加快转型升级,推进融合发展,为实现更高水平小康率先融入苏南而努力奋斗》工作报告。会议确立"三步走"的目标:到建区20周年,创成国家级经济开发区,达到省定新的全面小康指标要求,人均地区生产总值进入苏南"第一方阵",人均公共财政预算收入和城乡居民收入达到苏南平均水平;到建区25周年,基本实现现代化,主要经济指标达到苏南"第一方阵";到建区30周年,全面实现现代化,全面融入苏南、融入长三角核心区。会议强调,迈入"二次创业"的新阶段,必须提神鼓劲,振奋工作精神状态,始终把赢得"高港尊严"作为永恒追求,把"全市领先、苏中率先、全省争先"作为事业标准,大力弘扬"精神状态也是生产力"这一精神"传家宝",努力在学习苏南、接轨苏南中融入苏南、赶超苏南。会议要求,做好当前和今后工作，要按照中央“宏观政策要稳、微观政策要活、社会政策要托底”的经济工作指导方针，致力转型升级，提升经济运行质态，在实现“稳中有进”的基础上，突出“以进促稳”。更大力度推进企业转型、政府转型、社会转型；更高层次抓好技术升级、产品升级、产业升级；更实举措实现稳增长、调结构、促改革。会议明确，突出融合发展，全面优化社会生态。以融入苏南现代化示范区、长三角核心区为追求，坚持公共基础设施先造、公益性事业先行、城市现代文明先塑、特色产业先聚，坚持港区、园区、城区、社区联动，推动产城融合和城乡融合。会议要求，以三大园区融合为先导，合力争创国家级经济开发区；以滨江新城建设为重点，着力彰显现代化、国际化气息；以现代服务业为支撑，不断提升城市综合竞争力。突出农业要强，以产业化为内涵，推进规模化、机械化；突出农村要好，以生态化为内涵，推进园区化、社区化；突出农民要富，以市民化为内涵，推进多元化、职业化。全面优化环境生态，致力打造生态家园、美丽高港；全面优化人文生态，以“高港尊严”凝聚人心、激发斗志；全面优化政治生态，扎实开展党的群众路线教育实践活动，不断加强党的建设。

【区第四次党代会第二次年会】 12月31日，区第四次党代会第二次年会召开。市人大常委会副主任、区委书记王建作题为《全面深化改革，加快转型升级，以十八届三中全会精神统领科学发展新实践》工作报告。会议指出，2013年全区上下致力综合改革快转型、开放创新促发展、“六大建设”惠民生，实体经济保持稳中有进、量质齐升的发展态势，城乡建设呈现统筹推进、发展一体的融合格局，社会发展打造普惠民生、公平正义的高港品牌，党的建设展示创先争优、廉洁高效的良好形象。会议强调，全区党员干部要准确领会十八届三中全会精神，积极投身改革实践，注重改革创新与规范有序相结合、经济发展与社会进步相结合、转型升级与融合发展相结合、新型城镇化与城乡一体化相结合、基层民主与法治建设相结合、从严治党与群众路线相结合，正确处理好政府与市场的关系、胆子要大与步子要稳的关系、量力而行与尽力而为的关系，正确、准确、有序、协调推进改革。会议明确2014年工作总体思路：深入贯彻十八届三中全会精神，以转变经济发展方式为主线，以全面深化改革、加快转型升级为统揽，坚持稳中求进、改革创新的工作总基调，统筹做好促改革与稳增长、快转型、惠民生各项工作，推进企业转型、政府转型、社会转型和技术升级、产品升级、产业升级，不断丰富和提升“六大建设”内涵，奋力争当全市转型升级综合改革排头兵，为早日实现既定的“三步走”目标奠定坚实基础。会议要求，在深化开放创新中加快转型升级，提高经济发展的质量和效益。全力争创国家级经济开发区，加快企业转型升级步伐，大力发展现代服务业。在推进融合发展中加快城乡一体，提高新型城镇化建设水平。完善中心城区形态功能，提升重点镇建设水平，激发农村发展活力。在加强社会建设中改善民生，提高群众幸福指数，始终把人民群众对美好生活的向往作为奋斗方向，努力为群众提供更多的公共产品和更优的公共服务。做好就业和保障工作，推进教育优质均衡发展，提升公共医疗卫生水平。在加快经济发展中突出生态建设，提高人居环境质量。坚持绿色发展，打造绿色环境，共享绿色生活。在丰富文化内涵中增强文化软实力，提高城乡文明程度。提升文化凝聚力，提升文化惠民度，提升文化竞争力。在强化法治建设中体现公平正义，提高社会治理水平。加强基层民主政治建设，健全权力运行监督机制，加强和创新社会治理。会议强调，要充分发挥党的领导核心和战斗堡垒作用，为全面深化改革、加快转型升级提供坚强保障。扎实开展党的群众路线教育实践活动，展示为民务实清廉的好形象；强化队伍建设，打造德才兼备群众公认的好干部；推进基层服务型党组织建设，夯实和谐稳定发展的好基础；深化党风廉政建设，营造风清气正的好环境。

（王　峰）

重要决策

【创建国家级经济开发区】 2013年，区委、区政府根据高港区实现转型升级、跨越发展的现实需要，作出创建国家级经济开发区的战略决策，并积极争取省委、省政府的支持。6月，省委办公厅 省政府办公厅印发《沿江地区转型发展五年推进计划（2013~2017）》，将高港创建国家级经济开发区纳入其中。8月9日，区委四届四次全体（扩大）会议正式提出以核心港区、高港高新区、临港经济园三大园区融合发展为先导，到2017年创成国家级经济开发区。强调规划一体是前提，高标准编制高港经济开发区总体规划、功能区控制性详细规划和各类专项规划，做到“三大园区一盘棋、规划编制一张图”；产业特色是根本，推动“民办”转“公办”，加快创成国家级中医药、粮油食品加工、船舶、汽车零部件、新型建筑装饰材料产业基地，以一批国家级产业基地支撑国家级经济开发区创建；交通互联是基础，把田许线改造升级作为优化园区形态、促进融合发展的重要工程，打造连接三大园区的工业走廊；功能完善是重点，按照“适度超前、分步实施、集约发展”的原则，加快园区污水管网、供热供电供气等基础设施建设，完善产业配套功能和生活服务功能，进一步提高园区对产业的承载力和对人才的吸引力；资源整合是关键，结合城市总体规划和产业布局规划，推进城区企业“退城进园”“退二（产）进三（产）”，加快实施“城中村”“园中村”动迁，进一步提升园区经济密度、优化城市空间布局；港口与港区是最大的优势，抓住上海自贸区设立、长江南京以下深水航道建设、国家规划建设长江中游城市群等重大机遇，加快港口信息化改造，争取联港铁路和保税功能，实现公铁水、江海洋联运，着力打造长三角区域物流中转基地。12月31日，区第四次党代会提出全力争创国家级经济开发区，将创成国家级经济开发区作为高港决胜区域竞争的重要支撑。

【推进转型升级综合改革】 1月4日，区委发布2013年1号文件，提出高港区争当全市转型升级综合改革排头兵主要目标：到2016年，经济社会转型升级取得明显成效，确保GDP超500亿元、财政总收入超100亿元、公共财政预算收入超35亿元，力争比2012年翻一番；人均GDP进入苏南第一方阵，人均财政收入达到苏南平均水平。在具体内涵上实现“六个全市率先”：以经济建设为中心，在发展速度和质态上全市率先；以组织建设为龙头，在党建工作创新上全市率先；以法治建设为关键，在保持社会和谐稳定上全市率先；以文化建设为内涵，在提升城市文明程度上全市率先；以社会建设为基础，在提供优质均衡的城乡公共产品和公共服务上全市率先；以生态建设为抓手，在打造滨江生态宜居环境上全市率先。7月27日，区委、区政府制定出台《推进转型升级综合改革的若干政策意见（暂行）》。文件鼓励企业转型升级：加快实施品牌战略，鼓励企业研制技术标准，支持企业资本运作，推进企业上市融资，加快企业信息化应用，支持企业技术改造，加强企业研发机构建设，促进企业税收上新台阶，鼓励企业实施工贸分离，鼓励企业境外投资，表彰十佳优秀企业。决定推进产业升级：鼓励招引重大工业项目，支持申报实施重大科技项目，加强科技创新能力建设，推进高新技术产品产业化，鼓励专利开发，鼓励发展战略性新兴产业。支持园区发展：支持园区开发建设，加大园区税收分享比例，对相关政府性收费项目予以补助，设立特色产业基地专项奖励，建立园区基础设施项目贷款区级财政贴息资金，鼓励企业向园区集中。鼓励城区工业企业“退城进园”：对区政府批准的“退城进园”企业实行相关补偿，并予以奖励。鼓励节约集约利用土地：实行差别化供地政策，鼓励建设多层标准厂房。鼓励农村土地流转：鼓励土地承包者流转土地，鼓励各类主体实行规模经营，加大工作推进奖励力度，统筹安排农业项目配套建设用地。（胡　雷）

信息与调研工作

【概况】 2013年，区委办积极向省、市、区委报送大量信息，为领导及时掌握情况、进行科学决策、推动面上工作发挥积极作用。区委办被评为2013年度全省党委系统信息工作先进单位。

【信息工作】 2013年，区委办围绕区委中心工作，围绕改革发展稳定中的大事要事、社会各界关注的热点难点，组织编辑、报送大量信息，充分发挥参谋助手作用，信息工作绩效考核跃居全省各市辖区第五位、苏中各市辖区第二位。103条信息被省委办公厅信息刊物采用，省用专刊2篇，创历史最好成绩。顺应省委办公厅信息刊物整合改革形势，加大互联网信息、问题建议类信息挖掘开发力度，注重报送社情民意类信息，在领导批示上实现零的突破，省领导批示22件次。近200条（篇）信息被《泰州快报》采用。《高港情况》高效运转，《普刊》《快报》《专报》等栏目及时编报，共编发《快报》125期。加大信息调研力度，围绕区委工作的重大课题，积极组织区内各单位结合园区、镇街、部门工作特点，聚焦热点亮点，反映焦点难点，精心编报有关部门负责人的调研文章、学习思考、工作思路和举措等，编发“转型升级综合改革访谈”系列文章14篇。

【调研工作】 2013年，区委办撰写的《在贯彻群众路线中加强社会建设》《发挥代表委员主体作用　加强基层民主政治建设》《以转型升级的具体化提升经济运行质态》等10余篇理论文章在《人民日报》《新华日报》《江苏通讯》等中央、省级报纸杂志上发表。做好主要负责人接受中央电视台和《人民日报》《新华日报》《经济日报》等媒体采访的服务准备工作，《高港：推进“六大建设”　实现科学发展》《高港产业蜕变形成四大支柱产业》《多措并举推动城乡一体化》等一批采访稿在中央媒体刊登。（蒋震宇　王　峰）

督查与考核工作

【概况】 2013年，区督查考核办研究制定《高港区转型升级考核评价办法（试行）》，在全市率先启用部门绩效管理电子评估系统，组织开展“月评比、季考核”活动。认真开展督查督办工作，全年发放重要事项督办单114份，印发督查通报9份，形成专题汇报材料8篇，对领导批示和交办事项做到专人负责办理和督办检查相结合，同时向领导和有关部门进行及时反馈，做到事事有着落、件件有回音。

【实现市绩效考评“四连冠”】 2013年，区督查考核办围绕工作考核（重点工作、转型升级、经济社会事业、综合管理、创优争先）和公众评议的新考评体系，加强调查研究，调整考核内容，明确目标任务，建立考评领导小组定期例会制度，预测、分析和通报各项工作完成实绩，通过查摆问题、把握关键、狠抓弱项，放大得分优势，全力争先进位。高港区获全市2013年度绩效考评一等奖第一名，实现“四连冠”。

【镇街“四个文明”综合考评】 2013年，区督查考核办制定印发《关于对各园区、镇（街道）2013年度工作实施目标考评的意见》《2013年度重点目标任务分解落实方案》和开放型经济等专项考核办法，逐步构建特色鲜明、导向明确、科学合理的考核工作体系，各园区、镇街竞相发展的氛围更加浓厚，转型升级步伐不断加快。在区2013年度“四个文明”目标考评中，高新区（许庄街道、刁铺街道）获一等奖，临港经济园（口岸街道）和核心港区（永安洲镇）分获二、三等奖。

【“创新创优”评选】 2013年，区委、区政府继续开展“创新创优”工作评选活动。“以小农场建设推动传统农业转型升级”等6个项目获一等奖；“村庄环境整治三年任务两年完成，在全市率先实现全覆盖”等5个项目获二等奖；“创新建议提案办理工作机制”等5个项目获三等奖。

（蒋逸仙）

接待工作

【概况】 2013年，区接待办共接待各级领导和客商1875人次，其中，中央及省、市来人40余批次，厅级以上领导96人次，知名客商45人次，接待兄弟县市代表团来访5批次，组织区党政代表团外出考察4批次。完成海军515舰交接仪式、东海舰队领导到区调研、巴西商贸代表团到区考察、拉萨市党政代表团到区参观、四川宜宾南溪党政代表团到区参观、省委督查室到区调研、华南农业大学到区考察、浦东干部学院到区考察、省住建厅领导班子到区考察、北京高港商会到区考察、台湾冷餐会到区考察、省级生态区检查验收组到区验收，以及苏州市人大常委会原副主任、张家港市原市委书记秦振华到区讲课等接待活动。协助组织第四届中国（泰州）医药博览会等大型接待活动30余次。

（白　剑）

网络信息管理

【概况】 2013年，区网络信息管理工作打造“全天候的网络信息查阅平台”，对涉及高港的信息进行筛选、整理，实行重大舆情专报制度和一般舆情速递制度。强化网络舆情处置，全年处置网络舆情2000余条，应对重大突发网络舆情30余起，编发《高港网络舆情》200余期，区领导批示10余次。召开全区互联网信息工作会议，全面提升各镇街、园区和区级机关各部门网络舆情应对能力。打造“走进”系列活动品牌，紧扣阶段性舆论热点，组织网民走进工商分局等单位，畅通网民诉求渠道。

（戚锁林）

组织工作

【概况】 2013年，高港区有党（工）委35个、党总支98个、党支部739个。党员13785人，其中，女党员2780人，占20.17%；35周岁以下党员3197人，占23.19%；大专以上学历党员4691人，占34.03%。

·干部工作·

【干部选拔任用】 2013年，高港区共调整区管干部9批次，其中，提拔正乡科级25人、副乡科级53人，平职调整73人，军转安置2人，改任非领导职务3人，到龄退休13人，调离本区1人。试用期满正式任职14人。区委组织部调整部管干部11人。协助做好区人大、政协增补常委工作。

【公推公选和轮岗锻炼】 2013年，区委组织部采取“公推公选”的方式产生副乡科级干部26人，其中，35岁左右及以下干部22人，30岁以下7人。在“公推公选”过程中，首次探索尝试邀请20名“两代表一委员”（党代表、人大代表和政协委员）参与面试评分，既当“裁判员”，又当监督员，实行“阳光”公选。全年安排新提拔副乡科级干部9人分批到区信访局轮岗锻炼。

【新任职干部跟踪回访】 2013年，区委组织部出台《泰州市高港区新任职干部跟踪回访制度（试行）》，在新提拔和交流任职干部（不含担任非领导职务的干部）到岗3个月左右，区管领导班子换届后3个月左右，采取回访（考察）组个别谈话、实地察看、查阅资料、专题调研、同回访对象面谈等形式，对于新任职干部则不定期个别回访，着重了解新任职干部到岗后的现实表现，班子换届后的整体运转情况，以及新进班子成员履职情况。全年开展跟踪回访3批次28人。

【领导干部读书班】 2013年，高港区领导干部读书班先后邀请陈勇鸣、童星等专家学者和十八大代表张云泉对十八大精神进行深度解读。市人大常委会副主任、区委书记王建与学员进行互动交流，解答热点问题，阐述高港区在十八大精神指导下的发展理念与目标方向。邀请高港首任区委书记葛玉书和省政协原常委、苏州市人大常委会原副主任、张家港市原市委书记秦振华作专题报告，号召全区各级干部把“精神状态也是生产力”和“张家港精神”有机结合起来。组织园区、镇街、区级机关经济部门负责人和重点企业负责人100余人次，参加泰州干部教育“名家讲坛”等多场专题报告会。

【新上岗干部集中培训】 7月，区委组织部举办第八期新上岗乡科级干部培训班，进一步提升新上岗乡科级干部的政治理论水平、依法执政能力、服务经济发展水平和廉洁从政意识。培训班分两批次进行，第一批赴苏州市农村干部学院参加培训，第二批赴江阴市委党校参加培训。所有学员在学习回来后，分组进行为期半个月的实践调研，形成学习体会文章99篇、调研文章12篇。借助领导干部能力建设讲坛对新上岗副乡科级干部进行专题培训，引导和促进他们不断增强党性修养、加快知识更新、提升能力素质。

【市区联动共享班次】 2013年，区委组织部围绕加快推进转型升级、融合发展，组织三大园区、各镇街和多个部门主要负责人或分管负责人赴上海交通大学举办“港口经济带动城乡一体化建设”高级研修班，作为市区联动共享班次，邀请泰兴市相关人员参加学习。选派三大园区内设机构负责人，参加姜堰区联动班“产业转型升级与特色园区建设”专题研修班学习。

【“一报告两评议”工作】 2013年，区委组织部将“一报告两评议”（地方党委常委会每年向全委会报告工作时，要专题报告年度干部选拔任用工作情况，并在一定范围内接受对本级党委干部选拔任用工作和新选拔任用领导干部的民主评议）实施范围扩大到全区所有有干部任免权的部门、单位，全区各项评议指标满意度平均分值均为90分以上。

【领导干部个人有关事项报告工作】 2013年，区委组织部贯彻落实中共中央办公厅《关于领导干部报告个人有关事项的规定》精神，组织全区400余名副科级以上干部填报《领导干部个人有关事项报告表》。

【“三员一网”工作】 2013年，区委组织部出台《关于聘任督导员、监督员、联络员建立“三员一网”干部监督体系的通知》，从各园区、镇街及区级机关各部门党组织负责人、党办主任、办公室主任中择优选聘督导员8人、监督员6人、联络员51人，完善用人监督网络。依托“三员”组织架构，设置三级网络信息管理系统，实现联络员一级终端采集、监督员二级综合分析、区委组织部三级集成处置的信息网络模式，形成层级明晰、点面结合、互联互通的干部监督网络。举办干部工作督导员、监督员、联络员培训班，向“三员”发放聘书，聘期3年。定期和分片召开座谈会，传达有关会议和文件精神，通报情况，听取意见和建议。建立QQ群，加强与“三员”的经常性联系，及时交流信息，实现信息互联互通。

（李　艳　周丽雅　褚红艳　居裕强）

·高层次人才工作·

【人才强区战略】 5月，区委组织部召开区人才工作领导小组会议，研究确定《泰州市高港区2013年人才工作要点》。结合争创国家级经济开发区对人才工作的新要求，出台《园区、镇街人才工作考核办法》，充分发挥考核内容和结果的激励、导向效应，从深层次上推动园区、镇街人才工作责任的落实。

【高层次人才项目申报】 2013年，区委组织部指导相关企业申报省、市“双创（创新创业）计划”，省“企业博士集聚计划”，省、市“科技企业家培育工程”等市级以上人才项目。全区共有6人被确定为省“333工程”（培养30名左右研究成果具有国际先进、国内领先水平的国家级科学家、工程技术专家和理论家；培养300名左右具有省内领先水平的省级优秀人才；培养3000名左右成绩显著的市级优秀人才）增选对象，2人被确定为省“科技企业家培育工程”增选对象，1人被确定为省“双创计划”资助对象，2人被确定为省“企业博士集聚计划”资助对象，24名高层次人才被确定为首批市“科技企业家培育工程”培育对象，13人被确定为2013年度市“双创计划”资助对象，累计上争资金1070万元。

【高层次人才引进】 年初，区委组织部召开2013届高港籍40名在校大学生座谈会，市人大常委会副主任、区委书记王建到会讲话，介绍家乡发展情况，解读人才优惠政策，吸引他们回乡创新创业。在连续多年选聘专门人才的基础上，再次开展“985高校”研究生选聘工作，区委主要负责人担任主考官，区委常委集体参加面谈，共选聘19名硕士研究生以上学历学位的毕业生充实到园区、镇街和机关部门。充分发挥企业在人才引进中的主体作用。依托扬子江药业集团，成功引进1名国家“千人计划”专家，实现零突破。

【高层次人才培育】 2013年，区委组织部先后组织300余名经济管理、专业技术、党政人才到泰兴市、海陵区、丹阳市、常州新北区、扬州国家级经济开发区、海安国家级经济开发区等地考察学习，进一步增强加快发展的危机感、紧迫感和责任感。组织150余名人才到上海交通大学、苏州农村干部学院、江阴市委党校参加培训，为经济社会发展带回更多的资源、更新的思路、更好的方法。围绕区委、区政府中心工作，针对出现的热点、难点问题，依托能力建设讲坛等平台，邀请12名知名专家教授围绕宏观政治、经济形势、电子商务、自贸区机遇与挑战等内容授课，培训各类人才6000余人次，促使各类人才健康成长。

【人才载体平台建设】 2013年，高港区依托企业驻外办事机构，统筹境外人才招引工作资源，先后在韩国和中国台湾建成2个人才工作机构，招引10余名海外优秀人才。加强基层人才工作力量，8个园区、镇街人才工作站均按照“五有”（有机构、有人员、有场地、有台账、有经费）标准设立，并实际挂牌运作，各园区、镇街人才招引和培训等指标较上年有明显提高。在46个规模以上企业设立企业人才工作室，推动企业急需人才的招引和企业科技创新能力的提升。

【科技镇长团】 2013年，高港区共接收6名科技镇长团成员。科技镇长团先后邀请省内外专家到高港交流工作40余人次，省级机关领导到高港考察30余人次，成功争得省级各类奖补资金839万元，推动国信担保公司为城投担保融资1亿元，牵头西安交通大学技术转移中心与核心港区签订政产学研合作平台。12月，省委组织部人才处副处长高政文一行调研高港区，对高港区科技镇长团工作给予充分肯定。

【提供投融资服务】 2013年，区委组织部牵头组织金融机构，为高港高新区建设人才公寓融资4亿元。牵头促成江苏高科技投资集团有限公司与泰州市榕兴抗粘敷料有限公司签订投资意向协议，与江苏京华澄电力科技有限公司初步达成投资意向，与高港高新区达成设立分支机构和共建投资基金合作意向。

【人才待遇落实】 2013年，区委组织部和区人社局组织高层次人才到云南、湖南健康休养，为90余名高层次人才健康体检。全年发放各类资助资金、图书资料补贴、安家生活补贴近400万元。

（刘　宇　钱锦江）

·基层组织建设·

【中国共产党成立92周年纪念活动】 2013年，高港区开展中国共产党成立92周年系列活动。召开党员干部联系服务群众工作座谈会，启动“党史、信仰、追求”主题教育月，开展“迎七一、做先锋”党员义工集中服务，召开七一专题组织生活会，集中开展党代表工作室工作日，开展“关注基层组织、关爱困难党员群众”活动。开展泰州市第三届“我最喜爱的共产党员”评选推荐活动，徐勤生、乔向民、潘予、叶炳华4名党员成功当选。

【群众工作队】 2013年，高港区在巩固“三解三促、两送两增”活动成果的基础上，优化人员配置，强化服务职能，组建89个“群众工作队”，分别进驻89个村（社区），下派时间1年。每个“群众工作队”配有5名队员，由正科级干部担任队长，镇街分工干部、区后备干部或优秀中层干部、挂钩部门年轻干部、所在村（社区）大学生村官为队员，其中区后备干部或优秀中层干部兼任村（社区）党组织副书记或主任助理，每个镇街由1名政法部门负责人为片区召集人，实现所有村（社区）、重点信访积案地区、所有特困群众全覆盖。帮助村（社区）破解转型发展瓶颈，协助解决发展中存在的突出问题，合力推进村（居）委会和党组织换届、党员中心户、党群服务社、社区党建网格化管理等工作。制定出台《“群众工作队”管理办法》，建立定员、定点、定期“三定”联系指导制度，明确包服务、包化解、包落实“三包”工作内容，加强对工作队的管理考核。

【完善党员管理】 2013年，区委组织部出台《关于进一步加强新形势下党员队伍建设的意见》，努力开创全区党员队伍建设新局面。全区新发展党员210人，党员结构比例明显优化。督查全区发展党员工作情况，规范发展党员工作，增强党员队伍的先进性和纯洁性。建立流动党员工作室，按照党组织隶属关系，层层建立流动党员管理月报制度，形成网络、落实专人，及时准确上报流动党员基本信息。出台《从严规范民主评议党员和处置不合格党员实施细则（试行）》，全面落实“党要管党、从严治党”要求，提高民主评议党员工作科学化、规范化、制度化水平。深化“贯彻十八大，学习新党章，永葆先进性纯洁性”主题教育活动。

【“关爱服务月”活动】 元旦春节期间，高港区开展第六次“关爱服务月”活动，全区361个基层党组织、3514名党员积极参与，走访慰问9447人，结成各种帮扶对子890个，解决实际问题425个，投入资金791.30万元。

【党代表工作室活动】 2013年，高港区在机关、企业、学校、镇街、村（社区）、社会组织等领域，建立89个村（社区）党代表工作室、4个行业系统党代表工作室和1个区直机关党代表工作室，实现各领域全覆盖、各级党代表全参与。每个工作室编排2~4名党代表，每两个月开展一次活动，活动经费按每人每年4000元的标准列入区党代会常任制办公室部门预算。党代表工作室按照“有固定场地、有统一标识、有工作队伍、有完善制度、有台账记录”的“五有”标准建设。制定实施《党代表提案制度》，推动党代会常任制落到实处，促使党代表由“一次性代表”向常态化履职转变。

【党员先锋工程】 2013年，高港区深入开展党员先锋工程，组织引导各级基层党组织和广大共产党员积极投身转型升级、融合发展，赶学先进、争当先锋。其中，口岸街道新城社区党员服务示范岗、高新区经济发展局企业服务科、口岸中学新疆部、区房地产管理处、区人口计生委政法科、区商务局外国投资管理科被泰州市委组织部命名为第二批市级“党员先锋岗”。

【社区党建】 2013年，区委组织部围绕“服务群众、建设基层服务型党组织”主题，召开全区社区党建工作推进会。推动党建工作“四进社区”，即驻区单位党组织进社区、党务工作者进社区、年轻干部进社区、驻区党员进社区。推进社区党建规范化建设，口岸街道新城社区被评为泰州市“十化”（领导体制科学化、运行机制规范化、组织设置网格化、党组织活动方式多样化、党员发挥作用常态化、党组织和党员服务群众长效化、工作载体品牌化、队伍建设专职化、阵地建设标准化、经费保障制度化）党建示范社区，口岸街道蔡滩社区、刁铺街道大丰社区、许庄街道马厂社区、许庄街道乔杨社区、永安洲镇福沙社区5个社区被评为泰州市规范化建设示范村（社区）。口岸街道蔡滩社区和永安洲镇福沙社区党组织由党总支升级为党委。

【组建片区党委】 2013年，高港区顺应经济社会转型升级和整合各类资源的现实需要，打破以行政村为单位的党组织设置模式，按照产业发展型和创新社会管理型党组织标准，试点组建中心社区党委。年内，成立口岸街道王营河片区（中心社区）党委、口岸街道城中片区（中心社区）党委、白马镇白马庙片区（中心社区）党委、胡庄镇单王片区（中心村）党委。

【社区管理和服务培训】 2013年，区委组织部组织38名村（社区）干部参加泰州市第三期社区干部“431培训计划”（用4年时间，分3批对全市1000名左右社区工作者开展“社区管理与服务”专题培训），对培训考核合格的，颁发相应证书，作为聘用上岗、从事社区工作的重要依据，同时可取得教育部注册承认的相应文凭。

【农村专业合作社党建】 2013年，高港区基层党组织围绕“党建强社、合作富民”目标，主动适应农业产业化发展新要求、农民党员分布状况新变化，坚持走“党组织+合作社”的建设新路子，引导组建专业合作组织48个，吸纳社员1450人，发展特色种养项目10余个。深入推进“党建进社”，采取独立组建、联合组建、挂靠组建等模式组建合作社党组织101个，实现农村合作经济组织党组织全覆盖。根据行业特点、党员特长，广泛建立“党员共建致富链”，组织合作社党员在社内联系1户示范户、帮助1户贫困户，通过合作经营，实现共同富裕。坚持“双向进入、交叉任职”原则，鼓励村（社区）党组织书记担任合作社理事长，鼓励村（社区）党员干部与理事会成员交叉任职。

【学校党建】 12月，高港区召开全区学校党建工作推进会暨“一校一品”创建工作交流会，加快推进“一校一品”党建文化品牌创建工作，把学校党建与行政业务紧密结合起来、把党建品牌与办学特色有机联系起来，不断打造“校校有品牌、区域有特色”的学校党建工作新格局。会上成立高港区学校党的建设研究会，吸纳学校党组织书记等首批会员74人，覆盖全区27所学校。区委教育工委副书记钱爱群当选为第一届理事会会长，特邀区委教育工委书记、区教育局局长李俊仁为研究会名誉会长。

【非公有制企业“四统筹一创争”活动】 2013年，高港区在非公有制企业中广泛深入开展党组织、工会组织“组织统筹覆盖、人员统筹配置、活动统筹开展、保障统筹落实，创建先进基层党组织、模范职工之家，争做优秀共产党员、文明职工”（简称“四统筹一创争”）活动，非公有制企业党工组织覆盖面不断扩大，自身建设明显加强，内在活力有效激发，保障机制逐步健全，切实发挥党工组织在促进企业发展、维护职工权益中的重要作用，有效提升非公有制企业党工组织建设的整体水平。泰州港核心港区被省委组织部和省总工会确认为第二批全省党建带工建“四统筹一创争”活动示范片区。

【党建工作“四进企业”】 2013年，区委非公有制经济组织工委在全区非公有制企业中开展“双强”（发展强、党建强）创争、党建督导、素质培训、勤廉建设“四进企业”活动，进一步深化以“强基础、优服务、聚人才、定标准”为内容的非公有制企业党建“四项行动计划”，着力在非公有制企业党建工作方面创新机制、整合资源，深化内涵、拓展外延，有效指导、优化服务，夯实基础、提升层次，发挥党组织和党员在推动企业转型升级中的战斗堡垒和先锋模范作用，为非公有制企业发展提供动力支持和组织保证。该项工作获得高港区2013年“创新创优”一等奖。泰州口岸船舶有限公司党委、江苏能建机电实业集团有限公司党委被泰州市委组织部评为“双强六好”（发展强、党建强，生产经营好、企业文化好、劳动关系好、党组织班子好、党员队伍好、社会反映好）非公有制企业党组织。

【村（社区）“两委”换届】 2013年，高港区启动新一届村（社区）党组织、村（居）民委员会（简称“两委”）换届工作。8~9月，开展村（社区）党组织换届选举。10~11月，开展第十届村民委员会、第五届居民委员会换届选举。召开全区村（社区）“两委”换届选举工作部署会，成立换届选举工作领导小组。换届前，提前开展分析研判，全面了解现任村（社区）“两委”班子运行状况。按照“三个先行、四个并重”原则，即“三资”清理和财务审计先行、普法教育和政策宣传先行、后备干部储备和人事调整先行；组织领导层面坚持健全机构与周密部署并重、前期准备过程坚持全面考察与集中整顿并重、人选推荐环节坚持宣传发动与审核把关并重、组织推进阶段坚持尊重民情民意与遵照执行纪律并重，新一届村（社区）“两委”换届工作顺利完成。共选举产生783名村（社区）干部（含不占职数的选派干部和大学生村官93人）。村（社区）“两委”成员中，党组织成员545人，村（居）委会成员482人，交叉任职244人。“两委”班子平均年龄43.10岁。“两委”成员中能人型672人，占85.82%；男性530人，占67.69%；大专以上文化的356人，占45.47%；机关事业单位选派的28人；大学生村官65人。20个村（社区）实行“两委”主要负责人“一肩挑”，7名女性当选村（社区）党组织书记，5名女性当选村（居）民委员会主任。

【村（社区）干部培训周】 4月，高港区举办以“爱民为民、富村强村”为主题的第三届村（社区）干部培训周，870名干部参训。通过远程教育平台“空中课堂”集中收听泰州市录制的培训课程，参加“村干部论坛”。组织村（社区）党组织书记、大学生村官代表到太仓市观摩城乡一体化建设示范村，学习农民集中居住新型社区、合作农场建设、村庄综合整治等内容。在集中收看统一课程的基础上，各镇街分别开展特色活动。

【村级“四有一责”建设】 2013年，高港区加快推进村级“四有一责”建设（有持续稳定的集体收入，有功能齐全的活动阵地，有先进适用的信息网络，有群众拥护的思想政治素质强、科学发展能力强“双强”带头人，强化村党组织领导责任），通过加大投入、结对帮扶、建设标准厂房等途径，帮助村集体形成稳定收入。全区村级集体经济总收入4361万元，村均52万元。加大村综合服务中心建设力度，84个村（社区）具备“七室两超市一广场”功能，全面打造基层服务型党组织服务活动阵地。整合涉农信息，打造“一站一网一平台”（农村综合信息服务站、电子政务网、农村综合信息服务平台）服务模式，有效提升信息服务效能。加强村（社区）干部规范化管理，打造“双强”带头人。7月，高港区被评为江苏省村级“四有一责”建设先进区，获50万元奖励。

【村级综合服务中心管理使用情况整治】 2013年，区委针对个别村部建设和管理使用中存在办公用房“贪大求洋”、功能设置不合理、“机关化”倾向明显等现象，对照“服务区域最大化、办公区域最小化、社会效益最优化”要求，对全区村部管理使用情况集中进行排查整治，指导制定整改方案，推行集中办公制，原则上村（社区）党组织书记、村（居）委会主任一律不设单独办公室，将更多建设面积用于便民服务。

【创新大学生村官选育模式】 2013年，区委组织部严格落实大学生村官驻村、工作日志、分工及承诺、考核评议“四项制度”，推动大学生村官扎根基层、融入农村。组建口岸街道徐庄村、许庄街道乔杨社区等8个大学生村官培养工作室，并延伸至党代表工作室、干部培训班、田间课堂，形成全方位的能力孵化体系。其中口岸街道徐庄村、许庄街道乔杨社区、胡庄镇薛垛村3个工作室为市级大学生村官培养工作室。加大选拔力度，拓宽大学生村官成长平台，通过公推公选产生3名见习镇长，7名大学生村官当选“两委”正职。

【推行村（社区）干部协会实体化运作】 2013年，高港区村（社区）干部协会召开理事会，修改《高港区村（社区）干部协会章程》，补选村（社区）干部协会会长、副会长、秘书长。设立村（社区）干部协会分会实体化运作基金，开展“一分会一特色”创建活动，加强资金管理，保障分会有序高效运行。

【成立村（社区）干部协会大学生村官分会】 4月，高港区成立村（社区）干部协会大学生村官分会，选举产生大学生村官分会会长、副会长，完善协会组织架构。依托村（社区）干部协会大学生村官分会，举办创意策划“诸葛会”、主题论坛交流、“三学三比三看”（学先进典型的创业胆识，比积极性，看谁创业步伐快；学先进典型的创业理念，比科学性，看谁创业项目佳；学先进典型的创业智慧，比示范性，看谁创业效益好）创业竞赛等活动。全区有25名大学生村官通过独办、领办或合办的形式创办17个项目，建成创业示范基地3个、创业示范点5个，带动400余名群众增收。

【退役士兵村官培养工程】 2013年，区委组织部与区民政局联合选聘2名退役士兵到村任职。由镇街与退役士兵签订任职聘用合同，聘用期3年。退役士兵村官培养采取学历培训和任职锻炼相结合的形式，学历培训由泰州职业技术学院承办，学制2年，采取集中办班的方式进行培训。聘用期内，退役士兵村官报酬待遇不低于当地村干部副职报酬待遇，资金渠道按同村干部副职待遇解决方式予以列支。聘用期满后，根据本人意愿，经过法定程序参加“两委”选举，进入“两委”班子工作。

【远程教育】 3月，区委组织部对全区远程教育站点设施设备、人员配备、运行质态等11个方面进行全面调查摸底，对存在的问题进行集中整改。4月7~12日，从各镇街抽调7名工作人员组成3个工作组，采用交叉评比的方式对站点进行检查，通过翻阅台账资料、实地查看演示、听取工作汇报，详细了解站点运转和工作创新等方面的情况，从中推选出一批终端示范站点、优秀站点管理员和学用标兵上报省、市委组织部。永安洲镇福沙社区被评为省终端示范站点，胡庄镇丁庄村党支部副书记张杰被评为省远程教育学用先进个人，许庄街道马厂社区党委副书记仲光远、白马镇金马社区党总支副书记袁磊被评为省优秀站点管理员；许庄街道乔杨社区、口岸街道蔡滩社区、白马镇金马社区被评为市终端示范站点，大泗镇政府见习镇长吴昊被评为市远程教育学用先进个人，永安洲镇东江社区站点管理员陈燕、大泗镇曹于村站点管理员王莹被评为市优秀站点管理员。采取上下联动、部门协作、与专业制作公司合作开发的模式，不断推进教学资源项目化建设，较好地完成市交任务。

（乔　峰　居裕强）

宣传思想工作

【概况】 2013年，高港区宣传思想工作以"大江系列"宣传文化品牌为抓手，创新思路、主动作为，为高港转型发展、率先基本实现现代化提供坚强的思想保证。以"大江讲堂"为载体，邀请知名专家学者举办系列报告会、读书班20余场次。区委中心组获市巡学组肯定，被评为泰州市示范中心组。全年举办各类讲座100余场，受众6万余人次。精心策划"融入苏南，接轨上海，谱写中国梦高港新篇章媒体见面会"等系列宣传战役，外宣工作继续在全市保持领先，先后在市级以上媒体刊发稿件500余篇，其中《泰州日报》头版头条43篇。网络管理有序有度，协调解决问题500余个，处理网络突发事件30余件。城市文明程度指数测评明查暗访得分列市（区）第一。扎实开展文明行业、单位、镇村、社区和"百城万店无假货"示范店（街）创建评选活动。评选出20名"大江儿女·师德、医德模范"，组织15场师德、医德模范先进事迹巡回演讲，受众5000余人。建设"道德讲堂"74个，实现市级以上文明单位和城市社区全覆盖。高港区宣传思想文化工作连续五年在全市综合考评中列第一名。

（史庆东）

·理论武装·

【中心组学习】 2013年，区委中心组以建设学习型、创新型、务实型的"三型"中心组为目标，扎实推进"六学并举"，即专题"点学"、示范"领学"、旁听"督学"、实践"促学"、成效"验学"、考核"述学"，做到理论学习与贯彻上级决策部署相结合、与深入基层调查研究相结合，促进区委中心组学习制度化、规范化、实效化。全年先后围绕"当前我国海洋安全""传达中央有关会议精神及中办有关文件精神""学习习近平总书记系列重要讲话精神""学习习近平总书记在中央政治局常委会会议上关于化解产能过剩的讲话"及"中央关于落实薄熙来案情况通报"等主题，组织开展学习活动。区委中心组获评泰州市示范中心组。

【党员轮训和冬训】 2013年，区委宣传部制定党员干部年度轮训和冬训意见，组织参加泰州市骨干培训班，组建讲师团，做到党员教育"三落实"，即任务落实、师资落实、教材落实。党员轮训和冬训工作围绕学习贯彻中共十八大、十八届三中全会及中共中央总书记习近平系列重要讲话精神展开。冬训工作受省委宣传部表彰。

【举办"大江讲堂"12期】 2013年，高港区举办"大江讲堂"12期。针对党员干部需求和高港发展需要，先后邀请陶国富、陈方刘、裴平等专家学者作专题辅导。每场参加人数600余人，广大干部群众在听报告、讲形势、谈任务中，振奋精神、鼓舞干劲，提升素质，理论学习针对性和实效性进一步增强。

【中共十八届三中全会精神宣讲】 2013年，高港区成立中共十八届三中全会精神宣讲团，由区委书记任团长，区长任副团长。区委书记带头宣讲，其他区领导到各自挂钩联系点宣讲，为基层作表率，起到统一思想行动、凝聚智慧力量的效果。

【"我为转型升级作贡献"专题调研活动】 2013年，区委宣传部组织开展"我为转型升级作贡献"专题调研活动，共征集各类理论调研成果200余篇，为区委、区政府科学决策提供参考。市人大常委会副主任、区委书记王建带头撰写理论调研文章，有10余篇在《人民日报》《新华日报》和《群众》杂志发表。

【社科理论成果】 2013年，区社科联围绕"争当全市转型升级综合改革排头兵、率先基本实现现代化"主题，推出一批高质量的理论研究成果，组织24篇社科成果参加省、市社科成果评奖，1篇论文获省社科联第六届学术大会苏中片区分会三等奖。

【社科普及】 10月8日，区社科联在大江剧院组织高港区第二届社科普及宣传周活动启动仪式。围绕"推进生态文明，建设美丽高港"主题，开展广场科普咨询、社科图片展、社科知识讲座、社科电影巡演等活动。社科咨询人数300人次，义诊义疗200人次，发放科普资料1800余份，展出展板30余块。非物质文化遗产进校园项目获省社科基金项目资助，海军小学和田河小学被评为市级社科普及示范基地。

（孙婷婷　王卫军）

·社会宣传和对外宣传·

【"中国梦"主题教育宣传活动】 4~5月，高港区在全区各中小学组织开展"中国梦·我的梦"主题征文比赛、手抄报比赛和绘画比赛。5月29日，在白马中学组织开展"我的中国梦励志报告会"，介绍中国的孝道文化，观看孝道文化专题教育片等。9月，在全区各中小学开展"中国梦·我的梦"主题演讲比赛。

【"谱写中国梦高港新篇章"媒体见面会】 7月1日，高港区举办"谱写中国梦高港新篇章"媒体见面会。20余个省、市级新闻媒体就高港区融入苏南、接轨上海的发展蓝图进行采访报道。市人大常委会副主任、区委书记王建从产业定位、城乡一体化进程、创新社会管理等多个方面，向媒体介绍高港区的经验和做法，提出高港区将以沿江开发的成果为坚实基础，充分利用泰州大桥通车的有利机遇，不断扩大大桥、大江、大港的优势，用五年的时间，真正做到融入苏南、接轨上海。《新华日报》《农民日报》和新华网、江苏电视台、泰州电视台等多个媒体，就高港区融入苏南的工作打算、对城市化进程的看法、如何对待经济与环境和谐发展等方面进行提问。会后，市人大常委会副主任、区委书记王建就高港区下一步工作接受省、市媒体专访。

【"典型培育"工程】 2013年，高港区以"大江儿女"为平台，评选表彰20名医德模范、师德模范，组织医德模范、师德模范宣讲团进机关、进社区、进企业、进医院、进学校，开展巡回演讲15场，受众5000余人。江国辉当选10月诚实守信"中国好人"，王金胜、杨德富、刘选春当选"江苏好人"，徐勤生当选"最美泰州人"。挖掘报送百姓新事100余条，10名百姓身边典型被《新华日报》、江苏电视台等多个市级以上媒体集中宣传推介。

【"三下乡"活动】 2月1日，区委宣传部和区文明办牵头组织区文体旅游局、科技局、卫生局、总工会、妇联等20余个单位（部门）在永安洲镇举行文化、科技、卫生"三下乡"活动启动仪式。各单位（部门）现场捐赠慰问金15万元，赠送价值10万元的电脑、图书、药品、大米等物品，为当地群众免费开展农业、科技、计生、法律等现场咨询，以及送教下乡、专家义诊、题写春联、文艺演出等活动。区领导程荣稳、韩亚、刘振东、邵春宁、仲新光出席。

【对外宣传】 2013年，高港区外宣工作继续在全市保持领先，先后在市级以上媒体刊发稿件500余篇。在中央电视台《新闻联播》用稿5篇，《人民日报》用稿6篇，《经济日报》用稿2篇，《求是》用稿1篇，《新华每日电讯》用稿1篇，《学习时报》《人民政协报》《中国经济导报》等用稿数量和版面均有新突破，实现外宣工作中央媒体全覆盖；在《群众》用稿1篇，《新华日报》用稿60余篇，头版头条2篇，头版5篇；《江苏新时空》用稿38篇，头条5篇；《泰州日报》头版头条43篇，头版90篇，《泰州新闻》用稿190篇，头条24篇，完成50期《泰州日报·高港周刊》编辑出版工作。

【网络舆论引导】 2013年，高港区加强"大江论坛"平台建设，完善督查考核制度，全年网民反映问题答复率保持在95%以上。强化网络正面宣传，围绕区委、区政府中心工作，在高港政府网和"大江论坛"开设专题专栏10余个。邀请南京市委宣传部部务委员刘斌等专家讲课，提高网络发言人和网评员的业务能力。协同公安机关开展打击网络谣言专项整治行动，删除一批有害信息，净化网络环境。推动"高港发布"官方微博上线运作，全年发布民生信息200余条。构建具有高港特色的"三三三"监管新模式，即培育三支队伍（监控报送队伍、会商研判队伍、核心网评员队伍），健全三大举措（完善协同互动制度、建立约请制度、强化督查考核制度），抓好三个环节（第一时间主动介入、舆情发生迅速应对、强化评估反馈），经验在全市推广。

（夏　玮　王国民　张　玲　戚锁林）

·精神文明建设·

【文明城市创建】 2013年，高港区多次召开创建全国文明城市推进会，按照"整脏、治乱、纠差、补缺"的创建工作思路，切实做到责任不减、力度不减、成效不减，确保各项测评结果得高分、多加分。区领导挂钩联系路段、社区和专项工作组，带头督促检查，协调会办。严格实行"谁主管、谁负责，谁失分、谁负责"的保分责任制。主要负责人带头深入一线，及时发现问题，现场督促整改。区创建办对工作不力、行动迟缓的单位或个人及时通报、限期整改。实施"全民素质提升工程"，先后举办文明礼仪知识专题报告会6场。高港电视节目中心开辟"市民礼仪""做文明人，创文明城"专题，每晚黄金时段安排播放，将"做恭谦有礼的高港人"不断引向深入。印发市民手册、告广大市民的一封信、调查问卷10万余份。突出做好实地考察点打磨、问卷调查知识宣传普及、迎检资料准备，以及市容市貌、公共秩序、社会文化环境整治等重点工作。在公园、广场、车站、商场、农贸市场设置便民利民志愿服务站点20余个。发动各类志愿者开展文明劝导2万余人次。重点社区和主要宣传窗口、阵地公益广告覆盖率超过30%。实施绿化养护、河道整治、后街背巷环境整治、公共设施维护等民生工程，不断改善群众的生产生活条件。市民对创建工作的支持率和满意度大幅提升，为泰州顺利通过全国城市文明程度指数测评作出贡献。

【文明单位创建】 2013年，区文明办加强对基层各创建单位文明创建工作的指导，引导各参创单位进一步优化服务、创建品牌，在文化内涵建设、创建制度管理上取得新进展。7月11日，区委统战部等35个单位被评为2011~2012年度泰州市创建文明单位工作先进单位。7月16日，区国土分局等9个单位被评为2011~2012年度泰州市文明单位标兵，区委办等47个单位被评为2011~2012年度泰州市文明单位。10月16日，区总工会等22个单位被评为2010~2012年度江苏省文明单位。

【文明行业创建】 7月11日，中国人民财产保险股份有限公司泰州市分公司高港营业部系统被评为2011~2012年度泰州市创建文明行业工作先进行业。7月16日，地税五分局系统、国税二分局系统被评为泰州市文明行业标兵，区工商分局系统等8个系统被评为2011~2012年度泰州市文明行业。

【文明村镇创建】 7月11日，白马镇、大泗镇、胡庄镇被评为2011~2012年度泰州市创建文明乡镇工作先进乡镇，白马镇陆家村等5个村被评为2011~2012年度泰州市创建文明村工作先进村。7月16日，白马镇黄河村、胡庄镇史庄村被评为2011~2012年度泰州市文明村。10月16日，胡庄镇、大泗镇被评为2010~2012年度江苏省文明镇，白马镇黄河村被评为2010~2012年度江苏省文明村。

【文明社区创建】 7月11日，口岸街道王营社区等9个社区被评为2011~2012年度泰州市创建文明社区工作先进社区。7月16日，许庄街道乔杨社区、许庄街道马厂社区、口岸街道新城社区被评为2011~2012年度泰州市文明社区标兵，永安洲镇福沙社区等6个社区被评为2011~2012年度泰州市文明社区。10月16日，永安洲镇福沙社区、口岸街道新城社区被评为2010~2012年度江苏省文明社区。

【星级文明村（社区）评选】 2013年，高港区主动适应农村经济发展需求，在全区组织开展星级文明村（社区）评比活动，10个村（社区）分别获三星、四星、五星文明村（社区）称号和1万元、3万元、5万元的奖励，12个村（社区）保留称号。

【"美德少年"评选】 2013年，许庄初中金磊、白马中学王平当选泰州市"十佳美德少年"，另有12人获泰州市"美德少年"称号。金磊同时获江苏省"百名美德少年"称号，为全区获此称号第一人。

【"非遗小传人"活动】 2013年，区委宣传部、区文明办、区文体旅游局联合打造"非遗小传人"活动品牌，探索出一条"非遗"文化与未成年人教育相结合的新路。讲述"非遗"历史故事，通过探寻"非遗"文化源头，探源育人。介绍"非遗"传统文化，通过"非遗"展览展示，寓教育人。传授"非遗"传统技艺，通过拜师学艺，践行育人。打造"非遗"文化基地，通过特色"非遗"活动，传习育人。该工作获2013年度泰州市宣传思想文化战线创新创优一等奖和未成年人思想道德建设工作创新创优成果奖。

【实验小学少年科普自助馆获省级资金支持】 2013年，高港实验小学少年科普自助馆获省文明办下拨的未成年人思想道德建设专项扶持资金15万元，为当年全市各市（区）中唯一获省文明办专项扶持的未成年人特色工作。

【文明交通志愿服务周周行】 2013年，区文明办在全区市级以上文明单位中启动"学雷锋文明交通志愿服务周周行"活动，于每周六在市区主要交通路口和站台开展文明引导、文明劝导、文明宣传志愿服务。累计参与人数2000余人次。

【"学习雷锋好榜样"集中行动】 2013年，泰州市"学习雷锋好榜样"志愿服务集中行动启动仪式在高港区启动，纪念开展学习雷锋活动50周年，弘扬新时期雷锋精神，引导人民群众广泛开展社会志愿服务。现场志愿服务包括义务体能测试、义务诊疗、义务理发、家电维修等近20项内容。

【"道德讲堂"建设】 3月28日、4月23日，高港区分别在口岸街道蔡滩社区和胡庄镇史庄村召开"道德讲堂"建设推进会，确保"道德讲堂"在市级以上文明单位和城市社区形成全覆盖。全年建成"道德讲堂"74个，开展道德宣讲活动300余场次，受众3万人。　（谷　洋　耿　慧）

统战工作

【概况】 2013年，高港区统一战线系统深入践行"同心"思想，围绕中心大局，强化工作职能，发挥独特优势，为全区经济、社会发展提供广泛的力量支持。至年末，全区共有市、区两级党外人大代表38人，党外政协委员102人；34名党外人士担任副科级以上领导职务。区委统战部被评为中国统一战线宣传工作先进单位和全市统战工作目标完成先进单位。

【党外代表人士培训】 2013年，区委统战部制定学习贯彻中共十八大精神实施方案。全区副科级以上党外领导干部和党外后备干部162人次参加各级各部门举办的中共十八大精神培训班。7月15~19日，举办党外后备干部暨统战委员培训班，19名党外副科级后备干部和7名镇街统战委员到省社会主义学院接受统战理论专题培训。

【党外代表人士队伍建设】 2013年，区委统战部对全区党外代表人士情况进行调查统计，建立包括民主党派、非公有制经济等6种类型136人的党外代表人士队伍名册。在全区机关企事业单位中开展党外知识分子调查摸底工作，建立896名党外人才数据库。开展统一战线先进个人评选，20名党外人士被评为统一战线先进个人。年内，提拔7名党外人士担任副科职（级）领导干部，选拔2名党外人士为助理级干部，12名党外后备干部参加区“群众工作队”。

【畅通参政议政民主监督渠道】 年初，区委统战部召开党风廉政建设和反腐倡廉情况通报会，向全区民主党派、无党派人士通报经济建设和反腐倡廉情况，接受党外人士的监督和评议。进一步加强和完善党员领导干部与党外人士联系交友制度，区四套班子中的党员领导干部和10个必配党外干部政府部门的正职党员领导干部27人，与54名党外代表人士进行结对交友，发放党员领导干部与党外代表人士联系交友卡。3名党外人士担任市检察院人民监督员，5名非公有制经济代表人士被市法院聘请为商事调解员。增补6名党外人士为区政协四届三次委员，增补1名民主党派人士为常委。

【协助民主党派和知联会建设】 2013年，区委统战部在各民主党派和知联会中开展以“比调研献策看实效，促成果转化；比社会服务看贡献，促品牌建设；比自身建设看形象，促能力提升”为主要内容的“三比三看三促”竞赛活动。指导九三学社和知联会完成换届。9月16日，召开民主党派和无党派人士座谈会，交流工作，统一思想，增进共识。党外代表人士通过各种途径，为区委、区政府提交各类建议和意见90余条。组织开展义诊、法律咨询、政策宣传等社会服务活动5次，400余人接受服务。民主党派成员89人，其中，民革12人、民盟19人、民建14人、民进8人、农工党21人、九三学社14人、致公党1人。有5个支部、1个小组，分别为民革高港支部、民盟高港支部、民建高港支部、农工党高港支部、九三学社高港支社，民进泰州总支普教支部高港区小组。成员中有市人大代表1人、区人大代表1人，市政协委员2人、区政协委员22人。

【非公有制经济人士理想信念主题教育】 2013年，区委统战部深入开展“民营企业家与中国梦”非公有制经济人士理想信念教育实践活动，成立领导小组，制定实施方案，印发《同心共圆中国梦、建设美好新高港》倡议书。组织非公有制经济代表人士24人次学习“中国梦”重要论述，参加专题讲座和非公有制经济人士理想信念教育实践活动报告会，培植宣传一批坚持以人为本、注重企业文化建设、积极履行社会责任的非公有制经济组织先进典型。

【“同心”活动】 2013年，区委统战部成立统一战线“同心”社会服务工作站，成员由26名民主党派、无党派人士组成，分为医疗卫生、政策宣传、法律服务、文化科技4个活动小组。12月18日，医疗卫生组走进机关幼儿园，为100余名小、中班家长作“儿童智力发展与早期教育”知识讲座。刁铺街道、永安洲镇非公有制企业家主动关爱2名白血病患儿，捐款近7万元。许庄街道12名非公有制企业家捐资4万元，与12名贫困学生结成帮扶对子，签订挂钩捐助协议书。胡庄镇江苏大邦清洗有限公司在汪群初级中学成立爱心助学基金，资助8名家庭贫困少数民族学生，直至初中毕业。

【基层统战工作】 2013年，区委统战部对镇街统战工作进行指导和检查，开展基层统战工作规范化建设，制定镇街、企业和社区基层统战工作规范化建设标准细则，选择刁铺街道、泰州市第三人民医院和口岸街道蔡滩社区作为示范单位。组织统战委员参加统战理论学习和宣传信息培训。对镇街统战工作进行考核评比，刁铺街道获综合一等奖。

【统战信息宣传】 2013年，区委统战部编发统战信息87条，被《中国统一战线》采用1条，《泰州日报》采用3条，《泰州统战》《高港情况》和省、市民宗网等采用48条次。区、镇两级统战干部就宗教工作、民主党派支部建设和基层统战工作等进行调研，形成调研文章11篇。8月，区委统战部被中央统战部宣传办和《中国统一战线》杂志社评为2013年度中国统一战线宣传工作先进单位。 （黄文静）

【知联会工作】 12月20日，高港区无党派知识分子联谊会召开第二届会员大会，选举孙乃清为会长，修改《高港区无党派知识分子联谊会章程》。第二届知联会共有会员72人，其中，市人大代表1人、市政协委员2人、区政协委员12人，副科级以上领导干部11人。7月，8名会员参加高港区党外后备干部培训班，系统学习统一战线政策。会员50余人次参加区领导干部能力建设讲坛和“大江讲堂”等讲座，学习宏观经济、产业发展政策和提案建议撰写等内容。 （孙乃清　董佳洁）

机关党建工作

【概况】 2013年，高港区委区级机关工委辖党组织64个，其中，党总支部8个、党支部56个。党员925人，其中，女党员228人、大专以上学历825人、35岁以下党员835人。发展党员25人，预备党员转正40人。全年督促指导19个基层党组织调整改选。

【规范党建台账】 2月，区委区级机关工委联合区委组织部印发《高港区机关党建工作台账资料参考目录》，明确要求通过7大类27项台账目录规范整理，全面、客观、真实反映机关党组织工作活动状况。8~10月，对照《高港区机关党建工作台账资料参考目录》，对全区发展党员及机关党建工作进行专题督查。对被抽选的25个所属单位党组织发展党员工作情况以下发文件的形式进行通报，对发现的问题限期整改到位。对被检查的49个机关单位党建工作情况除当面反馈外，以召开机关党建工作推进会的形式予以通报。

【入党积极分子培训】 3月26~30日，区委区级机关工委举办第17期入党积极分子培训班，区级机关党组织及区属各系统党组织选送的入党积极分子近90人参加培训。此次培训将政治标准放在首位，组织开展“学党史、感党恩、知区史、敢担当”教育，在对入党积极分子进行党的基础知识培训的基础上，重点围绕提高参培人员的思想和能力建设，邀请市委十八大精神宣讲团副团长顾嘎良、区检察院和史志办档案办等部门的负责人，分别就十八大精神、预防职务犯罪、高港建区史等相关内容进行专题辅导，突出社会主义核心价值观教育，并组织观看“2012年度感动中国十大人物”、廉政警示教育专题片等。

【清明祭扫】 4月2日，区委区级机关工委组织区级机关及驻区单位机关干部代表60余人到泰州革命烈士纪念馆开展祭扫革命烈士活动。参加祭奠仪式的机关干部代表向革命烈士纪念碑敬献花篮并致默哀，随后有序参观纪念碑、纪念广场、展馆、烈士墓区等。

【党员廉洁预审】 5月，区委区级机关工委联合区纪委、区委组织部印发《高港区区级机关发展党员工作廉洁预审制度（试行）》。区委区级机关纪工委会同区纪委党廉室、信访室和区委组织部干部监督科组成预审小组，通过座谈、走访、个别谈话、查阅档案资料等方式对拟发展对象和拟转正的预备党员实行廉洁预审，并严格结果运用和责任追究，规范发展党员工作程序，保障发展党员的质量。首批对25名发展对象进行廉洁预审，未发现有违反廉洁自律规定的行为。

【七一党员义工活动】 七一期间，区委区级机关工委组织开展以“党史、信仰、追求”为主题的党员义工服务活动，区级机关党员义工服务队380余人参加。此次党员义工服务主要围绕时政宣传、法律咨询、维权宣传、走访慰问、健康咨询、送科技、送政策、服务企业等内容展开，各服务队结合机关开展的“学习型、服务型、创新型”党组织和党员队伍建设，组织机关党员、领导干部到“三解三促、两送两增”活动联系点及企业，开展送政策法规、送保洁维修、送义诊服务、送致富信息等活动，现场接待群众咨询200余人次。走访慰问老党员、困难党员、贫困户、贫困学生等300余人次。

【党员党性教育】 7月，区委区级机关工委联合区委组织部举办区级机关新提拔中层干部、新党员党性教育活动，通过播放党性教育专题片、邀请区检察院负责人进行廉政教育培训等，加强对区级机关党员干部的教育管理，提升党性修养，增强党性观念。2012年下半年和2013年上半年机关部门新提拔的股级中层干部，2013年度党员发展对象近90人参加培训。

【机关党组织换届公推直选】 7月下旬，区委区级机关工委在精心筛选的基础上，确定以区检察院为试点单位，以公推直选的方式选举产生新一届党组织。通过组织推荐、个人自荐等方式，先确定8名候选人，经公示、报批等程序后，再组织全体党员直选党总支委员会书记、副书记和委员。采用无记名投票方式直接差额选举，当场投票、当场计票、当场公布选举结果，确保全过程公开透明。选举产生区检察院党总支书记1人、党总支副书记1人、委员5人。10月下旬，区国土分局党总支亦通过公推直选方式选举产生新一届党总支组成人员。

【“机关优质服务品牌”创建】 9月，区委区级机关工委联合区委组织部印发《关于深化“机关优质服务品牌”创建工作的指导意见》，对已创建“机关优质服务品牌”的单位，新参与创建的单位，服务特色还不够鲜明、创建载体还不够丰富、品牌知名度和美誉度还不够高的已创建单位，分别提出具体明确的要求。11月20日，邀请苏州市党建研究所教授田芝健围绕服务品牌创建工作的深刻内涵、现实价值、发展方向等进行讲解，现场点评区检察院、区行政服务中心的创建工作，各镇街、园区、机关部门分管党建工作的负责人及党务工作者80余人参加培训。

【模范事迹宣讲】 8月末和10月初，区委区级机关工委配合区文明办先后举办“道德模范、中国好人先进事迹巡讲”住建局专场活动、“大江儿女·师德、医德模范”巡回演讲进机关活动，通过宣讲高寿祥、乔向民、张晓兰等先进人物的事迹，充分彰显道德模范的影响力、号召力、凝聚力，增强机关党员干部的宗旨意识、责任意识、崇廉尚德意识。

（薛兰云）

机构编制工作

【概况】 2013年，高港区机构编制工作围绕“改革、管理、服务”工作重点，深化行政管理体制改革，强化机构编制管理，优化机构编制服务，开展事业单位分类工作，切实履行好机构编制工作职责，较好地完成各项工作任务。全区行政编制总数766名，其中，区级机关（含街道）行政编制494名、镇行政编制121名、政法专项编制151名。实有行政编制人员749人，其中，区级党政群机关407人、街道105人、镇98人、政法系统139人。

【重点领域体制机制改革】 2月28日，区编委办制定出台《关于加强高港区卫生人才队伍建设的实施意见》，就设立区卫生人才专项资金、核定医疗卫生机构人员编制、分类实施卫生人才引培等作明确规定。4月1日，牵头制定出台《关于加强全区镇（街道）水利管理服务站建设的实施意见》，从加强机构建设、加强人才队伍建设、加强硬件建设、推进事企分开改革4个方面，提出加强镇街水利管理服务站建设的主要内容和工作要求。6月末前，会同区水利局、人社局、财政局完成各镇街水利管理服务站在编人员的经费渠道、人员编制调整工作。6~8月，会同区民政局、财政局、残联等部门制定出台《关于加强全区镇（街道）民政机构建设的实施意见》《关于进一步加强全区镇（街道）财政机构队伍建设的实施方案》《关于全面加强基层残疾人组织建设的实施意见》。

【镇街司法所管理体制调整】 7月31日，区编委办牵头制定出台《关于进一步加强全区司法所体制建设和人员编制管理的意见》，将司法所的管理体制由“镇（街道）政府（办事处）的职能机构，接受区司法局指导”调整为“区司法局的派出机构，区司法局和镇（街道）政府（办事处）双重管理，以区司法局管理为主”。并就镇街司法所编制、人员、经费等管理提出明确要求，会同区人社局做好镇街司法所体制调整的人员划转、调动工作。

【事业单位分类】 9月，高港区根据市分类推进事业单位改革动员暨事业单位分类工作布置会精神，及时启动全区事业单位分类工作。9月13日，成立高港区分类推进事业单位改革工作领导小组。9月18日，领导小组召开第一次会议，重点对《区委、区政府关于分类推进事业单位改革的实施意见》《区委办、区政府办关于开展全区事业单位分类工作的通知》和《区分类推进事业单位改革工作领导小组成员单位工作职责》文稿进行讨论。9月29日，召开全区分类推进事业单位改革动员会。11~12月，将各部门、单位申报情况进行汇总，提出全区事业单位分类建议方案，并征求区委组织部、区财政局、区人社局的意见，报领导小组审批。

【空编使用计划管理】 2013年，区编委办严把机构编制关口，重点强化空编使用计划管理工作。9月，印发2014年空编使用计划申报通知。10月，出台2014年度全区公务员招录计划。强调各部门（单位）须凭空编使用计划通知单，方可招录、选调人员。全年未发生无空编使用计划进人的情况。

【机构编制实名制管理】 2013年，区编委办重点通过每月审核区工资统发系统人员变化情况抓好出编工作，及时维护机构编制实名制管理信息库，建立健全机构编制管理的约束监管机制，增强机构编制管理的权威性和有效性，确保实际机构、人员、职数与批准的相对应。按照市编委办要求，配合做好机构编制实名制信息库升级工作。

【编外用工管理】 12月12日，区编委办制定出台《泰州市高港区机关事业单位编外用工管理办法（试行）》，对全区机关事业单位编外用工管理、用工方式、用工审批、用工监督检查等方面作出详细规定，切实推进编外用工管理工作规范化、制度化。

【机构编制督查】 2013年，区编委办更新各部门行政职权责任分解表4次。7~9月，会同区委组织部、区审计局对区城管办原主任进行“三责联审”（用人责任审查、编制责任审核、经济责任审计）。

【事业单位年检率100%】 2013年，区编委办按照《事业单位登记管理条例》及其实施细则规定，到镇街和卫生、教育部门上门服务，印发催办通知，按时完成2012年度事业单位年检工作，年检率100%。共办理事业单位变更登记67个，设立登记23个，注销登记3个，及时对事业单位档案按“一户一档”制度进行整理。

（陈　伟）

老干部工作

【概况】 年末，高港区有离休干部41人，平均年龄88岁。其中，90周岁以上10人，85~89周岁21人，80~84周岁10人。副乡科级以上退休干部122人，其中，副县处级以上退休干部9人，正乡科级退休干部60人，副乡科级退休干部53人。有老干部支部10个。

【落实老干部政治待遇】 2013年，高港区坚持情况通报和走访慰问制度，定期召开老干部情况通报会，邀请老干部代表参加党代会、人代会等重要会议和重要活动。推进“五好”（支部班子好、党员队伍好、组织设置好、活动开展好、群众反映好）老干部党支部建设，举办全区老干部党支部学习班，组织学习中共十八大和十八届三中全会精神，开展各种形势教育、保持晚节教育、党性党风教育，培训学习骨干，发挥老干部党支部的战斗堡垒作用。结合老干部的特点和实际，为老干部活动中心订阅《银潮》《党的生活》等15份杂志报纸，并向每名离休干部及副科级以上退休老同志赠阅《泰州日报》。

【落实老干部生活待遇】 2013年，高港区巩固和完善离休干部离休费保障机制、医药费保障机制和财政支持机制。离休干部生活补贴、护理费调整补发到位，一次性解决离休干部房改问题。行政、事业单位老干部特需费、参休费、交通费、护理费从区财政直接下拨到区委老干部局，由区委老干部局每年年中发放。改制、破产企业离休干部医药费超支部分由区财政局、区人社局解决。将老干部一年一次体检、一年两次统一慰问、因病住院或去世慰问等日常关爱活动全部经费列入财政预算，将副科级以上退休干部活动经费纳入区委老干部局管理。重阳节、春节等重大节日，都安排专项资金，走访慰问全部老干部。

【老干部业余生活】 2013年，区委老干部局整合各类协会资源，经常开展京剧、老年健身操、台球、门球、棋牌、垂钓等活动。4月，组织老干部代表参加全市老干部学习十八大精神骨干培训班。6月，承办“美丽江苏、祥泰之州、幸福高港”苏中片区省、市、县（区）老干部门球联赛。10月，举办全区老干部钓鱼比赛。11月，举办全区象棋比赛。先后组织老干部参加泰州市老干部门球、棋类和乒乓球比赛，均取得较好名次。

【老干部活动中心建设】 2013年，高港区不断优化区老干部活动中心活动室布局，完善活动中心规章制度，规范管理和服务，各项活动有序正常开展。活动中心设健身房、阅览室、台球室、书画室、棋牌室、乒乓球室、京剧活动室、多功能厅和健康检测中心，集学习、娱乐、休闲为一体。室外有4块标准门球场，可容纳150人同时活动。

【老干部社区服务】 2013年，区委老干部局在社区广泛开展“关爱老干部，服务老干部”宣传，营造尊重、关心老干部的良好氛围。利用社区服务网络，采取经常性和重点服务相结合、固定服务项目和临时服务项目相结合、主动上门和随叫随到服务相结合、志愿者服务和社区家政服务站服务相结合的方式，为老干部在日常生活照料、精神慰藉和保健医疗等方面提供服务。口岸街道蔡滩社区被省委组织部、老干部局和省人社厅授予江苏省服务离退休干部示范社区称号。

【老干部发挥余热】 2013年，区委老干部局根据老干部的业务特长、爱好特点，分别组建经济、艺术、群众工作等各类老干部服务队，充分发挥各自所长，为高港经济发展、社会和谐，特别是在扶贫帮困、关心下一代、维护社会稳定等方面发挥作用。永安洲镇老干部发挥自身优势帮助青年农民建立新型水稻种植、花卉苗木竹柳种植、江鲜水产养殖等创业基地20余个，培养青年创业典型14人。在市委老干部局组织开展的“我为泰州转型升级献计献策”征文活动中，老干部踊跃投稿，共有9篇优秀文稿获市委老干部局表彰。尹立、吉云翰、梅伯香、王晓球、季峥嵘、孙筱堂、周月康、薛同甲、单维群、蔡粉娣分别被评为泰州市老年才艺之星、健康长寿之星、网吧监督之星、再度创业之星、环保生活之星、校外辅导之星、爱心救助之星、党务工作之星、建言献策之星、和谐调解之星。 （史文娇）

史志档案工作

【概况】 2013年，高港区史志档案系统以“创建国家三级馆、编纂精品年鉴方志”为全年工作奋斗目标，真抓实干，攻坚克难，党史、档案、地方志工作均取得跨越发展。档案馆创成国家三级档案馆；档案规范化、法制化、信息化建设进一步加快，档案工作首次纳入人大常委会专题调研督查活动；创新开展党史宣传教育活动，举办全区学习十八大精神知识竞赛；区志分纂、总纂工作有序推进；《高港年鉴》获第二届江苏省年鉴奖综合一等奖。区档案馆共有62个全宗的馆藏档案。其中，文书档案6088卷41118件，会计档案685册（本），婚姻档案43148件，清房档案30卷，破产企业档案1788件，音像档案227盒，实物档案48件，光盘1055张，照片档案200张，图书报刊资料1096册，检索工具299册。全年接待查档568人次。年内，区史志档案办被命名为高港区“无烟机关”。

【国家三级综合档案馆创建】 2013年，区史志档案办精心组织档案馆创建工作，召开动员会，成立创建工作领导小组，制定工作方案，将任务逐项分解，责任落实到人。每周实行例会制度，各科室责任人汇报创建工作进展情况。将创建工作纳入各科室年度工作目标绩效管理考核，将完成情况与考核、评比、奖惩挂钩。学习《市、县级国家综合档案馆测评办法》，逐条解读测评指标、内容、细则。到泰州市、靖江市、姜堰区、南京市鼓楼区及上海市档案馆学习,查找存在的问题与不足,及时整改。10月10日,顺利通过省档案局组织的验收,成功创建成国家三级综合档案馆。

【档案保管和利用】 2013年,区档案馆安装门禁系统,实现钥匙与指纹识别双控进馆。建立健全安全保密制度,明确分管负责人,落实具体责任人。对库房防护设施进行定期检查、维护和更新。严格履行日检和周检制度,确保档案实体和电子文件的安全。推行档案馆公休日开馆、电话预约、网站接待、信函等便民查档新举措,全年接待查档人员568人次,提供档案1253卷次,复印档案资料4000余页。

【档案规范化建设】 2013年,区史志档案办按系统分批次举办7期档案业务培训班,对全区180余名档案人员进行业务培训。对全区67个单位档案工作进行年检,评定优秀31个、合格32个、基本合格4个。制定出台《高港区土地征用、房屋拆迁安置档案管理试行办法》。区公安分局通过五星级标准化档案室复检,区审计局通过三星级标准化档案室复检,区人社局、区发改委、刁铺财政所创成三星级标准化档案室,区财政局创成二星级标准化档案室。

【档案法制化建设】 2013年,区人大常委会首次将档案管理工作列为专题调研督查计划。5月,组织20余名人大代表视察6个机关单位和企业的档案管理工作。6月,以"6·9"国际档案日为契机,编印《档案法律、法规常识300问》宣传手册,发放给社区、学校和机关单位;联合区委政法委、区司法局举办"法治长廊学校行"活动,将近年档案行政执法处罚的典型事例制作成流动展板,"以案说法、以案释法"。

【档案信息化建设】 2013年,区史志档案办投入20余万元,添置3台服务器和1台存储器。所有馆藏数据采用移动硬盘和刻录光盘两种方式进行备份。保障全区档案综合管理系统正常运行和档案数据库安全。对高港史志档案信息网进行及时维护、更新。

【区志分纂与总纂工作】 2013年,区史志档案办开展《高港区志》分纂稿件细化审改工作,从框架结构、资料齐全、撰写规范等方面对分纂稿进行细化编纂。开展分纂稿件再审工作,从编写体例、史料核查、语言文字、数字图表、特色内容等方面对评审过关的稿件再作编纂。开展总纂工作,对区志总纂框架进行调整,认真查漏补缺,形成近300万字的总纂初稿。开展部门志稿评审活动,对仍需修改补充的30余份部门稿件进行一一点评,点评结果作为区志工作年度考核的主依据。推进工业篇编纂工作,帮助承编单位调整框架,召开专题推进会,抽调人员帮助查补资料、整理稿件。

【年鉴编纂】 4月,《高港年鉴(2011)》获第二届江苏省年鉴奖综合一等奖。年内,区史志档案办认真制定《高港年鉴(2013)》编纂大纲,印发编纂实施方案,举办年鉴业务培训班,指导各单位开展年鉴资料收集和稿件撰写工作,对各单位稿件进行编辑、修改、补充和校对。先后开展三次校稿,在框架设计上求特求新,在资料征集上求真求全,在条目编写上求实求简,在编审校对上求细求严,在排版设计上新颖独特。12月,《高港年鉴(2013)》出版发行。

【中共十八大精神知识竞赛】 2013年,区史志档案办联合区委宣传部、区食药监局组织开展高港区学习中共十八大精神知识竞赛活动。认真学习中共十八大精神、中共党史知识、新党章、区第四次党代会第一次年会报告和《中共江苏省委、江苏省人民政府关于推进泰州转型升级综合改革试点的意见》精神,编写知识竞赛题库和台本。6月6日,高港区学习十八大精神知识竞赛举行,来自区级机关、各园区、各镇街的8支代表队同台竞技。竞赛分必答题、抢答题和风险题3个环节。经过紧张角逐,大泗镇代表队获一等奖,核心港区、临港经济园代表队获二等奖,高新区、白马镇、区食药监局代表队获三等奖。

【党史"六进"活动】 2013年,区史志档案办继续组织开展党史"六进"(进机关、进农村、进社区、进学校、进企业、进军营)。编写《高港大事记》和《美丽高港图片展》等书籍、画册,赠送给机关单位和基层群众。成立宣讲团,到各社区、学校开展高港建区16年大事件解读专题讲座和形势政策宣讲活动。单位主要负责人为全区入党积极分子讲高港成立史、组织史、发展史。

【"美丽高港"图片展】 10月,区史志档案办借助创建国家三级档案馆契机,举办"美丽高港"图片展,共分"温馨的关爱""成长的高港""丰厚的遗存""诱人的美食""幸福的生活""优美的环境""美丽的家园""强劲的工业""现代化农业""崛起的三产""和谐的社会"11个主题16个版面。布展主题鲜明、脉络清晰、设计精致,机关干部、中小学生和群众近2000人次参观展览。10月10日,省档案局副局长项瑞权等参观图片展,给予很高评价。

(王小萍)

保密工作

【概况】 2013年,高港区委机要保密局组织保密宣传和保密检查活动4次，重点做好《中华人民共和国保守国家秘密法》(简称“保密法”)宣传、清理取缔涉密文件资料非法交易工作。发放《保密工作》《保密技术防范常识(图文版)》等保密宣传刊物1200余份。

【“六五”保密法制宣传教育检查验收】 2013年，“六五”保密法制宣传教育活动进入组织实施阶段，区委机要保密局对照《泰州市高港区“六五”保密法制宣传教育规划》，对全区各单位的宣传教育落实情况进行抽查，并对全区“六五”保密法制宣传教育的工作情况进行总结，通过上级保密管理部门组织的检查验收。

【反技术窃密图片展】 7月，区委机要保密局颁发《关于加强新形势下反技术窃密工作的实施方案》。10月末，制作反技术窃密图文展板，在政府大楼大厅展出，组织区纪委、区委组织部、区委办、区人大办、区政府办和区政协办工作人员集中观看，共有300人次观看展板。

【清理取缔涉密文件资料非法交易】 7月7~8日，区委机要保密局联合区公安分局、区工商分局组织开展清理取缔涉密文件资料非法交易工作，对全区10个废品收购市场进行专项检查，其中收购文件、报纸、书籍的废旧市场3个，收购中涉及电脑相关存储部件的废旧市场1个，发放《废品收购人员保密须知》20余份。

【保密知识讲座】 9月13日，区委机要保密局邀请市委机要保密局专家举办保密知识讲座，通报当前保密工作形势，列举典型失泄密案例，讲解保密技术防范常识，宣传和解读新颁布保密法。各镇街、部门办公室主任(综合科科长)近80人听取讲座。

【保密普查】 8月上旬，区委机要保密局参加市委机要保密局组织的保密普查工作培训。9月初，印发关于开展保密普查工作的通知。9月12~13日，召开专题动员和培训会议。9月14~26日，各单位自行填报保密普查表格。9月27~29日，区委机要保密局进行汇总，形成46个区级机关单位和部门保密基础资料。

【推广“一机一卡”管理模式】 2013年，区委机要保密局推广计算机“一机一卡”保密管理模式至区纪委、区委组织部等部门。其中以颜色区分明密的做法被上级保密部门推广至泰兴、海陵等市(区)。

【上网信息保密检查】 2013年，区委机要保密局对区政府门户网站和区级机关各部门网站更新的新闻及公开信息进行浏览检索，共检查200余次，重点联系好区政府信息中心和区电视节目中心。(戚斐斐)

对台工作

【概况】 2013年，高港区新批台资企业3个，总投资9080万美元，协议利用台资7380万美元，实际利用台资2865.49万美元。新开工建设台企4个，分别为泰州亚东水泥有限公司、泰州成兴汽车部件有限公司、泰州铭建精机模具有限公司和泰州宇铨影视设备有限公司。

【赴台交流考察】 2013年，区台办办理9批次赴台交流活动。组织区内企业参加相关行业展会及发展交流会，学习台湾同行先进的企业管理方法及经验。组织区台办人员赴台交流考察，拜访台湾电子电机同业公会、泰州市旅台同乡会、在泰投资的台企母公司，参观考察台湾现代休闲观光农业，宣传介绍高港对台商服务政策和举措，推介高港投资环境，增进与二、三代台胞的友谊，争取在台母公司加大对在泰台企技术、资金、研发方面的支持力度。收集台商信息，寻求合作契机。

【涉台宣传教育进学校】 5月，区台办分别在口岸中心小学、高港实验学校举办涉台教育专题宣讲活动，以推动两岸关系和平发展为主题，以凝聚祖国统一共识为主线，组织学生观看台湾宣传片，讲解两岸关系的现状、解决台湾问题的重要性和钓鱼岛与台湾问题，引导中小学生熟知台湾历史、关心台海时事、理解对台政策，增强他们爱祖国、爱宝岛、促统一的内在情感。共2900余名师生参加。

【涉台矛盾协调】 6月，高港高新区实施市区重点道路工程创新大道拓宽改造，涉及台企泰州大旺塑钢有限公司围墙及传达室拆迁，区台办严格贯彻落实《江苏省保护和促进台湾同胞投资条例》，多次协商对接，确保道路拓宽改造工程顺利施工。年内，高港高新区与台企泰州市依尚服饰有限公司就土地使用权问题达成庭外和解，完成1.53公顷土地过户，解决遗留问题。解决台企江苏慈光食品有限公司与其厂房承建商建设工程施工合同纠纷，区台办与高港高新区多次召集相关当事人现场开协调会，反复磋商，最后达成协议，承建商将厂房按原图纸恢复后，公司付清工程尾款。

【关爱台胞和台属】 春节、中秋等重大传统节日期间，区台办通过走访、电话、贺卡等形式向台胞、台属送上节日慰问和祝福。看望困难台属3人次，重点台属2人次。对全区台属企业、台属个体工商户及种植与养殖农户进行调查摸底。帮助台属李兴发寻找在台亲属。成功调解台属王克毅拆迁补偿及祖坟迁置事项。(孙　阳)

信访工作

【概况】 2013年，高港区共受理群众来信来访917人次，其中，来访201批802人次，来信115件。在全国人大与政协“两会”、中共十八届三中全会、南京亚青会、第四届中国（泰州）国际医药博览会等重要活动期间，全区无一起进京赴省上访，连续八年实现敏感时期“零进京”工作目标，工作经验被省《信访简报》专题刊发。全年未发生一起到京非正常访和集体访，未发生一起到省50人以上的规模访，未发生一起到市、区百人以上的大规模访，未发生一起因信访问题而引发的群体性事件，全区信访总量连续七年稳定下降。高港区党政主要领导17人接待来访群众140批302人次；下访233次，接待群众560人次；收集基层矛盾纠纷和信访问题149件，实际解决139件，办结率94%。年内，区信访局被评为江苏省文明单位、泰州市文明单位、高港区综治平安先进集体。

【矛盾纠纷排查】 2013年，高港区坚持信访矛盾滚动排查，建立村每周一排查、镇半月一碰头、区每月一汇总的滚动排查机制，做到“月月见底、月月清”。将排查出的各类不稳定因素按级分类，明确责任单位、包保人和办结时限，实行动态消停，确保各类问题和隐患发现得早、化解得了、控制得住、处置得好。全年排查出信访矛盾案件356件，化解349件。在重大敏感时期，严格落实领导值班、信息报告和网络舆情监管制度，超前做好预警、防范、劝阻和稳控工作。成功化解高港文峰千家惠业主讨要房租和田许路拆迁28名企业职工群体上访事件。

【信访工作责任网络】 2013年，区委、区政府将信访工作纳入全年工作要点，对各部门、镇街提出明确的工作目标和责任。各镇街年度信访维稳保证金10万元列入区财政专项账户，由区督查考核办会同区信访局共同考核，根据考核结果兑现奖惩。对因工作失职或因处置不及时造成严重后果的，区纪委、检察院共同查处。以开展“基层基础建设年”和“信访代理员”活动为契机，全面规范完善全区7个镇街的信访接待场所。7个镇街全部有接待场所，配备有专职信访工作人员，其中5个镇街有2名以上专职信访工作人员，所有村（社区）建立信访信息员、代理员、联络员队伍，信访信息进一步畅通。

【人民建议征集】 2013年，区信访局在坚持通过常规信件渠道征集人民建议的同时，结合区长公开电子信箱、“大江论坛”和“群众工作队”等渠道广泛征集民意，组织各镇街和部门围绕区委、区政府中心工作开展建言献策。全年收集人民建议40余条，被有关部门采纳12条。

【初信初访办理】 2013年，区信访局结合“创先争优”活动，按照服务受理“无推脱”、服务过程“无差错”、服务事项“无积压”、服务对象“无投诉”要求，强化初信初访办理。创新服务思路，优化服务流程，提升服务水平，初信初访处置率95%。区人民来访接待中心连续两年被区委、区政府评为勤廉示范岗。

【要信要访处置】 2013年，区信访局高度重视要信要访的处置，严格实行“挂牌销号”制度，采取现场督办、部门联办、去函督办、电话催办、信访通报等形式，对上级交办的信访件进行督办落实。

【信访复查复核】 2013年，区信访局立足于息诉息访，严把办结质量关，对每一件复查案件，都及时召集相关部门进行集体会诊、分析案情。严格审查职能部门作出的答复书，对答复明显不当的，直接要求重新办理。在办理过程中，坚持实地调查的原则，对受理的每一件复查件，牵头组织相关部门组成调查小组实地调查核实，确保调查结果真实可信。全年受理复查复核案件4项。

【信访工作经验在全省推广】 8月20日，省《信访简报》第31期专题刊发《夯实基层基础　就地化解矛盾——泰州市高港区连续七年敏感时期“零进京”》，介绍高港区信访工作经验，并向全省推广。

（高信办）

区人大常委会

【概况】 2013年,区人大常委会履行宪法和法律赋予的职权,服务转型升级、保障改善民生、推进依法治区、发挥代表作用、加强自身建设,全年召开常委会会议7次、主任会议11次,听取和审议专项工作报告16项;开展"人大代表工作日"活动4次,组织代表视察7次,开展执法检查、专项工作评议和专题询问各1次。受理群众来信38件,接待群众来访86人次。区人大常委会共任免常委会工作机构负责人7人次,政府组成人员5人次,法院、检察院组成人员12人次,接受市、区人大代表辞职8人次,选举市、区人大代表9人次。区人大常委会机关有53篇稿件在全国、省、市报刊刊载。区人大办被江苏省人大常委会研究室评为《人民与权力》杂志通联先进集体,周树发被评为先进个人。《"城乡按相同人口比例选举人大代表"的实践与思考》《乡镇人大工作创新的实践与思考》获泰州市人大工作理论研究会2013年年会论文一等奖。

重要会议

【区四届人大二次会议】 1月17~19日召开。应到代表175人,实到代表166人,列席222人。大会听取和审议区政府工作报告;审查和批准区2012年国民经济、社会发展计划执行情况和2013年国民经济、社会发展计划草案的报告;审查区2012年财政预算执行情况和2013年财政预算草案的报告,批准区2012年区级财政预算执行情况的报告和2013年区级财政预算;听取和审议区人大常委会工作报告、区法院工作报告、区检察院工作报告。会议分别通过上述6个报告的决议。会议选举王国平为区人大常委会副主任,华为民为区检察院检察长。

【区人大常委会会议】 1月14日,区四届人大常委会第六次会议召开。会议决定接受蔡晶辞去区人大常委会委员、区人大代表职务的请求,接受匡裕民辞去区人大代表职务的请求;免去王俊峰区人大常委会口岸街道工作委员会副主任职务;任命封卫东为区人大常委会口岸街道工作委员会副主任。

3月29日,区四届人大常委会第七次会议召开。会议听取和审议区政府关于生态环境建设情况的报告;听取和审议区政府关于城乡居民医疗保险工作情况的报告,并进行专题询问。决定免去孙桂银区政府副区长职务、包亚区科技局局长职务,决定任命孙跃为区科技局局长。通过关于确认主任会议许可对区人大代表李锦宝采取取保候审强制措施的决定,接受李锦宝辞去区人大代表职务的请求。

5月29日,区四届人大常委会第八次会议召开。会议听取和审议区人大常委会执法检查组关于《中华人民共和国农业技术推广法》执法检查情况的报告,审议通过《高港区人民代表大会常务委员会专项工作评议办法》,审查批准《高港区生态区建设规划(草案)》。免去严雪成、倪明根区检察院检察委员会委员职务,王明祥区检察院检察员职务;任命余磊为区检察院副检察长,焦尤香、季巍为区检察院检察委员会委员,朱洪平为区检察院检察员。通过关于确认主任会议许可对区人大代表孙德锁采取刑事拘留强制措施的决定,接受孙德锁辞去区人大代表职务的请求。

6月27日,区四届人大常委会第九次会议召开。会议决定任命徐绍文、包亚为区政府副区长。

8月12日,区四届人大常委会第十次会议召开。会议听取和审议区政府关于2013年上半年国民经济和社会发展计划执行情况的报告、关于2012年区本级财政决算和2013年上半年财政预算执行情况的报告，审查批准2012年区本级财政决算。会议任命戴波为区人大常委会财经工委副主任（试用期1年）、姚建华为区人大常委会城乡建设工委副主任（试用期1年）、孙长奋为区人大常委会教科文卫工委副主任（试用期1年），免去吴继山许庄街道人大工委副主任职务。通过关于确认主任会议许可检察机关对区人大代表李金寿采取强制措施的决定，接受李金寿辞去区人大代表职务的请求。

9月29日，区四届人大常委会第十一次会议召开。会议听取和审议区法院关于《中华人民共和国民事诉讼法》贯彻执行情况的报告，区政府关于代表建议办理工作情况的报告、关于2012年区本级财政预算执行和其他财政收支的审计工作报告。

11月27日，区四届人大常委会第十二次会议召开。会议听取和审议区政府关于全区卫生系统医德医风建设情况的报告、区人大常委会专项工作评议领导小组关于高港区医德医风专项工作评议情况的报告、区检察院关于《中华人民共和国刑事诉讼法》贯彻执行情况的报告，审议通过关于召开区四届人大三次会议的决定。对全区医德医风建设情况进行满意度测评，医德医风建设专项工作满意度测评获得通过。任命丁春枝为区人大常委会人事代表工作委员会主任；任命邢恩友为区法院审判员、审判委员会委员，黄伟、冀小燕、黄松为区法院审判员；免去黄岳松区法院审判员、审判委员会委员职务。会前，区检察院副检察长郭建东作“新刑事诉讼法的理解与适用”专题法制讲座。

12月20日，区四届人大常委会第十三次会议召开。会议听取和审议区政府关于全区国民经济和社会发展“十二五”规划中期评估情况的报告，听取和初审区政府关于2013年国民经济、社会发展计划预计执行情况和2014年国民经济、社会发展计划草案的报告，关于2013年财政预算预计执行情况和2014年财政预算草案的报告；听取主任会议关于“十二五”规划中期评估调查、计划预算草案报告的初审意见和关于区人大常委会工作报告稿的说明；审议通过区人大常委会工作报告稿和关于召开区四届人大三次会议的有关事项。会议接受查学斌、李达华、张蓉辞去泰州市第四届人大代表职务的请求，补选陈志斌、刘振东、华为民为泰州市第四届人大代表，报区四届人大三次会议备案。

【区人大常委会主任会议】 2013年，区人大常委会召开主任会议11次。1月31日，召开区四届人大常委会第八次主任会议，讨论通过区人大常委会2013年度工作要点。3月8日，召开区四届人大常委会第九次主任会议，听取有关人事任免事项的说明。3月15日，召开区四届人大常委会第十次主任会议，听取全区“六五”普法工作情况汇报。4月28日，召开区四届人大常委会第十一次主任会议，听取关于“人大代表工作日”活动中有关农村居民建房管理、离任村（社区）干部生活补贴、失地农民保障等方面意见和建议办理情况的汇报，讨论《高港区人民代表大会常务委员会专项工作评议办法》。5月28日，召开区四届人大常委会第十二次主任会议，听取有关人事任免事项的说明。6月27日，召开区四届人大常委会第十三次主任会议，听取有关人事任命事项的说明。8月8日，召开区四届人大常委会第十四次主任会议，听取有关人事任免事项的说明。8月30日，召开区四届人大常委会第十五次主任会议，听取关于港城投资发展中心投融资资金管理使用情况的汇报、关于2012年度区本级财政预算执行和其他财政收支的审计情况汇报。11月4日，召开区四届人大常委会第十六次主任会议，听取关于重大交通基础设施建设情况的汇报。11月27日，召开区四届人大常委会第十七次主任会议，听取有关人事任免事项说明。12月19日，召开区四届人大常委会第十八次主任会议，听取关于高港区国民经济和社会发展“十二五”规划中期评估情况的汇报，关于2013年国民经济、社会发展计划预计执行情况和2014年国民经济、社会发展计划草案的汇报，关于2013年财政预算预计执行情况和2014年财政预算草案的汇报，关于“十二五”规划中期评估调查、计划预算草案报告的初审意见，关于区人大常委会报告稿的说明和有关人事任免事项说明，讨论通过提请区四届人大常委会第十三次会议通过的有关事项。

（倪守红）

监督工作

【医疗保险专题询问】 3月15日，区四届人大常委会第七次会议在听取和审议城乡居民医疗保险工作情况报告的基础上，以联组审议的形式专题询问。询问前，常委会组织开展调研，听取基层群众、社保经办机构、医疗单位的意见和建议；与相关部门负责人进行沟通，针对存在问题，厘清各自责任，明确改进措施。询问中，常委会组成人员就基层群众所关注的村卫生室基本药物制度的实施、城乡居民医疗保险实际补偿率、医疗保险基金监管等8个方面问题提出询问，有关部门分别受询作答。询问后，常委会形成审议意见，提出整改要求。针对全区新农合基金严重超支的情况，常委会组织专题调研，认真剖析原因，形成调查报告，报送区委供决策参考。

【农业技术推广法执法检查】 4~5

月，区人大常委会组成执法检查组，对全区贯彻实施《中华人民共和国农业技术推广法》（简称“农业技术推广法”）的情况进行检查。5月8~9日，开展集中执法检查活动，听取区政府关于贯彻实施农业技术推广法的情况汇报，组织学习农业技术推广法，检查相关部门的台账资料；分别赴永安洲、大泗、白马、胡庄等镇，听取专题汇报，察看部分企业。5月29日，区四届人大常委会第八次会议听取和审议执法检查组关于检查农业技术推广法贯彻实施情况的报告，建议区政府提高思想认识，增强贯彻农业技术推广法的责任感；完善推广体系，加快构建全方位、立体化的推广网络；创新工作机制，提高农技推广工作活力；加快推广应用，大力推进农业现代化、产业化；强化队伍建设，提升农业技术推广服务水平。

【视察档案管理工作】 4月25日，区人大常委会组织部分区人大代表视察全区档案管理工作情况。代表们实地察看泰州港务有限公司、口岸街道办、区公安分局、区人社局、区住建局等单位的档案室和区档案馆，听取区政府关于档案管理工作情况的汇报。代表们建议强化组织领导，营造良好氛围；依法履行职责，推进档案事业发展；落实保障措施，加大创建力度；加强队伍建设，提高管理能力。

【视察居民小区物业管理】 5月16日，区人大常委会组织部分区人大代表视察全区居民小区物业管理情况。代表们实地察看高港商城、向阳人家、港城花苑、水岸帝景、鑫港花苑和府后人家等小区物业管理工作，听取区政府关于居民小区物业管理情况的汇报。代表们建议加强组织领导，理顺管理体制；突出工作重点，解决实际问题；创新管理方式，提高服务水平；强化宣传培训，营造良好环境。

【视察行政服务中心】 6月20日，区人大常委会组织部分区人大代表视察区行政服务中心运行情况。代表们实地察看行政服务中心窗口工作情况，听取区政府专题工作情况汇报。代表们建议进一步深化行政审批改革，切实提高行政审批效率，不断加强行政服务中心自身建设。

【视察平安法治建设情况】 8月23日，区人大常委会组织部分区人大代表视察全区平安法治建设情况。代表们实地察看区检察院涉法涉诉“预约服务”、口岸街道社会管理服务中心、蔡滩社区警务室和区法治文化广场，听取区政府关于全区平安法治建设情况的汇报。代表们建议把握方向，提升群众满意度；突出重点，加大普法力度；拓展思路，放大品牌效应；完善机制，深化平安法治创建；加大投入，夯实基层基础；增强本领，加强队伍建设。

【视察安全生产工作】 9月16日，区人大常委会组织部分区人大代表视察全区安全生产工作情况。代表们实地察看高港高新区科技孵化器项目、江苏典雅壁纸有限公司、泰州新安阻燃材料有限公司和大润发超市等单位的安全生产情况，听取区政府关于全区安全生产工作情况的汇报。代表们建议牢固树立“安全第一”的理念，增强企业主体责任，强化安全隐患排查整治，构筑安全监督网络，加强安全监管队伍建设。

【视察文化事业发展情况】 10月24日，区人大常委会组织部分区人大代表视察全区文化事业发展情况。代表们实地察看高港区部分文化建设现场，听取区政府关于全区文化事业发展情况的汇报。代表们建议加快推进重大文化工程建设，大力发展高港文化产业，精心打造文化品牌，加大对文化事业的投入，培育优秀文化队伍。

2013年10月24日，区人大代表视察文化事业发展情况

【视察经济发展重点项目建设情况】 11月20日，区人大常委会组织部分市、区人大代表视察全区经济发展重点项目建设情况。代表们视察江苏鹏翎胶管有限公司汽车用流体管路项目、泰州大自然德森堡木业有限公司高档木门项目、益海（泰州）粮油工业有限公司瓶盖注塑项目、泰州港集装箱码头配套物流项目、泰州市创新电子有限公司显示器转轴项目等重点项目。听取区政府关于全区经济发展重点项目建设情况的汇报。代表们建议进一步加

2013年7月9日，高港区召开全区医德医风建设推进会

强项目招引、项目服务和项目管理。

【医德医风专项工作评议】 6~12月，区人大常委会在全区卫生系统组织开展医德医风专项工作评议活动，整个活动分为宣传发动、调查研究、评议审议和总结整改4个阶段。5月29日，区四届人大常委会第八次会议通过《泰州市高港区人民代表大会常务委员会专项工作评议办法》。区人大常委会成立领导小组和督查组，制定《区人大常委会关于组织开展评议卫生系统医德医风专项工作的实施方案》。坚持面向基层，对所有一、二级医疗机构进行全面调研，向社会发放测评表、民意调查表，组织召开机关部门和镇街座谈会，广泛征求社会各界意见。会同区监察局、文明办对基层医疗单位进行两轮暗访，对部分患者进行电话回访，了解全区医德医风建设情况，对发现的问题，及时通报区政府及卫生部门，并督促整改。11月27日，区四届人大常委会第十二次会议分别听取和审议区政府关于全区卫生系统医德医风建设情况的报告、区人大常委会专项工作评议领导小组的专项工作评议情况报告，并进行满意度测评，满意率91.30%，基本满意率8.70%，医德医风建设专项工作满意度测评获得通过。

（倪守红）

代表工作

【"人大代表工作日"活动】 2013年，区人大常委会利用各镇街"人大代表之家"，组织代表学习新修订的代表法，交流开展活动的经验和体会。完善工作机制，改进交办工作，实现活动的制度化、规范化、常态化。代表们走进选区，深入选民家中、田间地头、企业社区，面对面与群众交流，宣传党委、政府的方针政策，听取群众对经济社会发展的意见和建议，开展向选民述职活动，走访慰问困难选民。制作专题片《扬帆起航正当时》，充分展示"人大代表工作日"活动成效。全年开展"人大代表工作日"活动4次，走访接待选民2500余人次，组织代表60余人向选民述职，慰问困难选民200余户，收集整理意见、建议77条。8月2日，省人大常委会常务副主任张卫国到高港区考察"人大代表工作室"建设情况。甘肃省和省内的丹阳市、海门市等地人大常委会先后考察高港区"人大代表工作日"活动。

【代表建议办理】 区四届人大二次会议期间，代表们共提出39件建议，区人大常委会会同区政府召开交办会议，提出办理要求，落实办理责任；通过主任会议成员重点督办、常委会工作机构对口督办、常委会专题审议等形式，加大督办力度，办理质量不断提高，代表满意、基本满意率100%。在"人大代表工作日"活动中，共收集整理出77条意见、建议。区人大常委会改进交办工作，将建议整理分类交办，并要求按时反馈落实情况；区委主要负责人作出批示，明确办理要求；主任会议专题听取"人大代表工作日"活动中有关失地农民保障、农村居民建房管理、离任村（社区）干部生活补贴等意见办理情况的汇报，推进相关政策意见的出台；"支持三大园区基础设施建设""维修李王大桥"等一批建议得到较好落实。

（倪守红）

区人民政府

重要会议

【区政府全体（扩大）会议】 8月2日，高港区政府召开四届二次全体（扩大）会议，贯彻落实区委四届四次全会精神，进一步明确要求，落实举措，确保完成全年各项目标任务。区委副书记、区长周裕昌主持会议并讲话。会议要求，统一思想，深化认识，准确把握区委四届四次全会精神；咬定目标，狠抓落实，确保各项工作继续保持全市领先；高点定位，扎实推进，确保创成国家级经济开发区；解放思想，提高效能，全面加强政府自身建设。区农委、商务局、经信委、发改委等单位作交流发言。（杨　钊）

2013年高港区政府重要会议一览表

表8

会议类别	召开时间	主要内容
区政府全体（扩大）会议	8月2日	贯彻落实区委四届四次全会精神
区长办公会议	1月5日	协调府后人家幼儿园工程建设及商住楼权证办理等问题
	1月8日	协调中小企业转贷周转资金相关问题
	1月11日	协调解决农民工工资支付问题
	1月15日	协调能建大厦产权转让税收减免相关问题
	1月15日	协调路灯管理相关问题
	3月5日	协调修复李王桥有关问题
	3月25日	处理动迁户契税减免问题
	3月25日	协调处理龙湖美景等城建项目相关问题
	4月2日	协调三福瑞海项目上市有关问题
	4月7日	协调研究追加专项经费事项
	4月19日	协调索菲特大酒店等项目建设
	4月23日	协调泰州三福船舶工程有限公司口岸厂区4.93公顷用地问题
	4月28日	协调高港基督教堂建设有关问题

续表8

会议类别	召开时间	主要内容
区长办公会议	5月13日	研究大江集团改革改制工作
	5月14日	协调解决瑞仪香林华庭等问题
	6月14日	协调新口岸中心小学项目建设有关事宜
	6月17日	协调口岸水景街区项目建设
	6月20日	协调做好泰高高速公路（高港段）建设服务工作
	6月28日	研究追加专项经费事宜
	7月8日	协调国电泰州电厂二期项目动迁问题
	7月8日	协调临港经济园土地征用及锦泰实业征地有关问题
	7月12日	协调泰州三福船舶工程有限公司口岸厂区4.93公顷地块国有建设用地使用权收回补偿问题
	7月12日	协调育才花苑小区有关问题
	7月17日	协调扬子江药业集团20.67公顷项目涉及王营河整治等问题
	7月23日	协调电子政务建设事宜
	8月2日	协调实施银杏路接线工程（泗白路）
	8月2日	协调银杏路西延有关问题
	8月20日	协调建桥路东延（口岸段）有关问题
	8月26日	协调索菲特大酒店项目推进等问题
	10月11日	协调晨凯公司资产处置事宜
	10月14日	协调银杏路等交通工程建设问题
	10月14日	协调田许路拆迁等问题
	10月15日	协调高港实验小学加固改造相关问题
	11月20日	协调追加经费事宜
	11月21日	协调区污水总管及污水处理厂工程招标相关问题
	12月4日	协调王营安置区交房问题
	12月9日	协调相关地块出让金结算问题
	12月11日	协调高港区污水总管及污水处理厂工程 BT 合作相关问题
	12月23日	协调田许路项目中企业动迁问题
区政府专题会议	1月31日	协调2012年高港区服务业发展扶持奖励资金项目审核事宜
	4月1日	协调污水处理设施建设
	4月1日	协调基层水利站人员事企分开有关事宜
	12月3日	协调2014年省级农村河道疏浚整治工程实施方案
	12月12日	协调汇福粮油项目前期工作
	12月16日	协调临港经济园相关项目建设

续表8

会议类别	召开时间	主要内容
区政府编审会议	1月15日	研究远东大道、龙窝路、文圣路选址等11个规划建设事宜
	3月22日	研究解放路东延选址等16个规划建设事宜
	6月8日	研究王营河改造工程等24个规划建设项目
	7月25日	研究城区排水盖加装防坠网等21个规划建设项目
	9月27日	研究城区路灯维修等14个规划建设问题
	11月14日	研究人民医院北侧路面修复工程等19个规划建设问题

信息与督查工作

【概况】 2013年，区政府信息工作围绕区委、区政府的工作中心，深入调查研究，积极编辑信息，及时反映全区经济社会发展中出现的新情况、新问题、新经验，为区领导了解情况、作出决策、指导工作提供服务。督查工作方面，紧紧围绕区委、区政府决策部署，密切关注人民群众反映强烈的热点、难点问题，促进相关工作和事项的落实。

【政务信息工作】 2013年，区政府信息工作坚持数量、质量并重的原则，深入挖掘信息选题资源，仔细研究选题重点和表达角度，努力提高信息质量。全年上报信息200余条，省、市采用50余条，编发《政务通讯》75期。

【公开电话及信箱办理】 2013年，区政府受理公开电话和信箱邮件3380件，比上年增加14.60%。其中，受理“12345”政府服务热线1780件，区长公开电话131件，省长信箱13件，市长信箱1260件，区长信箱180件，“民生回音壁”网友来帖16条。办结3380件，回复率100%。

【人大代表建议与政协委员提案办理】 2013年，区政府受理区人大代表建议（包括议案转建议）和区政协委员提案154件。区政府及其承办部门围绕相关建议和提案，创新办理方式，强化工作落实，建议和提案办结率、见面率均为100%，满意（含基本满意）率100%。

【专项督查】 2013年，区政府办对政府工作报告中提出的年度工作目标，逐一细化梳理，明确责任部门，落实工作分工，定期跟踪督办。对为民办实事等民生工程和群众最关心、最期盼解决的热点及难点问题，加大协调力度，加强督查督办，做到监督到位、协调到位、解决到位。有针对性地就全区重点项目建设、招商引资、园区建设等各项工作开展督查。着重加强对区政府常务会议、区政府专题会议、区长办公会议、区政府编审会议和城乡规划会议纪要中各项议题或决定事项的专题督查。全年编发《督查通报》7期。

（陆建龙　刘克军　李　成　王润环）

政策调研工作

【概况】 2013年，区政府政策调研工作紧紧围绕区委、区政府中心工作，密切关注事关全区发展大局的战略性课题，起草一批有角度、有深度的调研报告，为领导科学决策发挥参谋助手作用。全年形成调研报告20余篇，被上级采用7篇。

【重大决策调研】 2013年，区政府研究室围绕经济转型升级、推进融合发展、加快集中居住等重要决策，开展调查研究，撰写《发展服务经济　推进转型升级》《加快跨江联动　全面融入苏南》等调研材料。

【重大课题调研】 2013年，区政府研究室加强对事关高港长远发展的重大课题的前瞻性研究。开展探寻高港全面深化改革、推进产业升级等一系列重大课题调查研究，调研报告《政府自身改革是综合改革的关键》《关于高港区高新技术产业发展的一点思考》得到区相关领导的肯定。

（杨　钊）

法制工作

【概况】 2013年，高港区政府法制工作坚持以保障和促进行政机关依法行政，切实维护公民、法人和其他组织合法权益为抓手，认真清理和审核政府规范性文件，积极开展行政执法监督活动，切实履行行政复议职能，为推进法治政府建设作出积极贡献。

【行政执法监督】 11月9日和22日，区法制办对529名行政执法人员和69名行政执法监督人员分别进行法律业务培训与考核，提升全区行政执法（监督）水平。8月上旬，区法制办开展行政执法案卷专项评查，指导相关部门总结经验、排找差距、纠正不足，有效促进全区行政执法规范化建设。

【规范性文件制定备案】 2013年，区法制办健全规范性文件起草、论证、协调、审议机制，防止发生地方保护和部门利益固化现象。加大对规范性文件的备案审查力度，全年收到镇街、部门报备的规范性文件22件，按时向市政府、区人大常委会报备区政府出台的规范性文件3件；对市政府拟出台的10余件规范性文件征求意见稿及时提出修改意见。

【行政复议和应诉】 2013年，区法制办认真贯彻《中华人民共和国行政复议法》及其实施条例，创新工作机制，积极推行灵活的受理、办理方式，注重证据，加大调解、和解力度。直接办理行政复议案件3件，协调处理涉及高港区的行政复议、诉讼等各类案件20余件。积极推行行政机关法定代表人出庭应诉制度，行政部门负责人出庭应诉案件的比率高于全省平均水平。

【处理涉法事务】 2013年，区法制办积极发挥法律参谋、助手与顾问作用，审核重大招商引资、项目投资协议文本10余份，配合相关部门、镇街处理信访纠纷20余件，依法维护各方权益，妥善化解社会矛盾。

（刘艳萍）

应急工作

【概况】 2013年，高港区应急管理工作坚持分级负责、属地管理的原则，贯彻落实国务院和省、市应急管理工作要求，应急管理体系不断健全，应急处置能力有效提升，应急管理总体运行良好，最大限度地减少突发公共事件造成的危害和损失，维护社会稳定，促进全区经济社会更好更快发展。区政府办被评为2013年泰州市应急管理工作先进单位。

【应急预案体系】 2013年，高港区根据《泰州市突发公共事件应急预案管理暂行办法》和《高港区突发公共事件应急预案管理暂行办法》，制定下发《关于做好突发事件应急预案修订工作的通知》，督促相关部门先后修订完善24个区级专项预案，新制定6个区级专项预案。全区累计制定总体应急预案1个，专项应急预案52个，部门应急预案70个，基层组织、机关单位应急预案120个，基本实现“横向到边、纵向到底”的预案体系建设目标。

【应急队伍建设】 2013年，高港区始终把应急救援队伍建设作为增强应急综合能力的有效保证，按照“立足现实、着眼长远、专兼结合、整体联动”的原则，积极整合现有资源，切实加强应急救援队伍、专业技术队伍和志愿者队伍建设，以公安、消防、民兵预备役和各专业应急救援队伍为骨干，企业专兼职救援队伍为补充，社会志愿者共同参与的应急救援体系初步形成。

【应急值守工作】 2013年，高港区应急值守工作牢固树立“值班应急责任重于泰山”观念，坚决克服各种麻痹思想和侥幸心理，全力做好值班应急和突发事件信息报告工作。出台《高港区应急管理工作考核办法》和《高港区突发事件信息报送处置流程》等文件，进一步明确突发事件信息上报和突发事件的处置程序及职责要求。全年上报应急管理类信息54条，被市应急办采用21条。

【应急救援演练】 2013年，高港区先后开展模拟氨泄漏事故应急救援演练、燃气罐区突发大火模拟事故应急救援演练、秋冬季消防应急演练、金融安全“红蓝对抗”应急演练、企业安全生产应急救援演练、燃气消防应急演练等应急演练活动。

【应急知识宣传与培训】 2013年，高港区先后开展网络信息管理与媒体应对专题讲座、灾害信息员培训、动物防疫信息管理系统培训、防震减灾知识宣传教育进校园等应急知识宣传与培训活动。全年开展宣传与培训活动120余场次，发放各类宣传资料2万余份。（李　成）

电子政务

【概况】 2013年，高港区电子政务建设继续稳步推进，坚持在实用上求突破，在项目管理上求实效，在资源整合上求创新，在应用范围上求拓展，在网络覆盖上求扩大，各项工作均取得明显实效。

【政府门户网站建设】 2013年，区电子政务中心完善《高港区政府门户网站内容保障方案》和《上网信息发布审核登记制度》，加大新闻信息的发布力度，强化信息审查机制，全年在政府门户网站上发布信息4600余条。继续加强《行政权力网上办事大厅》《民生资金公开网》《大江论坛》《“12345”热线网上在线办理》等特色栏目的管理和部门网站的建设，新建区人大常委会网站和区食药监局、供销总社、水利局部门网站。强化网站安全管理，对网站的数据做到定期备份，系统漏洞补丁定期更新，增强抗毁能力和灾难恢复能力，完善安全应急处置措施。加大市政府门户网站信息报送力度，拓宽信息报送来源，提高信息报送质量，全年被泰州市政府门户网站采用600余条。

【政府信息公开】 7月，区电子政务中心采取以会代训的方式，开展3期公共企事业单位信息公开专题培训，根据党务公开要求，在区政府门户网站上及时添加和调整栏目设置,不断充实公开内容。按照《高港区政府信息公开工作考核办法(试行)》等7项制度强化督查考核,每季度对相关情况进行通报、反馈及整改。8月,对全区所有单位的信息公开工作进行检查。维护《政府信息公开》专栏,加强区档案馆、区行政服务中心等政府信息公开查询点建设,继续推动信息查询点延伸至89个村(社区),实现区、镇、村全覆盖。通过户外LED显示屏、触摸屏、电视台、信息公开专栏等渠道,加大信息公开工作宣传力度,鼓励有条件的单位设立服务热线接受咨询和投诉。做好依申请公开工作,优化工作流程,进一步规范依申请公开接收、办理、答复、提供等环节,抓好受理、审核、答复、处置等关键节点。全年在政府信息公开平台上公开发布898条政务信息,处理5起政府信息公开申请,主要涉及物业管理、拆迁、土地规划等方面。未发生针对政府信息公开事务的行政复议、行政诉讼和举报投诉情况。区电子政务中心被评为泰州市政府信息公开先进集体。

【电子政务平台建设】 2013年,全区运用电子政务平台收发文3000余份,节约办公成本,提高文件办理效率。搭建电子政务内网交流平台,融合服务、监督、指导等功能。继续加强电子政务OA系统、行政权力运行系统、工程建设领域项目公开系统、数字城管系统、电子档案管理系统、财政国库系统、财政预算执行工资统发系统、一户一卡系统、维稳工作网上办公系统、人口和计划生育综合信息平台、绩效管理电子评估系统、统计内部信息网等平台的日常维护,形成一网多用的格局,并为后续的功能应用留足空间。继续完善和优化全区住房数据库系统,对82369条数据进行跟踪管理、分批公示、数据备份。

(彭铁官)

行政服务

【概况】 2013年,高港区行政服务工作以"创新服务突破年"为目标,紧扣"精简、争取、下放、创新"工作要点,牢牢把握改革契机,努力提高审批效率,狠抓工作落实,不断推进服务效能转型升级。全年受理审批服务事项33531件,其中,即办件20458件、承诺件13073件,办结33400件,办结率99.61%,群众满意率100%。区行政服务中心被评为区效能建设先进单位、法治建设先进集体,被市行政服务中心评为综合考评先进单位。

【"三集中、三到位"改革】 4月,高港区召开全区行政服务工作会议,全面部署"三集中、三到位"改革,即将分散在部门的行政审批、公共服务事项向一个处(科、室)集中,审批处(科、室)向政务服务中心集中,审批事项向电子政务平台集中;审批事项进驻中心落实到位,审批窗口授权到位,电子监察到位。会上,区领导和各进驻部门主要负责人签订目标责任书,要求各部门做到部门进则项目全进,所有行政许可、非行政许可和公共服务事项集中至行政许可科,行政许可科整建制进驻中心,行政审批权充分下放至窗口独立运行并配备行政审批专用章,杜绝体外循环、两头受理和项目回流等现象,实现进驻项目授权率100%,确保行政服务中心实体化运作。改革后,各进驻部门出台正式文件,明确进驻审批事项及行政许可科职能,选派业务骨干、中层干部(优先选择后备干部)任窗口负责人,部分窗口率先实现分管负责人常驻窗口办公。区行政服务中心建立分管负责人审批服务台账,会同区编委办确定窗口人员"三定"方案,窗口项目进驻到位、授权到位、人员到位。

【项目进驻】 2013年,区行政服务中心围绕应进必进、能进则进、科学设置、合理布局的要求,对原有进驻部门、项目、窗口进行调整。调整后进驻(保留)部门23个,共涉及区级项目291项,全部单设窗口。暂撤出一批与群众关联度较低的行政审批项目,共涉及部门9个、项目46项。围绕泰州市取消、调整的118个审批事项,对进驻中心的事项进行分类归并整合,调整后,审批事项由291项减少为183项。

【提高审批服务效能】 2013年,区行政服务中心对所有进驻项目逐一分析、逐一过堂、逐项落实,在遵守法律法规的前提下应减尽减,能简则简,通过实行项目限时办结制、审批流程再造、推行无纸化办公等多种方式,着力推进行政审批项目"大瘦身""大提速"。全部审批事项平均提速75.21%,其中,21个事项实现以即办件时效办理承诺件,31个事项承诺时限在5个工作日以内。

【联合审批】 2013年,区行政服务中心设立联合办理窗口,依托基层服务、市区联动、绿色通道"三大平台",实施联合预审、联合踏勘、并联审批"三联模式",完善重大项目例会、行政效能监察、项目运行分析"三项制度",专职为项目审批提供全程服务。通过定期召开重大项目协调推进例会,挂图作战,为项目的立项许可提供前置指导意见;制作完善重大项目绿色通道服务推进卡,及时组织相关部门联合踏勘,现场出具初步审查结果和工作指导意见。完善基本建设类项目、企业技术改造类项目、新办企业类项目和外资及港澳台资(合资)类项目并联审批流程图。至年末,共承接重大项目25个,办结15个,召开项目推进例会10次,联合踏勘9次,形成项目运行分析报告4篇,平均每个项目压缩审批时限60个工作日,基建类项目审批时限最短压缩至70

个工作日，较法定时限减少约110个工作日。

【审批代理】 2013年，区行政服务中心对授权项目进行梳理，部分项目授权在园区、镇街综合窗口直接办理。在各园区、镇街和部分工业经济较为发达的村设立专门的项目审批代理点，明确项目代理员，园区、镇街项目一律由项目帮办团队或项目代理员提供全程服务。项目代理员根据本园区、镇街、村招商引资和全民创业工作安排，帮助投资（创业）者办理项目审批材料。中心通过定期组织开展培训，提高项目代理员业务水平和实际操作能力，增强全程帮办、代办意识。全年各园区、镇街办件量累计1100余件，服务企业70余个。

【三级联动审批】 2013年，区行政服务中心将市、区、园区三级联动作为服务项目建设的重要品牌和有力抓手，不断加强与市级平台及部门的沟通协作，配合做好市转型升级"双百"工程（202个重大项目）联动审批工作。对于需要市级部门审批的重大项目，在做好初审准备的基础上，邀请市相关部门上门踏勘、联合审批，实现市级审批服务进园区、入镇街。

【创新管理】 2013年，区行政服务中心设计开发适用于行政服务中心审批服务的软件操作平台，既独立于行政权力网上公开透明运行系统，又与其相兼容。各进驻部门（单位）对所有审批事项按照提速办理的要求全部重新编制流程图，录入行政权力网上公开透明运行网、电子触摸屏和咨询台电脑，实现政务公开、资源共享。办事大厅23个部门35个窗口安装星级服务评价器，设立举报电话，聘请监督员、暗访员，主动接受社会监督。创新运用督办通知单，及时将窗口情况反馈给相关部门（单位），督促整改。全年发出督办通知单19份，存在问题均在第一时间得到解决。全市首创服务窗口点评制度，一事一议，交流互动，形成倒逼机制，促使中心各科室主动关注、了解窗口工作。

【特色审批服务】 2013年，区行政服务中心以预约服务、上门服务、事前服务、延时服务、一次性告知服务等多项特色服务为载体，不断扩大服务领域，细化服务内容、注重服务实效。工商分局窗口特事特办，服务重点落户项目；国土分局窗口推出预约服务常态化和延时服务经常化；商务局窗口开通"商务之窗"，为群众提供便捷高效的信息服务平台；住建局窗口多次提供上门服务。

【政府采购】 2013年，全区政府采购的范围涉及货物、工程、服务3大类，共30项140余个品种。全年组织政府采购275次，采购预算金额7687.18万元，采购合同金额6802.36万元，节约资金884.82万元，节约11.51%。

（管国栋　张　玥）

机关事务管理

【概况】 2013年，高港区区级机关事务管理工作认真贯彻落实区委、区政府决策部署，积极应对复杂多变的工作环境，全面履行机关事务管理工作职责，圆满完成年度工作任务。年内，区区级机关事务局评为泰州市文明单位、泰州市廉政文化建设示范点、泰州市优秀"道德讲堂"、高港区效能建设先进单位。

【工程项目建设】 2013年，区区级机关事务局完成世代服务中心、残疾人康复中心、老年养护院、政府生态停车场项目建设，原人才大楼、住建局北楼和社会管理服务中心（原建管大楼）、消防大队和大江剧院的装修改造工程。全民健身中心综合馆改造工程有序推进，综合商务写字楼项目外装饰设计通过泰州市审图中心审查。

【公共机构节能】 2013年，区区级机关事务管理局大力推进公共机构节能工作，加强对全区公共机构节能工作开展情况的检查考核，纳入全区机关效能建设考核评比。全面开展公共机构基本信息普查，完善公共机构基本信息数据库，指导各部门（单位）做好公共机构能源资源统计报送工作，实现能耗统计上报。开展"节能宣传周"活动，以"践行节能低碳、建设美丽高港"为主题，通过发放倡议书、印发宣传手册、电子显示屏滚动播出、媒体发布等方式，广泛宣传公共机构节能的重要性、必要性。

【公务用车专项治理】 2013年，区区级机关事务局严格按程序审批更新购置公务用车，从审核申请单位车辆编制、鉴定旧车、审核购车价格和排气量、提出旧车处置意见等入手，较好地控制车辆更新速度，减少行政支出。做好全区公务用车维修项目鉴定工作，落实定点维修、定点加油、定点保险等制度规定，有效遏制公务用车维修费用增长过快势头。定期组织驾驶人员安全教育和业务学习，及时登记统计公务用车产生的各项费用和车辆信息，全年安全行车145万千米，未发生一起等级责任事故。

【机关国有资产管理】 2013年，区区级机关事务局规范国有资产日常管理，建立资产登记、保管、领用、交还及保养维修制度。规范国有资产处置管理，按有关规定用好国有资产处置的初审权，实行"收支两条线"管理，认真做好处置结果备案工作。利用国有资产信息化管理系统，初步对国有资产实行条码化管理。

【机关办公用房清理】 2013年，区区级机关事务局认真落实《关于全区各级党政机关停止新建楼堂馆所和清理办公用房的通知》精神，组建工作机构，明确成员的职责分工，采取实地察看、测量等方式加强督促检查。在人才大楼、建管大楼、住建大楼及世代服务中心整合的基础上，调整225间办公用房，调整面积5500平方米，较好地解决各机关部门办公用房紧张的困难。

【后勤服务保障】 2013年，区区级机关事务局成立泰州市润勤服务公司，引入市场竞争机制，制定“大物业”管理方案。机关后勤服务市场化体系初步建成，机关后勤保障能力明显提高。全年服务各类会议350余次，协助做好各园区、镇街、企业的各类签约仪式和考察活动。妥善处理群众单访1000余次，集体群访70余次，处置机关大楼消防安全隐患30余次，确保办公区安全有序。完成后勤物业管理、设备设施维护等各项维护维修1300余起。机关文印中心为全区50余个单位承接文印任务近100万张，创收近60万元。 （曹舒扬）

经济技术合作

【概况】 2013年，高港区新签外经合同额4041万美元，完成市交任务的139.34%，比上年增长37.26%；实现外经营业额4052万美元，完成市交任务的115.77%，增长34.22%。新设境外企业2个，新增境外投资额1200万美元，外派劳务人员100人次，累计在外劳务人员219人。

【承包境外工程3个】 2013年，江苏大江建设工程有限公司继续扩大安哥拉市场。6月，承包卡玛库巴综合农场项目，合同额1400万美元。8月，与中铁十七局新签KKRED工程项目，合同额1800万美元。泰州三福船舶工程有限公司承接国外29米驳船建造项目，合同额841万美元。

【境外投资1200万美元】 9月，江苏乐彩印刷材料有限公司设立香港公司，负责制造销售影像器材、阳图形PS版、CTP版、印刷器材，销售铝锭、印刷版材、PS版感光胶、修版膏、显影粉，自营和代理各类商品和技术的进出口业务，投资额200万美元。11月，江苏能建机电实业集团有限公司设立香港浩瀚投资有限公司，主要从事蓝宝石晶体、蓝宝石生长炉及配件、钨钼材料、LED照明材料的研究、生产和销售，投资额1000万美元。

【招商活动】 10月，区商务局成立上海、北京招商办事处，采取长期驻点招商的模式，围绕新医药、粮油食品、装备制造、新材料四大支柱产业及现代服务业开展招商。积极参与中国国际投资贸易洽谈会、两岸企业家紫金山峰会、泰州科技经贸洽谈会等招商活动，主动加强与国家、省级经济部门，以及世界500强、央企、上市公司的联系对接。全年组织特色产业招商、跨江联动、沿海招商、快递物流产业招商恳谈会等重点招商活动10余次。

2013年8月14日，泰州宏进农副产品国际物流中心项目签约

【引进宏进农副产品物流中心项目】 8月14日，泰州宏进农副产品物流中心项目签约仪式在区政府四楼会议室举行。该项目由中国农产品交易有限公司之全资附属公司中国农产品（泰州）有限公司投资，位于大泗镇姜泗路南北两侧、孔泗路西侧。项目总投资3亿美元，占地约66.67公顷，其中，一期投资1亿美元，注册资本5000万美元。重点建设包括果菜交易中心、芋头交易中心、水产品交易中心、副食品交易中心、粮油交易中心、农机交易中心、仓储冷链物流中心、加工配送中心、质量检验检测中心、结算中心、监控中心和市场配套设施。建成后，年交易量200万吨，年交易额50亿元。

【新批、增资外资和港澳台资项目23个】 2013年，全区新批、增资外资和港澳台资项目23个，协议注册外资和港澳台资3.88亿美元，实际利用外资和港澳台资2.01亿美元。其中，阿玛宁功能性饮料、琼和电子、亚东建材、春之谷食品等重点项目落户，大自然木门、诚达精工、鹏翎胶管等项目建成，明发城市综合体项目二期增资5000万美元。受全球经济环境影响，外商投资意愿普遍不高，利用外资和港澳台资以中小项目和增资项目为主，缺乏大体量、高科技的龙头型项目。 （毛梅林）

2013年高港区新批和增资“三资”企业一览表

表9　　　　　　　　　　　　　　　　　　　　　　　单位：万美元

类别	企业名称	企业性质	总投资	注册资本	协议利用资金
新批	泰州峰越电子有限公司	独资	2980.00	2900.00	2900.00
	泰州戴尔康宁箱包有限公司	合资	16.03	16.03	9.60
	江苏苏骏纺织有限公司	独资	1200.00	500.00	500.00
	江苏春之谷有限公司	合资	2400.00	1000.00	825.00
	泰州亚恩重工机械有限公司	独资	2900.00	2800.00	2800.00
	泰州德惠汽车部件有限公司	独资	800.00	800.00	800.00
	泰州飞科太阳能有限公司	独资	2980.00	2980.00	2980.00
	泰州澳伦特印刷器材有限公司	独资	2500.00	2000.00	2000.00
	泰州宝杉冷链有限公司	独资	2900.00	2800.00	2800.00
	泰州万邦环保设备有限公司	独资	2950.00	2950.00	2950.00
	泰州纽澳护理用品有限公司	合资	36.30	36.30	36.30
	泰州豪雅游艇贸易有限公司	独资	2980.00	2900.00	2900.00
	泰州德里斯照明器材有限公司	独资	2850.00	2700.00	2700.00
	泰州亚东建材有限公司	独资	3200.00	1600.00	1600.00
	泰州杏都印刷耗材有限公司	独资	1000.00	800.00	800.00
	泰州琼和电子有限公司	独资	2500.00	2500.00	2500.00
	泰州阿玛宁实业有限公司	独资	9800.00	3500.00	3500.00
增资	明发集团泰州房地产开发有限公司	独资	5000.00	5000.00	5000.00
	泰州子民彩印有限公司	独资	20.00	20.00	20.00
	立标（泰州）文具有限公司	独资	20.50	20.50	20.50
	贺尔碧格东方齿轮（泰州）有限公司	独资	875.00	530.80	530.80
	泰州泰祥矿业有限公司	合资	200.00	200.00	200.00
	泰州天然美果蔬种植有限公司	独资	500.00	500.00	500.00

区 政 协

【概况】 2013年，高港区政协团结和带领全体政协委员，紧紧围绕全区工作大局，切实履行政治协商、民主监督、参政议政职能，圆满完成区政协四届二次会议确定的各项任务。全年召开常委会议6次、主席会议4次，分别讨论通过事宜42项；收到委员提案147件，立案115件，所立提案全部办复，委员满意率和基本满意率100%，优秀提案12件；开展调研4次、考察1次，形成调研报告4篇、考察报告1篇；组织视察、议政活动10次，提出意见、建议37条。

重要会议

【区政协四届二次会议】 1月16~18日，区政协四届二次会议召开。应到会152人，实到会146人。驻高港区的泰州市政协委员、区政协之友联谊会副理事长，区各有关部、委、办、局负责人应邀列席。会议听取并讨论市人大常委会副主任、区委书记王建在开幕式上的讲话；听取并审议区政协副主席仲新光所作的常委会工作报告和区政协副主席周法鸣所作的提案工作情况报告；列席区四届人大二次会议，听取并讨论政府工作报告。会议期间举行城市建设委员议政会，表彰2012年度优秀政协委员、优秀委员活动小组、优秀界别小组和四届一次会议以来的优秀提案。会议号召全区各党派团体和全体政协委员，深入贯彻落实区委四届二次、三次全会和区第四次党代会第一次年会精神，充分发挥人民政协人才荟萃、智力密集、联系广泛、渠道通畅的优势，积极推进政治协商，有效开展民主监督，深入进行参政议政，为争当全市转型升级综合改革排头兵、在苏中率先基本实现现代化作出更大贡献。

【政协常委会议】 1月11日，区政协四届五次常委会议召开。会议讨论通过增补政协委员和区政协人事任免事项，通过区政协委员界别小组、镇街委员活动小组、“委员工作室”委员分组名单及召集人调整事项。

1月17日，区政协四届六次常委会议召开。会议听取各组讨论市人大常委会副主任、区委书记王建在区政协四届二次会议上的讲话，政协常委会工作报告及提案工作情况报告、政府工作报告和会议决议(草案)的情况汇报。

3月5日，区政协四届七次常委会议召开。会议通过区政协2013年工作要点，通过区政协提案审查委员会成员调整事项，通报区政协四届二次会议提案审查情况报告。

7月18日，区政协四届八次常委会议召开。会议听取区政府关于上半年全区经济社会发展情况和“政协委员工作日”活动有关意见办理情况通报，通过增补委员、区政协人事任免，以及区政协委员界别小组、镇街委员活动小组、“委员工作室”委员分组名单及召集人调整事项，通过《区政协镇街工作委员会工作规则(试行)》《区政协镇街工作委员会考核意见(试行)》和《区政协镇街工作委员会、界别小组委员活动经费使用管理暂行办法》。

10月23日，区政协四届九次常委会议召开。会议听取和讨论区政府办关于区政协四届二次会议以来提案办理情况的通报，专题学习中共中央总书记习近平系列重要讲话精神。

12月30日，区政协四届十次常委会议召开。会议通过区政协常委会工作报告和提案工作情况报告及报告人，通过区政协委员调整事项，以及镇街委员活动小组、界别小组、“委员工作室”分组名单调整事项和关于召开区政协四届三次会议的有关事项，通报2013年度优秀委员、优秀镇街工委、优秀界别小组和区政协四届二次会议以来优秀提案表彰名单。

【政协主席会议】 3月5日，区政协

四届六次主席会议召开。会议讨论通过区政协2013年工作要点，通过提案审查委员会成员调整事项，通报区政协四届二次会议提案审查情况，讨论通过关于召开区政协四届七次常委会议的实施方案。

7月17日，区政协四届七次主席会议召开。会议通过区政协委员增补和人事任免事项，通过区政协委员界别小组、镇街委员活动小组、“委员工作室”委员分组名单及召集人调整事项，通过《区政协镇街工作委员会工作规则（试行）》《区政协镇街工作委员会考核意见（试行）》《区政协镇街工作委员会、界别小组委员活动经费使用管理暂行办法》和关于召开区政协四届八次常委会议的实施方案。

10月22日，区政协四届八次主席会议召开。会议通过关于召开区政协四届九次常委会议的实施方案和10月开展“政协委员工作日”活动的有关事项。

12月27日，区政协四届九次主席会议召开。会议通过区政协常委会工作报告和提案工作情况报告及报告人，通过区政协委员调整事项，以及镇街委员活动小组、界别小组、“委员工作室”分组名单调整事项和关于召开区政协四届三次会议的有关事项，通报2013年度优秀委员、优秀镇街工委、优秀界别小组和区政协四届二次会议以来优秀提案表彰名单，以及关于召开四届十次常委会议的实施方案。（朱　娟）

协商议政

【专题协商】 5月16日，区政协社会法制委组织29名政协委员与交巡警二大队对口协商《中华人民共和国道路交通安全法》贯彻实施情况，提出加强宣传教育、严格执法、加大对道路交通安全的投入、提高交管队伍综合素质等建议。7月10日，区政协学习提案文史委组织21名政协委员与区住建局、文体旅游局对口协商城市建设与历史文化保护工作，委员们视察口岸雕花楼、城隍庙、孙宅、戚宅和刁铺龙王庙等文物保护单位修缮现场，提出完善历史文化遗存保护和利用体制机制、提高保护开发管理水平等建议。8月21日，区政协科教文卫体委组织16名政协委员与区科技局对口协商科技创新工作，提出加大支持力度，推动高新技术产业发展；发挥企业技术创新主体作用，推动科技成果产业化；抓好已出台政策兑现落实，激发企业和科技人员创新活力等建议。

【政情通报】 3月27日，区政协经济城乡建设委召开招商引资工作政情通报会，听取区商务局、高新区、核心港区、临港经济园工作情况通报，开展座谈讨论，并就突出重点产业招商、突出重大项目招商、优化招商环境等方面提出建议。10月18日，区政协科教文卫体委召开人口计生工作政情通报会，视察区世代服务中心、泰州中航船舶重工有限公司流动人口服务管理中心、永安洲镇福沙社区“新农村新家庭”建设现场，听取区人口计生委工作情况情报，提出加大组织领导力度、加大难点工作突出力度、采取有效措施提高计生服务水平等建议。11月29日，区政协社会法制委召开检察工作政情通报会，参观区检察院群众工作站展览和为民服务中心，听取区检察院工作情况汇报，提出用改革创新举措，忠实履行检察职能；强本固基，打造一支政治坚定、业务精通、作风优良、执法公正的检察队伍；加大投入，从人员编制、办案信息大平台建设等方面支持检察机关早日建成标准化检察院等建议。

【主席走访】 7月24日，区政协组织开展主席走访食药监局活动，听取工作情况汇报，提出适应形势，尽快理顺监管体制和机制；勇于创新，切实做好食品药品安全监管工作；勤于学习，增强监管的实效性和权威性等建议。10月22日，区政协组织开展主席走访民政局活动，听取工作情况汇报，从提升思想认识、完善制度、创新帮扶举措等方面提出建议。

【“政协委员工作日”活动】 2013年，区政协调整“政协委员工作日”活动时间，由每个季度第二个月的26日调整为逢双月的最后一周，实现委员到联系点工作常态化。建立活动情况报告制度，所有委员都将每次活动情况分别报送至区政协办和镇街工委，以备查考。建立意见建议整理机制，活动结束后，各镇街工委将委员收集的意见和建议汇总、梳理、分类，形成书面汇报材料报送区政协办。落实交办跟踪反馈机制，政协办将委员们反映的重要情况和建议及时转给相关部门办复。全年“政协委员工作日”活动接待基层群众5000余人次，向区委、区政府及有关单位和部门报送建议120余条，其中区领导批示50余条，不少建议在政府出台的政策中得以体现，有的建议直接得到落实，基层群众反响较好。

【团购安置房调研】 3月，区政协围绕团购安置房课题开展专题调研，到高港高新区、核心港区、临港经济园了解情况，听取区住建局、国土分局、物价局和城投中心等部门意见，形成调查报告，建议在三大园区和主城区停止自建安置房，由政府统一团购商品房用于安置；价格要合理；提供多种房型由拆迁户选择；加大公共产品供给力度，健全运作机制；不断提高农民生活水平，促进农民向市民转型。区政府主要负责人批示区住建局和三大园区对报告建议参考吸纳。

【恢复重建寿胜寺调研】 6月，区政协围绕恢复重建寿胜寺开展专题调研，召开社会各界人士座谈会，开展座谈走访、问卷调查，提出准确定位，做到恢复重建与建城、造景相结合；科学规划，体现人与自然和谐统一；突出重点，确保启动与实施有序推进等建议。

【医疗器械产业发展调研】 6~7月，区政协围绕加快医疗器械产业转型升级开展专题调研，开展座谈走访、现场参观、查阅相关资料、到扬州市头桥镇考察学习，提出培优育强龙头企业，扶持和引导企业由经营型向生产经营型转型升级，建立科技创新平台，组建行业协会或松散型联合企业等建议。区政府主要负责人对报告建议给予充分肯定，批示相关部门就医疗器械产业发展提出一揽子政策措施。

【中小学教师队伍建设情况调研】 11月，区政协围绕全区中小学教师队伍建设情况开展专题调研，针对小学师资数量不足、结构不合理、名教师少、小学班额大、教师负担重等问题，建议从教育实际需求和着眼可持续发展出发，合理确定每年补充新教师数量；学习借鉴姜堰、靖江等地经验，加强与高等院校合作，出台定向委培政策，吸引优秀人才从事教育工作；加大高层次人才引进和区内名、特、优教师培养力度，提升教师层次和水平；研究制订转岗分流方案，为建设高素质的教师队伍创造良好条件。

【市场化养老考察】 4月，区政协围绕市场化养老专题，组织人员到浙江省杭州市西湖区金色年华休闲生活中心考察学习，形成考察报告，在借鉴先进地区做法与经验的基础上，结合高港区实际提出更新养老观念，鼓励社会力量兴办养老实体，加大养老护理员培训力度，推进公办养老机构改革等建议。

【视察生态区创建工作】 8月30日，区政协组织16名政协委员视察高港区生态区创建工作情况。实地视察核心港区污水处理厂、永安洲镇东江社区环境整治生态修复和扬子江药业集团绿色发展等现场，听取情况介绍，开展座谈讨论，提出推进产业转型升级，大力发展战略性新兴产业，走出一条科技含量高、资源消耗少、环境影响小、综合效益好的发展路子；对园区进行生态化改造，完善环保基础设施，推动产业优化升级和资源集约利用；铁腕治污、刚性减排，开展综合治理，加强生态修复；加大考核和环保执法力度，使生态区建设工作走上法制化、制度化渠道等建议。

【视察文化建设工作】 9月26日，区政协组织17名政协委员视察高港区文化建设工作情况。实地视察永安洲镇宣传文化中心、幸福蓝海影城和区全民健身中心等现场，听取情况汇报，提出加大重点文化工程推进力度、精心打造文化品牌、突出抓好人才队伍建设、加大文化投入等建议。

(朱　娟)

民主监督

【提案办理】 2013年，区政协注重完善提案办理相关制度，将抓好提案督办、提高办理质量作为提案工作的重中之重。区政协四届二次会议以来，委员们紧紧围绕区委、区政府的中心工作和人民群众普遍关心的热点、难点问题，深入基层调查研究，通过提案建言献策，反映民心民盼，共提出提案147件，经提案审查委员会审查，立案115件。建立政府分管领导领办、政协督办、各承办单位具体办的工作机制，立案提案全部办结，委员满意率和基本满意率100%。

【社情民意信息工作】 2013年，区政协共编发《社情民意》87期，报送区委、区政府46期，区领导批示20期；报送市政协42期，采用23期；《社会各界对全国“两会”的期盼》《修改政协章程部分条款》《贯彻落实中央“八项规定”的几点建议》3条社情民意被全国政协信息局《社情民意》采用，《在注重人的发展中推进新型城镇化》信息被《人民政协报》采用。社情民意信息工作继续在全市政协系统名列前茅。

(朱　娟)

文史工作

【《高港文史》第六辑出版】 9月，《高港文史》第六辑出版发行。本辑文史共收录文章51篇、近25万字，以新中国成立至“文化大革命”前时间段为脉络，从不同视角、不同层面，形象而具体地记录该时期境内经济、政治、文化、社会生活情况。大部分文章为作者“亲历、亲见、亲闻”回忆史料。

【文史组稿】 2~8月，区政协学习提案文史委按照泰州市政府《文化名城建设行动计划》，完成《泰州文献》《泰州知识》高港部分组稿任务。3~12月，按照泰州市政协文史资料组稿要求，在区政协委员和各镇街文史骨干中开展文史资料征集工作，向市政协文史委提供1992~2000年文史稿件25篇8万余字，向《泰州古村》提供稿件15篇6万余字，提供大量图片资料。4~10月，协助完成《泰兴政协文史资料(1992~2000)》稿件20篇6万余字。

【文史研究与挖掘】 2~12月，区政协学习提案文史委先后在《泰州晚报》《高港文艺》发表作品5万余字。4~9月，协助区文体旅游局完成高港历史文化展示馆开馆所需稿件、图片和实物的征集，并协助其布展。9~12月，协助区民政局完成泰州历史文化地名(高港部分)的普查、登记和撰写工作，共申报高港历史文化地点60余个，完成相关稿件3万余字。

(李文华)

泰州市高港区发展和改革委员会

主任　王庆

2013 年，高港区发改委着力破解发展中存在的困难和问题，强化综合协调服务，抓好固定资产投资，加快发展服务业，积极争取项目和资金，较好完成年度工作目标任务。全年实现服务业增加值 91.72 亿元，比上年增长 12.90%。全区固定资产投资 174.73 亿元，增长 26.10%，规模以上完成投资 143.69 亿元，增长 25.40%。区发改委上争项目近 20 个，上争资金 6000 多万元。全区在建重大项目 99 个，总投资 406.56 亿元，当年完成投资 125.97 亿元。年内，区发改委被市发改委评为系统目标管理先进单位，获泰州市服务业目标考核一等奖，被区委、区政府评为效能建设先进单位，获高港区质量强区工作贡献奖。

区四套班子领导视察社会事业服务项目建设情况

全区服务业工作推进会现场

泰州市高港区人民检察院

检察长　华为民

2013年，区人民检察院共办理审查逮捕案件92件128人，其中，批准和决定逮捕案件74件106人，不批准逮捕18件22人，立案监督案件3件3人，纠正漏捕1人，发出纠正违法通知书2件4份，监督公安机关撤案1件1人。办理审查起诉案件184件270人，其中，起诉170件245人，不起诉10件14人，改变管辖案件2件2人；纠正漏诉7人，提出书面纠正违法6件，非法证据排除2次，向市人民检察院提请抗诉2件；纠正漏诉和纠正违法的诉讼监督比率位列全市第一。依法查办受贿案件8件8人、渎职犯罪案件2件2人。区人民检察院被评为全省检察机关涉检信访工作先进集体、法治泰州建设规范执法示范单位、市文明单位、市党务公开示范点、市检察信息工作先进集体，连续七年蝉联区人民满意机关，1名干警被评为全国和全省首届职务犯罪预防素能比武优胜标兵，1名干警获得全省检察机关十佳公诉人称号，1名干警考取全市检察系统首名博士，1名干警被推荐为泰州市首届“最美志愿者”，有5个部门和20名干警得到市级以上表彰。全年在省级以上刊物发表文章117篇，编发《检察简报》17期、《情况反映》37期。

检察为民服务中心

江苏省人民检察院检察长徐安（左二）在泰州市人民检察院检察长周剑浩（左三），泰州市人大常委会副主任、区委书记王建（右一），区委副书记、区长周裕昌（左一）的陪同下视察区人民检察院检察为民服务中心

市委常委、政法委书记张爱平（前右二）在市人大常委会副主任、区委书记王建（前左一），区委副书记、区长周裕昌（前右一），区委常委、政法委书记蒋向荣（后左一）陪同下视察区人民检察院

江苏省人民检察院党组成员、副检察长王方林（前中）在泰州市人民检察院检察长周剑浩（前右一）等陪同下，到区人民检察院界牌检察群众工作站调研群众工作

高港区人民检察院在核心港区设立派驻检察室

高港区人民检察院副检察长郭建东（右一）出庭支持公诉“2·23”重大责任事故案

院领导班子集体研究检察工作

泰州市高港区人民法院

院 长　胡欣荣

2013 年，区人民法院共受理各类案件 3381 件，比上年上升 15.30%，审执结 2658 件。其中，受理刑事案件 185 件，审结 179 件，判处罪犯 254 人，9 人被判处十年以上有期徒刑；受理民商事案件 2050 件，审结 1755 件；受理行政案件 8 件和非诉行政执行审查案件 129 件，审结 136 件；受理执行案件 994 件，上升 91.51%，执结 573 件，执结标的额 8812.62 万元；实施司法救助案件 53 件，减、缓、免收诉讼费用 9.60 万元，发放执行救助金 3 万余元。区人民法院被评为市文明单位、法治泰州建设规范执法示范单位和区人民满意机关。

开展“党员义工法律服务”活动

“2·23”重大责任事故案开庭

公正·廉洁·为民

FAIR AND HONEST PEOPLE

泰州市委常委、政法委书记张爱平（右五）一行视察区人民法院少年帮教工作

泰州市中级人民法院院长熊毅（左二）调研高港区人民法院

党员法官进企业进社区

陈燕萍到区人民法院开展“道德讲堂”活动

法制教育主题班会

“送法进校园”法制实践活动

院干警到泰州市反腐倡廉教育馆参观学习

新任人民陪审员任命书颁发仪式

泰州市公安局高港分局

区政府党组成员
区公安分局党委书记、局长 薛荣美

公安分局党委副书记、政委 刁德林

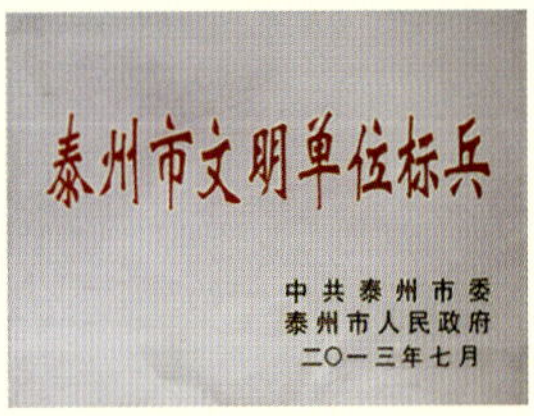

2013年，区公安分局破获刑事案件344起，抓获刑事作案成员512人，刑拘253人，逮捕108人，公诉240人；破获经济犯罪案件24起，刑拘15人，逮捕4人，挽回经济损失1000万元。查破治安案件2217起，查处违法人员934人，查获涉娼人员22人，涉毒人员21人；受理民间纠纷2150起，调解成功2094起，其中通过公调对接调解成功1850起。年内，高港区以96.94%的公众安全感满意率排名全市第一。重夺公安执法质量考评"省优"奖牌，荣膺省级文明单位"四连冠"、市级文明单位"六连冠"，获全市公安综合考评工作"五连优"；连续十年进入全区作风效能建设"双十五佳"；创新推出10余项特色品牌，其中"微警务"被市公安局评为社会管理创新一等奖。

高港区"微警务"科技志愿者服务站启动仪式现场

高港公安分局特勤队成立仪式现场

泰州市人大常委会副主任、区委书记王建（左二）和区委副书记、区长周裕昌（右一）等领导慰问公安干警

泰州市公安局局长赵建生（右二）调研高港区基层派出所

区人大代表视察公安工作

接待来访群众

重大活动安全保卫

全区公安工作会议现场

泰州市高港区农业委员会

主 任 陈宝进

全区农业系统工作暨十八届三中全会精神宣讲会议现场

2013年，高港区农业系统紧紧围绕“农业要强、农村要好、农民要富”目标，加大工作力度，发展现代农业，深化农村改革，推进新农村建设，农业农村各项工作再创佳绩。农村居民人均可支配收入14109元；农业增加值9.91亿元，增长3.10%。建成省级绿化示范村8个。夏、秋两季秸秆禁烧和综合利用工作继续保持全市第一。推进农产品质量建设，新增“三品”58个，农产品抽检合格率99%。创成全市“十强”村1个，小康示范村16个、达标村2个。年内，高港区被评为全省村级“四有一责”(有持续稳定的集体收入，有功能齐全的活动阵地，有先进适用的信息网络，有群众拥护的双强带头人，强化村党组织领导责任)先进区，获全市农业农村工作专项二等奖；区农委被评为区人民满意机关。

农业园区的连片大棚

高港现代农业园

泰州市人大常委会副主任、区委书记王建在全区农业现代化推进大会上作重要讲话

泰州市人大常委会副主任、区委书记王建（右一）和区委副书记、区长周裕昌（左一）参加义务植树活动

区农委党的群众路线教育实践活动座谈会现场

组织党员干部赴泰州市反腐倡廉教育馆参观学习

“大江放歌”文艺演出农委专场

设施农业、科学种植

泰州市高港区教育局

局 长　李俊仁

2013 年，高港区有中小学、幼儿园 33 所，其中，中专校 1 所、初中 9 所、九年一贯制学校 1 所、小学 10 所、幼儿园 12 所。中小学生 18744 人，在园幼儿 5202 人。专任教师 1830 人，其中，小学 799 人、初中 772 人、中专校 259 人。省特级教师后备人才 4 人，市级骨干教师 62 人。高港区考生 1473 人参加高校招生考试，其中，普通类考生 1469 人、纯艺术类 4 人、新疆班 89 人。江苏省口岸中学作为考点，编排考场 54 个。被高校录取 1318 人。

高港区全国义务教育发展基本均衡区省级督导反馈会现场

高港区“小手拉大手，文明一起走”主题教育活动启动仪式暨“文明交通伴我行”现场观摩活动现场

泰州市人大常委会副主任、区委书记王建（中）寄语全区教师：一个好老师是学生一生的幸福

泰州市人大常委会副主任、区委书记王建（前中）考察靖江教育工作

著名科普教育专家、北京大学教授焦维新（右五）一行参观高港区实验小学科普馆

泰州市副市长王学锋（女，左三）和泰州市政协副主席、市教育局局长奚爱国（左二）视察高港区教育工作

区委副书记、区长周裕昌（前中）视察校安工程

区委常委、宣传部部长程荣稳（左一）和副区长邵春宁（女，右二）视察教育工作

泰州市高港区财政局

局 长　王金云

高港区财政局为区政府工作部门，内设 14 个行政科室，下辖 5 个事业单位。近年来，高港区财政局积极打造“阳光财政”服务品牌，将服务品牌与征收管理、民生工程、财政宣传有机结合，推动财政事业的全面发展，连续被评为江苏省文明单位、泰州市文明单位标兵、高港区人民满意机关，获全市财政综合工作考核一等奖。

2013 年，区财政局进一步加大对实体经济的支持力度，参与研究制定《推进转型升级综合改革的若干政策意见(暂行)》，明确财政奖补标准，调整补助方式，及时兑付各类奖扶资金，累计拨付产业转型升级、科技创新资金 2.16 亿元；将“阳光财政”服务品牌创建与扶持企业发展结合起来，深入企业调研走访，送政策谋发展。积极帮助各类产业项目争取资金，共向上级争取工业、农业、服务业等各类补助资金 2.15 亿元。全区财政总收入实现 70.39 亿元，公共财政预算收入实现 24.92 亿元，其中税收收入 20.44 亿元。始终坚持服务发展与改善民生并重，2013 年用于改善民生的财政支出增长达 20.10%，占公共财政支出的 72.60%，重点支持农村基础设施建设、就业创业工程及科教文卫事业，努力使全区人民学有所教、劳有所得、病有所医、老有所养，推动幸福指数的不断提升，让公共财政的阳光普惠万家。

财政系统职工体育运动会现场

“阳光财政·普惠万家”现场咨询活动

区财政局党的群众路线教育实践活动动员大会现场

财政系统党风廉政建设暨警示教育会议现场

开展“中国梦·财政情”演讲比赛

泰州市高港区人力资源和社会保障局

党组书记　居山林

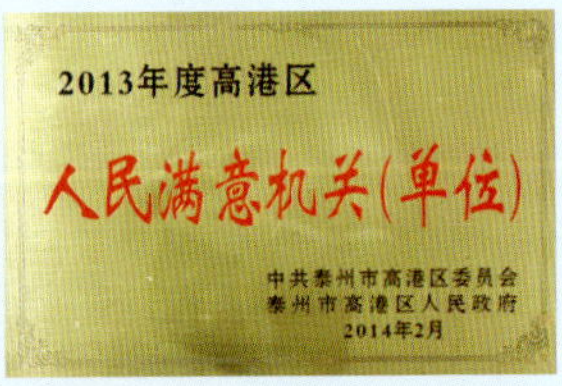

2013 年，高港区城镇净增就业 8100 人，新增创业 11874 人，城镇登记失业率 1.87%，继续保持全省最低。城镇职工养老、医疗保险参保人数分别达 4.54 万人和 5.66 万人，城乡居民社会养老保险参保总人数为 9.27 万人，农村新型合作医疗保险实际参保率 100%。新增引进高层次人才 160 人、海外人才 24 人。劳动监察联动平台按期运行率 100%。劳动人事争议案件处理结案率 100%。职业技能鉴定获证人数 6282 人。村级社会事业工作站星级达标率 57.30%。做好各类人事考试工作，实现安全无事故和“零差错、零投诉”。打造“15 分钟公共就业服务圈”，建立人力资源社会保障维权服务中心。“12345”民生服务热线高效运行。区人社局被评为省文明单位、市文明单位、区人民满意机关。

高港区人社局党的群众路线教育实践活动动员大会现场

泰州市人大常委会副主任、区委书记王建（前右二）和区委副书记、区长周裕昌（前左一）等领导视察人力资源市场

“大江放歌”区人社局践行党的群众路线专场文艺演出

全区人社系统政风行风评议工作推进会现场

全区人力资源和社会保障工作会议

高港区开通“12345”民生服务热线

高港区人社局党员义工便民利民服务队开展服务活动

泰州市高港区商务局

局长　吴 𧇊

2013 年，高港区完成进出口总额 125342 万美元，比上年减少 16.65%。全年社会消费品零售总额 23.87 亿元，比上年增长 12.90%，增幅全市第二。全区粮食系统完成地储粮轮换、清仓查库、全社会粮食食用油及油料供需调查、仓储企业熏蒸作业备案、应急采购单位落实、危仓老库维修方案实施等工作，强化市场监管，维护粮油市场购销健康有序。地方储备粮扩增工作按计划顺利实施，实现地方储备量 0.40 万吨，新增储备 0.20 万吨。全年收购粮食 178.26 万吨，销售 185.77 万吨。区国有粮食购销公司被评为江苏省农民满意粮食收购企业。全年新签外经合同额 4041 万美元，完成市交任务的 139.34%，比上年增长 37.26%；实现外经营业额 4052 万美元，完成市交任务的 115.77%，增长 34.22%。新设境外企业 2 个，新增境外投资额 1200 万美元，外派劳务人员 100 人次，累计在外劳务人员 219 人。

高港区电子商务专题培训班

区商务局组织参观新四军黄桥战役纪念馆和中共江浙区泰兴独立支部纪念馆

区商务局举行预防职务犯罪专题讲座

泰州宏进农副产品国际物流中心项目签约仪式

商务部副部长房爱卿（右一）一行考察永安洲邻里中心

泰州市委副书记杨峰（前排左一）视察大泗镇农副产品种植基地

泰州市政府副秘书长周天云（中）督查高港区粮库建设改造和地方粮食储备工作

区委副书记、区长周裕昌（右一）视察粮食工作

泰州市高港区住房和城乡建设局

局 长 邱小平

2013 年，高港区住房和城乡建设局按照区委、区政府综合改革快转型、开放创新促发展、“六大建设”惠民生的决策部署，紧紧围绕全年工作目标，立足城乡建设主战场，争当“四化融合”主力军，扎实推进城乡建设工作。全年实施城建重点项目 70 个，总投资超 100 亿元，超额完成市交保障性安居工程目标任务。村庄环境整治“三年任务两年完成”，被省整治办评为先进集体。

住建系统举办“道德模范 中国好人”事迹巡讲

召开全体人员会议贯彻落实区委、区政府指示精神

东方明珠安置区

泰州市委副书记、市长陆志鹏（前左二）和泰州市人大常委会副主任、区委书记王建（前左三）等领导视察高港区重点城建项目建设工作

泰州市副市长贾春林（前右二）在区长周裕昌（前右一）的陪同下视察高港区村庄环境整治工作

党委书记、局长邱小平（中）走进“政风行风热线”解答市民提问

江苏省政协原副主席陈宝田（前中）在泰州市政协原主席陈克勤（前左一）和泰州市人大常委会副主任、区委书记王建（前右一）的陪同下视察口岸水景街区

锦绣珑湾

建设中的新高港中学（左）、龙湖美景（右）项目

泰州市高港区环境保护局

局 长 匡裕民

2013 年，高港区环保系统坚持污染防治和生态保护并重，认真开展环境综合整治，强化环境监管，密切部门协作，有力促进全区经济和社会事业又好又快发展。全区环境空气质量良好天数百分率 80%，集中式饮用水源地水质达标率 100%，水域功能区水质达标率 100%，功能区环境噪声达标率 100%。环境质量指数 89.20 分，优于市交小康社会环境质量综合指数目标值 85 分的要求，继续保持全市领先。12 月 27 日，高港区省级生态区创建工作通过省考核验收。区环保局被区委、区政府评为 2013 年度效能建设先进单位和 2013 年度法治建设先进集体（依法行政先进单位）。

省级生态区技术评估组检查高港区创建工作

生态环境——港城公园一角

生态旅游——鑫马生态园

生态人居——马厂新村

生态工业——益海（泰州）粮油全景

生态工程——永安镇污水处理厂

生态农业——秸秆综合利用

中共中央政治局常委、全国人大常委会委员长张德江（前中）视察扬子江药业集团环境保护工作

江苏省副省长许津荣（女，前右二）视察高港区秸秆综合利用工作

泰州市委书记蓝绍敏（中）视察高港区生态工业

泰州市委副书记、市长陆志鹏（前右一）视察高港区生态农业

泰州市人大常委会副主任、区委书记王建（前右二）带队视察农村环境整治工作

泰州市副市长孔德平（中）视察高港区省级生态区创建工作

区委副书记、区长周裕昌（前右二）等区领导深入基层视察环保工作

江苏省环保厅苏中督查中心主任单体华（右三）视察高港区生态区创建工作

泰州市高港区司法局

局 长 祁亚峰

2013 年，区司法行政系统调处各类矛盾纠纷 582 件，其中非正常死亡 59 件，调解成功 580 件，调解成功率 99.70%，劝阻群体性上访 30 起 366 人次，防止民转刑案件 18 起 43 人。全区在册社区服刑人员 191 人，在册刑释解教人员 468 人，全年无一例脱管、漏管和重新犯罪，举办全区首次心理矫治专题讲座。社区矫正监管科技化，引入手机定位系统和指纹头像识别系统。拨付 30 万元编制法制宣传教育读本，全区 22000 余名中小学生接受法制教育，聘请 42 名政法部门业务骨干担任法制副校长(辅导员)、法制课兼职教员，74 名大学生村官担任农村法制宣传员，在全市 400 余辆公交车上滚动播放自制普法短片，5 个省级民主法治示范村（社区）通过省考核组验收。区法律援助中心接待群众来电、来访、网上咨询 1173 人次，办理法律援助案件 268 件，为当事人避免经济损失或获取人身损害赔偿 1000 余万元。

全区司法行政工作会议

高港区“法制教育进课堂”现场观摩会

法制宣传活动现场

泰州市高港区科学技术局

局长 孙跃

2013 年，高港区成功获批为江苏省创新型试点区，并蝉联全国科技进步先进区。全年实现高新技术产业产值 583.11 亿元，占规模以上工业产值 49.80%；全年申请专利 2759 件，其中发明专利申请量达 642 件，万人发明专利拥有量达 5.18 件。全区获批国家火炬计划、星火计划 13 项，国家中小企业创新基金 2 项、国家级科技支撑计划 1 项、省级科技支撑计划 2 项、国家重点新产品 1 项、省级高新技术产品 50 项。新建市级以上工程技术研究中心 9 个，其中省级工程技术研究中心 2 个；获批市级重点实验室 1 个、外资研发机构 1 个、公共服务平台 1 个。全年达成各类产学研合作项目 56 项，新建产学研联合体 16 家、解决重大技术难题 6 项，新转化科技成果 12 项，新建科技成果中试基地 2 个。先后获得全市科技创新工作二等奖、市科技信息与宣传工作一等奖、区“创新创优”二等奖，被评为江苏省知识产权工作先进集体、江苏省知识产权政务信息工作先进单位、全省市县防震减灾工作优秀单位、泰州市防震减灾工作先进单位、江苏省院省合作先进单位、法治泰州建设依法行政先进单位、市科技统计工作先进集体和区人民满意机关（单位）。

西安交大技术转移中心专家视察高港区科技工作

区科技局“六大服务”行动服务企业

高港区成立汽车关键零部件产业技术创新联盟

泰州市高港区民政局

局长　葛武

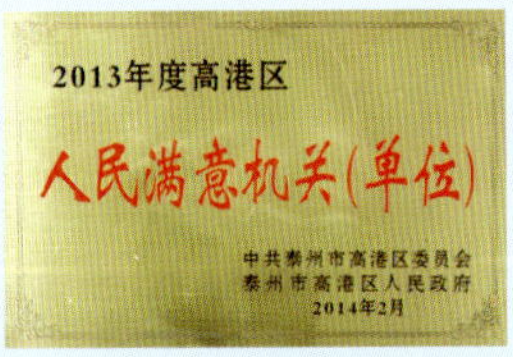

高港区民政局发放“世界百强·情暖泰州”慰问金

民政系统党员志愿者服务队开展为民服务活动

2013年，全区民政系统秉承“以民为本、为民解困、为民服务”的民政宗旨，恪守“解决民生、落实民权、维护民利”工作职责，认真落实各项民生工程，切实保障特殊群体、优抚群体、困难群体的生活权益，保障民生，促进和谐，维护稳定，推动经济社会发展。全区低保标准由每人每月400元提高到480元，全年发放保障金1447.63万元。全区共有五保户441人，其中，集中供养五保户202人、分散五保户239人，全年发放五保供养金237.87万元。改造危房34户，医疗救助支出715.01万元，发放“尊老金”818.03万元，发放抚恤补助金731.14万元。登记各类社会组织11个。区民政局被民政部中国社会新闻出版总社评为2013年全国民政宣传工作先进单位，被市民政局评为2013年度民政工作目标管理先进单位，被区委、区政府评为人民满意机关。

江苏省民政厅厅长侯学元（前右二）调研高港区民政工作

泰州市委书记蓝绍敏（左二）看望高港区低收入农户

泰州市委副书记、市长陆志鹏（前右二）视察高港区社区工作

泰州市人大常委会副主任、区委书记王建（中）看望慰问驻泰官兵和人武干部

泰州市民政局党委书记、局长叶海波（右四）调研高港区农村老年关爱之家建设工作

区委副书记、区长周裕昌（右二）看望贫困学子

海军退役舰艇515舰成为高港海军文化公园新成员

泰州市高港区物价局

局 长 吴玉春

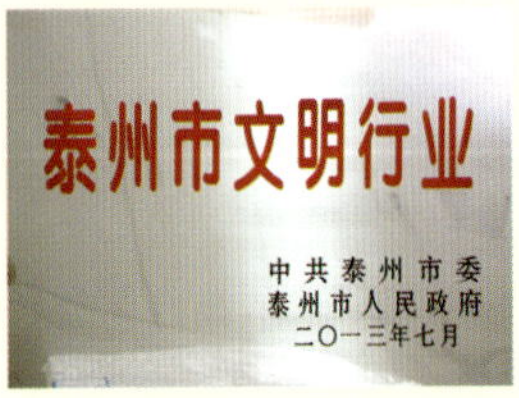

全区物价工作座谈会

区物价局行风监督员聘任及年度座谈会现场

永安洲镇民用水价改革简易听证会现场

2013年，高港区物价局紧扣“稳中求进、开拓创新、扎实开局”要求，加强改进价格调控，加快推进价格改革，完善民生价格政策，整顿规范价格秩序，完成各项工作目标任务，得到省、市物价部门的充分肯定。年内，区物价局被评为省价格工作先进单位、泰州市价格管理工作先进集体、高港区效能建设先进单位。

省物价局平价商店考核验收小组考核验收高港区第三批平价商店建设工作

泰州市发改委副主任、物价局局长宗长银（右一）视察高港区物价工作

区委常委、副区长吴斌（前）检查节日市场

区物价局群众工作队走访调研大泗镇马龙村

区物价局党组中心组学习活动现场

区物价局领导走访慰问困难家庭

区物价局到苏州市吴江区物价局开展学习交流活动，签订友好合作单位协议书

区物价局走访调研大泗镇马龙村

泰州市高港区文体旅游局

局 长 张霁明

2013 年，高港区文化工作围绕“ 文化高港 ”建设总体目标，打造“15 分钟文化圈 ”。3 个镇街宣传文化中心建成开放。区图书馆成功创建国家一级馆。举办“ 大江放歌 ”广场文艺演出 8 场、“ 文化港城行 ”基层巡演 8 场。大江剧院加盟苏演院线并举办专场演出 4 场。编印出版《高港文艺》4 期，组织开展文化下乡和精品文艺创作，文化遗产保护、文化市场管理取得新成效。全年举办各类群众体育活动 60 多场次。高港区通过省“10 分钟体育健身圈 ”验收，成为全省首批验收合格的市(区)。区文体旅游局被国家体育总局评为 2009 ~ 2012 年度全国群众体育先进单位。区内各旅游景点全年共接待游客 18.80 万人次，外联组团游客 8333 人次，实现旅游总收入 5625.26 万元。全区完成省级旅游品牌创建 3 个。

高港区机关企事业单位工间操比赛现场

口岸雕花楼景区游客服务中心

高港区庆祝第五个全民健身日暨全民健身成果展示活动现场

雕花楼内游人如织

苏演院线高港大江剧院揭牌仪式

苏演院线新年音乐会

老年艺术团成立暨专场演出

大江放歌广场文艺演出

健身舞蹈《洲堤杨柳舞港城》获全国首届原创广场健身操（舞）比赛特等奖

非遗进校园活动

2013年高港区象棋比赛活动现场

泰州市高港区卫生局

局长 梅跃

2013年，全区卫生系统在区委、区政府正确领导下，紧紧围绕“争创全市转型升级排头兵”的战略目标，团结拼搏，负重奋进，统筹城乡卫生一体化发展，实施卫生惠民系列工程，为保障和推动全区转型跨越发展战略的顺利实施，增添浓墨重彩的一笔，各项工作取得新的成效。区卫生局、泰州市第三人民医院被授予江苏省文明单位称号；高港中医院被授予市文明单位称号。

区卫生局联合市三院走进政风行风热线，接受市民提问

高港区百名医务工作者医德医风承诺签名活动现场

“规范医疗服务行为，构建和谐医患关系”主题演讲活动现场

市人大常委会副主任、区委书记王建（左）为卫生系统先进个人颁奖

卫生部药政司领导调研高港区实施基本药物制度情况

区人大常委会专题调研泰州市第三人民医院医德医风建设情况

高港区医疗集团组建暨签约仪式

区政协专题视察乡村卫生一体化管理工作

泰州市第三人民医院揭牌仪式现场

全区医德医风建设推进会

参加泰州市卫生局举办的应急演练

泰州市高港区人口和计划生育委员会

主 任　李友荣

全区人口计划生育工作会议

2013 年，高港区计划生育率 99.78%，出生人口性别比控制在正常比例内，孕前优生健康检查覆盖率 100%，人口和计划生育依法行政达标率 100%，流动人口管理服务率 95%，人口和计划生育机构队伍建设达标率 95%，特扶提标等各项计划生育优惠政策全面落实。区人口计生委先后承办全市人口计生宣传教育工作、全市流动人口药具服务 2 个现场会。获泰州市人口和计划生育工作一等奖，被评为全国计划生育优质服务先进单位、泰州市文明单位、高港区效能建设先进单位；政法科被评为第二批市级党员先锋岗。

江苏省人口计生委副主任徐东红（女，中）视察高港区人口和计划生育工作

高港区人口计生委企业“三服务”恳谈会

高港区人口计生作风建设工作推进会

高港区单独两孩政策实施工作培训班现场

高港区流动人口服务管理现场会

开展育龄妇女知识宣传活动

泰州市高港区区级机关事务管理局

局长　戴永建

高港区区级机关事务管理局2014年工作会议现场

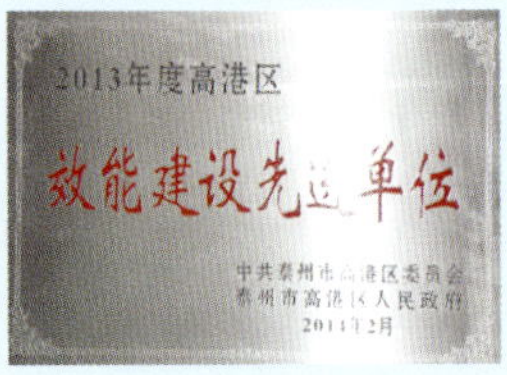

2013 年，高港区区级机关事务管理局认真贯彻落实区委、区政府的决策部署，强化管理、优化服务、深化保障，深入开展党的群众路线教育实践活动，认真落实中央八项规定、省市区委十项规定，扎实履行工作职责，不断提高工作成效。年内，被评为泰州市文明单位、泰州市廉政文化建设示范点、泰州市优秀道德讲堂、高港区效能建设先进单位。

高港区区级机关事务管理局党的群众路线教育实践活动动员大会现场

泰州市人大常委会副主任、高港区委书记王建（右二）视察全民健身中心工程

泰州市市级机关事务管理局局长、党组书记，时任高港区委副书记封新华参加“绿色办公，低碳生活”签名活动

局长戴永建（前左一）陪同上级领导视察高港区机关事务工作

高港区公共机构节能管理工作座谈会现场

机关干部走进道德讲堂

组织党员干部参观革命教育基地

局长戴永建（右）慰问困难家庭

保安人员指挥车辆有序停放

泰州市高港区安全生产监督管理局

局长秦荣生（右）检查企业安全生产

江苏省安监局局长王向明（右排四）调研高港区隐患排查治理体系建设工作

2013 年，高港区安全生产形势继续保持平稳态势，发生各类生产安全事故 138 起、死亡 25 人。其中，道路交通事故 61 起，死亡 21 人；工商贸事故 3 起，死亡 3 人；建筑事故 1 起，死亡 1 人；火灾事故 73 起，无人员死亡。全区连续九年未发生有较大影响及较大以上生产安全事故，连续四年获市政府安全生产综合考核一等奖。

泰州市委书记蓝绍敏（前右二）视察高港区安全生产工作

全区安全生产工作会议

泰州市人大常委会副主任、区委书记王建（右四），区委副书记、区长周裕昌（右三）带队检查安全生产工作

高港区2013年应急救援演练现场

泰州市安监局局长赵昶东（中）检查指导高港区安全生产工作

SFDA 泰州市高港区食品药品监督管理局

高港区政协副主席、局长　李新美

2013 年，区食药监局全面履行餐饮食品、药品、保健食品、化妆品、医疗器械（以下简称“四品一械”）监管五项职能。全区全年未发生一例食品安全事故，未发生食物中毒事件，未发生一例源头性药害事件。“四品一械”市场安全稳步提升。年内，区食药监局获 2011 ~ 2012 年度市级文明单位、区效能建设先进单位、区法治建设工作依法行政先进单位、市食品药品监管系统工作目标考核二等奖等荣誉。8 名工作人员获得区级先进工作者和市级服务标兵、稽查能手、先进工作者等称号，全局形成比学赶超、积极上进的浓厚氛围。

江苏省食品药品监督局副局长朱勤虎（前左三）视察高港区食品药品监管工作

区委常委、区纪委书记张兆洋（前右一）等领导深入基层检查工作

高港区暨口岸街道“全国安全用药月”启动仪式在口岸街道广场举行

区政协领导走访区食药监局

泰州市高港区供销合作总社

主 任　毛照明

2013 年，高港区供销社系统实现商品销售额 52.38 亿元，消费品零售额 33.19 亿元，农副产品交易额 11.71 亿元，连锁销售 14.77 亿元，报表利润 1275 万元。新建和提档升级三星级为农服务社 5 个，其中口岸街道引江为农服务社为省级样板示范社，创建农民专业合作示范社 4 个。创建庄稼医院 4 个，新建规模市场 1 个。举办安全培训班 1 期，组织安全检查 4 次，查处安全隐患 12 个，限期整改 12 个。区供销总社被市供销总社评为 2013 年度综合业绩考评一等奖，获 2013 年度“新网工程”（农村现代流通网络工程）建设、项目建设、廉政建设、标识推广先进单位。泰州市集泰农产品有限公司、泰州市福齐天生物科技有限公司被市供销总社评为 2013 年全市供销系统“十强”企业，胡庄供销社被评为优秀基层社，引江为农服务社被评为优秀为农服务社，泰州市兴农银杏产销专业合作社被评为优秀专业合作社。

江苏省供销总社主任黄宝荣（前左二）调研高港区供销社“新网工程”建设项目，泰州市人大常委会副主任、区委书记王建（前右二）陪同

江苏省供销总社副主任薛立志（前左一）调研高港区供销社工作

泰州市委副书记杨峰（中）调研高港区供销社农业综合开发项目

泰州市人大常委会副主任丁士宏（前左一）调研高港区供销社农业综合开发项目

泰州市高港区妇女联合会

高港区女企业家协会成立大会现场

区妇联举办"港城女性大讲堂"

2013年，高港区妇联围绕"争当全市转型升级综合改革排头兵"战略部署，创新管理，突出民生，为妇女儿童架设圆梦桥梁，形成"妇女工作创特色，妇女儿童普受惠"局面。先后被评为省妇女报刊宣传工作先进单位、省第三届"万家学法"知识竞赛活动优秀组织奖、泰州市"巾帼建功"活动先进集体。全区有园区、镇街妇联8个，村妇代会40个，社区妇联49个，系统妇委会24个，基层妇女干部121人。

"美丽港城 芳华绽放"庆"三八"优秀女性座谈会现场

"心手相牵 共筑童梦"活动为留守儿童搭建与父母沟通的桥梁

区妇联在刁铺街道试行基层妇联直选试点

发展·维权·共创美好家园

泰州市高港区总工会

主 席　张 琴

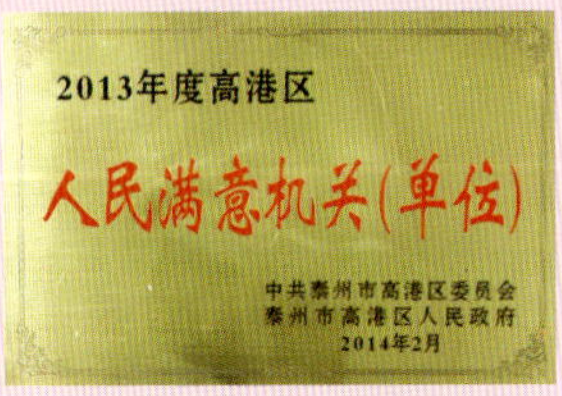

2013 年，区总工会积极开创工会工作新局面，打造出“ 六大行动 ”(创新提质、技能登高、平安企业、一线维权、阳光关爱、健康职工)服务企业转型升级、“ 工会代表工作日 ”、职工阳光互助互济等工作特色。全年新建独立基层工会 46 个，工会会员净增 3539 人。中华全国总工会《工会信息》《工人日报》《江苏工人报》《泰州日报》等新闻媒体报道有关高港工会工作信息 68 篇。区总工会先后被评为省文明单位、市文明单位标兵、区人民满意机关，获市工会工作优秀单位第一名、市工会工作创新创优成果一等奖。

2013年10月，区总工会主席张琴出席中国工会第十六次代表大会

高港区总工会“素质培训进企业”启动仪式现场

高港区总工会在泰州口岸船舶有限公司开展“工会代表工作日”活动

2014年高港区劳动模范表彰大会现场

江苏省总工会主席邢春宁（女，前中）在泰州市人大常委会副主任、区委书记王建（前右）等领导的陪同下视察高港区工会工作

泰州市人大常委会副主任、区委书记王建（左）慰问全国劳动模范、扬子江药业集团董事长徐镜人

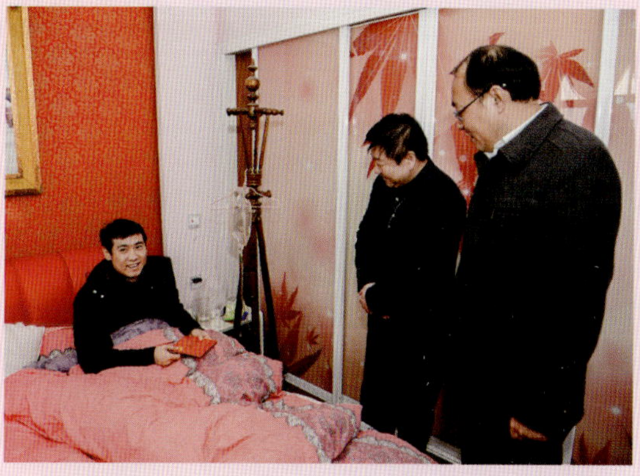

区委常委、政法委书记蒋向荣（右一）代表区总工会向尿毒症职工张林赠送20万元救助金

高港区总工会特困职工证、金秋助学金发放现场

高港区总工会“阳光快车行动服务周”活动现场

泰州市国土资源局高港分局

局长　陆俊

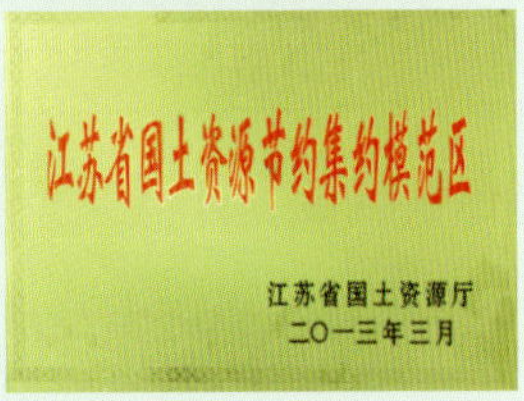

市、区国土资源部门“三服务”座谈会现场

2013年，泰州市国土资源局高港分局(简称“区国土分局”)紧紧围绕“保护资源、保障发展、维护权益、服务社会”的总体要求，迎难而上、勇于创新，立足本职、主动作为，顺利完成各项目标任务。年内，高港区创建成江苏省国土资源节约集约模范区、江苏省土地执法模范区先进区，区国土分局被评为江苏省文明单位、江苏省国土资源系统依法行政示范单位。

“美丽高港”首届“国土资源杯”摄影大赛颁奖仪式

泰州市国土局局长吕亚生（左二）视察高港区国土工作

区委常委、宣传部部长程荣稳（右二）参观“美丽高港”首届“国土资源杯”摄影大赛作品展

全区国土资源工作会议

高港区国土资源法律法规知识讲座现场

组织机关工作人员参观中共江浙区泰兴独立支部纪念馆

局长陆俊走访慰问困难家庭

服务企业

国土系统党员关爱服务行动

泰州市高港区审计局

局 长　江淑平

2013年，高港区审计局认真贯彻中共十八大、十八届三中全会精神，紧扣区委、区政府工作中心，坚持“全面审计，突出重点”方针，进一步加大审计监督力度，突出抓好农业综合开发、1%强基工程、新型农村合作医疗、村庄环境整治工程等民生项目（资金）审计监督，不断加强审计队伍建设，审计“免疫系统”功能和公共财政“卫士”作用充分发挥。全年实施审计项目108个，查出违纪违规金额2031.82万元，管理不规范金额20897.50万元，决定收缴7.74万元，追缴社保基金利息249.81万元，核减工程造价8790万元。区审计局实施的一审计项目在全省优秀审计项目评比中获奖，档案工作通过省三星级测评，局机关被评为区效能建设先进单位，局办公室获区勤廉示范岗称号。

局长江淑平指导业务工作

纪检·监察

【概况】 2013年，高港区纪检监察工作围绕区委“争创全市转型升级综合改革排头兵”重大决策部署，以打造“服务高地、勤廉高港”为统领，以完善惩治和预防腐败体系为重点，始终坚持发展理念、民本思想、“亮剑”精神、创新方向，突出治标与治本、惩治和预防“两手抓、两手硬”，全区党风廉政建设和反腐败工作取得新的明显成效。牵头协调督促23个部门所有行政审批事项进驻区行政服务中心，全年办结行政权力事项11945件，基层政务服务网上运行3061件，发出网上超时督办通知书109份。印发《高港区规范行政执法专项行动工作方案》，共排查整改突出问题22个，建立制度25项。全区各级纪检监察组织受理各类信访举报203件次，按期办结率98%。实现零大规模上访、零越级信访、零突发性事件的“三零”目标。查处各类违纪违法案件32件，其中经济案件16件，涉案科级干部3人，移送司法机关5人，挽回经济损失550万元。

党风廉政建设

【在全省首创“两代表一委员”勤廉监督员机制】 2013年，区纪委从市、区、镇三级党代表、人大代表和政协委员中聘请勤廉监督联络员21人，分片联络89个村（社区），建立起以驻村（社区）联络为形式，以宣传、调研、监督、服务为主要内容的“两代表一委员”勤廉监督联络员工作机制，为全省首创。联络员针对居民建房难问题调研刁铺街道大丰社区，经向区纪委专题汇报，后转报区委、区政府，并跟踪督促有关部门限期解决，使困扰当地群众10年之久的“建房难”问题得以解决，首批17户陆续开工建房。全年收集群众意见、建议133条，跟踪督促解决到位119条，推动落实民生项目33个，总投资1749.69万元。

【在全市首推纪检组长分片巡查工作机制】 2013年，区纪委对全区34个部门纪检组、监察室实行收编统管，垂直领导，制定出台《纪检组长分口联动调研和督查工作实施意见（试行）》，成立5个巡查组，分片巡查60个部门，着重检查贯彻落实市、区委重大决策部署情况，执行省、市、区“十项规定”情况和干部违纪违法情况等。10月，第一巡查组进驻区卫生系统开展试点工作。11月末，巡查组向区纪委常委会作阶段性问题通报。12月末，巡查组正式提交巡查报告，区卫生局根据巡查报告制定整改方案，出台相关制度、规范6项，扎实开展整改工作。

【全面推行区级机关部门绩效管理】 2013年，高港区成立区效能建设领导小组及其办公室（简称“区效能办”）。召开全区绩效管理工作动员大会，印发暂行办法、实施细则、目标规则、考核要素及推行部门内部绩效管理等相关文件，督促4类72个部门(单位)制定年度个性目标，协调相关综合牵头部门制定共性考核指标，统一安装绩效管理电子评估系统。区效能办、督查考核办、金融办对区级机关部门（单位）1155项个性目标完成情况实行按季考评，逐项打分，13个综合管理部门对区级机关部门的年度共性目标完成情况实行年末一次性网上集中考核。区效能办、督查考核办适时组织开展年度“创新创优”目标评审、社会公众评议区级机关活动，综合评选产生年度人民满意机关部门（单位）和效能建设先进部门（单位）。

2013年度人民满意机关（单位） 区检察院、区统计局、区科技局、区经信委、区财政局、区总工会、区质监分局、区农委、地税五分局、区人社局、国税三分局、区民政局、区商务局、区法院、区国土分局。

2013年度效能建设先进单位　区发改委、区人口计生委、区行政服务中心、区物价局、区安监局、区食药监局、区审计局、区区级机关事务局、区住建局、区公安分局、区水利局、交巡警二大队、区交通分局、区环保局、建行高港支行。

【廉政宣传教育】 2013年，区纪委先后举办“廉政讲堂”专题讲座、反腐倡廉成果展巡展、廉政公益广告和廉政影视片展播、《廉洁高港》画册编印、廉政文化示范点采播、“争做勤廉公仆，服务转型升级”主题演讲、廉政格言展播、庭审旁听警示教育、“廉洁高港”书画展、廉政书籍赠阅、新提拔领导干部赴看守所参观和集中廉政谈话警示教育等廉政宣传教育活动，近1万名党员干部受到教育。国税二分局创成省级廉政文化示范点。

2013年5月28日，高港区举办“廉洁高港”书画展

【廉政预审和廉政审查】 2013年，区纪委对89名拟提拔副科级以上干部进行廉政预审，防止干部“带病提拔”。出台“双廉审”（对发展对象和到期转正的预备党员，进行审批前廉政情况预审）制度，会同区委组织部、区级机关工委对区级机关拟发展对象和拟转正党员进行廉洁审查，防止“带病入党”。全年审查24人，未发现不符合发展或转正要求现象。

【民主评议政风行风】 2013年，区监察局、区纠正行业不正之风办公室组织对2012年度部分公共服务行业民主评议工作进行“回头看”，督促整改存在问题，健全长效机制。开展部分经济、社会管理部门民主评议工作，建成区、镇、村三级纠风监测网络，聘请10名监测员，查纠各类问题38个；组织集中评议8场，参与人数900余人，现场质询问题80个，群众满意度95分以上。

【基层站所作风建设】 2013年，区纪委开展“助推转型升级，服务民生幸福”第三轮基层站所作风建设活动。结合2012年度全区站所作风建设综合考评情况，对各镇街得分排名后三位及被实施一票否决的26个基层站所进行挂牌整改。围绕作风建设、内部环境、制度执行等内容，组织部分政风行风监督员和纠风监测员，对各镇街的基层站所进行明查暗访，对发现的问题及时督促整改。全面推行“民情周记”制度，进一步增强基层站所干部职工的岗位履职及服务群众能力。扎实开展站所标准化建设，要求各主管部门结合实际，在窗口建设、服务流程、内控机制等方面，严格标准，统一规范，认真落实。刁铺街道财政所等10个单位被市纪委评为2013年度基层站所作风建设五星级单位，口岸街道水利管理服务站等10个单位被评为2013年度基层站所作风建设四星级单位。

【机关作风建设督查】 2013年，区效能办印发《2013年高港区“勤廉示范岗”评选办法》，继续组织“创先争优”活动，并先后多次组织开展对午间饮酒、部门相互吃请，以及上班迟到早退、上网炒股、玩游戏、上网聊天、看电影、脱岗早退等违纪违规行为的明查暗访活动，对15起违纪行为进行通报，有效遏制机关干部“庸懒散奢”现象。

【村级勤廉“双评”活动】 2013年，区纪委组织全区89个村（社区）开展村（居）民直评村官和村级勤廉指数无纸化测评活动190余场次，群众代表6万余人次参加，推动落实民生项目58个，总投资额3479.69万元，6名群众公认的村（社区）干部得到提拔重用，3名差评干部被诫勉谈话。

【勤廉社区创建】 2013年，区纪委指导全区49个社区全面开展勤廉社区创建工作，推动城市社区党风廉政建设工作深入开展。白马镇金马社区和许庄街道马厂社区获市级勤廉示范社区称号，13个社区通过市级勤廉社区创建验收。

【党务公开】 2013年，区纪委积极整合公开资源，深入推进党务公开工作。指导区检察院党总支、永安洲镇福沙社区党委和白马镇金马社区党总支建成泰州市党务公开工作示范点。

【非公有制企业党的纪律监督】 2013年，区纪委继续深入推进非公有制企业党的纪律监督工作，积极构建区、镇、村“三级联建”工作格局，实现对已建立党组织的非公有制企业全覆盖。11月，区纪委会同区委组织部、区检察院召开“勤廉建设进企业”推进会，部署非公有制企业党的纪律监督工作。

惩治腐败

【违纪违法案件查处】 2013年，区纪委共受理各类信访投诉134件次，比上年上升7.20%，其中，来信94件次，来访9批次13人次，网上举报31件次；初信初访102件次，办结率98%。全年查处上报案件32件，其中，自办案件10件、经济案件16件、1万元以上案件12件，科级干部3人，移送司法机关5人，挽回经济损失550万元。

【政府投资项目招投标监督】 2013年，区纪委加强政府投资项目工程建设招投标监督，督促落实工程合同制、项目法人责任制、工程监理制、廉政合同制等制度，确保程序规范、操作透明、过程公开、结果公正。全区共实施项目招投标81次，比工程预算价72298.94万元节约8395.90万元，节约率11.60%。

【反浪费反奢侈专项整治】 春节、五一、中秋、国庆等节假日期间，区纪委发送廉政短信5200余条，组织暗访9批次，查纠各类问题21个。开展会员卡清退工作，全区525名干部全部做到零报告、零持有。全区“三公经费”（公务出国费、公务用车购置及运行费、公务接待费）下降27%。

行政监察

【服务保障转型升级监督检查】 2013年，高港区成立“为工程清障、促干部清正”转型升级“双百”工程（泰州市实施的202个重大项目）主题监察活动领导小组，重点围绕项目责任部门及法人单位是否存在不作为、慢作为、乱作为、假作为等影响和阻碍项目落地与建设进度的行为，项目建设是否依法履行立项、规划、土地、建设审批程序等方面，对全区33个工程项目开展执法监察、效能监察12次，督促整改存在问题8类35项，切实为“双百”工程建设保驾护航，确保提速不失规范、服务不失监督、高效不失廉洁。

【村庄环境整治专项效能监察】 2013年，区纪委牵头制定村庄环境整治效能监察实施方案，采取全程督查和重点抽查、明查与暗访相结合方式，对各镇街和相关部门落实责任、组织实施、资金管理和廉洁自律等情况进行效能监察，共查纠政令不畅、作风不实、效能低下等问题76项，保证村庄环境整治工作顺利推进。

【餐饮服务食品安全放心工程创建监察】 2013年，区纪委牵头召开餐饮服务食品安全放心工程现场推进会，分解创建任务到各单位，按序时有效推进。2个镇街、5个餐饮单位被评为市级示范地区和示范单位，全年未发生等级食品安全事故。

【保障性住房建设专项监察】 2013年，区纪委牵头协调区住建、国土、财政部门，对保障性住房进度、质量、分配、资金使用等方面加强监察，全区新开工公共租赁住房500套、新开工建设限价商品住房1000套的目标任务提前超额完成。

【企业违法排污整治专项监察】 2013年，区纪委牵头向社会公布17个市、区级挂牌督办单位和重点整治内容，落实整治要求、解决时限和责任单位。组织召开“过堂会”，逐企业评审整治方案，关停违法排污企业1个。

【民生资金网络监管平台】 2013年，区纪委继续完善民生资金信息化监管平台、民生资金查询“一点通”系统，入网监管民生资金2.60亿元，群众查询11.20万人次。 （高纪办）

民主党派·社会团体

民革高港支部

【概况】 2013年,民革高港支部新发展成员1人,有成员12人,其中区政协委员4人。集中开展送医、送法下乡活动3次,特困群体100余人次接受服务。在全区多个村(社区)开展法制宣传教育活动,为基层干群送去法律知识,受到社会各界好评。8月13日,《人民政协报》A2版对支部活动进行报道。全体党员积极参政议政,撰写提案4个,向区法院、检察院等部门提出合理化建议10余条。

(丁党民　董佳洁)

民盟高港支部

【概况】 2013年,民盟高港支部有盟员19人,其中,市人大代表1人、区政协委员5人。组织"快乐光明行,爱眼爱世界"活动,在全区中小学巡诊、授课、免费验光。在全区大型商场和超市设立募捐箱,开展"救孤助困一日捐",向孤儿和贫困群众捐赠棉衣、被。组织支部盟员开展调查研究,沈晓坤《完善农村中小学教师工资经费保障机制》被列为民盟省委调研课题,张金虎《设立高港中等专业学校、市技能大赛配套专项资金》、陈学东《建立空气质量定期监测机制》和曹明德《加强烟花爆竹燃放管理的建议》3个提案被区政府采纳并落实,薛松林《加快实施环溪路西延工程》提案落实中。

(陈学东　董佳洁)

民建高港支部

【概况】 2013年,民建高港支部有成员14人,其中,市政协委员1人,区政协委员3人、常委2人。2名会员被聘为特邀监督员和人民监督员。组织会员学习中共十八大精神,积极参加区委统战部组织的学习讲座。创新支部活动形式,利用民建高港支部QQ群,定期传达组织要求、安排工作、进行交流、分享体会,与外地支部开展学习交流。广泛听取和收集来自社会各阶层的意见和建议,为全区经济建设和社会发展建言献策。继续开展"一对一"帮扶活动,定期资助口岸街道田河社区一贫困儿童。

(蔡国祥　董佳洁)

民进高港小组

【概况】 2013年,民进泰州总支普教支部高港区小组吸收新会员2人,共有会员8人,其中区政协委员1人。6月,包继林参加民进全省组织工作会议暨骨干会员培训会,作基层组织建设经验交流。7月中旬,民进高港小组举行会员暑期培训会,传达会议精神,对会员进行撰写社情民意培训。组织会员对口岸中学新疆班民族团结教育情况进行研究。包继林《充分利用学校资源,为社区教育提供有力支撑》《重视社区教育与青少年的全面发展》2个提案得到区领导的充分肯定。

(包继林　董佳洁)

农工党高港支部

【概况】 2013年,农工党高港支部发展成员2人,共有成员21人,其中,区政协委员3人、常委1人,1人被区纪委聘为勤廉监督联络员。高港支部被农工党泰州市委评为先进基层组织,杨山明、姚兰被评为先进个人。积极开展送医下乡、送教下乡，派出医务专家到大泗敬老院、佴陈村进行义诊，100余人受益。派出教育专家到永安洲镇支教，举行健康、安全讲座2次，发放宣传材料200份。教育组农工党员组织学生慰问孤独特困残疾人杨富生，为留守儿童过生日、补习功课。4月四川雅安芦山地震后，支部党员主动向灾区捐款捐物，折合现金1700余元。全年提交提案5个，报送信息10条，4条信息被《农工苏讯》和《泰州农工》采用，周娟《关于加强高港区疾控体系建设的建议》被农工党泰州市委作为重点提案提交市政协，杨山明《胸怀理想，心系病人》全文刊于《农工苏讯》。

（王东兴　董佳洁）

九三学社高港支社

【概况】 2013年，九三学社高港支社新发展社员1人，共有社员14人，其中，市政协委员1人，区政协委员5人、常委1人。12月，支部进行改选，徐桂明当选为主任委员。年内，组织社员学习中共十八大和十八届三中全会精神。围绕转型升级、综合改革、关爱空巢老人撰写提案7个，其中，区领导批示2个，泰州市政协采用1个。关于《医疗器械流动领域的腐败亟待扼制》的社情民意被区政府采纳，邹贤平《关于推进泰州转型升级和改革试点的意见》《对重点园区、重点镇（街）开展精简行政层级试点、实施简政放权改革》建议被市政协采用。史爱梅《关心空巢老人身心健康》、陆玲玉《严控商家高音喇叭扰民》等提案得到有关部门的高度重视。

（徐桂明　董佳洁）

区工商联

【概况】 2013年，高港区工商联以中共十八大精神和《中共中央、国务院关于加强和改进新形势下工商联工作的意见》为指引，紧紧围绕非公有制经济健康发展和非公有制经济人士健康成长“两个健康”工作主题，按照区委战略目标的总体要求，深入贯彻落实科学发展观，各项工作取得显著成效。全区有镇街商会7个、会员406人，行业协会4个，异地商会1个。区工商联在全市工商联系统年度工作测评中，综合得分第一，被评为优秀单位。

【非公有制经济人士思想理念教育实践活动】 2013年，区工商联开展非公有制经济人士理想信念教育实践活动。组织收看中央统战部和全国工商联召开的电视电话会，召开全区非公有制经济人士理想信念教育实践活动动员部署和推进会，成立区非公有制经济人士理想信念教育实践活动领导小组，制定《关于泰州市高港区开展非公有制经济人士理想信念教育实践活动的实施方案》，向全区非公有制经济人士发出《同心共圆中国梦，建设美好新高港》倡议书。组织非公有制企业代表参加泰州市非公有制经济人士理想信念教育实践活动巡回报告会，引导和帮助非公有制经济人士坚定中国特色社会主义信念。

【宣传引导】 2013年，区工商联建立20余人的信息员队伍，完善信息工作考核办法。全年各基层商会上报信息49篇，其中，高港商会网站采用19篇，市工商联网站采用31篇，高港区政府网站采用19篇，《泰州日报》采用2篇。专题宣传江苏省企业文化建设示范单位泰州市华强照明器材有限公司企业文化建设经验，宣传江苏荣天化工集团有限公司、江苏乐彩印刷材料有限公司转型升级谋发展的典型案例，以及泰州市大邦清洗有限公司积极奉献爱心、履行社会责任的先进事迹，在全区营造积极向上、争当全市转型升级排头兵的良好氛围，促进非公有制经济人士健康成长。利用会刊、网站等平台宣传中共十八大精神。

【服务非公有制经济】 2013年，区工商联组织20余个会员企业参加市工商联举办的“新经济形势下企业转型升级的应对策略”专题讲座，助推民营企业转型升级。开展专题调研，用近1个月的时间走访20余个会员企业，为企业提供有针对性服务。协助泰州市华强照明器材有限公司申报2013年江苏省企业知识产权战略推进计划，协助江苏宏大广告有限公司申报国家二级广告企业资质。推荐5名会员企业负责人为市法院商事调解员。联合区总工会、人社局开展非公有制企业工资集体协商座谈活动，帮助会员企业解决用工矛盾。为会员企业提供银企对接服务，签约和授信资金8200万元，帮助部分会员企业解决转型升级发展中的资金难题。

【商会组织建设】 2013年，区工商联出台《高港区工商联2013年度会员发展、行业组织建设目标》，对全区各级商会组织发展进行指导。全年新发展会员70人，成立高港区绳网带行业协会。刁铺街道商会被评为省工商联系统先进基层商会，口岸街道、许庄街道商会被评为市工商联系统先进基层商会。3月26日，组织到兴化市学习异地商会组建工作经验，研讨异地商会建设发展规划。指导北京高港商会召开会长办公会议，明确理事会主要成员的工作分工，建立工作联络平台与日常工作制度。

【绳网带行业协会成立】 9月28日，高港区绳网带行业协会举行成立大会。区绳网带行业协会的成立对代表和维护全区绳网带行业的共同利益，团结行业力量，促进行业良性发展具有重要意义，为打造高港绳网带特色产业名片、推进全区绳网带产业跨越式发展发挥重要作用。全区有绳网带企业近100个，从业人员近2500人。

【"光彩事业"】 2013年，区工商联组织会员企业开展"暖冬行动"。刁铺商会组织10个会员企业开展结对帮扶活动，筹集资金12万元救助贫困学生和困难少数民族家庭。许庄商会慰问特困职工家庭48户、特困职工68人，慰问金额4.80万元。2月4日，举办"情系老人，共迎新年"志愿者活动，慰问口岸街道蔡滩社区困难老人，赠送春节生活用品大礼包，邀请高港人民医院医生、理发店理发师为老人进行体检和理发。联合区团委、区总工会、区妇联等部门开展救助胡庄镇白血病患者沈婷募捐活动，会员捐款15.50万元。 （王莹月）

区总工会

【概况】 2013年，区总工会积极开创工会工作新局面，打造"六大行动"服务企业转型升级、"工会代表工作日"、职工阳光互助互济等工作特色。全年新建独立基层工会46个，工会会员净增3539人。中华全国总工会《工会信息》及《工人日报》《江苏工人报》《泰州日报》等新闻媒体报道有关高港工会工作信息68篇。区总工会被评为省文明单位、市文明单位标兵、区人民满意机关，获市工会工作优秀单位第一名、市工会工作创新创优成果一等奖。

【"六大行动"服务企业】 5月，区委办、区政府办出台《关于开展"六大行动"服务企业转型升级的实施意见》，助推企业转型升级。区总工会采取自主与自选相结合的方式，深入推进"创新提质""技能登高""平安企业""一线维权""阳光关爱""健康职工"六大行动。在"创新提质"行动中，职工提出降低产品成本的合理化建议800余条，申报专利2000余件；在"技能登高"行动中，8900余名职工参加技能提升活动，4000余人取得执业资格证书；在"平安企业"行动中，对高危行业7000余人进行安全培训，生产事故明显减少；在"一线维权"行动中，工资集体协商质量提升，职工保险和公积金的支付、加班费用的发放明显规范；在"阳光关爱"行动中，上下联动开展"阳光快车行动服务周"活动；在"健康职工"行动中，免费为全区3600名女职工体检，聘请心理健康专家为企业职工进行心理疏导。7月，省总工会主席邢春宁到高港区调研后给予充分肯定，并在全省推广。《工会信息》《江苏工人报》《泰州日报》等媒体专题报道。

【劳动竞赛】 6月，区总工会与区委组织部联合印发《"素质培训进企业"活动指导方案》，在泰州市华强照明器材有限公司组织开展灯具组装技能大赛，对优胜选手给予表彰奖励。各基层工会组织开展电焊工、车工、叉车等技能比赛50场。借助《工人日报》《江苏工人报》《泰州日报》等新闻媒体，广泛宣传王海东等高级技术人才的事迹。泰州中航船舶重工有限公司联合车间切割班、江苏扬子江药业集团凯威药用包装有限公司被评为江苏省工人先锋号，江苏康贝宠物食品有限公司合理化建议被评为市十佳优秀合理化建议。

【劳动模范评选及管理】 2013年，益海（泰州）粮油工业有限公司周江丽获全国五一劳动奖章，江苏海企化工仓储股份有限公司史先召获江苏省五一劳动奖章，9人获泰州市劳动模范称号，10人获区五一劳动奖章。区总工会拍摄制作《劳动模范风采录》，宣传劳动模范事迹。落实企业退休劳动模范地方养老补贴政策，省部级企业退休劳动模范8人受惠。免费为139名劳动模范及先进人物进行健康体检，组织30余名劳动模范外出疗休养。在重大节日期间慰问一线劳动模范、特殊贡献劳动模范和困难劳动模范242人次。

【工资集体协商】 7月，区政府转发《关于进一步加强高港区企业工资集体协商工作意见》。年内，区总工会开展工资集体协商"要约行动"，活动覆盖面100%，全区50人以上企业工资集体协议签订率100%，审核备案率100%。全区新增绳网吊索具和医疗器材2个行业的工资

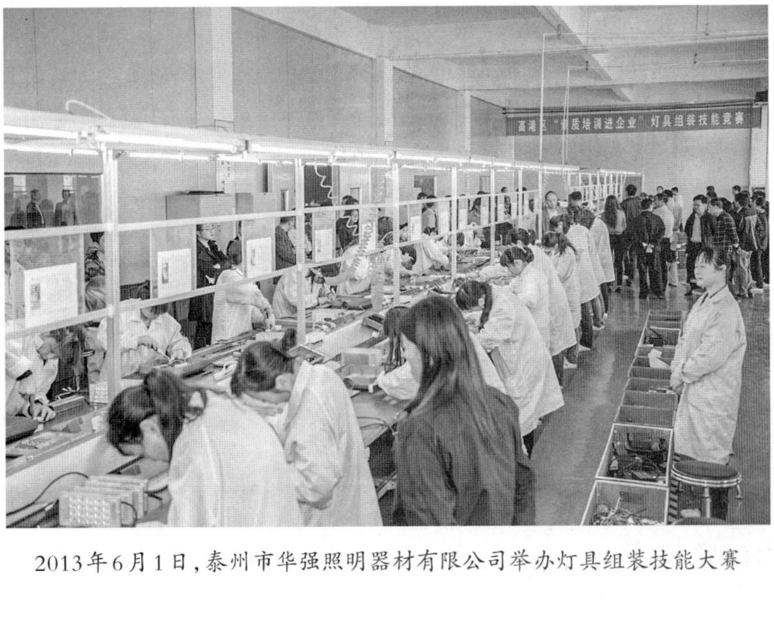

2013年6月1日，泰州市华强照明器材有限公司举办灯具组装技能大赛

集体协商。区总工会被评为泰州市推进企业工资集体协商工作先进集体，泰州市华强照明器材有限公司、泰州苏中天线集团有限公司、泰州市环太电器有限公司和富彤化学有限公司被评为市工资集体协商工作优秀企业。

【企业民主管理】 2013年，区总工会健全以职代会为基本形式的企业民主管理制度，深入开展职代会达标升级活动，提升厂务公开民主管理工作质量和水平。泰州市东方离合器有限公司、泰州三福船舶工程有限公司分别被市总工会评为民主管理法律工作"123"工程（创建省级示范单位10个，市级示范单位20个，各市、区分别创建示范单位30个）职工代表大会模范单位、先进单位，泰州市和源翔服饰有限公司、泰州市万达气弹簧有限公司分别被评为普法宣传模范单位、先进单位，泰州市天圣针织机械实业有限公司被评为信访工作先进单位，许庄街道马厂社区被评为劳动争议调解先进单位。

【劳动保护】 2013年，全区企业劳动保护专项协议签订率85%以上，29个基层工会被评为市级劳动保护合格工会。116个企业参加"安康杯"竞赛活动，区总工会被评为市"安康杯"竞赛先进集体，江苏海企化工仓储股份有限公司被评为江苏省"安康杯"竞赛优胜单位。

【职工文化建设】 2013年，区职工服务中心被评为全国职工教育培训示范点，全区新增市级职工书屋10个、省级职工书屋1个。5月，组织开展中共十八大知识竞赛，1万余名职工参加。11月，开展"中国梦·劳动美"征文比赛，评选表彰征文20篇，部分作品在《泰州日报》刊登。7月，与国税二分局共同承办高港区第二期"道德讲堂"总堂活动。10月，在泰州口岸船舶有限公司举办"大江儿女·师德、医德模范"进企业巡讲活动。永安洲镇、胡庄镇总工会分别举办"梦圆永安洲"文艺汇演和庆五一文艺晚会。

【职工帮扶】 2013年，区总工会认真落实《泰州市高港区职工阳光互助互济实施办法》，建立高港区职工阳光互助互济基金，对职工进行二次医疗救助。白马镇、胡庄镇职工参与率90%以上。6月，区总工会通过高港工会网站建立特困职工、金秋助学在线申报系统，为职工提供快捷的求助方式。全年拨出资金130余万元，慰问特困职工、困难职工、困难学生和农民工540余人次，免费为全区女职工（含农民工）3600余人进行体检。

【工会组织建设】 2013年，区总工会建立"两函一奖"（建会催办函、换届提醒函、考核奖励）机制，发送建会催办函8份、换届提醒函29份。全区新建独立基层工会46个，工会会员净增3539人。高港高新区建成江苏省工会工作模范园区，江苏扬子江药业集团凯威药用包装有限公司七车间工会小组被评为全国模范职工小家，泰州中航船舶重工有限公司工会委员会、泰州市创新电子有限公司工会委员会被评为江苏省模范职工之家，泰州市东方离合器有限公司金工车间工会小组、华润雪花啤酒（泰州）有限公司包装车间工会小组被评为江苏省模范职工小家。

【"工会代表工作日"活动获全国工会基层组织建设创新成果优秀奖】 4月，区总工会出台《关于组织开展"工会代表工作日"活动的实施意见》。每季度组织工会代表到基层开展公开接待活动，全年收集意见和建议120余条，帮助企业和职工办理实事19件。该活动获全国工会基层组织建设创新成果优秀奖。

【"送清凉、送安全、送法律"活动】 7月，区总工会在银杏广场开展"送清凉、送安全、送法律"活动。市人大常委会副主任、区委书记王建及有关区领导全程参与，向环卫工人赠送防暑降温物品150份、慰问金6.50万元，发放《职业病防治法》《安全卫生知识读本》《防暑降温小常识》等书籍、资料1000余份。

（张　峰）

团区委

【概况】 2013年，团区委坚持学习宣传中共十八大精神，注重运用社会主义核心价值体系教育引导青年；坚持将组织青少年作为分类引导的重要前提，注重加强团的基层工作基础；坚持以更优更好的服务凝聚青少年，注重解决青少年的具体需求和实际困难；坚持代表和维护青少年合法权益，注重关爱活动的实效。全年新建或改建镇街直属团组织224个，注册志愿者新增800人，新增市级青年文明号2个。

【团组织建设】 2013年，团区委新建或改建镇街直属团组织224个，超额完成既定目标任务。推动镇街实体化"大团委"组织机构完善和人员落实。举办"网聚正能量，共筑中国梦"第四期共青团干部培训班，讲解如何应对网络舆情。深化青年文明号创建活动，新增市级青年文明号2个、区级青年文明号21个。泰州市第三高级中学创建成第十五批江苏省五四红旗团委。加大区级五四红旗团委、五四红旗团支部、优秀团干部和优秀团员评选力度，新增区级五四红旗团委10个、五四红旗团总支10个、五四红旗团支部16个、优秀团干19人、优秀团员39人。35人获区级青年岗位能手称号。着力做好"两新"组织（新经济组织和新社会组织）团建工作，"两新"组织团建应建已建率90%以上。

2013年5月2日，高港区召开各界青年代表纪念五四运动94周年座谈会

【青少年信念教育】 5月2日，高港区召开纪念五四运动94周年座谈会，组织全区广大团员青年学习中共中央总书记习近平在同各界青年代表座谈时的重要讲话精神。年内，团区委开展"与人生对话——我的中国梦"主题教育实践活动和"十八大精神进校园"宣讲活动。在永安洲镇举办"贯彻十八大、学习新党章"知识测试活动，在江苏省口岸中学开展"凝聚莘莘学子心，共筑美好中国梦"主题团日活动，引导青少年坚定理想信念。

【青少年道德实践活动】 2013年，团区委指导江苏省口岸中学、泰州市第三高级中学等学校开展十八岁成人宣誓仪式和"感恩·奋斗"主题班会等活动，培养青少年勇于担当、甘于奉献的社会责任意识。开展"七彩夏日"未成年人基本道德规范教育实践活动。开展"学习雷锋好榜样"志愿服务集中行动和"学雷锋　敬老人"等活动，弘扬雷锋精神，塑造良好道德。组织向杨向明学习教育活动，在全区青年中宣扬舍己救人的优良品德。发动向胡庄镇白血病患者孔婷募捐行动，在全社会营造互助互爱的良好氛围。开展"青春助力生态泰州行动"，倡导"转型发展、跨越发展、绿色发展"理念。

【服务青少年创业就业】 2013年，团区委推进"泰州青年创业伙伴计划"，协助团市委、泰州海阳农村商业银行实施"泰州青年创业小额贷款绿色通道"，帮助各类创业青年申请创业贷款220万元。推进共青团就业创业见习基地建设，新增"见习经理"20人，"一团干一项目"（每一名镇街团干部尤其是新选任团干部领办一个项目）工作有序进行。

【维护青少年合法权益】 2013年，团区委先后举办5场微博、微信互动会，宣传《中华人民共和国预防未成年人犯罪法》《中华人民共和国未成年人保护法》等法律法规。借助"六五"普法宣传平台，在镇街开设青少年法制宣传专栏，发放青少年宣传手册1000余册。结合"牵手朝阳·校园卫士"工程，开展法制图片展进校园、法制教育进课堂等活动。建立青少年心理咨询室、青少年法律援助点等服务平台，设立青少年维权岗。利用微博、微信等征集各界青少年"微心愿"500余条，50%以上"微心愿"得以实现。常态化开展"共青团与人大代表、政协委员面对面"活动，提出《关于加强青少年社区活动场所建设的建议》议案。开展关爱行动，拓宽筹资渠道，资助特殊群体青少年12人6万元。建立健全留守儿童服务管理帮扶实施办法，成功打造胡庄镇"国家电网·希望来吧"关爱品牌。

【新媒体分类引导青年】 2013年，团区委开通高港共青团官方微博、微信。组织开展"微影·我们"微电影大赛和省十四次团代会"青春邀约走基层"视频短片拍摄。运用官方微博、微信与青少年交流，适时发布青年喜闻乐见的信息，共青团官方微博粉丝量5000人。

【青年志愿服务活动】 2013年，团区委不断规范全区志愿服务体系，及时更新志愿服务队伍，深化青年志愿者行动，全区注册志愿者新增800人。联合团市委在泰州大桥北接线绿色通道开展"植树护绿"保护母亲河行动，组织青年志愿者种下树苗1000余株。组织100余名青年志愿者参与高港区造血干细胞捐献血样集中采集活动。

【希望工程·圆梦行动】 7月3日~8月31日，团区委联合团市委开展"微爱传递·助Ta圆梦"希望工程圆梦行动，募集奖助学金4.50万元，资助贫困大学新生13人。

【"12355"阳光行动】 2013年，团区委继续开展"12355"阳光行动，帮助中考、高考考生缓解考前压力。高考、中考前夕，邀请南京师范大学泰州学院教授和著名心理咨询师对江苏省口岸中学、泰州市第三高级中学及高港中学学生进行心理辅导，引导考生保持良好心态参加考试。（王海涛）

区妇联

【概况】 2013年，高港区妇联围绕争当全市转型升级综合改革排头兵战略部署，创新管理，突出民生，为妇女儿童架设圆梦桥梁，形成“妇女工作创特色，妇女儿童普受惠”局面。先后被评为省妇女报刊宣传工作先进单位、省第三届“万家学法”知识竞赛活动优秀组织单位、泰州市“巾帼建功”活动先进集体。全区有园区、镇街妇联8个，村妇代会40个，社区妇联49个，系统妇委会24个，基层妇女干部121人。

【推进女性进基层“两委”】 5月20日，区妇联举办推进女性进基层“两委”培训班，积极鼓励优秀妇女参政议政，为女性进“两委”打好基础。积极与区委组织部、区民政局及各镇街沟通交流，全区89个村（社区）妇女主任全部进“两委”，村（社区）“两委”中至少各有1名女性。

【基层妇女组织建设】 2013年，区妇联在基层妇联开展“两网”建设，即在网上建立“网络妇联”，网下打造“网格妇联”，将妇联组织架构延伸到网络和社区楼栋，推动妇联参与社会管理。建立健全新社会组织和新经济组织中的妇女组织，将企业妇女组织与企业女职工委员会有机结合。加强党政机关和企事业单位妇女组织建设，对全区机关女职工进行调查摸底，新成立审计局和城管办系统妇委会。推动“妇女儿童之家”建设，刁铺街道大丰社区、许庄街道管营村和永安洲镇福沙社区建成省级“妇女儿童之家”，刁铺街道环溪社区、许庄街道三旗营社区、口岸街道引江社区、永安洲镇建安社区和胡庄镇戴陈村建成市级“妇女儿童之家”。11月15日，区妇联为管营村“妇女儿童之家”捐赠图书500本。

【助推妇女创业就业】 2013年，区妇联协助区人社局发放妇女创业小额贷款673万元，帮助116名妇女成功创业。在许庄街道举办再就业培训班，在白马镇举办2期SYB（START YOUR BUSINESS，意为创办你的企业）创业培训班，在永安洲镇和白马镇举办“好苏嫂”家政服务培训班，共培训学员1000人次，帮助更多失业女性学会新技能。积极动员妇女参与小农场建设，全区共有20余名妇女承包家庭小农场。

【区女企业家协会成立】 3月18日，高港区女企业家协会通过区民政局登记注册。6月6日，召开女企业家协会成立大会。会议表决通过协会章程，通过协会会长、副会长和理事名单，戚俊宏当选为会长。市人大常委会副主任、区委书记王建出席并讲话。区女企业家协会为具有独立法人资格的社会团体，共有37名会员。注重搭建“会员之家”的服务平台、资源共享的协作平台、与时俱进的学习平台、展现风采的宣传平台、促进对外经济交流的发展平台“五个平台”。

【维权活动】 3月5日，区妇联在白马镇和刁铺街道开展宣传咨询服务，宣传《中华人民共和国婚姻法》《中华人民共和国劳动合同法》等有关妇女权益的法律法规。3月8日，在大泗镇举办维权知识竞赛，通过抢答和案例讲解的形式，巩固农村妇女的维权知识。“11·25”反家庭暴力宣传日，到口岸街道龙窝口社区讲授反家庭暴力知识和怎样处理好家庭关系，增强社区妇女的反家庭暴力意识。“12·4”法制宣传日，联合区司法局开展妇女法制宣传咨询活动。

【村规民约修订完善】 2013年，区妇联在大泗镇霍堡村进行村规民约修订的试点，省、市妇联多次到霍堡村调研，对试点工作表示肯定。借助村和社区“两委”换届选举契机，在全区所有的村和社区推进修订完善村规民约工作，切实保障农村妇女土地承包经营权，全面维护农村妇女合法权益。全区各村、社区村规民约修订完成率100%。

【关爱留守儿童】 2013年，区妇联联合区教育局对全区2035名留守儿童进行调查摸底和登记造册。在高港区“牵手朝阳·校园卫士”活动中，区妇联对留守儿童开展学习上关心、心理上关爱、生活上关注、成长上关怀等措施，建立持续有效机制。六一期间，在大泗学校举办“心手相牵、共筑童梦”系列活动，组织社会妈妈与留守儿童做游戏，并向留守儿童发放省妇联统一制作的含有学生书本与文具的“四季平安盒”50套，爱心企业为留守儿童购买《百科全书》、四大名著等书籍。向许庄街道和胡庄镇的留守儿童发放“四季平安盒”70套，看望5名孤儿，为每人送去1000元慰问金。在全区妇联系统发出倡议，为白血病患者孔婷募捐善款4万余元。全年资助贫困儿童10万元。

【关爱空巢独居老人】 “3·5”学雷锋日，区妇联组织100名巾帼志愿者进社区、进养老院开展志愿服务活动。“5·15”巾帼志愿者服务日，在口岸街道龙窝口社区开展“与爱同行”巾帼志愿服务行动。重阳节期间，组织看望慰问部分空巢独居老人，并建议社区充分发挥“网格妇联”作用，做好对空巢独居老人的跟踪服务。

【关爱单亲贫困母亲】 1月31日，区妇联举办“用我们的爱温暖你们的心”关爱单亲贫困母亲捐助款集中发放仪式，邀请28名捐助单位代表与20名受助的单亲贫困母亲共同参会，确保捐助资金全部发放到受助对象手中，共发放救助资金10080元。

【“港城·博雅女性大讲堂”】 9月25日，区妇联邀请上海市国际注册高级礼仪培训师张京生作“心理健康

2013年9月24日,区妇联举办“博雅·港城女性大讲堂”活动

与快乐工作”专题讲座,鼓励做健康、快乐、美丽的新女性。全区机关及基层女干部、女大学生村官、女企业家代表120余人参加。

【“我心中的好妈妈”征文】 2013年,区妇联联合区教育局在全区中小学开展“我心中的妈妈”征文活动,发动留守儿童积极参与。收到征文98篇,经专家评审,30篇征文获奖。高港中学唐成睿的征文在《莫愁·家教与成才》第10期上刊登。

【薛垛村建成省级巾帼现代农业科技示范基地】 2013年,胡庄镇薛垛村村支书张晓兰带头成立高港区润洋果蔬合作社,以指导农民种、帮助农民卖、带动农民富为宗旨,广泛开展跨地区的业内交流,沟通技术信息,增加农民收入,帮助群众脱贫致富,共投资500万元,吸纳会员119人。11月,高港区润洋果蔬合作社被省妇联评为省级巾帼现代农业科技示范基地。

(栾 丽)

区侨联

【概况】 2013年,高港区侨联围绕全区工作中心,强化为侨服务,切实履行侨联组织各项职能,凝聚侨心,发挥侨力,为促进高港区经济、社会发展作出新贡献。全年接待美国、英国、阿联酋、安哥拉等地客商8批20人次。

【侨界信访维权】 2013年,区侨联办理侨务信访9件次,其中,来访4批6人次、来信来电5件,涉及房屋征收、优抚照顾等方面。主动帮助化解矛盾,解决实际问题。

【侨界关爱活动】 2013年,区侨联到侨界群众中了解侨眷及其海外亲属工作和生活情况,帮助解决实际问题。春节、中秋等传统节日期间,开展“送温暖、献爱心”活动,走访慰问侨眷及侨联委员23人次,看望困难侨眷1人,送去慰问金、慰问品。

【侨界联谊】 2013年,区侨联注重侨界联谊工作,接待镇江市润州区侨联、宜兴市侨联考察。6月,接待阿联酋江苏商会会长李玉银一行。11月,接待中国侨联副主席、弘阳集团总裁曾焕沙一行,陪同考察水岸帝景房地产项目。

(卢国平)

区科协

【概况】 2013年,高港区科协带领广大科技工作者,积极开展各项科普活动,认真学习贯彻省、市、区委《关于加强以党建带动科协组织建设的意见》,充分发挥科协优势,全力助推全区加快转变经济发展方式。区科协先后被省科协评为江苏省第24届青少年科技创新大赛优秀组织单位,被市科协评为2013年度泰州市科协系统综合工作先进集体、泰州市第12届青少年科技创新大赛优秀组织单位。全区新增“讲理想、比贡献”竞赛项目19项,“厂会协作”和“金桥工程”项目11项。

【科技服务基地建设】 2013年,省造船工程学会与泰州港核心港区、区科协成功签约,共建船舶产业协同创新科技服务基地。江苏科技大学船舶与海洋工程学院与泰州三福船舶工程有限公司成功签约共建科技服务站。泰州三福船舶工程有限公司聘请马晓平、管义锋、赵虹、俞孟蕻4名首席专家(工程师)。省药理学会与扬子江药业集团签约共建医药产业科技服务站,聘请王广基、朱萱萱、肖大伟、陆益红、徐立5名首席专家(工程师)。泰州海博汽车科技有限公司与省汽车工程学会达成合作协议,聘请何仁为首席专家(工程师)。

【科技信息应用推广】 2013年,区科协组织30个骨干企业的技术研发负责人参加全市企业科技信息服务项目工作会议,将科技信息服务项目及“海智计划”项目和人才信息目录编印成册,请区政府负责人在全区经济形势分析会上进行宣传和部署。着力培植扬子江药业集团、泰州市兴东煤矿机械制造有限公司和江苏康贝宠物食品有限公司等企业专利信息应用典型案例,发挥典型引领作用,全区23个企业签订保密协议，其中6个企业成功应用部分专利信息。

【科普惠农“三化”建设】 2013年，区科协对照《泰州市科普惠农示范基地“三化”(组织化管理、标准化生产、品牌化经营)建设的意见》，按照农村专业技术协会(简称“农技协”)、农村专业合作社和党组织三方协调、共同推进的原则，组建16个农技协。重点培植泰州市御庐园农业科技有限公司、江苏腾龙园林绿化工程有限公司等示范基地，御庐园注册科普惠农产品商标3个，全区新注册科普惠农产品商标9个。将奖补资金向“三化”建设示范基地倾斜，引导科普惠农项目逐步走组织化、标准化、品牌化之路。协同区农委举行20余场农业科技培训，印发各类农业科技资料5000余份，邀请省农科院和省农牧学院专家深入田头、地头开展技术指导，帮助解决技术难题。年内，泰州市御庐园农业科技有限公司总经理杨斌被评为江苏省科普惠农带头人，江苏宝祥再生能源有限公司被评为江苏省科普惠农服务站，新增市级科普惠农服务站2个、优秀农技协(示范基地)2个。

【科普阵地建设】 2013年，区科协全面启动实施“科普馆全覆盖”工程。许庄街道马厂社区生命与健康主题科普馆建成，配套建设图书馆、电子科普阅览室。口岸街道新城社区消防安全主题科普馆建成，刁铺街道万庄社区气象主题科普馆在建。交通安全与防震减灾主题科普馆完成选址设计工作，进场施工在即。在刁铺街道大丰社区规划建设科普文化广场。开通手机短信平台，发送科普短信60余条。依托民生资金监管网络，开通科普园地“一点通”平台，完成软件安装升级、运行开放。制定《关于泰州市社区科普大学高港学院建设的实施意见》，全区社区科普大学学院、分校、教学班建成率80%以上。

【科普宣传】 5月18日，高港区在文峰千家惠广场举行以“科技创新、美好生活”为主题的第17届科普宣传周启动仪式，社会各界代表300余人参加。区科协、农委、卫生局、环保局、妇联、总工会等13个单位现场组织大型义诊、司法咨询、农资真假识别、健康饮食及低碳环保宣传、有奖问答等科普宣传和咨询服务活动，吸引居民近千人参与。5月18~25日科普宣传周期间，全区举办各类科普咨询宣传活动38场、科普培训5场，发放各类科普宣传手册、杂志5000余份，光盘200余张，报纸、宣传卡片1.50万份，展示科普宣传画板200余块，悬挂横幅25条。9月14~20日，举办主题为“保护生态环境，建设美丽高港”的科普宣传日系列活动。举办“新环境　新高港”青少年绘画比赛。举办科普专家高港行活动，邀请北京大学地球与空间科学学院教授、中国空间科学学会空间探测专业委员会委员、中国科学院老科学家科普演讲团成员焦维新，在大江剧院举行“月球与月球探测”科普专题报告，1000余名中小学师生聆听报告。组织青少年科普馆、马厂社区科普馆、江苏腾龙园林绿化工程有限公司、泰州市御庐园农业科技有限公司、雕花楼景区等12个科普场馆及科普教育基地，在活动期间免费开放。

【科普创建】 2013年，区科协组织开展科普示范系列创建活动，提升基层科协组织科普能力。许庄街道马厂社区被命名为全国科普示范社区，获中国科协和财政部社区科普益民计划奖补资金20万元；扬子江医药产业科技服务站、三福船舶产业科技服务站被命名为省级科技服务站；高港青少年科普馆、江苏腾龙园林绿化有限公司被命名为江苏省科普教育基地；刁铺中心小学、孔桥小学被命名为泰州市科学教育特色学校。

【青少年科普】 2013年，区科协积极组织各中小学校参加省、市青少年科技创新大赛、金钥匙竞赛、机器人比赛等活动，全区21所中小学校实现参赛全覆盖；引导学校自主开展校园科技节、科技夏令营等活动。高港实验小学、口岸中心小学等学校通过开展绘制科学幻想画、小制作、小发明等活动，调动青少年创新创造的热情。在第24届江苏省青少年科技创新大赛中，获一等奖2个、二等奖2个、三等奖4个；在泰州市第12届青少年科技创新大赛中，获一等奖9个、二等奖31个、三等奖44个。区科协先后被省、市科协评为青少年科技创新大赛优秀组织单位。

【院士专家高港行活动】 6月，美国汽车洞察公司总裁迈克·托马斯访问高港，与高港区党政负责人和泰州苏中天线集团有限公司进行交流，促成泰州苏中天线集团有限公司与美国通用汽车公司形成合作关系。9月，美国国立卫生研究院资深研究员、美中医药健康产业促进委员会副主席、美国华裔医学科学家协会会长、医学博士、药理博士李君等海外医药专家组一行7人，调研考察扬子江药业集团。

【参政议政】 2013年，区科协采取书面征集和网络平台征集相结合的方法，广泛动员科技工作者，特别是科技界的人大代表、政协委员，向党委、政府提出合理化建议，共征集各类建议、意见27条。配合区政协组织科技界委员围绕科技创新开展议政活动，发挥科技人才作用。

【学术交流】 5月，区医学会承办扬泰地区泌尿外科学术年会，邀请省泌尿外科主任张炜及省内知名专家学者开展8场专题讲座，扬州、泰州地区各医疗单位的近200名代表参加会议。6月，依托扬子江药业集团举办药物制剂新技术研讨会，300余名国内外医药专家和医药代表参加研讨活动。

【基层科协组织和队伍建设】 2013年，区委组织部、区科协出台《关于进一步推进基层科协组织建设的通知》，召开各园区（镇街）组织委员、科协秘书长和相关系统、行业负责人会议，专题部署科协基层组织建设工作。高港高新区新建科协组织，三大园区均建有科协组织。新组建企业科协24个，共有企业科协32个，30强重点骨干企业全部建立科协组织。新组建气象学会、工商学会、审计学会、吊索具协会等学会及协会组织。制定《关于开展基层科协组织规范化建设的意见》，重点培植和打造10个规范化基层组织。开展科普志愿者征集工作，面向全区各镇街、各系统、各行业征集科普志愿者1231人，完成江苏省志愿者网上注册。全区89个村（社区）都有大学生村官担任科普宣传员。

【"讲理想、比贡献"竞赛】 2013年，区科协组织220名科技人员参加"讲理想、比贡献"竞赛活动，江苏宇马铝业有限公司双槽注胶铝型材的开发，扬子江药业集团完成毒素清国家重大专项验收、雪荔颗粒技术成果转化、赤母妇炎宁胶囊挥发油包合，江苏追日汽车同步器有限公司ZR150增力短行程汽车同步器，泰州市榕兴抗粘敷料有限公医用水胶体敷料，泰州市兴东煤矿机械制造有限公司WPZ-200/60煤矿用碎破装载卧底机，泰州三福船舶工程有限公司经济型1800载重吨多用途重吊船研发及产业化、造船板材套料中心管理系统开发及产业化、57000载重吨冰区加强型散货船的研发及产业化，泰州市宏泰电力设备有限公司真空集油清洗装置，泰州市中兴医疗机械科技有限公司微创股骨颈与粗隆间粉碎性骨折后侧加压接骨板、微创股骨颈粉碎性骨折后侧加压型固定接骨板、微创粗隆粉碎性骨折和股骨颈骨折连体型加压锁定接骨板14个项目被列入泰州市2013年"讲理想、比贡献"项目。

【"厂会协作"与"金桥工程"】 2013年，全区共300余名科技工作者参与"厂会协作"与"金桥工程"，在促进科技与经济相结合、加速技术创新和科技成果转化、搭建科技服务平台方面发挥重要作用。全年申报微创股骨颈与粗隆间粉碎性骨折后侧加压接骨板等9个项目。

2013年高港区"厂会协作"与"金桥工程"项目一览表

表10

<table>
<tr><th>项目名称</th><th>项目提供单位</th><th>项目需求单位</th><th>搭桥单位</th></tr>
<tr><td>微创股骨颈与粗隆间粉碎性骨折后侧加压接骨板</td><td rowspan="4">扬州大学医学院</td><td rowspan="3">泰州市中兴医疗机械科技有限公司</td><td rowspan="9">区科协</td></tr>
<tr><td>微创股骨颈粉碎性骨折后侧加压型固定接骨板</td></tr>
<tr><td>微创粗隆粉碎性骨折和股骨颈骨折连体型加压锁定接骨板</td></tr>
<tr><td>水胶体高分子抗菌敷料</td><td>泰州市榕兴抗粘敷料有限公司</td></tr>
<tr><td>57000载重吨冰区加强型散货船的研发及产业化</td><td rowspan="5">武汉理工大学</td><td rowspan="3">泰州三福船舶工程有限公司</td></tr>
<tr><td>经济型1800载重吨多用途重吊船研发及产业化</td></tr>
<tr><td>造船板材套料中心管理系统开发及产业化</td></tr>
<tr><td>WPZ-200/60煤矿用碎破装载卧底机</td><td>泰州市兴东煤矿机械制造有限公司</td></tr>
<tr><td>ZR150增力短行程汽车同步器</td><td>江苏追日汽车同步器有限公司</td></tr>
</table>

【马厂社区被命名为全国科普示范社区】 许庄街道马厂社区十分重视社区科普工作，在主要道路、广场、围墙等处建设3组42米的科普宣传栏，宣传绿色环保生活知识。建立350平方米的主题科普馆，配有科普图书室、阅览室、数字科技信息室，向社区居民开放。建有能容纳180余人的居民科普学校，面积200平方米，购置电脑、电视机、DVD、投影仪等器材，以及各类科普书刊、杂志等5500余册。2010年起，社区组织科普培训、咨询、讲座、文艺演出、宣传等活动41场次，发放各类科普宣传材料5200余份，接受咨询服务1300余人次，居民科普意识逐渐增强，学科学、爱科学、讲科学的氛围逐步形成。2013年7月，马厂社区在全区率先创建成全国科普示范社区，争取中国科协、财政部"社区科普益民计划"资金20万元，

用于建设科普电子阅览室、科普图书室等。（陈　群）

区　残　联

【概况】 2013年，高港区残联认真履行代表、服务、管理职能，围绕社会保障体系和服务体系建设，推进残疾人事业与经济社会和谐发展。落实专职理事长配备工作，提高基层残疾人专职委员待遇。累计办理二代残疾人证6411本，重残无业人员1904人享受最低生活保障待遇，3154人参加意外伤害保险。建成省级二星级残疾人扶贫基地1个、一星级残疾人扶贫基地1个。

【残疾人康复服务】 2013年，全区完成150户贫困残疾人家庭无障碍改造任务，为7名贫困残疾人免费安装普及型假肢，向174名残疾人捐赠轮椅，为76名贫困白内障患者实施免费复明手术，为4名听力残疾人免费配备助听器，输送20余名残疾儿童到区外康复机构实施抢救性康复训练。发放康复知识读本2000余册。

【二代残疾人证办理】 2013年，区残联加大监管力度，组织召开镇街残联理事长、专职委员会议，明确要求各镇街严把初审关口，残疾评定人员需带相关简历或医院诊断书才能领取相应表格。多次与市第三人民医院对接，要求评残医生坚持会诊原则，从严标准。每月10日在市第三人民医院一楼大厅集中评定办证。至年末，全区累计办理二代残疾人证6411本，办证率45%。

【残疾人生活保障】 2013年，区残联对新增发放护理补贴待遇人员进行调查摸底，确保新增生活不能自理残疾人员的护理补贴资金及时、足额发放到位。至年末，发放护理补贴资金145人、11万元。落实重残低保政策，对全区享受重残低保的残疾人实行动态管理，做到应保尽保。为新增重残无业人员提供残疾评定、发证服务，落实低保政策。全年发放重残低保金1904人、1097万元。继续实施特殊困难残疾人生活救助政策，做到应补尽补。对全区一户多残家庭中的149名残疾人发放生活救助金51.49万元，为依老养残家庭中的6名残疾人发放生活救助金2.10万元，为36名低保家庭重度残疾人发放重残补贴金3.46万元。

【残疾人参加社会保险】 2013年，区残联继续推进残疾人参加城乡居民社会基本养老保险和意外伤害保险工作。与区电视节目中心等部门联系，利用新闻媒体和村（社区）橱窗栏，提高知晓率。至年末，全区有1219名残疾人参保正常缴费后，享受参保补助。60周岁以上的1231名残疾人享受每月100元养老补贴待遇。有3154名残疾人购买意外伤害保险，赔付11人、2.20万元。

【残疾人就业援助】 1月22日，区残联组织有劳动能力和就业愿望的50名残疾人参加市残疾人就业专场招聘会，通过与招工单位见面洽谈、自我推荐和岗位选择，10名残疾人当场与企业签订意向用工合同。联合区人社局举办残疾人种植业、养殖业、计算机操作和家电维修技能培训班2期，培训残疾人120人。全区集中安置残疾人36人，按比例安排残疾人就业20人，扶持个体从业18人；创成省一星、省二星残疾人扶贫基地各1个，带动残疾人就业90人；建成市级残疾人扶贫基地2个，安置残疾人就业60人。

【6岁以下残疾儿童抢救性康复】 2013年，区残联继续完善全区残疾儿童动态数据库和新生儿涉残情况常规查报机制，做到辖区内6岁以下贫困残疾儿童随发生、随发现、随报告、随登记。全年为23名6岁以下残疾儿童落实康复训练方案。

【"三助一给"工程】 2013年，区残联继续实施"三助一给"工程。其中，"助行"，为肢体残疾人免费安装假肢7例，免费捐赠轮椅174辆；"助听"，为听障残疾人免费配备助听器6例；"助视"，为贫困白内障患者实施免费复明手术76例，为视力残疾人免费配发助视器34例；"一给"，为222名贫困精神病患者免费送药。

【助残周活动】 5月19~24日，区残联开展助残周活动。邀请区领导走访慰问21户贫困残疾人家庭和残疾人服务机构，发放慰问资金1.50万元。组织残疾人工作者走进社区，捐赠轮椅146辆，赠送盲杖20根，帮助残疾人办理免费乘坐市区公交"爱心卡"229张，向贫困残疾人家庭免费赠送洗衣机315台。

【高中以上阶段残疾学生教育专项补贴发放】 2013年，区残联组织实施高中以上阶段残疾学生教育专项补贴发放工作。至年末，资助残疾学生26人，发放资助金7.50万元；救助考上中等以上学校的贫困残疾学生和低保残疾人子女10人，发放资助金2.80万元。

【残疾人信访维权】 2013年，区残联在解决残疾人参保、生活救助、享受各类惠残待遇等方面开展帮扶和协调工作，妥善处理涉及残疾人利益的矛盾与纠纷。全年办理残疾人来信2件，接待来访50余人次，解答咨询电话36个，解决网络信访15起，为残疾人提供法律咨询等10人次，2名残疾人得到法律援助服务。

【镇街残联专职理事长配备】 8月，区残联联合区编委办、财政局、人社局等部门出台《关于全面加强基层残疾人组织建设的意见》，逐镇街加强指导，落实专职理事长的配备工作。至年末，在全市率先完成镇街残联专职理事长配备工作。

【提高基层残疾人专职委员待遇】 10月起，高港区落实镇街残疾人专职委员住房公积金补贴待遇，在年终工作绩效考评中，以以奖代补的形式补贴每人3000元，补贴标准在全市镇街残疾人专职委员中最高。村（社区）残疾人专职委员补贴待遇实行城乡一体化标准，由原来的社区60元/人·月、农村40元/人·月，统一调整为60元/人·月。

【残疾人"幸福家园"工程】 5月，高港区启动残疾人"幸福家园"工程。根据市残联要求，年内重点实施"幸福家园"工程示范社区建设活动，白马镇金马社区、刁铺街道大丰社区、口岸街道蔡滩社区率先建成残疾人康复室、阅览室、日间照料室，残疾人专用设施利用率明显提高，个性化服务质量明显提升，为下一步继续打造"幸福家园"工程品牌创造条件，起到示范作用。

【残疾人康复和托养服务中心投入运行】 高港区残疾人康复和托养服务中心位于港城东路南侧，总面积4984平方米，其中，主楼4634平方米、辅助用房350平方米。总投入1250万元，其中，主体工程800万元、内部装修350万元、辅助设施100万元。设残疾人综合服务区、残疾儿童抢救性康复区、残疾人托养服务区、残联部门办公区四大功能区。10月8日，市人大常委会副主任、区委书记王建组织召开协调会议，落实中心运行方案，统一由市第三人民医院负责经营与服务，区残联负责监督与管理。12月26日，正式投入运行。（陈　磊）

区文联

【概况】 2013年，高港区文联以建设文化强区为目标，文艺创作成果更加丰硕，文艺惠民服务更加有效，文艺品牌打造更加成熟，文艺理论调研更加深入，文联自身建设更加扎实，全区文艺事业和文联工作取得显著成效。

学习活动　先后召开摄影家协会、音乐舞蹈戏剧家协会、书法家协会、作家协会主席团成员中心学习讨论会5次。举办文学讲座10余次，邀请钱新明等知名作家到高港进行创作交流。举办"摄影大讲堂"8期，邀请省沈遥、陈富平等摄影名家到高港授课。组织会员到南京参加诺贝尔文学奖得主勒克莱齐奥"文学与人生"讲座。音乐舞蹈戏剧家协会多人参加省舞蹈协会、省文化馆举办的青年舞蹈干部培训班。

文艺活动　举办"美丽高港"首届国土资源杯摄影大赛，积极参加"三下乡"活动。举办廉政高港书画展、书画作品巡展等活动。组织参加全国中国画作品展、全国工笔画作品展及"泰州八家"中国画邀请展。江苏省摄影创作基地落户泰州口岸船舶有限公司。

创作活动　作协会员在各级报刊发表文章300余篇。广场健身舞《洲堤杨柳舞港城》获2013年全国广场健身操（舞）大赛特等奖。朱新忠书法作品获中国书协举办的全国书法电视大赛优秀奖，并入选全国第七届书法新人展。李俊篆刻作品入选全国刻字展。孙志勇书法作品入选全国书法小品展。高卫东摄影作品获《中国摄影报》2013环太湖摄影大赛太仓站二等奖。（曹明德　高卫东）

区红十字会

【概况】 2013年，高港区红十字会弘扬"人道、博爱、奉献"精神，围绕年初工作目标，基础工作抓落实，中心工作抓突破，特色工作抓创新，出色地完成各项工作任务。强化组织建设，红十字会工作被列入镇街百分赛考核，开展基层红十字服务站标准化建设。拓展红十字宣传平台，挖掘先进典型。积极履行救灾、救护、救助职能，完善公共事件应急体系；开展初级救护员培训8场次，普及救护培训22场次；向四川雅安地震灾区捐款2.43万元；全年通过"红十字博爱万人捐"和各种专项救助项目筹集资金100.82万元，开展助资、助学、助困、救灾等活动。推进志愿服务，全年有50名捐献造血干细胞志愿者采集血样，4名志愿者填写捐献遗体申请登记表。

【红十字会组织建设】 年初，红十字会工作被区政府列入镇街百分赛考核。7月23日，区红十字会召开一届三次理事（扩大）会议，表彰2013年度"红十字博爱万人捐"活动暨红十字助学工作先进单位、先进集体和先进个人，调整理事会成员名单，选举增补李伟为副会长。10月，区红十字会印发《关于成立红十字社区工作服务站的通知》，在社区开展红十字服务站建设。许庄街道乔杨社区基层服务站成为创建标杆，有独立的服务阵地，有完善的服务制度，有齐全的服务器械，有特色的服务项目，有规范的服务流程。该社区设立专项募捐资金，划定受益人群，建成红十字爱心超市，拓展服务弱势群体的功能，建立弱势群体基本生活保障体系。高港实验小学、高港实验学校和高港中等专业学校创建成市红十字示范学校。

【红十字宣传】 2013年，区红十字会在"3·5"学雷锋活动日、"5·8"红十字日、"5·12"防灾减灾日、"6·14"世界献血者日等，开展红十字知识宣传，在政府广场、大型超市、集贸市场、繁华路段发放传单，开展咨询服务；利用医疗卫生单位电子显示屏和公益性应急救护培训班，宣传《中华人民共和国红十字会法》《中华人民共和国公民义务献血法》和艾滋病预防、救护、捐献造血干细胞等内容。全年举办广场宣传活动4次，悬挂横幅8条，展示宣传牌16块，发放宣传品1000余份，接受咨询1000余人次，到村（社区）开展健康知识讲座20余场次。挖掘先进典型，宣传泰州市诚泰测绘服务有限公司连续三年定向捐助白马镇5名贫困学生事迹。利用高港红十字网站宣传红十字会工作。

【雅安地震赈灾活动】 4月20日四川雅安市芦山县发生7级地震后，区红十字会第一时间向社会各界发出“汇聚人道力量，同为雅安加油”倡议，并在区政府办公楼设立专门募捐箱。4月24日，农行高港支行组织开展“献一滴热血，送一份关爱，与雅安灾民心连心”无偿献血活动，献血近5000毫升。泰州张勤眼科医院捐款2060元，刁铺中心小学捐款3700元。全区共收到捐款2.43万元，汇往省红十字会用于灾区重建。

【救护培训】 2013年，区红十字会提请区政府办出台《高港区2013年公益性应急救护培训项目实施方案》，分解培训任务。全年完成初级救护员培训8场次，参训人员567人，完成市交目标任务115%；普及救护培训22场次，参训人员3589人，完成市交目标任务103%。

【“红十字博爱万人捐”活动】 2013年，区委办、区政府办印发《关于在全区组织开展“红十字博爱万人捐”活动的通知》，倡议全区各级机关、群众团体、企事业单位及社会爱心人士积极捐款。区红十字会走访20余个企业，宣传红十字精神和“红十字博爱万人捐”，共筹集资金56.96万元。

【助医活动】 2013年，区红十字会救助3名患有先天性心脏病的18岁以下的患儿1.80万元，1名白血病患儿0.60万元。对32户常住居民，以及因突发事件或意外伤害造成暂时难以维持基本生活的低保户和低保边缘户家庭给予5.95万元应急救助。向区住建局和泰州口岸船舶有限公司的4名困难职工定向救助6.30万元。向永安洲镇、胡庄镇2名白血病患儿定向募捐19.26万元。继续开展“爱心护肾”医疗救助，凡参加新农村合作医疗保险患有肾功能衰竭，并在市第三人民医院就诊进行血液透析的病人，每次补助医疗费80元。全年有904人次获血液透析补助医疗费7.23万元。联合市第三人民医院设立“天使博爱资金”，用于突发急诊（如车祸、中毒）无钱救治，以及因经济困难准备放弃治疗，但经努力可以挽救生命病人的治疗，全年救助10人24387元。出台《高港区“大江119”救助项目实施方案》，救助因火灾造成特殊困难的群众，救助胡庄镇2个受灾户共7000元。

【助学活动】 2013年，区红十字会印发《高港区红十字助学——孤儿圆梦项目实施细则》。区内孤儿在读本科每人每年资助学费3500元，在读大专每人每年资助学费3000元；在读中专（高中）每人每年资助学费2500元。全年资助32名孤儿8.95万元。泰州诚泰测绘有限公司继续资助白马镇5名大学生3万元。泰州圆融投资置业有限公司资助82名中小学生3.56万元。

【助困活动】 1月28日，区红十字会举行2013年高港区红十字“博爱送万家”活动启动仪式。1月31日，到永安洲镇参加区文化、科技、卫生“三下乡”活动，向50户困难群众发放3万元救助金。重阳节前夕，到刁铺街道、许庄街道敬老院开展敬老活动，给16名老人送去4800元慰问金、价值1600元的慰问品及2台血压计。全年区红十字会自筹资金17.28万元，为全区297户困难群众送去温暖，并将省红十字会下拨的价值3.80万元的物资发放给口岸街道、刁铺街道235户群众。

【造血干细胞捐献】 2013年，区红十字会采用集中采样与分单位采样相结合的办法，推进捐献造血干细胞工作。1月，永安洲镇举行无偿献血活动，当天有15名捐献造血干细胞志愿者采集血样。5月初，联合团区委、区委区级机关工委印发《关于开展2013年捐献造血干细胞集中采样活动的通知》。5月30日，在大江剧院举行造血干细胞捐献者血样采集活动，来自区级机关、镇街的26名志愿者采集血样。全年有50人采集血样，完成再动员4例、高分辨1例。

【遗体捐献】 3月26日，大泗镇佴庄村六组村民李志发因身患肝癌医治无效去世，尊重他身前的遗愿，家人将其遗体捐献给南京医科大学，成为高港区首例遗体捐献者。全年有4名志愿者填写捐献遗体申请登记表。

【红十字志愿服务】 2月5日，区红十字会组织15名志愿者给口岸街道育才社区和城南社区的15名70周岁以上的孤寡、贫困、空巢老人送年礼。2月23日，组织红十字志愿者参加泰州市暨高港区“学习雷锋好榜样”志愿服务集中行动启动仪式，启动仪式结束后，对大润发超市30余名员工进行应急救护知识培训。2月24日，在高港文峰千家惠举行元宵节红十字知识有奖竞猜活动。 （孙晓红）

法治·军事

社会管理综合治理

【概况】 2013年,高港区社会管理综合治理工作围绕平安高港"十一连冠"、法治高港全省"六领先"工作目标,始终坚持"功夫在平时,重点在基层,责任在干部,措施在一线"工作理念,主动服务发展第一要务,全力履行维稳第一责任,全区未发生有重大负面影响的群体性事件,未发生恶性刑事案件和治安案件,未发生重大公共安全事故,未发生邪教组织聚集滋事事件,连续八年实现重大敏感时期"零进京""零登记",公众安全感以96.94%的满意率列全市第一名。年内,高港区被评为江苏省社会管理综合治理先进集体、江苏省平安县(市、区)。

【普法教育】 2013年,高港区继续落实领导干部任前法律知识考试制度和领导干部述职述廉述法制度,对350余名区管领导干部学法用法执法守法情况进行民主测评,领导干部、公务员学法培训率100%。开展法制教育进课堂和"牵手朝阳·校园卫士"六大工程(校园法治理念培养、教师队伍法律素养提升、涉罪在校生帮教、涉罪家庭在校生关爱、留守儿童司法保护、校园及周边环境整治),放大"小手拉大手"功效,在全社会营造学法尊法守法用法的良好氛围。聘请42名政法业务骨干担任法制副校长(辅导员)、法制课兼职教员,充实青少年普法队伍。开展法律进机关、进乡村、进社区、进学校、进企业、进单位"六进"活动,"六五"普法得到市检查组充分肯定。广泛开展普法短片上公交、"法制歌曲唱响校园"和"普法小戏台"等活动。

【法治文化工程】 2013年,高港区百人法制宣讲团先后开展法制讲座100余场,发放法律读本1万余册。投入10余万元编排"大江放歌"法治文艺专场演出。加强法治文化阵地建设,新建区法治文化广场、青少年法制宣传教育中心和新高港人法治文化中心,法治文化阵地城乡覆盖率100%。拓宽法治文化宣传渠道,在区有线电视台开辟《与法同行》和《高港警方》专栏,利用短信平台发送法治宣传短信50万条,在城乡主要道口、公交候车亭设置固定宣传牌(橱窗)。组队参加法治泰州建设知识竞赛,获全市一等奖第一名。

【法治便民】 2013年,高港区深入实施文明交通工程、强化基层法律服务等10件法治实事项目,确保实事办实。在全省率先出台《关于建立健全涉法涉诉信访工作联动协调制度的意见》,有效化解一批涉法涉诉信访积案。组建以区政法各部门干警、社区民警、人民调解员、律师及法律工作者为主体的镇街法律顾问团、村(社区)法律工作站和法治工作室,制定相应的管理办法,形成区、镇、村三级法律顾问服务网络,构建覆盖城乡的法律服务体系。完善法律援助工作网络,新增区人力资源市场法律援助工作站,成立农民工维权法律服务中心,开辟农民工维权"绿色通道"。共办理法律援助案件170件,为当事人避免经济损失400余万元。利用诉讼服务站、检察工作站、少年帮教工作站、律师在线等平台,拓宽法律服务范畴。

【创新社会治理】 2013年,高港区开展政法部门挂钩基层村(社区)活动,组织政法各部门正科级干部各带领1名后备干部、1名中层干部深入基层村(社区)化解矛盾。开展寄递业规范管理,出台《关于加强全区寄递业规范化管理的实施意见》,做好清理整顿,得到省、市主管部门充分肯定。企业社会形象评估、非公有制经济领域预防职务犯罪、农民资金互助合作社和农村小额贷款公司安全监管、涉企法律案件评查、检察工作站、涉法涉诉预约服务、群众工作站、诉讼服务站、普法短片上公交、微警务、以群众工作统揽信访工作、少年帮教工作站、律师在线等做法，得到上级领导、社会各界的广泛认可和充分肯定。

【矛盾纠纷化解】 2013年，高港区区级和各镇街均建立矛盾纠纷调处中心并实体化运作，各村（社区）全部建立调解室。全区所有规模以上企业、学校、医院、流动人口聚集地和农贸市场等重点区域均建立调解组织，在区法院、交巡警二大队、各公安派出所设置调解工作室。扩大矛盾纠纷调解范畴，在规范交通、劳资、医患纠纷、征地拆迁、环境保护等专业调解委员会运作的基础上，成立物业管理纠纷人民调解委员会。建立矛盾纠纷排查调处工作协调会议制度，执行协调会议纪要月报制和综合分析研判制，村（社区）每周向镇街调处中心、镇街调处中心每月向区调处中心报送一次排查调处工作情况表格和工作报告，区调处中心每月汇总后向泰州市综治委社会矛盾纠纷化解工作领导小组办公室报告。实行重要敏感时期“零报告”和“日报告”制度，对矛盾纠纷实行动态管理。共排查各类矛盾纠纷488件，化解486件，未发生民转刑案件。

【治安巡逻防范】 2013年，高港区加大人力、物力和科技投入，构建立体化治安防控体系。推进技防城、技防入户及“3·20”工程建设，沿街商铺、城镇居民、农村家庭技防入户率分别达100%、85%和80%以上。建立由120名公安民警和保安辅警组成的专职巡防大队和50人的特勤中队，实施警车“亮灯”工程，对主城区实行24小时治安巡逻。各镇街建立30人以上的专职巡防队伍，各村（社区）均配备专职巡逻队员，实施网格化管理的同时，常态化开展军警民大联防等群防群治活动。

【社会稳定风险评估】 2013年，高港区深入开展社会稳定风险评估工作，区维护稳定工作领导小组办公室（简称“区维稳办”）按照实体化运作的要求，配备专职工作人员，并建立135人的全区社会稳定风险评估专家库。按照“应评尽评”的要求，对23个重大项目进行社会稳定风险评估，实施后无一项引发群体性事件和集体上访事件。

【平安创建】 2013年，高港区扎实开展平安企业、平安水域、平安小区、平安校园等平安创建活动，实现基层系列平安创建的全覆盖。各系列创建牵头单位和配合单位密切协作，健全完善部门协同机制、条块联动机制和创建责任机制，实现行业工作与系列平安创建活动的良性互动和共同发展。突出加强校园安保工作，研制校园三色报警系统设备，以校园警务室为载体，健全校园“110”报警机制并规范运作。13所学校被评为江苏省平安校园，所有学校被评为泰州市平安校园。51个村（社区）被命名为五星级社会治安安全村（社区），分获1万元奖金。

【社会管理服务三级平台建设】 9月，区委办、区政府办印发《关于加强全区社会管理服务三级平台建设的意见》，区委政法委、区综治委印发《关于明确镇村“两级平台”建设目标任务的通知》；召开全区三级平台建设推进会，对区、镇、村三级平台建设情况实行月报制。11月5日，区社会管理服务中心正式运行，主要职能为畅通群众诉求表达渠道，及时了解掌握社情民意，办理群众来访来信来电反映的各类诉求事项，办理民生领域的服务项目，为群众提供便捷优质高效服务等。至年末，全区7个镇街社会管理中心全部建成，89个村（社区）有80个建成社会管理服务站。

【镇街党（工）委政法委员会组建】 11月，区委印发《中共泰州市高港区委关于组建镇（街道）党（工）委政法委员会的通知》，明确各镇街政法委员会书记或副书记的任职。至年末，全区7个镇街政法委员会建设全部到位，各村（社区）党组织书记兼任镇（街道）政法委员会委员。

（贾玄菲）

公　安

【概况】 2013年，泰州市公安局高港分局（简称“区公安分局”）破获刑事案件344起，抓获刑事作案成员512人，刑拘253人，提请批准逮捕108人，公诉240人；破获经济犯罪案件24起，刑拘15人，提请批准逮捕4人，挽回经济损失1000万元。查破治安案件2217起，查处违法人员934人，查获涉娼人员22人，涉毒人员21人；受理民间纠纷2150起，调解成功2094起，其中通过公调对接调解成功1850起。年内，高港区以96.94%的公众安全感满意率排名全市第一。重夺公安执法质量考评“省优”奖牌，荣膺省级文明单位“四连冠”、市级文明单位“六连冠”，获全市公安综合考评工作“五连优”；连续十年进入全区作风效能建设双十五佳；创新推出10余项特色品牌，其中“微警务”被市公安局评为社会管理创新一等奖。泰州市公安局交通巡逻警察支队二大队（简称“交巡警二大队”）查处各类交通违法行为109009起，处罚107754起，扣留车辆1043辆，扣留证件87本，记分756人次，行政拘留22人，收缴非法装置51件；抓获治安违法犯罪嫌疑人28人；办理驾驶证1102本，换证补证4275本，提交体检证明159人，办理摩托车上牌2094副，办理临时号牌2469副。全区发生各类交通事故8420起，死亡35人，伤170人，直接经济损失36万元。交巡警二大队被评为江苏省文明单位、泰州市文明单位、泰州市基层站所作风建设五星级单位、法治泰州建设规范执法先进单位。

【八类案件侦查】 2013年，全区发生八类案件（杀人、抢劫、强奸、放火、投毒、爆炸、贩毒、故意伤害致人死亡案件）14起，其中，故意杀人案件1起，强奸案件4起，抢劫案件1起，故意伤害案件8起。案件全部在短期内成功侦破，没有形成积案。

【民生小案侦破】 2013年，区公安分局共侦破盗窃手机、电动车、家禽家畜等民生小案287起，破案率在全市排名第一，挽回经济损失200余万元。侦破民生小案经验做法先后被中央电视台、新华网和《人民公安报》《江苏法制报》等媒体宣传报道。4月25日，中央电视台4套《中国新闻》早新闻档报道区公安分局破民生小案的做法。

【禁毒工作】 2013年，区公安分局着力强化刑侦禁毒工作，严打涉毒犯罪，取得显著成效。全年查处涉毒刑事作案成员15人，缴获毒品500余克，铲除非法种植的毒品原植物罂粟1275株。

【打黑除恶】 2013年，区公安分局打掉一批黑恶犯罪团伙，促进全区社会治安大局稳定。全年打掉3人团伙作案3起恶势力团伙1个，打掉3人团伙作案1起涉恶团伙8个，抓获团伙成员48人，破获敲诈勒索、寻衅滋事、聚众斗殴等案件15起。

【合成侦查机制】 合成侦查是指发生案件后，刑侦、技侦、网安、研判中心及各派出所合成作战，多侦同步，信息共享，相互配合，形成打击合力。2013年，全区共立各类刑事案件976起，破344起，破案率35.25%，其中85%以上的案件系通过合成侦查机制破获。

【网上“110”】 2013年，网上“110”共受理各类事项562件，属公安职责范围的284件全部办结。搜集各类意见和建议289条，接受报警96起、各类投诉46起，在线举办警民恳谈125次。

【技防城建设】 2013年，区公安分局对全区89个村（社区）启动技防入村工程（共380个监控探头），在全市率先建成66个点位125个方向211个车道的“3·20”高清抓拍系统，将全区公安自建及社会面建设共2000路监控有机整合，解决系统散、管理难、应用繁的问题。通过技防城建设，共破获各类刑事案件和重大交通肇事逃逸案件129起，抓获现行作案人员173人、网上逃犯42人，协助处置群体事件26次，为社会各界提供求助服务300余人次。

【应急实战演练】 2013年，区公安分局在区范围内开展3次“关区门”实战演练，配合市公安局及相邻区、县开展5次“关城门”实战行动，演练内容主要包括接警指挥调度、力量调度、现场处置、巡逻盘查、卡点堵控、情报研判等。累计出动警力610余人次、警车260余辆次，抓获各类犯罪嫌疑人19人，破获各类案件15起。

【扫黄扫赌“无声风暴”行动】 4~12月，区公安分局开展扫黄扫赌“无声风暴”行动，打击黄赌娼违法犯罪活动，整顿问题娱乐服务场所，净化社会风气。共检查场所168个，查处涉娼人员22人、涉赌人员140人，提请批准逮捕12人，移诉22人。

【“治爆缉枪”行动】 2~12月，区公安分局集中开展“治爆缉枪”专项行动，加强对枪支弹药、民用爆炸物品、烟花爆竹、剧毒化学品、放射源、管制刀具等危险物品及易制爆化学品管控，有效防止重特大涉危案件、事故的发生。共办理涉危案件8起，行政处罚7人，收缴废旧炸弹2枚、礼花弹20只、管制刀具50把、气枪10支、气枪子弹200发、船用信号发射弹120枚、烟花爆竹520箱。

【“迎亚青保平安”百日打防攻坚战专项行动】 8~10月，区公安分局集中开展“迎亚青保平安”百日打防攻坚战专项行动，严防重大暴力恐怖袭击活动、个人极端暴力犯罪案件、恶性刑事案件、规模群体性事件、群死群伤火灾及爆炸治安灾害事故，以及危害“亚青会”安全的各种问题。共查处涉娼人员21人、涉赌人员74人。

【“打四黑除四害”专项行动】 2月，区公安分局开展“打四黑除四害”（打击黑作坊、黑工厂、黑市场、黑窝点和害百姓、害家庭、害社会、害国家行为）专项行动，捣毁、清除一批滋生“四黑四害”的地下窝点。共查处赌博案3起，收缴赌资110万元，提请批准逮捕12人，移诉22人。

【户口清理整顿】 从年初开始，区公安分局对常住人口信息数据进行全面检查，对无二代证照片、无变动、无人管理的“三无”户口，逐一进行核实清理，累计注销重户口60起。年末，全区共有常住人口26.40万人。

【流动人口管理】 2013年，区公安分局共登记流动人口45125人，清理注销各类无效、重复数据60701条，登记房屋出租户3344户，抓获流动人口违法犯罪348人。

【危爆管制物品管控】 2013年，区公安分局加强涉危单位日常管控，落实主体责任，全区剧毒物品单位无一发生丢失、被盗等安全事故或案事件。共查处各类涉危案件20余起，查处各类涉案人员20余人（其中移诉4人）、单位10余个，收缴各类管制刀具200余把、烟花爆竹2000余件。

【物流寄递业动态管控】 2013年，高港区共有物流寄递业单位75个，其中，快递业27个、物流业12个、货运代理36个。区公安分局对75个寄递业单位进行全面检查，共发现隐患233个，依法下发《责令限期整改治安隐患通知书》66份，并处警告66人。

区公安分局开展夜巡活动

【金融及准金融机构安保】 2013年，全区金融单位和准金融机构在全市率先完成内部防范网络达标建设，新增专兼职安保人员38人，新增视频监控探头72个、制式提款箱19个，安装与“110”联网的CK报警系统14套，其中安装紧急按钮45只，14个农民资金互助合作社安装率100%。化解涉及金融机构的各类矛盾纠纷43起，发放风险提示22次，先后出动警力143人次，安全检查46次，发现各类安全隐患192个，依法下发《责令限期整改治安隐患通知书》18份，行政处罚18人。

【“六联动”巡防模式】 2013年，区公安分局创新建立警种联动、区域联动、警民联动、监巡联动、社巡联动、巡宣联动“六联动”实体化和常态化巡防模式，整合巡防力量，丰富巡防手段，织密巡防网络，提升巡防质效。通过巡防工作共抓获各类违法犯罪嫌疑人361人（其中网上逃犯20人），“两抢一盗”（抢劫、抢夺、盗窃）案件比上年下降9.07%，社会公众安全感、满意度持续上升。

【网吧业星级化管理】 2013年，区公安分局在全区建立社区警务室—派出所—网络安全大队三级联动监管机制，对正规网吧实行分级管理和星级考评制度，按考评分数分别评定三、二、一星级网吧，并颁发相应星级铜牌，要求网吧悬挂于醒目处。年内，网吧上网人员实名登记率99%。通过网吧视频监控提供线索破获刑事、治安案件44起，抓获违法犯罪嫌疑人员31人。

【“网民进警营”活动】 2013年，区公安分局采取面对面的方式与网民沟通，定期邀请网民走进警营。网民们听取关于公安工作和队伍建设的介绍，开展互动座谈活动，增强对公安工作理解和支持，形成警网互动互信的良好局面。

【出入境管理】 2013年，区公安分局深入涉外企业和境外人员居住地，对辖区常住境外人员开展签证到期提醒服务，开展法律法规和安全防范知识宣传，严密各项安保防范措施。协助破获公安部挂牌督办的“5·6”非法入境案，依法查获并遣返越南人223人。年末，全区共有长期居住及经常往来的境外人员120人，其中常住境外人员50人（外国人14人、台湾居民36人）。受理去港澳台人员2252人次，受理电子护照221人次。

【“四进四回”机制】 2013年，区公安分局坚持用完善的制度引导执法，建立“四进四回”制度，要求案件进平台、办案进场所、财物进系统、审核审批进流程，对案件控告人、报案人、举报人、扭送人、被害人或其法定代理人等进行回告，即送达受案回执、立案不予立案回复、破案回告、未破案件回访，满足当事人知情权，保障其监督权。年内，无执法过错，无执法安全事故发生。

【社区民警“一网考”和AB角搭档机制】 2013年，区公安分局成立社区警务工作办公室，对社区民警实行“一网考”考核，着重考核信息化条件下社区民警履行源头信息采集、实有人口管理、治安安全防范、开展群众工作等绩效情况。实施AB角搭档制度（两名民警之间互帮、互助、互学），在全区54个社区警务室、55名社区民警中，创新推行AB角搭档警务模式，让传统与现代、骨干与一般、民警与民力、机关与警务室等元素取长补短，有效解决社区工作中警力、精力、能力和资源不平衡及不协调等问题，挖掘“1＋1＞2”的潜能。年内，有1人被评为全市十佳社区民警，6人被评为全市五十优社区民警。

【“微警务”工作】 2013年，区公安分局在全市公安机关率先探索实施“微警务”群众工作模式，即做实“微创安”、构建“大平安”，做实“微互动”、传递“正能量”，做实“微服务”、架设“连心桥”，做实“微帮扶”、传递“大温暖”，做实“微管理”、预防“大恶丑”，有效回应群众新期盼，群众对公安工作满意率从年前86%升至97.50%。该项工作以总分第一的成绩获全市公安机关社会管理创新一等奖。

【“十百千万”工程】 2013年，区公安分局继续开展“十百千万”工程：中层以上干部挂钩服务10个企业，每个基层派出所联系帮扶100户困难群众或弱势群体，全局联络1000人以上的在基层群众中有威信的民意代表，全体民警“走万家、进万户、访万人”，全面深入基层，最大限度地提升群众熟悉率。全年走访城乡居民2.10万户，走访联系企业522个次，召开社会各界代表座谈会96场次，帮扶慰问困难群众、特殊群体956人次，为生活困难群众捐赠慰问金5万余元，排查化解矛盾纠纷362起，整治治安隐患和治安乱点20个，收集民情民意125条。

【机关结对社区活动】 9月起，区公安分局启动机关结对社区活动，从分局机关抽调55名民警组成7个群众工作服务队，与55个社区警务室实行AB角结对，共同开展社区警务和群众服务工作。机关结对社区工作模式全面覆盖全区89个村、社区，群众工作服务队开展各类恳谈、咨询、服务活动1130次，与560名干部建立常态联系机制，走访群众15400人次，帮扶救助特殊群体、困难群众530人次。（戴　华）

【路面勤务管理】 2013年，交巡警二大队通过“定人员，定时间，定路段”，采取流动巡逻与定点查纠相结合方式，重点对无牌无证、超载超速、酒后驾驶、疲劳驾驶、逆向行驶等严重交通违法行为进行查纠治理，扎实开展酒驾毒驾整治、春运交通安全检查、“大排查、大教育、大整治”货车违法行为专项行动、道路交通安全大检查、全国城市文明程度指数测评及畅通工程迎检等活动，维护辖区内道路交通秩序。

【交通安全宣传】 2013年，交巡警二大队利用庙会、清明集市等活动，摆放安全宣传站牌，举办交通事故图片展。组织民警深入辖区各中小学校、企事业单位、农村开展交通安全知识讲座，发放宣传资料，做好“学习雷锋好榜样”主题宣传、“12·2”全国道路交通安全日宣传活动，提升市民交通安全意识。

【交通安全隐患排查】 2013年，交巡警二大队定期召开校车车主及驾驶员校车安全管理工作联席会议，加大对校车驾驶人的驾驶资质和车辆的安全设施检查力度，落实校车安全管理工作职责。协调主管部门在刁铺立交桥安装警示灯，对遮挡视线的绿化进行改造；在长江大道龙窝路口增设安全护栏，漆化交通标线；投入15万元在高港大道增设警示桩、减速带等安全设施，及时消除各类安全隐患。

【交通安全检查】 2013年，交巡警二大队到泰州市公共交通有限公司第三分公司开展“守护平安团圆路”实践活动，了解客运车辆出行线路，开展安全出行提示，督促整改安全隐患。组织警力到泰州金禾商砼制品有限公司、江苏省东南交通工程有限公司两个混凝土运输单位开展车辆违法安装后射灯专项整治行动，对泰州金禾商砼制品有限公司的34辆及江苏省东南交通工程有限公司的14辆混凝土运输车非法安装的后射灯进行强制拆除。开展剧毒化学品运输车辆大检查，严防重特大道路交通事故的发生。

【交通事故调处】 2013年，交巡警二大队全面构建交通事故人民调解、行政调解和司法调解“三调一体”的大调解机制，继续推行重大事故一案一评制度，综合运用现场勘查、监控资料分析、政策攻势等手段，加大交通肇事逃逸事故侦破力度和肇事驾驶员打击力度。全年立刑事案件74起，其中，刑事拘留9人，提请批准逮捕2人，取保候审43人，移送起诉交通肇事犯罪嫌疑人29人，吊销驾驶证16本，侦破重大肇事逃逸事故5起。

【车管业务办理】 2013年，交巡警二大队调整窗口设置、优化业务流程，实行一窗式受理，一站式服务，嵌入式收费，人性化导办，提高工作效率，强化便民服务，组建流动车管服务队进企业、进机关、进农村，开展便民办牌办证工作，延伸服务窗口。办理驾驶证1102本，二三轮摩托车上牌2094副，补换证4275本，办理临时号牌2469副，年检车辆2047辆。

【交通警卫】 2013年，交巡警二大队将警力投入到一线，加强辖区重点区域周边道路的检查，严厉查处各类严重交通违法行为。以固定岗位和巡逻岗位相结合的方式，加强对客流高峰重点路段的管控，明确任务分工，指挥和疏导交通。圆满完成元旦、区第四次党代会第一次年会、全国人大和政协“两会”、春运、清明、五一、端午、中考、高考、国庆等重要节点道路交通安全保卫工作。

（王阿林）

检　察

【概况】 2013年，高港区检察院共办理审查逮捕案件92件128人，其中，批准和决定逮捕案件74件106

人，不批准逮捕18件22人，立案监督案件3件3人，纠正漏捕1人，发出纠正违法通知书2件4份，监督公安机关撤案1件1人。办理审查起诉案件184件270人，其中，起诉170件245人，不起诉10件14人，改变管辖案件2件2人；纠正漏诉7人，提出书面纠正违法6件，非法证据排除2次，向市检察院提请抗诉2件；纠正漏诉和纠正违法的诉讼监督比率位列全市第一。区检察院被评为全省检察机关涉检信访工作先进集体、法治泰州建设规范执法示范单位、市文明单位、市党务公开示范点、市检察信息工作先进集体，连续七年蝉联区人民满意机关，1名干警被评为全国和全省首届职务犯罪预防素能比武优胜标兵，1名干警获全省检察机关十佳公诉人称号，1名干警考取全市检察系统首名博士，1名干警被推荐为泰州市首届"最美志愿者"，有5个部门和20名干警获市级以上表彰。全年在省级以上刊物发表文章117篇，编发《检察简报》17期、《情况反映》37期。

【保护经济主体权益】 2013年，区检察院加强与区公安分局、法院的协作配合，从快审结非法集资、非法经营、金融诈骗、侵犯知识产权等犯罪案件59件73人，维护诚信有序的金融和经济秩序。高度重视各类企业的涉检诉求，不论规模大小，依法平等保护各类市场主体的合法权益，先后走访企业70余个，为企业提供法律服务20余次。2月，结合办理的1起拒不支付劳动报酬案，走访企业时积极敦促嫌疑人家属支付欠薪，既维护工人合法权益和社会稳定，又为嫌疑人争取到从宽处理的机会，帮助企业尽快恢复正常经营秩序。科学区分违法犯罪与违规违纪之间的界限，正确处理刑民交叉、罪与非罪等问题。全年10次介入企业重大安全生产事故调查，在深挖事故背后的渎职犯罪，严肃追究严重不负责任的企业管理人员刑事责任的同时，对责任较轻的企业人员慎用刑罚措施，为支持和鼓励实体经济发展营造优越司法环境。

【服务社会管理创新】 2013年，区检察院充分发挥职能优势，致力推动"系统治理、依法治理、综合治理、源头治理"的社会治理体系构建。认真贯彻宽严相济刑事司法政策。放大"教育、感化、挽救"功能，综合犯罪嫌疑人的社会危险性程度、认罪悔过态度、受害方谅解程度，依法对22人作出不批捕决定，对14人作出相对不起诉决定，对所有在押犯罪嫌疑人开展继续羁押必要性审查，对其中4人作出变更或建议变更强制措施决定，让其在非监禁环境中感恩社会、改过自新。不断加大定分止争力度，以当事人自愿为原则，积极促成轻微刑事案件和解5起，救助3名特困刑事被害人2万元，化解矛盾纠纷17起，源头减少对立对抗。全面加强执法风险研判，牢固树立法治思维和底线思维，在侦、捕、诉环节全程加强执法风险预警研判，涉检信访案件和各类苗头隐患全部得到妥善处置，实现案结事了人和。年内，区检察院被评为全省检察机关涉检信访工作先进集体。

【突出治安问题整治】 2013年，区检察院以提升群众安居幸福指数为己任，不断加大对突出治安问题的惩防力度。增强工作的主动性。破解案多人少压力，强化院领导带头办案、检察委员会委员带头出庭等机制的示范功能，有力打击犯罪、维护稳定。全年办结审查批捕案件74件106人，审查起诉案件184件270人，无一错漏。增强个案的警示性。结合办理的新司法解释实施后全省首例医院扒窃案、公安部挂牌督办的全市首例偷越国（边）境案等有影响的案件，加大在大众媒体和网络媒体的宣传报道力度，壮大群防群治声威，有力震慑潜在犯罪。组织人员旁听孙某某等人重大责任事故案、韩某某故意杀人案等重大案件的法庭审理，提升个案的教育效果。增强治理的针对性，结合办案同步开展治安风险排查研判，编发研判报告4份。其中，《关于打击扒窃犯罪的对策建议》得到泰州市委常委、政法委书记张爱平的肯定。

【公职人员职务犯罪查处和预防】 2013年，区检察院以查办和预防发生在群众身边、损害群众切身利益的职务犯罪为重点，加强检纪配合、畅通信息互动，在全市率先启动职教系统职务犯罪专项整治行动。全年依法查办贪污受贿案件8件8人，涉及科级以上干部3人；查处渎职犯罪2件2人。优化侦防一体化工作格局，结合办案深化检察建议、预防调查、警示教育等工作；在临港经济园、核心港区滨江新城安置区设立预防工作室，推进重大民生工程专项预防工作；从各系统招募25名预防志愿者，在国土、工商、税务等5个行政执法部门开展行业预防，加快构建预防职务犯罪的人民防线。

【企业职务犯罪预防】 2013年，区检察院认真贯彻中共中央总书记习近平关于"预防也出生产力"的重要论述，进一步发挥预防犯罪功能，深入推进"勤廉进企业"活动，为企业发展提供司法保障。面向全区企业开放行贿犯罪档案查询系统，累计为125个企业提供查询570批次，对重大项目进行廉洁预审的同时，督促企业增强守法经营意识。专题就近5年来中小微企业主犯罪情况、非公有制经济领域职务犯罪的发案情况进行分析，撰写的调研报告得到区委主要负责人重视，交由区检察院举办全区企业主涉罪风险防范讲座。制作、发放民营企业十大涉罪风险提示卡，帮助企业提高依法经营能力。加强预防工作的主动性，向泰州港务集团有限公司等大型企业派驻特约预防员，为企业提供个性化的预防服务。先后帮助企业排查出犯罪危险源点17处，对5大类管理制度进行增补完善，促进企业风险防控等级的提高。年内，非公有制经济领域职务犯罪预防项目获高港区“创新创优”二等奖。12月2日，《检察日报》头版报道《帮非公企业消解“成长的烦恼”——泰州高港预防犯罪不再公私分明》。

【诉讼监督】 2013年，区检察院严格履行法律监督职责，保障法律得到正确统一实施。改进监督方式，推行诉讼监督“菜单式”审查模式，分解要点、分级把关，共立案监督3件3人，追捕1人，追诉7人，对6起案件作出存疑不起诉决定，保障“有罪必究、疑罪从无”的法律原则落到实处。实行对社区矫正活动的动态巡查，纠正脱管、漏管2件，建议收监执行4人，及时查纠1起司法所工作人员私自收取社区矫正人员保证金的违法行为。拓展监督领域，在全省率先开展刑事判决财产刑执行监督，督促1名服刑犯将7万元剩余财产刑缴纳完毕，相关个案信息和工作经验被省检察院转发。用足民事行政检察监督手段，建议提请抗诉2件，支持起诉1件，纠正违法6件。努力维护公平正义，结合对污染事件、医疗纠纷等的调查，发出督促履职建议4份，促进依法行政。建立长效机制，在全市率先出台《保障诉讼当事人及其辩护人、诉讼代理人权利规定》，纠正2起阻碍辩护人行使诉讼权利的违法行为。与公安部门会签《非法证据排除及补正规定》，依法排除2笔非法证据，对1人因证据存疑被排除后作出不起诉决定，防止冤假错案发生。

【涉法涉诉预约服务】 2013年，区检察院着眼于顺应信访制度改革，力促执法作风转型升级，推出涉法涉诉预约服务工作新机制。在服务范围上，结合检察职能，提供受理职务犯罪举报及控告申诉、预防职务犯罪教育、释法说理、涉法涉诉矛盾化解、维权帮助5大类服务。在预约方式上，开辟检察为民服务中心现场预约、网上为民服务中心网络预约、声讯留言电话热线预约、派驻检察室等站点预约4种预约方式。在服务保障上，向社会发出“有事您说话、有约我来办”的公开承诺，对群众预约的事项限时办结，并由群众对服务质效打分评价，确保有求必应、有应必答。根据群众预约，全年提供检察服务84次，全部做到让群众“满怀希望而来、心满意足而归”。该做法先后被最高人民检察院、省检察院和市委办转发，市、区领导4次作出批示，被市检察院和区委政法委推广。

【检察群众工作站建设】 2013年，区检察院着眼于改进检察机关基层触角少、无法充分“接地气”的不足，推进口岸街道柴墟社区、刁铺街道界牌社区、许庄街道乔杨社区和白马镇前进村等地群众工作站的标准化建设，努力将其打造成“群众家门口的检察院”。推动工作职能标准化，以服务检察业务、服务基层组织、服务基层群众为宗旨，实行院领导定点挂钩、业务科室轮流值守，将线索摸排、走访调查、义工服务、代表委员联络等活动全部就近分流到工作站实施，在群众工作中凸显鲜明的检察元素。推动工作方式标准化，将检察人员上门服务、检察联络员日常联络与网络接访相融合，为全部站点统一配备远程视频接访系统，方便沟通联系，分批确立不同主题，指导干警带着任务开展群众工作。推动工作要求标准化，明确包保科室每周至少派员到群众工作站工作半天，每次至少帮助基层解决1个实际问题，促进检力下沉。省委常委、政法委书记李小敏和省检察院检察长徐安等视察后给予充分肯定。

【监督制约】 2013年，区检察院将检察工作中的重大事项、重要部署和重点安排及时向区委请示汇报，保持工作开展的正确方向。向区人大常委会专题报告贯彻执行《中华人民共和国刑事诉讼法》的工作情况，在区政协检察政情通报会上全面报告年度工作情况。组织中层以上干部分片走访联络人大代表、政协委员，广泛征求意见建议。强化内部监督制约，实行日巡查、周讲评、月考核、季评先、年评优的“节点式”管理，强化作风建设，从严管理队伍。创新推出执法办案约请监督机制，将监督关口前置，要求执法办案部门必须就办案中的重点环节，提前约请院纪检监察部门联合人民监督员共同介入，现场监督。该机制被省检察院和市纪委简报转发，《泰州日报》头版头条予以报道。

【“牵手朝阳·校园卫士”工程】 2013年，区检察院执行《中华人民共和国刑事诉讼法》特别程序规定，加强对青少年违法犯罪问题的关注研究。成立未成年人刑事检察科，专门办理未成年人犯罪案件，2次纠正侦查机关未及时帮助未成年犯罪嫌疑人申请法律援助的行为，对4名涉罪青少年作出不起诉决定，同步开展跟踪帮教并封存其犯罪记录，让他们尽快回归家庭、重返社会。倡导发起以“牵手朝阳·校园卫士”为主题的关爱学生工程，推进过程中，积极争取区委支持，整合工作力量。该工程被上提为区依法治区领导小组组织领导、区检察院牵头负责、22个成员单位共同参与的系统工程。区检察院积极发挥牵头作用，充分调动各成员单位的职能优势，推进校园法治理念培养、教师队伍法律素养提升、涉罪学生帮教、涉罪家庭在校生关爱、留守学生司法保护、校园周边环境综合整治6个子项目有序开展。《检察日报》《江苏法制报》和《泰州日报》对高港区

“牵手朝阳·校园卫士”工程进行密集报道。

【新司法解释实施后全省首例医院扒窃案】 2013年,区检察院执行最高人民法院、最高人民检察院于4月2日发布的《关于办理盗窃刑事案件适用法律若干问题的解释》,办理全省首例医院扒窃案。犯罪嫌疑人郭某在医院扒窃病人张某700元现金。按照新司法解释第1条规定,盗窃公私财物价值1000~3000元以上的,应认定为《中华人民共和国刑法》第264条规定的“数额较大”;第2条规定,在医院盗窃病人或其亲友财物的,数额较大的标准可以按照规定标准的50%确定。如按照以前的司法解释,不足1000元就达不到立案标准,该案中,犯罪嫌疑人郭某虽然实际盗窃数额不足1000元,但其选择在医院对病人实施盗窃,社会影响恶劣,符合新司法解释所列举的情形,最终郭某被区法院以盗窃罪,判处有期徒刑6个月,罚金1000元。

【汤晶萍获首届全国职务犯罪预防素能比武优胜标兵称号】 5月,区检察院团支部书记、助理检察员汤晶萍通过泰州市检察院组织的首届全省检察机关职务犯罪预防素能比武选拔赛,被推荐参加全省比赛。8月,经过预防调查报告评选、预防调查比武、检察建议写作竞赛、演讲比赛和行贿犯罪分析报告评比等素能比武活动,获首届全省检察机关职务犯罪预防素能比武优胜标兵称号。后被推荐参加9月举办的首届全国检察机关职务犯罪预防素能比武大赛,获首届全国检察机关职务犯罪预防素能比武优胜标兵称号。

(周峻嵘)

法　　院

【概况】 2013年,高港区法院共受理各类案件3381件,比上年上升15.30%,审执结2658件。其中,受理刑事案件185件,审结179件,判处罪犯254人,9人被判处10年以上有期徒刑;受理民商事案件2050件,审结1755件;受理行政案件8件和非诉行政执行审查案件129件,审结136件;受理执行案件994件,上升91.51%,执结573件,执结标的额8812.62万元;实施司法救助案件53件,减、缓、免收诉讼费用9.60万元,发放执行救助金3万余元。区法院被评为市文明单位、法治泰州建设规范执法示范单位和区人民满意机关。

【刑事审判】 2013年,区法院始终保持对严重刑事犯罪的高压态势,依法严惩故意杀人、聚众斗殴、强奸、抢劫等严重暴力性犯罪和盗窃、诈骗等多发性侵财犯罪,保护人民群众生命财产安全,共审结此类案件94件,判处罪犯139人。稳准狠打击毒品犯罪,审结案件6件,惩处罪犯18人。积极开展惩治和预防腐败工作,依法审结贪污贿赂、渎职犯罪案件12件,判处13人。落实宽严相济刑事政策,对117名犯罪情节较轻并悔罪的被告人适用缓刑。坚持预防教育与惩罚犯罪相结合,对社会影响较大的危险驾驶、重大责任事故、隐瞒掩饰犯罪所得及聚众斗殴等案件进行5次集中公开宣判。

【民商事审判】 2013年,区法院积极发挥民事审判调节功能,坚持“调解优先、调判结合”原则,快速高效化解各类民事纠纷,努力消除社会不和谐因素,民事案件调撤率60.84%。加大巡回审判力度,扩大办案效果,全年巡回审判755次,巡回审理案件686件。妥善审理婚姻家庭、继承析产、相邻关系等案件423件,及时化解家庭及邻里矛盾纠纷,倡导良好社会风尚,营造睦邻友好的和谐社会关系。高度重视人民群众对住房、就业等问题的关切,审慎处理房屋买卖、物业管理、劳动争议等案件241件,有效防范化解群体性纠纷。妥善应对民间借贷纠纷高发态势,正确区分合法借贷与非法集资、金融诈骗等犯罪的界限,依法审结民间借贷案件476件。

【行政审判】 2013年,区法院坚持监督与支持依法行政并重,通过组织培训、个案指导、专题交流等形式,促进依法行政,从源头上预防和减少行政争议。积极参与重大项目社会稳定风险评估,落实拆迁、征地等行政争议综合调处机制,重点协调敏感性、群体性案件,通过推行诉外沟通、庭前对话、庭中协调相结合,审结的治安、城建处罚等7件行政案件全部协调解决。

【创新行政预审制度】 2013年,区法院建立行政案件预审制度,由“一审一书”(一名审判长,一名书记员)召集双方当事人以预备庭的形式确定各方当事人的主体资格及诉讼请求、争议焦点,规范证据交换,并对证据进行初步质证、认证,就程序性事项给出裁定、决定或提出意见、协调等,完善审前工作,提高行政案件庭审效果。

【完善执行联动机制】 2013年,区法院在与银行系统实现“点对点”网络查询的基础上,稳步推进与区国土分局、工商分局、公安分局等部门的信息共享系统建设。聘请镇街、村居干部为执行联络员,提高人员寻找、财产查控的实效。开展反规避执行活动,采取司法拘留、限制高消费、媒体曝光、节日突击、凌晨出击等举措,使一批老大难案件得以有效执结。

【执行指挥中心】 9月,区法院正式成立执行指挥中心,有效整合执行部门力量,在法警大队增设执行中队专门从事执行工作,中心下设办公室,由专人24小时值守电话,接听当事人财产线索反映和执行问题投诉。将诉讼财产保全统一归口执行局办理，实行实施权与裁决权分离，改变一人包案到底的做法，形成相互制约和监督机制。

【法企共建】 2013年，区法院先后到扬子江药业集团、泰州口岸船舶有限公司、益海（泰州）粮油工业有限公司等30余个企业走访调研，提供法律咨询服务，向企业发放风险防范要点、诉讼风险提示书等相关材料。全年开展《中华人民共和国劳动合同法》、职工权益保障、工伤待遇等专题培训讲座15次，增强企业法律意识。针对企业转型升级中的涉诉纠纷，采取调解、协调等措施，实行快立、快审、快结、快执，尽可能减少企业损失。依法认定合同效力，保护合法债权，规范交易秩序，制裁违约行为。全年妥善处理买卖合同、加工承揽、金融借款及股东知情权等商事纠纷253件，解决争议标的1.63亿元，诉讼保全金额3800万元，为企业挽回经济损失1.12亿元。

【未成年人帮教】 2013年，区法院不断完善未成年人审判工作机制，成立社区少年帮教工作站，通过发放帮教法官联系卡、心理咨询专家参与心理干预、选择合适成年人参与诉讼和帮教、设置父母法制课堂等举措，感化误入歧途的青少年。

【完善诉调对接机制】 2013年，区法院开拓诉前矛盾纠纷分流渠道，强化对基层调解组织的指导，加强对人民调解员的能力培训，选聘14名司法协理员参与纠纷化解，构建法院主导、镇街协作、公众参与"三位一体"的矛盾化解机制，全年115件纠纷在诉前被化解。

【法制宣传】 年内，区法院将普法宣传和审判执行工作有机结合，多形式、多渠道向社会宣传法律法规和社会主义法治理念。以巡回审理为契机，在案件审理过程中，一并发放诉讼须知和法律宣传小册，以案释法、以案普法，起到"审理一起，宣传一片"的良好效果。深入村居开展法律讲座、法制报告会等普法活动21次，重点就婚姻家庭、排除妨害、土地流转、民间借贷、妇女权益保护等民生问题为群众答疑解惑、释法明理。开展法制主题班会、模拟法庭等校园法制实践活动16次，积极探索预防青少年犯罪、减少校园伤害案件的新途径。有效运用报刊、电视、网络等媒体，发表宣传报道200余篇，以群众喜闻乐见的方式宣传典型案例，弘扬法治精神。

【诉讼"零障碍"服务】 2013年，区法院完善诉讼服务中心和诉讼服务站建设，充分发挥诉讼服务网络体系作用。向社会公开立案审查、诉讼指导、判后答疑等各项诉讼服务内容和标准，向当事人发放诉讼常识卡和诉讼权利义务告知书等涉诉材料，引导当事人正确行使诉权。在立案接待大厅设立导诉台，严格实行首问负责、全程协办、限时办结和一次性告知制度，及时帮群众解决诉讼难题。推行电话预约、上门立案等方式，为群众参与诉讼提供便利。

【涉诉信访】 2013年，区法院高度重视涉诉信访工作，完善"四定一包"（定时间、定人员、定领导、定责任、包案处理）工作模式，院领导和办案人员一起带着案件下访，充分听取当事人意见，多方协调合力化解，确保诉求合法的解决到位、不合法的释明到位、长期上访生活确有困难的救助到位，化解数件多年信访老案。全年院领导接访135人次，处理人民来信37件，重点敏感时期实现零赴省进京，息访率98%。

【司法公开】 2013年，区法院积极搭建民意沟通平台，完善"法院开放日"制度，采取"走出去，请进来"办法，开展有针对性的主题开放活动。推动法院工作向"网络空间"延伸，加强门户网站建设，开通官方微博，作为审务公开的主阵地，全面、及时、规范地公开立案、审理及执行等各类司法信息，充分保障人民群众知情权和监督权。开通庭审网络直播系统，网民足不出户，轻点鼠标即可"观摩"庭审。试行裁判文书附录法律条文，稳妥推进裁判文书上网发布工作，全年上网文书490篇。积极推进司法民主，提高人民陪审员参审率，全年适用普通程序结案286件，全部邀请人民陪审员参加审判。 （王晓伟）

司法行政

【概况】 2013年，区司法行政系统调处各类矛盾纠纷582件，其中非正常死亡59件，调解成功580件，调解成功率99.70%，劝阻群体性上访30起366人次，防止民转刑案件18起43人。全区在册社区服刑人员191人，在册刑释解教人员468人，全年无一例脱管、漏管和重新犯罪，举办全区首次心理矫治专题讲座。推进社区矫正监管科技化，引入手机定位系统和指纹、头像识别系统。拨付30万元编制法制宣传教育读本，全区2.20万名中小学生接受法制教育，聘请42名政法部门业务骨干担任法制副校长（辅导员）、法制课兼职教员，74名大学生村官担任农村法制宣传员，在全市400余辆公交车上滚动播放自制普法短片，7个省级民主法治示范村通过省考核组验收。区法律援助中心接待群众来电、来访、网上咨询1173人次，办理法律援助案件268件。

【矛盾纠纷排查与调处】 2013年，区司法局建立矛盾纠纷排查预警机制，组织开展元旦、春节、全国人大和政协"两会"、国庆及中共十八届三中全会期间矛盾纠纷集中排查调处，区每月、镇街每半月组织1次排查。配合区综治委落实中央综治委要求，每月定期召开矛盾纠纷排查调处工作协调会议，强化信息搜集，研判分析矛盾纠纷形势。全区各级调解组织调处各类民间纠纷582起，调解成功580起，其中非正常死亡案件59起，调解成功率99.70%，劝阻群体性上访30起366人次，防止民转刑案件18起43人。

【"六五"普法工作】 2013年，区司法局召开全区"六五"普法中期检查考核动员会，制定印发"六五"普法考核细则，整理装订迎检台账，制作专题片、画册、展板，到镇街、企业、学校督查"六五"普法工作。新申报的7个省级民主法治示范村（社区）通过省考核组验收。

【五星司法所创建】 2013年，区司法局协助各司法所开展五星司法所创建工作，协调基层党委、政府加大对司法所的投入，加强基层司法所基础设施建设，解决办公用房，改善办公条件。口岸、胡庄司法所创建成五星司法所，全区有五星司法所5个。

【人力资源市场法律援助工作站】 6月末，区司法局、区人社局共同组建的区法律援助中心驻区人力资源市场法律援助工作站挂牌成立。该工作站由区司法局派出执业律师定期参加人力资源市场招聘会，为广大求职者发放劳动法律资料、解答劳动法律咨询、提供法律意见，引导有需要者申请法律援助。全年该站办理追索劳动报酬案60件、工伤赔偿案17件、其他劳动争议案45件。

【"半小时法律援助服务圈"辐射全区】 2013年，区法律援助中心完善原有法律援助工作网络，健全镇街、部门法律援助工作站和村（社区）、企业法律援助联络点工作机制，在全区所有镇街均设立至少1个典型的法律援助便民服务点，在所有村和社区公布便民服务点联系人及联系电话。各法律援助站、法律援助便民服务点及律师事务所、法律服务所代为受理公民法律援助申请，打造辐射全区的"半小时法律援助服务圈"。全年区法律援助中心接待群众来电、来访、网上咨询1173人次，办理法律援助案件268件，为当事人避免经济损失或获取人身损害赔偿1000余万元。

【未成年人法制教育"5+5"模式】 2013年，区司法局创新开展未成年人法制教育"5+5"模式：按照计划、课时、师资、教材、经费"五落实"的要求，做到周周有课时、月月有主题，班班有活动、岗岗有培训、年年有考核"五统一"。该模式被中央综治办、共青团中央、中国法学会评为2013年度全国未成年人健康成长法治保障制度创新事例。

【法治文化建设】 2013年，区司法局建成高港法治文化广场、泰州市第三人民医院法治文化长廊、青少年法制宣传教育中心、新高港人法治文化中心等法治文化阵地，其中，高港法治文化广场、泰州市第三人民医院法治文化长廊被评为市级法治文化示范点。制作法制宣传短片在全市公交车上播放，编写《泰州市高港区"六五"普法市民读本之交通安全篇》，筹划组织泰州市首届法治文化节（高港区分会场）活动。

【首期心理矫治专题讲座】 5月16日，区司法局举办高港区首期社区矫正心理矫治专题讲座，邀请泰州市心理学会会长李如其讲解心理矫治的内涵、基本步骤和方法。全体司法所干警和社区矫正专职社工共26人参加。

【社区矫正科技监管】 2013年，区司法局在社区矫正监管工作中引入手机定位和指纹、头像识别系统，对全区近200名社区服刑人员全面实行信息化管理，实现从"人防"到"技防"的转变，增强矫正程序的严密性和矫正手段的科学性，提升社区矫正工作的效率和质量。

【物业管理纠纷人民调解委员会】 5月，区司法局联合区住建局在全市率先成立区物业管理纠纷人民调解委员会。该调解委员会成员由热心调解事业，具有较强专业知识和较高调解技能的退休干部、律师及物业管理专业人员组成。主要职责为组织开展涉及物业管理纠纷的排查，及时掌握纠纷信息和各种不稳定因素，做好预警工作和教育疏导工作；受理调处物业管理矛盾纠纷；宣传与物业管理相关的法律法规及政策，指导城市社区调解委员会和物业管理公司开展物业管理纠纷调解工作。

【法律服务所建设】 5月，区司法局组织全区法律服务所主任到兴化市参观学习。各基层法律服务所建立健全人事管理、财务管理、业务管理、考评奖惩等制度；建立健全公开办事制度，做到"六公示""五统一"（执业人员照片、业务范围、收费标准、工作纪律、服务承诺、监督投诉电话上墙公示，统一收案、统一审批、统一收费、统一出庭证照、统一法律文书表格式样）。7月末，在高港区益峰法律服务所召开法律服务所规范化建设现场推进会，引导条件好的基层法律服务所加大硬件投入、改善办公条件、优化服务环境。8月，对全区法律服务所卷宗进行全面检查。11月，组织所有法律工作者参加全市基层法律服务工作者业务培训。

【基层法律服务法治惠民活动】 2013年，区司法局在农村实施"一村一顾问"建设，实行村（社区）法律顾问全覆盖。组织各律师事务所、法律服务所与全区89个村（社区）结对挂钩，担任法律顾问，围绕农村经济发展、民主法治建设等方面开展法律服务。在有条件的村（社区）设立法律服务工作站，公开服务承诺，公开联系电话，发放服务联系卡。开展法制宣传活动，受理居民法律咨询，接受当事人法律援助申请。参与村（社区）矛盾化解，提出法律建议。

【法制宣传日活动】 12月2日，区法制宣传教育领导小组办公室联合区委宣传部、区委组织部、区委政法委等10余个部门在太阳神广场举行以“大力弘扬法治精神，共筑伟大中国梦”为主题的全国法制宣传日活动启动仪式。区领导向全区十佳学法小童星、十佳学法好少年颁发荣誉证书，向各镇街赠送法律知识读本。现场展出法制宣传展牌28个，发放各类法制宣传资料2000余份，解答群众法律咨询20起。

（孔德培）

人民武装

【概况】 2013年，高港区人武部围绕“听党指挥、能打胜仗、作风优良”的强军目标，以基层武装规范化建设为抓手，以建设学习型、创新型、服务型党组织为根本，始终保持清醒头脑，始终坚持“稳中求进”，始终秉持真抓实干，单位全面建设稳中有升。区人武部有干部7人、职工8人。下辖7个镇街武装部和3个企业武装部，专职武装干部21人。预备役高炮某团直属队在高港区编工化连1个。区人武部被泰州军分区评为征兵工作先进单位。

【组织建设】 2013年，区人武部以创建学习型、服务型、创新型党组织为目标，加强组织建设，主官带头示范，抓班子、带队伍、谋发展。认真做好党委班子岗位练兵，突出体能和技能重点，落实“每周两个晚上，每天一个小时”的军事理论、识图用图等训练。开展周学一篇、月写一文、季讲一课、半年述学活动。积极备战“三精”（精准射击、精熟操作、精确指挥）比武竞赛。组织基层专武部长业务培训，所有干部备课示教，做到人人有“四会”(会讲、会做、会教、会做思想工作)教练课目，人人有调研课题。

【民兵整组】 2013年，区人武部针对民兵整组工作时间紧、任务重、要求高的实际，制定“合理调整编兵布局、系统整合民兵资源、实施全程监控调控、确保民兵整组质量”总目标。出台《2013年民兵整组工作指示》，将整组工作纳入地方政府工作日程，定期对整组工作落实情况进行考察验收。先后组织两期整组业务知识培训，将整组工作基础知识整理装订成册发放到每一名专职武装干部手中，研究制定“兵随人走”社区编兵政策，完善通信联络、请销假、兵员补充、普查更新、走访调查、请示报告和随机拉动7项制度，有效解决“人员流动性大、民兵在位率低”的编兵整组困难。

【军民融合发展】 2013年，区人武部结合民兵组织调整，按照“拉得出、供得上、救得下、保障好”要求，深入机关、企业调研，进一步完善后勤战备方案，更新经济动员潜力数据库。认真落实“部财区管”的相关要求，重点加强经费管理使用，严格执行经费预算、经费开支审批、票据报销审核等制度，坚持经费开支的公开透明。积极向区委、区政府汇报保障社会化的需求，加大与区相关部门的协调力度，提高饮食、油料、医疗等保障标准。（王海翔）

人民防空

【概况】 2013年，泰州市民防局高港办事处（简称“高港人防办”）认真贯彻落实第六次全国人民防空会议精神，坚持“长期准备、重点建设、平战结合”方针，贯彻与经济社会相协调，与城市建设相结合，与防灾、救灾和处置突发事件相兼容的原则，坚持防空防灾一体化，积极开展人民防空知识教育，加强人民防空基础设施建设，较好地完成各项任务。

【人民防空知识教育】 2013年，高港人防办会同区教育局在全区各初级中学普及人民防空知识，开课率100%。提高青少年学生防空意识，普及战时有关防核武器、防化学武器、防高技术空袭，以及平时防灾、灭灾、防灾发事故的知识和技能。5月15日，联合区教育局在口岸中心小学开展防空防灾疏散演练，增强广大师生防空防灾观念，提高防灾减灾技能。

【防空警报试鸣】 5月12日和9月18日，高港人防办组织全区防空警报例行试鸣。防空警报鸣36秒，停24秒，连续3分钟；空袭警报鸣6秒，停6秒，连续3分钟。解除警报连续鸣3分钟。

【防护工程体系建设】 2013年，高港人防办坚持人民防空建设与城市基础设施建设融合发展，以“以建为主，建收并重”为原则，加大防护工程建设力度。依法征收人防易地建设费，筹集人防经费1227万元，全部纳入财政专户管理。（王　锋）

消　防

【概况】 2013年，武警泰州市消防支队高港大队（亦称“高港区公安消防大队”，简称“区消防大队”）围绕“强基础、保稳定、促提高”总体要求，强化基础、能力、作风“三个建设”，以提高社会火灾防控能力、预防和遏制重特大火灾为目标，实现火灾形势和队伍管理“双稳定”。全区公安消防部队接警381起，比上年上升

9.20%，出动消防车780辆次、消防官兵3753人次，抢救被困人员27人，疏散人员121人，抢救和保护财产价值67.91万元。全区发生火灾73起，上升20.50%，无人员伤亡；直接财产损失72.32万元；上升93.10%；未发生较大以上火灾。区消防大队被区政府评为安全生产先进集体。

【思想政治建设】 2013年，区消防大队围绕开展“坚定信念、铸牢警魂”主题教育活动，切实打牢官兵为民服务思想根基，增强官兵的思想政治素养，提高部队战斗力。开展“爱民服务、爱岗尽责、爱家养德”活动，引导官兵增强以人为本、热情周到的服务意识，发扬爱岗敬业、大公无私的奉献精神，养成高尚的职业道德和家庭美德。开展以爱国奉献、革命人生观、艰苦奋斗和尊干爱兵教育为主要内容的经常性教育，使每名官兵受到教育启发，确保教育效果。到泰州市纪委明园警示教育基地开展参观学习、廉政宣誓等活动，开展消防监督执法领域和涉及消防领域收费专项治理活动，提高消防监督执法服务形象。强化节日前党风廉政教育，通过学习禁令铁规、编发廉政短信，坚决刹住吃喝送礼、奢侈浪费等不正之风。召开行风评议会、党风廉政建设分析会，深入查找问题，改进服务措施，坚持做到“隐患不消除，查处不解除”。出台许可公示制度、及时告知制度、示范样本制度等7项便民利民服务制度，提升服务质量，赢得社会各界一致好评。

【执勤训练】 2013年，区消防大队以提高部队战斗力为根本，以“训战结合，强本固基”为目标，制定2013年度执勤岗位练兵活动实施方案，将每周四下午定为全员岗位练兵日。为每名官兵建立个人训练档案，通过周测试、月小考、季度普考，及时了解掌握存在不足，做到训练有的放矢。不断完善灭火救援预案，开展“六熟悉”（熟悉消防队责任区的交通道路、水源情况，熟悉责任区内重点单位的分类、数量及分布情况，熟悉责任区内主要灾害事故处置的对策及基本程序，熟悉责任区内重点单位建筑物使用及重点部位情况，熟悉重点单位内部的消防设施情况，熟悉重点单位的消防组织及其灭火救援任务分工情况）和灭火实战演练。全年熟悉重点单位83个次、一般单位115个次，开展灭火演练82次，开展水源测试12次。强化条令条例和规章制度教育学习，增强官兵法纪观念，开展队伍精细化管理，强化官兵绩效考评，出台士官（兵）量化考评管理规定，充分运用士官（兵）绩效考评结果，与战士入党、考学、立功受奖、评先评优和福利待遇等切身利益相挂钩，进一步激发官兵的工作激情。

【消防安全排查整治】 2013年，区消防大队共检查单位1129个次，排查非法建筑281处，发现整改隐患1428处，下发责令整改通知书437份，下发重大火灾隐患限期整改通知书2份，下发行政处罚决定书84份，处罚单位72个，罚款86.40万元，责令“三停”（停止施工、停止使用、停产停业）单位18个，临时查封20处，处罚个人12人，行政拘留5人。

【消防宣传】 2013年，区消防大队开展消防宣传进社区文艺演出2次，建立社区消防体验馆1个，开展消防培训21次，举行联合消防演练30次。在中央媒体发稿4篇，省级媒体发稿20余篇，利用沿街LED屏、宾馆及娱乐场所电视屏幕播出宣传图片和标语1.50万条次，制发宣传手册6000余册，群众消防安全意识进一步增强。

【后勤保障】 2013年，区消防大队根据《泰州市地方消防业务经费基本支出计领标准》，推动消防经费保障政府责任考评制度，经与区政府协调，基本经费保障在上年基础上增长53%。区政府先后投入320万元购置1辆重型泡沫水罐车和部分器材装备，投入80余万元用于营房装修改造，投入近15万元更新一批办公和生活设施；大队投入30余万元购置一批个人防护装备、专勤器材和灭火药剂等，投入2万余元用于“三热”（吃热菜、喝热水、洗热水澡）改造，投入5万元购置训练和生活用品等。（张　波）

教育·科技·卫生

教　育

【概况】 2013年，高港区有中小学、幼儿园33所，其中，中专1所、初中9所、九年一贯制学校1所、小学10所、幼儿园12所。中小学生18744人，在园幼儿5202人。专任教师1830人，其中，小学799人、初中772人、中专259人。省特级教师后备人才4人，市级骨干教师62人。高港区考生1473人参加高校招生考试，其中，普通类考生1469人、纯艺术类4人，新疆班89人。江苏省口岸中学作为考点，编排考场54个。被高校录取1318人。

【学前教育经费】 2013年，学前教育经费被列入区教育局部门预算，区财政安排100万元学前教育专项经费，用于优质幼儿园创建、资助家庭经济困难儿童和教师培训，各镇街财政配套安排20万元学前教育专项经费。8月2日，区党政联席会议研究决定，是年起，按每生每年300元标准拨付幼儿园公用经费，所需资金由区、镇街两级各承担50%。

【素质教育】 5月，区教育局组织高港区第九届中小学生乒乓球比赛，实验小学获小学组男子团体第一名，胡庄中心小学获小学组女子团体第一名，高港实验学校获初中组男子团体第一名，许庄初级中学获初中组女子团体第一名。是月，高港实验小学组队代表高港区参加泰州市小学生乒乓球比赛，获团体第四名。6月，以口岸中心小学“小手拉大手，交通文明伴我行”启动仪式为先导，全区学校开展形式多样、内容丰富的“小手拉大手，文明一起走”系列活动，包括文明礼仪、文明餐桌、文明购物、文明乡风、文明旅游等。推进“法制教育进课堂”主题活动，首次设立法制教育专项经费，推进计划、课时、师资、教材、考评“五落实”，全区各校聘请法制课兼职教员，配备法制副校长（辅导员），以课堂教育为主渠道，做到月月有主题、周周有课时、班班有活动、岗岗有培训、年年有考核“五统一”，使青少年法制宣传制度化、规范化、常态化。各中小学设立“道德讲堂”，按照“作一番省身，唱一首歌曲，看一部短片，诵一段经典，讲一个故事，作一番点评，送一份吉祥”7个基本步骤开展活动，力求用仪式讲道德，用仪式做敬畏，用仪式引导省心修身、崇德向善。7月，按照《省教育厅关于印发〈江苏省体育教师体能测试标准（试行）〉的通知》要求，对全区中小学体育教师进行体能测试，测试结果通报到各学校。督查指导学校参加绿色学校、健康促进学校、节水型学校和红十字合格学校创建工作，海军小学、汪群小学创建成市级绿色学校，永安洲中心小学创建成江苏省绿色学校；高港实验小学创建成泰州市节水型学校；全区各学校均为区级红十字合格学校。

【职业教育】 2013年，高港中等专业学校被认定为江苏省高水平现代化职业学校立项学校，2个实训基地（工业分析与检验、机械加工技术）通过江苏省职业教育高水平示范性实训基地立项，汽车运用与维修专业免检成为省级品牌专业，成功申报9个省级合格专业和港翔产学研联合体，建成泰州市中等职业教育德育工作实验基地学校，上争项目资金1700万元。学校与高港高新区有关部门联合开展企业用工调研，为专业设置、招生、课程开设等做好服务。加强与校外实训基地（企业）的联系，妥善安排2013届毕业生到纬创资通（泰州）有限公司、江苏福马高新动力机械有限公司、泰州飞翔车辆配件厂等企业顶岗实习。企业冠名的“港口机械班”“林海班”“融盛客服”等运转良好。开展社会培训，提供企业职工岗位培训、机动车维修从业人员培训、农村劳动力转移培训、社会创业培训、职业农民培训、退役士兵技能培训、统计人员从业资格培训、机关工勤人员培训等，年培训3000余人次。单招考试本科升学率列全市第二名，公办大专及以上院校录取率96%，位居市区第一名。在省信息化教学设计大赛中，学校获一等奖1个、二等奖3个、三等奖3个；全省信息化教案设计大赛中，3名教师获奖，并被省教育厅推荐参加全国大赛；全国中等职业学校“创新杯”信息化教学设计及说课大赛中，教师韩明荣获二等奖。学校“两课”（示范课、研究课）经验申报省级教学成果奖，通过市级评估和省级公示。春学期省技能大赛获一等奖，省创新大赛获二等奖。全市中等职业学校学生技能抽测优秀率全市第一，合格率全市第二。参加全国、全省中等职业学校文明风采大赛，300余名师生获奖，学校获组织奖。

【教师队伍建设】 1月，区教育局出台《高港区教育系统首次岗位设置管理工作方案》和《专业技术岗位首次设置评分参考标准》，是月完成岗位设置工作。2月，在全市率先兑现岗位工资。4月，出台《专业技术岗位聘后管理考评指导意见》，完善岗位设置管理系统。170名教师参加区内校际交流工作，服务期2年，参加交流教师占符合交流条件专任教师的16%；参加交流的骨干教师35人，占符合交流条件骨干教师的22.20%，均超过市教育局要求的15%。5月，组织开展“最美基层干部”先进典型和第三届“我最喜爱的共产党员”推选活动。评选推荐高港区“大江儿女·师德模范”和泰州市第五批师德模范，组织“大江儿女·师德模范”巡回演讲进校园活动，挖掘身边的先进典型。组织开展师德师风主题教育实践活动，开展以“爱生、敬业、清廉”为主题的师德师风教育实践活动，组织全区教师和学生学习杨向明先进事迹。

【信息技术装备与应用】 2013年，高港区5所学校创建成市数字化校园。3月，举办中小学电脑制作活动。5月，组织多媒体教育软件评比，9件作品被市推荐参加省级评比，4件作品被省推荐参加全国性评比。以“中国梦·我的梦”为主题，积极组织参加省第六届中小学网络读书活动，全区上传作品1900余件。9月，组织信息技术与学科整合优质课评比，组织4所试点学校项目负责人和骨干教师参加市数字化E学习培训观摩活动。10月，组织初中化学实验技能大赛，组织20名骨干教师参加国家英特尔——未来教育学科教师网络培训。11月，组织全区120名教师报名参加省级新课程学科教师网络培训。在第十六届全国多媒体教育软件大奖赛中，2件作品获全国二等奖，8件作品获省奖，6件作品获市奖。6月，组织高港中等专业学校参加中小学校园网站评比，被市推荐参加省级评比，获省二等奖。10月，组织参加市中小学教师网络团队教研活动，口岸中心小学陈李、陶金华、丁玲团队获小学美术组一等奖，被推荐参加省级比赛，获省二等奖。

【教学科研】 暑期，区教育局组织区级集中培训活动，培训人员包括各学校校长、分管教学的副校长、教科室主任、教研组长和所有任课教师，从分析调研测试情况入手，讨论解决问题的办法。组织初中语文、数学、英语、物理、思想品德、体育、化学，小学语文、英语、数学和中小学信息技术“能手擂台”教学比武活动；初中数学、物理、语文和小学数学“新秀露台”活动；小学语文课外阅读指导课、校本诵读、作文指导课、享受汉字之美等专题研讨活动；小学数学、中小学音乐教研员示范课活动。开展随堂听课、参与集体备课活动，对全区20所中小学进行1轮教学工作检查，听课500余节。定期组织初中数学、英语、语文、物理，小学语文、英语、数学区级集体备课，备课组长认真研读教材、分析学情、设计教案、反思修改、制作课件和教学具等，形成区级统一教学设计和相关教学资源，在典型课例上组织集体备课研讨活动。组织初中数学40周岁以下教师解题大赛，初中物理35周岁以下教师解题、讲题比赛，小学语文命题比赛，小学英语优秀教学设计及课件制作比赛，初中英语教师口语大赛和命题能力比赛，小学音乐教师基本功训练。是年中考，四星级高中和三星级高中统招以上录取比例均超过全市（城区）平均水平，各学科全区均分较往年都有提高，缩小与海陵区、市直学校间的差距。新立项9项江苏省“十二五”教育规划课题、3项江苏省教研室课题。

【教育督导】 5月21日，区教育工作接受市政府教育督导室督导考核，考核结果为优秀。6月25日，高港区申报全国义务教育发展基本均衡区通过省教育督导团的督导评估。年内，区政府教育督导室按计划对全区9所学校进行素质教育督导考核，考核结果全部为优秀，并在教育网上公示。

【校舍安全工程】 2013年，区教育局制定《高港区校安工程三年（2013~2015）行动计划》，谋划全区学校布局和资源整合。暑期，对全区校舍进行日常维修。至年末，新高港中小学主体工程封顶，高港实验小学校舍加固工程启动，白马镇幼儿园、小学和初中整体规划布局初步形成。

【校车监管】 暑期，区教育局为所有校车安装刷卡系统，确保校车不超载运行。将校车监控系统分别安装到镇街、学校，实现教育局、交巡警二大队、镇街、学校同时监控校车安全运行的局面。秋季开学前后，多次到胡庄镇、口岸街道协调解决校车运行矛盾，确保校车运行安全、稳定。联合交巡警二大队、区交通分局等部门多次严肃查处违规现象，坚决打击“黑校车”。

【学校优质化工程】 2013年，高港实验学校、高港中学、田河初级中学、高港实验小学、许庄中心小学和永安洲中心小学6所优质化学校组织开展一系列教育教学活动。邀请上海语文名师基地主持人、特级教师周云燕上示范课并作讲座，介绍对语文教学的理解；邀请上海小学英语名师虞晴梅、丁艳上示范课，并介绍所在学校英语教研组的先进经验；邀请上海市普陀区教育学院科研室主任祝庆东作“问题、专题、课题——教师作研究的三个层次”报告；邀请上海特级校长、特级教师卞松泉作“用课程引领教师发展”报告。组织优质化学校教师到上海、深圳的学校学习。组织学校文化和课程建设座谈会。开展教学“微技能”研究，提高教师教学反思能力和研究能力。各项目学校根据发展规划和专家要求，积极开设校本课程，优化校园环境，规范学生礼仪行为，学校面貌大为改观，课堂教学行为更加科学、合理、有效。

【著名科普教育专家焦维新作专题报告】 9月5日，著名科普教育专家焦维新“月球与月球探测”专题报告会在高港区大江剧院举行，高港中学和高港实验小学近700名师生代表参加。焦维新分别从月球概况、月球探测、嫦娥工程和未来计划4个方面进行科普专题解说，并勉励学生好好学习科学知识，树立报效祖国的远大理想，将来在各行各业作出贡献。 （王劲松）

2013年3月13日，上海市小学语文名师周云燕在高港区上示范课

科　　技

【概况】 2013年，高港区完成高新技术产业产值583.11亿元，占规模以上工业产值49.80%。全社会研发投入占GDP 3.64%。全年专利申请量2759件，其中发明专利申请量642件；专利授权量586件。新获批高新技术企业6个，2个高新技术企业通过复核；江苏海企化工仓储股份有限公司入围省科技型企业上市培育计划，11个企业获批为省级高新技术企业后备企业，新增省确认民营科技型企业20个。获批国家火炬计划、星火计划13项，国家中小企业创新基金2项，省级高新技术产品50项。泰州口岸船舶有限公司单舱万吨级重吊船被认定为国家重点新产品。全年上争科技专项扶持资金2841.40万元，获批省科技成果风险补偿资金3350万元。获批省级科技进步三等奖1项，获批市级科技进步奖5项，评选出区科技进步奖20项。组织相关企业开展武汉“院校行”活动，全年新签订产学研合作协议56个，新建产学研联合体16个，组建高港区汽车关键零部件产业技术创新联盟；2人获批省企业博士集聚计划。新建市级以上工程技术研究中心9个，其中省级工程技术研究中心2个；获批市级重点实验室1个、外资研发机构1个、公共服务平台1个。新增8个企业为省地方标准《企业知识产权管理规范》贯标备案企业，3个企业通过贯标验收，3个企业被列入江苏省知识产权贯标先进单位。新增省级专利实施计划1项，省级知识产权战略推进计划1项。高港区被列为江苏省创新型试点区，蝉联全国科技进步先进区。区科技局获全市科技创新工作二等奖、市科技信息与宣传工作一等奖、区“创新创优”二等奖，被评为江苏省院省合作先进单位、法治泰州建设依法行政先进单位、市科技统计工作先进集体和区人民满意机关（单位）。区知识产权局被评为江苏省知识产权工作先进集体、知识产权政务信息工作先进单位。

【蝉联全国科技进步先进区】 11月，高港区再度通过全国科技进步先进区考核。全国县（市）区科技进步考核是国家唯一的科技考核项目，内容涉及党委和政府对科技进步工作领导与管理、科技经费投入等，是科技部对地方科技进步工作最科学、最权威、最全面的考核评价机制，成为衡量一个地区综合科技实力、综合竞争力和可持续创新发展力的标志。

【被列入江苏省创新型试点区】 2013年，高港区科技综合实力持续提升，全社会研发投入稳步增加，占GDP比重3.64%，列全市第一位。全年实现高新技术产业产值583.11亿元，比上年增长28.77%，占规模以上工业产值49.80%。专利申请量2759件，其中发明专利642件；全区万人发明专利拥有量5.18件。12月，高港区被省科技厅认定为江苏省第三批创新型试点区。

【产学研合作】 2013年，区科技局组织相关企业开展武汉"院校行"和"专家高港行"活动8次，与知名高校开展产学研合作项目56个，促成上海理工大学与临港经济园、西安交通大学与核心港区共建技术转移中心，新建产学研联合体16个，解决重大技术难题6项，新转化科技成果12项，新建科技成果中试基地2个。泰州市高港区武汉理工高技术产业研究院有序运作，6月牵头组建高港区汽车关键零部件产业技术创新联盟，与高港高新区签订共建汽车关键零部件产业基地协议。新建市级以上工程技术研究中心9个，其中，省级工程技术研究中心2个、研究生工作站3个；获批市级重点实验室1个、外资研发机构1个，2人获批省企业博士集聚计划。

【科技金融】 2013年，区科技局先后组织申报"苏科贷"17项，共获批科技低息贷款3450万元，占全市总额的3/4；农业银行"金科通"4项，获批科技低息贷款2300万元，占全市总额的1/2。推荐55个企业进入市"科技贷款风险补偿资金池"企业名录库，推荐40个企业进入省"苏科贷"名录库。全区首个科技小额贷款公司——泰州市高港区长兴科技小额贷款公司对27个企业投放贷款1.50亿元。

【知识产权工作】 2013年，全区专利申请量2759件，比上年增长21.97%，其中，发明专利申请量642件，增长45.25%；专利授权量586件，增长-54.68%。新增泰州超人汽车电子有限公司、江苏昆仑光源材料有限公司、江苏海企化工仓储股份有限公司、泰州市金鼎电子有限公司、江苏泰氟隆科技有限公司、江苏德泰墙纸有限公司、泰州友润电子有限公司和江苏追日汽车同步器有限公司8个企业为省地方标准《企业知识产权管理规范》贯标备案企业，江苏神驰机电有限公司、江苏康贝宠物食品有限公司和泰州市兴东煤矿机械制造有限公司3个企业通过贯标验收，泰州三福船舶工程有限公司、泰州市博泰电子有限公司和泰州口岸船舶有限公司3个企业被列入江苏省知识产权贯标先进单位。

【科技计划】 2013年，全区获批各类科技计划项目突破200项，其中，国家火炬计划7项，国家星火计划6项，国家级科技支撑计划1项，国家级科技型中小企业创新资金项目2项；省级科技支撑计划2项，省级知识产权战略计划项目1项，省专利实施计划项目1项；新认定国家重点新产品1项、省级高新技术产品50项。全年上争科技专项扶持资金2814.40万元，获批省科技成果风险补偿资金3350万元。

（胡　晖）

2013年高港区国家级、省级科技计划立项情况一览表

表11

项目类别	项目名称	承担单位	资助情况	地区
国家重点新产品	单舱万吨级重吊船	泰州口岸船舶有限公司	—	区　属
国家火炬计划	GZJ高效双级高真空净油机	泰州市宏泰电力设备有限公司	—	永安洲
	锡铈铋合金高频铝基电路板	泰州市博泰电子有限公司		
	超大规格蓝宝石晶体生长关键技术及设备	江苏能建机电实业集团有限公司		
	井下采区水处理及乳化液智能配比系统	泰州市兴东煤矿机械制造有限公司		口　岸
	大功率、高光效、高显色性LED灯	泰州市华强照明器材有限公司		
	电动客车自动变速箱（AMT）换挡总成	泰州市海博汽车科技有限公司		许　庄
	ZR6-75储油高精汽车同步器	江苏追日汽车同步器有限公司		刁　铺
国家星火计划	稻麦秸秆基高密度成型生物炭技术研究与推广	泰州市鑫鑫秸秆能源化利用有限公司	—	口　岸

续表11

<table>
<tr><th>项目类别</th><th>项目名称</th><th>承担单位</th><th>资助情况</th><th>地区</th></tr>
<tr><td rowspan="5">国家星火计划</td><td>高档功能性植物源性咬胶类食品研究与推广</td><td>江苏康贝宠物食品有限公司</td><td rowspan="5">—</td><td>许 庄</td></tr>
<tr><td>果园立体生态循环生产模式示范与推广</td><td>泰州市御庐园农业科技有限公司</td><td>永安洲</td></tr>
<tr><td>长江下游良种林木繁育与推广</td><td>江苏腾龙园林绿化工程有限公司</td><td>白 马</td></tr>
<tr><td>农业蔬菜大棚专用铝型材</td><td>泰州市宇马铝业有限公司</td><td rowspan="2">大 泗</td></tr>
<tr><td>银杏颗粒粉加工技术的开发及生产示范</td><td>泰州市润禾食品科技有限公司</td></tr>
<tr><td rowspan="2">国家创新基金</td><td>环保型高性能壁纸用水性油墨</td><td>泰州市美邦新材料有限公司</td><td>70万元</td><td>许 庄</td></tr>
<tr><td>人民币全自动封包设备</td><td>江苏保力自动化科技有限公司</td><td>70万元</td><td>刁 铺</td></tr>
<tr><td rowspan="8">省高新技术企业</td><td rowspan="8">—</td><td>泰州市创新电子有限公司</td><td rowspan="8">—</td><td rowspan="3">口 岸</td></tr>
<tr><td>泰州三福船舶工程有限公司</td></tr>
<tr><td>泰州超人汽车电子有限公司</td></tr>
<tr><td>泰州市金鼎电子有限公司</td><td rowspan="2">永安洲</td></tr>
<tr><td>泰州市旺灵绝缘材料厂</td></tr>
<tr><td>泰州友润电子有限公司</td><td rowspan="2">许 庄</td></tr>
<tr><td>泰州晟禾水处理设备制造有限公司</td></tr>
<tr><td>江苏乐彩印刷材料有限公司</td><td>胡 庄</td></tr>
<tr><td rowspan="15">省高新技术产品</td><td>银杏叶片</td><td rowspan="7">扬子江药业集团</td><td rowspan="15">—</td><td rowspan="9">区 属</td></tr>
<tr><td>盐酸多奈哌齐胶囊</td></tr>
<tr><td>蓝芩口服液</td></tr>
<tr><td>注射用硫酸头孢匹罗</td></tr>
<tr><td>注射用泮托拉唑钠</td></tr>
<tr><td>地佐辛注射液</td></tr>
<tr><td>碘海醇注射液</td></tr>
<tr><td>节能环保型76000载重吨散货船</td><td rowspan="2">泰州口岸船舶有限公司</td></tr>
<tr><td>40车/680客客滚船&危险品滚装船</td></tr>
<tr><td>高固色率特深黑F</td><td rowspan="2">泰州市恒源化织厂</td><td rowspan="6">口 岸</td></tr>
<tr><td>活性红B</td></tr>
<tr><td>经济型18000载重吨多用途重吊船</td><td rowspan="2">泰州三福船舶工程有限公司</td></tr>
<tr><td>加强型57000载重吨巴拿马型散货船</td></tr>
<tr><td>一次性使用多通道单孔腹腔镜术穿刺器</td><td rowspan="2">泰州市榕兴抗粘敷料有限公司</td></tr>
<tr><td>藻酸盐敷料</td></tr>
</table>

续表 11

项目类别	项目名称	承担单位	资助情况	地区
省高新技术产品	JC-252A 12G 新型电脑针织横机	泰州市晋晟针织机械有限公司	—	口岸
	J56 车用音频视频 USB 线束总成	泰州苏中天线集团有限公司		
	新型单向旋转摩擦离合器式一体机电脑显示屏支撑架	泰州市创新电子有限公司		
	薄型双滑轨、双恒力卷簧式可升降显示屏支撑架			
	升降立柱可锁附倾倒的全位姿显示屏支撑架			
	新型钢片卷绕拉簧及带液压缓冲式一体机电脑显示屏支撑架			
	可调拉簧升降力式双显示屏恒力升降支撑架			
	弹性摩擦锥型显示器支撑架			
	高强度抗氧化玻封半导体用新型杜美丝	江苏昆仑光源材料有限公司		
	绿色环保无卤阻燃增强 PA66	泰州艳阳天塑料科技有限公司		刁铺
	绿色环保无卤阻燃 PA6 与 ABS 合金工程塑料			
	ZR6-75 储油高精汽车同步器	江苏追日同步器有限公司		
	1100 锁环式惯环同步器	泰州市追日齿轮有限公司		
	电动客车用机械自动变速箱(AMT)的换挡机构	泰州市海博汽车科技有限公司		许庄
	纯电动客车用变速电子控制系统			
	新型快捷机动消防浮艇泵	江苏东华消防装备有限公司		
	TO-3p 型引线框架	泰州东田电子有限公司		
	TO-220 型引线框架			
	高密封性高成品率 TO-220 型引线框架	泰州友润电子有限公司		
	IC 封装专用的 FSIP15 型引线框架			
	高附加值再生牛皮制备技术类宠物饲料	江苏康贝宠物食品有限公司		
	抢险救灾用便携式发电机	江苏神驰机电有限公司		
	聚四氟乙烯高频电路板	泰州市金鼎电子有限公司		永安洲
	钻井液用抗温抗盐降滤失剂	泰州市江泰化工有限公司		
	电子元器件自动装配用承载卷带	江苏泰氟隆科技有限公司		
	氟塑料活化薄膜			
	双级真空麻面式静电净油机	泰州市宏泰电力设备有限公司		
	冷却式水-乙二醇精密过滤机	泰州市宏博节能环保科技有限公司		

续表11

项目类别	项目名称	承担单位	资助情况	地区
省高新技术产品	高频电路陶瓷基板	泰州市博泰电子有限公司	—	永安洲
	PTFE介质微波高频金属基电路板			
	超大规格蓝宝石晶体生长关键技术及设备	江苏能建机电实业集团有限公司		
	晶硅切割高性能微粉级碳化硅	泰州市今朝伟业精细化工有限公司		
	多元纳米复合不导电金属膜（NCVM）	江苏海诞电子科技有限公司		白　马
	YMGR568新型节能平开窗及铝型材	江苏宇马铝业有限公司		大　泗
	数字化印刷用免处理阴图热敏CTP版	江苏乐彩印刷材料有限公司		胡　庄
省级重点新产品	艾拉莫德原料及片剂	扬子江药业集团	—	区　属
	3500吨近海起重铺管船	泰州三福船舶工程有限公司		口　岸
	C70G组合天线	泰州苏中天线集团有限公司		
	无线传感器监控装置高频电路板模块基板	泰州市博泰电子有限公司		永安洲
省科技支撑（社发）项目	基于江苏省名医名方的现代中药脂肝净颗粒的开发	扬子江药业集团	40万元	区　属
省企业研究生工作站	泰州市兴东煤矿机械制造有限公司研究生工作站	泰州市兴东煤矿机械制造有限公司	6万元	口　岸
	江苏海企化工仓储股份有限公司研究生工作站	江苏海企化工仓储股份有限公司	6万元	永安洲
省级工程技术研究中心	江苏省汽车电子车载信息系统工程技术研究中心	泰州苏中天线集团有限公司	—	口　岸
	江苏省显示器支架系统工程技术研究中心	泰州市创新电子有限公司		
省风险补偿贷款项目	WPZ-345/150煤矿用破碎装载卧底机	泰州市兴东煤矿机械制造有限公司	300万元	口　岸
	医用烧伤敷料的制备方法及产业化	泰州市榕兴抗粘敷料有限公司	300万元	
	JC系列新型电脑横机的研发与产业化	泰州市晋晟针织机械有限公司	300万元	
	1100锁环式惯性同步器	泰州市追日齿轮有限公司	150万元	刁　铺
	ZR150增力短行程汽车同步器	江苏追日汽车同步器有限公司	150万元	
	全自动人民币封包设备及管理系统的产业化	江苏保利自动化科技有限公司	300万元	
	纯电动客车用变速电子控制系统的研发	泰州市海博汽车科技有限公司	300万元	许　庄
	ZD950同步器总成	泰州市奥鑫机械有限公司	150万元	
	优质新型宠物食品压骨的精深加工的研究与产业化	江苏康贝宠物食品有限公司	500万元	
	IC封装专用的FSIP15型引线框架的产业化	江苏友润电子有限公司	300万元	
	纯钛热交换器的研发与产业化	泰州市库宝制冷设备制造有限公司	100万元	

续表11

<table>
<tr><th>项目类别</th><th>项目名称</th><th>承担单位</th><th>资助情况</th><th>地区</th></tr>
<tr><td rowspan="4">省风险补偿贷款项目</td><td>动物手术解剖台</td><td>江苏荣畅牧业发展有限公司</td><td>200万元</td><td rowspan="4">永安洲</td></tr>
<tr><td>超大规格蓝宝石晶体生长关键技术及设备的研发与产业化</td><td>江苏浩瀚蓝宝石科技有限公司</td><td>300万元</td></tr>
<tr><td>微波高频多层电路板</td><td>泰州市博泰电子有限公司</td><td>150万元</td></tr>
<tr><td>双级高真空静电净油机的产业化</td><td>泰州市宏泰电力设备有限公司</td><td>150万元</td></tr>
<tr><td rowspan="20">省民营科技企业</td><td rowspan="20">—</td><td>泰州市晋晟针织机械有限公司</td><td rowspan="20">—</td><td rowspan="2">口岸</td></tr>
<tr><td>泰州市华强照明器材有限公司</td></tr>
<tr><td>江苏瑞源电力科技有限公司</td><td rowspan="2">刁铺</td></tr>
<tr><td>江苏追日汽车同步器有限公司</td></tr>
<tr><td>泰州市天鑫机械有限公司</td><td rowspan="5">许庄</td></tr>
<tr><td>泰州市环科生物新能源有限公司</td></tr>
<tr><td>泰州晟禾水处理设备制造有限公司</td></tr>
<tr><td>泰州海天半导体有限公司</td></tr>
<tr><td>江苏德泰墙纸有限公司</td></tr>
<tr><td>江苏奥莱克冷链有限公司</td><td rowspan="4">永安洲</td></tr>
<tr><td>泰州市御庐园现代农业科技有限公司</td></tr>
<tr><td>泰州市光明电子材料有限公司</td></tr>
<tr><td>泰州市博泰电子有限公司</td></tr>
<tr><td>泰州市白马机械工具制造有限公司</td><td rowspan="2">白马</td></tr>
<tr><td>江苏腾龙园林绿化工程有限公司</td></tr>
<tr><td>江苏省强槐体育用品有限公司</td><td rowspan="2">大泗</td></tr>
<tr><td>江苏京华澄电力科技有限公司</td></tr>
<tr><td>江苏乐彩印刷材料有限公司</td><td rowspan="3">胡庄</td></tr>
<tr><td>泰州市中兴医械科技有限公司</td></tr>
<tr><td>泰州市辉春医疗器械有限公司</td></tr>
<tr><td>省级农业支撑计划</td><td>盆栽小菊新品种及配套示范与推广</td><td>江苏腾龙园林绿化工程有限公司</td><td>30万元</td><td>白马</td></tr>
<tr><td rowspan="2">企业博士集聚计划</td><td>杨蕾</td><td rowspan="2">扬子江药业集团</td><td>20万元</td><td rowspan="2">区属</td></tr>
<tr><td>许旭</td><td>20万元</td></tr>
<tr><td>省级创新型城市、乡镇</td><td>省级创新型城市</td><td>高港区政府</td><td>—</td><td>—</td></tr>
<tr><td>省农业科技型企业</td><td>—</td><td>泰州市润禾食品科技有限公司</td><td>—</td><td>大泗</td></tr>
</table>

续表11

项目类别	项目名称	承担单位	资助情况	地区
省企业知识产权管理标准化示范先进单位	—	泰州口岸船舶有限公司	20万元	区属
		泰州三福船舶工程有限公司	20万元	口岸
		泰州市博泰电子有限公司	5万元	永安洲
省企业知识产权战略推进计划项目申报单位	—	泰州市华强照明器材有限公司	30万元	口岸
省企业专利实施计划	—	江苏能建机电实业集团有限公司	20万元	永安洲
第八届江苏省发明专利奖	—	扬子江药业集团	—	区属

2013年高港区各级科技进步奖获奖项目一览表

表12

项目名称	承担单位	项目完成人	等级
蓝芩口服液治疗急性咽炎作用机制临床疗效及产业化应用研究	扬子江药业集团	郑璐、薛明、姚仲青、沙琦、曾海松、石晶萍、游慧	省级三等奖
中药6类新药双花百合片	扬子江药业集团	薛明、郑璐、曾海松、吴革林、邵秋红、游慧、叶爽美	市级二等奖
免冲洗CTP印刷版材	江苏乐彩印刷材料有限公司	刘华礼、柳东明、徐震龙、黄良平、田鹏	市级三等奖
超大规格蓝宝石晶体生长关键技术及设备	江苏能建机电实业集团有限公司	郭余庆、孙曙光、胡晖、王军、杭寅	
40车/680客滚船&危险品滚装船	泰州口岸船舶有限公司	杨春、戴益民、肖卿于、徐素兰、王正宇	
心肌营养素-1与高血压左室肥厚的相关性及卡维地洛干预研究	高港人民医院	钱亚东、叶柄华、王大荣、李爱昀、王东兴	
注射用泮托拉唑钠	扬子江药业集团	路显锋	区级一等奖
大功率、低功耗、智能化LED灯	泰州市华强照明器材有限公司	陈献华、陈龙、崔旭高、栾健、陈亚忠	
基于IGBT控制模块技术的节能型智能变频发电机逆变装置	江苏神驰机电有限公司	王航、李刚、汪中利、赵春秋、艾小林	
微创粗隆粉碎性骨折和股骨颈骨折连体型加压锁定接骨板	泰州市中兴医械科技有限公司	史亚军、顾玉祥、冯健、赵道芳	
抗老年痴呆药物(-)-氢溴酸加兰他敏手性合成	泰州市今朝伟业精细化工有限公司	周彬、戴亚琴、王迪	区级二等奖
新型一体机电脑支架系统	泰州市创新电子有限公司	栾跃进、于麟、蔡启动、杨帆、徐萌	
卫星通信用高频四层电路板项目	泰州市金鼎电子有限公司	朱俊、徐军、徐玲	
纸币全自动包装及信息管理系统	江苏保力自动化科技有限公司	秦勇峰	
蓝宝石晶体生长炉	江苏能建机电实业集团有限公司	郭余庆、杭寅、孙曙光、胡晖、王军、吴成荣	

续表12

项目名称	承担单位	项目完成人	等级
心肌营养素-1与高血压左室肥厚的相关性	高港人民医院	钱亚东、叶炳华、王大荣、李爱昀、王东兴	区级三等奖
双花百合片	扬子江药业集团	薛明	
高营养耐咀嚼宠物食品-压骨	江苏康贝宠物食品有限公司	陈振录	
车用音频视频信号传输数据线线束总成	泰州苏中天线集团有限公司	蒋小平、曹振新、李红梅、李春玫、叶鸭权	
IC封装专用的FSIP15型引线框架	泰州友润电子有限公司	张轩、唐宽、钟华明、陈钱、刘琴、张文武	
免冲洗阴图CTP版	江苏乐彩印刷材料有限公司	刘华礼、柳东明、徐震龙、黄良平、田鹏、杨青、孙卫卫	
多元纳米复合膜制备关键技术研究及产业化	江苏海诞电子科技有限公司	陈尧	
一种新型结构铝合金节能平开窗及铝型材	江苏宇马铝业有限公司	鲍从桂、刘亚峰、李荣祥、樊小杰、汤金坤、姚淦书、孙德进	
12TA副箱汽车同步器	江苏追日汽车同步器有限公司	李汉祥、黄网明、熊文进、栾兴元	
带法兰盘的双列圆锥轮毂轴承单元	万向精工江苏有限公司	潘予、杨志、刘腾飞、戴向丽、秦永荣、唐李	
八坐标双喷头内壁除磷技术工艺研究	泰州诚德钢管有限公司	张铮、史宇飞、孔林、周国兴、孙国荣	

地震工作

【概况】 2013年，高港区地震工作贯彻落实新修订的《江苏省防震减灾条例》精神，推进全区地震群测群防，使之成为防震减灾的支撑点和全民自觉参与防震减灾行动的切入点，保障全区经济建设和社会发展、维护社会稳定。区地震局被评为2013年度全省市县防震减灾工作优秀单位和泰州市防震减灾工作先进单位。

【群测群防网络建设】 2013年，区地震局在大泗镇新设1个地震宏观测报点，实现地震宏观测报点镇街全覆盖；在新城社区筹建全市首个社区地震主题科普馆，联合泰州市地震局在高港实验小学开展防震减灾、应急疏散知识讲座；指导田河小学、口岸中心小学、汪群小学等学校开展安全疏散逃生演练。许庄街道乔杨社区、刁铺街道环溪社区被省地震局命名为省级地震安全示范社区。

【防震减灾知识宣传】 2013年，区地震局开展地震科普知识进机关、进社区、进学校、进企业、进乡村宣传活动。在科技下乡、科普宣传周、“5·12”防灾减灾日、“7·28”唐山大地震纪念日、“12·4”全国法制宣传日等期间，开展形式多样的防震减灾科普知识宣传、咨询活动，共发放新修订的《中华人民共和国防震减灾法》、新修订的《江苏省防震减灾条例》、房屋抗震知识读本、地震应急防护手册等宣传资料3000余份，展示防震减灾科普知识展板60块次，张贴防震减灾知识大幅挂图，发放本地抗震民居标准图集等防震减灾宣传资料800余份，在现场开展地震科普知识咨询活动。在高港科技信息网《防震减灾工作》版面中，宣传防震减灾知识及工作信息。　　（胡　晖）

气象工作

【概况】 2013年，泰州市气象局高港分局（简称“区气象分局”）认真开展公共气象服务，严格履行日常值守职责，加强全区基层气象灾害防御能力。全年发布天气公报42份。高港气象预警中心年末竣工。

【气象防灾减灾】 2013年，区气象分局召开全区气象信息员座谈会，探讨气象信息员组织保障、队伍建设、能力提升，以及气象为农服务向纵深延伸。更新沿江企业信息库，对16个沿江企业进行特色气象服务回访。帮助沿江企业进行气象安全隐患排查，要求各企业建立气象灾害预警应急机制，加强气象灾害应急准备工作。与市气象局合作开发信息共享平台，通过网络平台初步实现气象部门与应急办和农委等部门联合进行技术推广、预警信息发布、灾情上报、防范应对反馈。维护农业气象灾害监测网络，对全区7个自动气象站进行全面检修。联合多个部门开展应急预案演练，进一步完善气象应急机制，做好气象应急准备工作。联合区民政局等部门，对各镇街、单位的气象防灾减灾基础设施和组织体系进行评定，开展气象灾害应急准备认证工作。

【预报预警服务】 2013年，区气象分局在气象预警中心开通全省气象部门视频会商系统，建立高港防雷档案管理室。全年向区委、区政府及区农委、各镇街发送天气公报42份，其中重要天气公报17份，公报内容包括最新天气变化和重要天气过程防灾减灾建议、夏收夏种意见等。2月18~19日暴雪，发送重要天气公报2份；4次暴雨期间发送重要天气公报7份；高温期间发送重要天气公报8份。完善应急值守制度，落实应急值守职责。汛期严格执行24小时应急值班制度和领导带班制度。节假日安排值守人员，做好应急值守、安全生产和信息报送工作。

【防雷减灾】 2013年，区气象分局严把防雷行政审批关，确保新建建（构）筑物防雷安全。指导区防雷中心积极开展防雷技术服务，做好全区防雷装置的年检工作。积极联系安监、消防等安全部门，对全区机关部门、企事业单位办公场所和厂房等建筑开展防雷安全生产专项检查，发现一般隐患12起、重大隐患3起。全区现有防雷设施依法检测率90%左右，已检测单位整改合格率95%，城区被检测单位防雷设施检测基本合格。加强对教育系统的雷电安全防护管理，开展专项雷电防护安全隐患检查和督促整改工作。

【气象科普宣传】 2013年，区气象分局将气象信息员队伍作为气象科普宣传和灾害防御的基础力量，把气象科普宣传作为加强气象灾害防御工作的重点，开展定期培训，提高预警信息传递、基层防灾减灾、气象科普知识宣传、重大气象灾情收集等能力。利用世界气象日、科普宣传周、安全生产月等活动，宣传避灾、防灾知识，提高基层气象灾害防御能力。 （言文峰）

卫　生

【概况】 2013年，高港区卫生系统积极统筹城乡卫生一体化发展，实施卫生惠民工程，在医政管理、中医工作、公共卫生、爱国卫生、卫生监督和行风建设方面均取得显著成绩，有力保障和推动全区经济社会转型升级。全区有医疗卫生单位80个，其中，区属医院1个、镇街卫生院10个、村（社区）卫生室69个；编制病床862张，实际开放病床810张；卫生技术人员683人。门诊、急症837151人次，住院21071人次。区卫生局、市第三人民医院被评为江苏省文明单位，高港中医院被评为泰州市文明单位。

【卫生行风建设】 2013年，高港区卫生系统召开全系统警示教育大会，给全系统干部职工敲警示钟、上廉政课。围绕“一切为了病人”服务理念，开展医德医风建设专项评议活动，探索医德医风建设新规律和新方法，向全系统医务人员发起“树高尚医德，立良好医风”倡议，举行百名医务人员医德医风承诺签名活动。聘请13名区人大代表、政协委员和社区群众担任卫生系统行风监督员，及时发现并纠正医德医风方面存在的问题。深化“规范医疗服务行为，构建和谐医患关系”主题活动，组织开展主题征文演讲比赛，展示医务人员新风尚。10人获高港区“大江儿女•医德模范”称号，10人获提名奖，组织开展“大江儿女•医德模范”先进事迹巡回报告会。开设“道德讲堂”，用道德楷模和典型事迹弘扬仁心仁术、大医精诚的职业素养。

·医政管理·

【概况】 2013年，高港区卫生系统承办扬泰地区泌尿外科学术年会，开展“全面提升医疗卫生服务培训月”活动。完成首届院前急救技能大比武，组织开展抗菌药物临床合理应用和基本药物处方集等业务培训，培训率和合格率均达100%。邀请中华医学会专家对全区基层医务人员进行常见病、多发病的诊疗知识培训，累计培训600余人次。组建3个工作组，在一线指导和参与医疗管理工作。成立以市第三人民医院为核心的医疗集团，促进全区医疗技术水平的整体提升。市第三人民医院创成二级甲等综合医院，积极推进预约诊疗服务，极大地缩短患者候诊时间，开展临床路径6个专业，完成路径病例22例。申报市级科研成果奖2项。开展优质护理工作，实行责任制整体护理，做到全程无缝隙护理服务。加快社区卫生服务中心（站）提升工程建设，口岸街道和永安洲镇社区卫生服务中心创成省级示范社区卫生服务中心，组织省示范村卫生室创建工作，继续开展责任医生团队服务，落实全科医师转岗培训7人。引导二级医疗机构将基本药物作为首选药物，逐步提高使用比例。常态推进抗菌药物专项整治工作，每月督查抗生素使用情况，有效遏制抗生素的滥用。规范处置医疗固体废物、医院污水，所有医疗机构与泰州市宇新固体废物处置有限公司签订医疗固体废物处置协议。开展创伤急救、现场急救知识与实用技术及气管插管技术等培训。出台《关于实施医疗责任保险意见的通知》，各医院均参加医疗责任保险。开展安全月活动，确保医疗安全。

【承办扬泰地区泌尿外科学术年会】 5月25日，扬泰地区泌尿外科学术年会在高港区举办。会议邀请省泌尿外科主任委员张炜及省内知名专家学者开展专题讲座8场，报告20例病例分析，内容涉及输尿管软镜、腹腔镜技术、经皮肾镜的手术治疗等技术。来自扬泰地区各医疗单位近200名代表参加。

【市第三人民医院创成二级甲等综合医院】 泰州市第三人民医院始建于1958年，原为口岸卫生院，历经泰兴县口岸人民医院、泰兴市第三人民医院、泰州市高港人民医院、泰州市第三人民医院四次更名，经历三次扩建和三次搬迁。占地面积3.30万平方米，建筑面积3.80万平方米；有职工452人，其中专业技术人员402人；设置床位400张，年门急诊20万人次，年住院1万人次；拥有螺旋CT机、CR机、PS800数字胃肠机、进口电子胃肠镜、彩色B超机、24小时动态心电监护仪、全自动免疫分析仪、全自动生化分析仪、进口麻醉机、呼吸机、电视腔镜等先进的医疗设备200余台（套）。2013年12月，经泰州市卫生局评审组验收合格并报省卫生厅批准，创建成二级甲等综合医院。

【组建高港医疗集团】 12月6日，高港区举行高港医疗集团组建暨签约仪式，市第三人民医院与全区10个社区卫生服务中心签订合作协议。高港医疗集团以市第三人民医院为龙头，实现中心医院与社区卫生服务中心的上下联动、资源共享，形成分级转诊、项目合作、人才交流培训、疑难病症会诊等合作。组建医疗集团系高港区对公立医院改革的新探索，可以有效整合全区医疗卫生资源，扩大集团成员之间的纵向联合，促进优质医疗资源向基层转移，提升基层医疗水平。通过进一步打造区域医疗特色品牌，带动提升全区医疗综合水平，不断满足群众需求。

【重性精神病人和易肇事肇祸精神病人管控】 2013年，区卫生系统重点加强重性精神病人和易肇事肇祸精神病人的管控工作。对全区重性精神病人进行摸底调查，发现重性精神病人1774例，建档1735例，管理率97.80%。各社区卫生服务中心配合当地综治办、派出所对易肇事肇祸精神病人进行摸底调查，共发现易肇事肇祸精神病人34例，体检建档34例，建档管理率100%。对易肇事肇祸精神病人和低保、五保精神病人实行免费发药，并与公安部门和社区共同管理，由乡村医生定期上门随访、指导用药，强化重性精神病人和易肇事肇祸精神病人的常态化管理，保障重大活动和节日期间的安全。

·中医工作·

【概况】 2013年，高港区继续巩固全国中医药先进单位创建成果，认真组织实施“以病人为中心，保持发挥中医药特色优势”为主题的持续改进活动，中医青苗工程、住院医师规范化培训参加率100%。开展第三届“中医药就在你身边”中医专家巡讲活动4次。高港中医院创成二级中医院。以中医院为基地，开展基层医生、乡村医生中医药知识与适宜技术培训，组织中医骨干力量参加市卫生局组织的师资培训，参培人员50人。各医疗机构中医药科室集中设置，装修装饰上体现中医药文化特色。全区新增中医馆1个，对中医药诊疗服务站能力和设备进行调查摸底，指导6个社区卫生服务站创成市基层中医药示范点，在基层推广中医实用技术。

【高港中医院创成二级中医院】 泰州市高港中医院始建于1968年，占地面积3785平方米，建筑面积9719平方米；有职工172人，其中专业技术人员142人；设置床位120张，年门急诊15036人次，年住院3137人次。设有内科、儿科、外科、骨伤科、妇科、产科、耳鼻喉科、肛肠科、脾胃科、针灸科等10余个临床科室，以及检验科、彩超室、胃镜室、放射科等辅助科室。针灸科、儿科为泰州市特色专科，妇产科、外科为高港区重点特色专科。拥有CT机、DR机、西门子彩超、奥林巴斯电子胃镜、美国GE全自动生化分析仪、德国产腹腔镜、前列腺气化镜、宫腔镜和妇科电脑治疗仪等先进医疗设备。2013年12月，经国家中医药管理局验收合格，创建成二级中医院。

·公共卫生·

【概况】 2013年，高港区按要求落实基本公共卫生服务专项资金人均30元及艾滋病、结核病等重大疾病防治经费。全区建立居民电子健康档案24.31万份，建档率96.93%，录入率92.24%。其中65岁以上老人建档3.96万份，规范体检3.20万人，体检率80.70%。基本药物制度全覆盖到村，群众就医负担进一步减轻。基层医疗机构全面实行绩效工资。承办全省结核病防治宣传活动。完成区妇幼保健所筹建初步方案。传染病报告及时率100%，完整率100%，报告准确率100%，11个医疗单位传染病无漏报现象。禁止非医学需要胎儿性别鉴定和选择性别的人工终止妊娠规范执行率100%，孕产妇系统管理率96.80%，住院分娩率100%，无孕产妇、婴儿死亡。农村孕产妇住院分娩补助654人，妇女免费增补叶酸1169人，完成乳腺癌和宫颈癌筛查9000人。加大国家级慢性病综合防控示范区创建力度，高分通过资料审核。高血压、糖尿病患者规范管理率分别达90.02%和77.61%。全区新设立艾滋病初筛实验室10个、艾滋病自愿咨询检测点3个，高危人群干预1653人，检测177人，完成规定时间随访18人，进行CD4检测18人。11个医疗机构均开展死因报告工作，覆盖率100%，报告死亡病例1959例，居民死因报告率7.81‰。建成规范化预防接种门诊10个，数字化预防接种门诊10个，实现数字化预防接种门诊镇街全覆盖，位列全省第一。加强健康教育示范创建工作，完成创建学校的基线调查、现场督导和数据录入工作。开展春秋季查螺工作，灭螺总面积96.69万平方米，灭螺用工920个工日，共设置死螺600只，回收397只，回收率66.20%，经过复查均未发现螺情。全面开展盐业批发部、居民户碘盐定量监测，以及孕妇、婴幼儿尿碘检测工作，完成居民户碘盐监测300份，尿碘检测1700人。

【“世界防治结核病日”宣传活动】 3月21日，由省卫生厅、省疾控中心，以及市、区两级政府举行的第十八个“世界防治结核病日”宣传活动在高港区举行。省卫生厅副厅长汪华，副市长王学锋，区领导封新华、程荣稳、邵春宁等出席。汪华和王学锋共同向结核病防治知识传播行动志愿者授旗。医务工作者为居民进行免费体检，解答群众咨询问题，开展结核病防治知识问卷调查。文艺爱好者现场表演歌舞、京剧、乐器演奏等节目，与观众进行结核病知识有奖竞猜互动游戏。

·爱国卫生·

【概况】 2013年，高港区卫生系统围绕“美丽中国，健康生活——摒弃乱吐乱扔陋习”主题，开展“爱国卫生月”活动。针对城乡卫生管理的薄弱环节，组织动员城乡居民在“爱国卫生月”期间，开展环境清理活动，把城乡结合部、城中村、公路沿线、车站、农贸市场、建筑工地、工作场所和居室内外作为环境清理的重点场所，彻底清除城乡积存垃圾，疏通污水管网河塘沟渠，保护饮用水水源。启动省级健康促进示范企业创建活动，推进健康促进示范医院、社区创建活动，创成省级卫生村4个、市级卫生村6个。对农村改厕人员进行专题培训，现场指导改造无害化卫生户厕4000座，提前完成目标任务。开展农村改厕“回头看”，联合区纪委、监察局逐村进行验收，保证每一座质量都达标，每一村数据都真实，每一户使用都有效。坚持“预防为主、专群结合、科学除害”工作方针，投放灭鼠毒饵600千克，灭蟑毒饵8000袋，收到良好效果。协调相关部门按照国家卫生城市长效管理要求，加强日常管理。参与生态示范区建设，做好创建国家生态区软件资料的整理工作。

【卫生村创建】 2013年，高港区把改善农村人居环境、革新群众生活方式、改变居民生活观念作为卫生村创建工作的切入点和突破口，围绕切实解决群众最关心、最直接、最现实的问题，重点做好农村改水改厕、道路硬化、农户庭院净化绿化美化和加强居民区建设工作。做好卫生整治工作，卫生保洁堵疏并举，严格要求所有村民遵守各项卫生制度，做好村组清扫及保洁工作。改善基础设施建设，修建垃圾台，划定垃圾填埋场和柴草堆放地，坚决清除农村“三堆”（土堆、粪堆、柴堆）和“三乱”（污水乱泼、垃圾乱扔、柴草乱堆）问题。宣传卫生健康知识，引导群众养成文明卫生习惯。采取整体推进、择优推荐、以点带面的工作思路，严格按照标准好中选优。胡庄镇戴陈村、大泗镇二陈村和时庄村、许庄街道许庄社区创成省级卫生村；胡庄镇周马村和陈隆村、大泗镇前进村和霍堡村、许庄街道钱赵村、永安洲镇建安社区创成市级卫生村。

·卫生监督·

【概况】 2013年，高港区卫生系统选派30余人次参加全省传染病防治卫生监督应急能力培训、全市学校卫生监督理论及实践培训等培训班，对全区104名卫生监督协管员和联络员进行培训考核。按照《江苏省市辖区级卫生监督体系建设评估标准》，开展卫生监督体系建设，完成大泗镇、永安洲镇卫生监督分所标准化建设，正式运行。卫生监督综合信息系统运行实现常态化，规范行政许可，改进许可资料审核流程，使用泰州市高港区公共场所卫生行政许可一本通，提升工作效率。发放公共场所卫生许可证269本，卫生知识培训人数4740人，公共场所卫生许可证持有率100%，从业人员健康证明及卫生知识培训合格证持有率95%以上。对公共场所（沐浴业、住宿业、餐饮业、美容美发业）管理相关人进行公共场所量化分级管理培训147人次。开展公共场所现场检测工作，监测公共场所219个，其中，旅馆47个、饭馆65个、浴室38个、美容美发店49个、商场（超市）及书店15个、游艺厅5个。推进基层医疗服务监督哨点工作，建立非法行医哨点，形成监测网络，制定哨点工作制度，对哨点监测中发现的线索，及时跟进查处和反馈。共出动执法人员36人次、执法车辆12台次，检查单位36个，其中，按摩店6个、药店22个、美容院2个、牙科诊所4个、卫生服务站（室）2个，下发卫生监督意见书19份，查封无证行医诊所1个。

（王　军）

文化·体育·旅游

文　化

【概况】 2013年，高港区文化工作围绕“文化高港”建设总体目标，全面推进文化阵地建设，打造“15分钟文化圈”，加快镇街宣传文化中心建设，举办“大江放歌”广场文艺演出8场、“文化港城行”基层巡演8场、“苏演院线”演出4场，编印出版《高港文艺》4期，组织开展文化下乡和精品文艺创作，保护传承传统文化，推进市级文物保护单位保护修缮，开展非物质文化遗产名录汇集申报。区图书馆成功创建国家一级馆，非物质文化遗产进校园活动获泰州市宣传思想文化战线创新创优一等奖、高港区未成年人思想道德教育创新创优建设成果奖。在泰州市新创文艺节目调演中，歌曲《追梦的中国》获银奖和优秀创作奖，天津快板剧《骗局》获铜奖；在第六届江苏省少儿艺术节中，高港区选送的4幅少儿作品获市级优秀以上奖项，其中儿童画《快乐童年》获省美术类铜奖。

【高港书画院（美术馆）建设】 2013年，总投资800万元的高港书画院（美术馆）设计方案确定，选址定于口岸水景街区南侧、雕花楼西侧，占地面积2465平方米，建筑面积3540平方米，内设展览厅、创作室、培训室、学术报告厅等。建成后承载书画展览、交流、研究、收藏、培训等公共文化服务功能。规划方案获批，现场废墟清理完毕，各项开工准备就绪。

【历史文化展示馆建设】 2013年，高港区历史文化展示馆筹建，利用口岸街道柴墟西路的李信昌过载行作为馆址，占地面积1200平方米，建筑面积1116平方米，总投资约500万元。年内，开展初步规划设计、文史资料征集、名人轶事查询等工作。

【镇街宣传文化中心建设】 2013年，永安洲镇、大泗镇、口岸街道宣传文化中心建成开放并通过验收。3个镇街宣传文化中心总面积9500平方米，总投资3800万元，主要建设乒乓球室、台球室、棋牌室、档案室、影视厅、健身房、电子阅览室、图书室、书画室、创作室、乐器室、舞蹈房等功能室，集宣传、会议、教育、培训、演出、休闲、娱乐等多功能于一体。其他镇街宣传文化中心规划建设中。

【非物质文化遗产保护】 2月，市级非物质文化遗产项目口岸虎头鞋传承人邓小华、高港根雕传承人袁永亮参加泰州2013新春民间民俗展演。5~10月，区非物质文化遗产保护工程中心先后与区实验小学、泰州市第三高级中学联合举办口岸风筝进课堂、非物质文化遗产进校园系列活动。10月，口岸风筝传统技艺、高港宫灯制作技艺、高港江鲜烹饪技艺被确定为区级第三批非物质文化遗产名录项目。12月，高港宫灯制作技艺、高港江鲜烹饪技艺被列为泰州市第五批非物质文化遗产名录项目，高港根雕制作技艺传承人袁永亮、高港传统绳带编织技艺传承人孙学仁被列为泰州市第三批非物质文化遗产项目代表性传承人。

【“文化遗产日”活动】 6月6日，区文体旅游局举办以“文化遗产与率先实现现代化”为主题的第八个“文化遗产日”活动。活动分为非物质文化遗产项目图片展、非物质文化遗产项目实物展示、民俗体验活动和民歌民俗表演4个部分。现场展示口岸虎头鞋、高港根雕、世泽木雕、刁铺太平庄宫灯、大泗竹铃和口岸风筝6个非物质文化遗产项目及其制作技艺，举办包粽民俗体验活动，组织唱凤凰、石工号子、王庄锣鼓棚子、踩高跷、摇花船、说鼓儿书及区老年艺术团歌舞表演。

【文化“三送”工程】 2013年，区文体旅游局继续开展送科普书籍、送戏、送电影“三送”工程。建成胡庄镇、大泗镇农村电影固定放映点。全年共送戏14场，送电影890场，送图书7000册。

【“大江放歌”广场文艺演出】 2013年，高港区共组织开展“大江放歌”广场文艺演出8场，演出小品、歌舞、戏剧、杂技等各类节目900余个，观众4万人次。5月10日，举办“健康沐浴港城　幸福唱响高港”庆祝“5·12”国际护士节专场演出；6月3日，举办“缤纷六月　精彩童年”专场文艺演出；6月28日，举办“水岸景城新家园　幸福口岸惠民生”口岸街道专场演出；7月29日，举办“创新促进发展　科技引领未来”科技系统专场演出；8月23日，举办农委系统专场演出暨“大江儿女·师德、医德模范”颁奖晚会；9月27日，举办2013年社区文艺调演；10月12日，举办老年艺术团专场文艺演出；10月29日，举办“梦圆永安洲”永安洲镇专场文艺晚会。

【社区文艺节目调演】 9月27日，区委宣传部、区文体旅游局共同举办“喜迎国庆佳节　共建文化社区”社区文艺调演活动。7个镇街的12个社区代表队参加调演，共评出一等奖3个、二等奖4个、三等奖5个，其中，高港区文化馆选送的快板剧《骗局》、高港区老年艺术团选送的舞蹈《吉祥颂》、口岸街道龙窝口社区选送的舞蹈《大江儿女》获一等奖。

【大江剧院加盟“苏演院线”】 6月26日，高港大江剧院加盟“苏演院线”，成为泰州地区首个加盟“苏演院线”的剧院。6月26日，举办“京韵流芳　星耀高港”京剧专场；8月28日，举办《老虎断案》儿童剧专场；10月14日，举办“比利时世界音乐”音乐会专场；12月26日，举办新年音乐会专场。总观看人数3000人次。

【老年艺术团成立】 10月11日，区老年艺术团揭牌成立，举行“喜迎重阳佳节　共享美好生活”专场演出。12月，区老年艺术团民乐队参加在浙江金华举办的中国长三角第九届民乐展演活动，获优秀团队展演奖。区老年艺术团有民乐、舞蹈、曲艺小品、声乐4支表演队，演职人员70余人。

【大江艺术团“文化港城行”巡演】 7月13~18日，区大江艺术团先后到白马镇、胡庄镇、大泗镇、许庄街道、刁铺街道、永安洲镇和口岸街道巡演8场。组织反映本土特色的歌舞语言类节目近20个，既有讴歌当地经济、社会发展的歌舞和表演唱类节目，如女子群舞《动感时代》、表演唱《口岸姑娘新陪嫁》，又有反映现代生活面貌和农民生产劳作的小品、秧歌，如《骗局》《追鱼》《抒情秧歌》等。观看人数近3万人次。

【文化产业发展】 2013年，高港区加大对装饰壁纸、舞台设备、旅游用品、体育用品等特色文化产业的扶持力度。高港壁纸文化产业园聚集30余个壁纸生产企业。加大文化产业项目招引力度，推进海军文化广场和海军博物馆建设。组织文化企业参加泰州市首届文化产业展示会。组织泰州市中盛墙纸有限公司等企业参加第二届中国·苏州文化创意设计产业交易博览会。江苏天元瑞泉墙纸有限公司获省文化产业引导资金50万元。高港区被评为全市文化发展水平和文化产业发展速度先进地区。

【文化市场综合执法】 2013年，区文化行政综合执法大队先后开展“净网”行动、“清源”行动、“秋风”行动、“绿书签”系列宣传活动、“扫黄打非”统一检查行动、暑期网吧和电子游戏室专项整治、中秋和国庆期间出版物市场集中检查、校园周边文化市场集中检查、娱乐场所安全隐患排查治理、打击非法卫星广播电视地面接收设施等专项行动。共出动检查人员3000余人次，检查各类经营场所累计近860个次，查缴非法音像制品和盗版软件400余盘、非法出版物和盗版图书600余册，立案5起，受理举报电话16余次，办理人民来信8件，取缔无证游戏室、黑网吧3个。

【艺术培训活动】 1月1日，区艺术培训中心跆拳道学员韩昕蕊在扬中市“体彩杯”跆拳道邀请赛中获第二名。6月3日，举办“缤纷六月　精彩童年”大型广场文艺演出暨高港艺术培训中心成立六周年文艺汇演活动，近300名学员参加活动。8月1~16日，举办美术、舞蹈、器乐、跆拳道等各科目的艺术考级活动，参与学员近600人。9月，书画班学员参加高港区首届“新高港　新环境”青少年绘画大赛，获一等奖9个、二等奖15个、三等奖25个。12月23日，举办第二届“艺术之星”活动，近300名学员参加，评出团体一等奖3个，个人一等奖20个、二等奖40个、三等奖60个。

【区图书馆建成国家一级馆】 2013年，区图书馆继续实施免费开放。全年征订报刊240种，新增图书2000册，接待读者4.20万人次。在世界读书日和公共图书馆服务宣传周期间，区图书馆开展各类读书活动。组织全区中小学生参加泰州市2013年度红领巾读书征文、演讲比赛，其中2人获演讲比赛三等奖，2人获征文比赛二等奖，3人获征文比赛三等奖，区图书馆获组织奖。5月，参加全国第五次公共图书馆评估定级，成功创建成国家一级馆。

（仲伯荣）

电视节目

【概况】 2013年，高港城市频道播出6222小时，每天播出17小时。全年自制电视节目148.68小时。泰州港城广电传媒发展有限责任公司实现综合创收16万元，利润6.40万元，上缴税收4660元。高港电视节目中心被泰州广播电视传媒集团（台）评为2013年度先进集体，5个单项工作被评为市集团（台）创收创优单项奖。在2013年泰州市优秀广播电视新闻节目评奖中，获一等奖1个、二等奖1个、三等奖2个；电视播音主持作品评奖中，获一等奖2个、二等奖2个、三等奖1个。新闻记者刘宏斌被评为泰州市十佳名记者。

【对外宣传】 2013年，高港电视节目中心在《泰州新闻》《新闻夜班车》等栏目发片近190条，其中头条和重要主题新闻近60条。《高港：项目为王　争创国家级开发区》《高港：加快城乡一体　推进集中居住》《扬子江药业：创新研发促转型升级》《旺灵绝缘：助力嫦娥三号天地通信》等38篇报道被江苏卫视采用。围绕高港工作亮点，与市台外宣中心联合在央视发片5条，分别为1月16日《新闻直播间》《江苏泰州：解决小微企业融资难》，1月18日《新闻联播》《超级计算的力量　大数据时代的曙光》，2月3日《新闻联播》组合报道《加大警力投入　确保平安过春节》，3月7日《新闻联播》组合报道《刘云山参加江苏团审议》和3月12日《新闻联播》全国"两会"组合报道（徐镜人）。

【重大工作与活动宣传】 2013年，高港电视节目中心围绕全区工作中心，强化新闻策划，推出贯穿全年的《转型升级在高港》《打造国家级开发区》新闻专栏，播发主题报道近60篇。积极做好重大活动的宣传报道，推出《代表委员风采录》《贯彻党代会精神》《争当全市转型升级排头兵》等系列报道40余篇。《高港新闻》精心策划推出新年特别节目和专栏30余组180余篇，全面宣传高港发展成果和典型经验做法。完成区委、区人大常委会、区政协、扬子江药业集团等单位重大会议和活动的报道任务。

【民生新闻】 2013年，《高港新闻》围绕民生一线，聚焦弱势群体救助、农村环境整治、安全生产等热点问题，弘扬社会正能量。《新闻热线》播出《成功捐献遗体　李志发成我区第一人》《危桥被封一年多　村民期待早解决》《电表烧坏谁来管》等报道。全年接听和接受观众反映的民生问题300余条，在《高港新闻》栏目中公开答复，促进部门改进作风，加强效能建设。

【电视节目安全准点播出】 2013年，高港电视节目中心严格规章制度，强化安全管理，区数字电视网络小平台运行正常，高港城市频道安全准点播出。全国"两会"及中共十八届三中全会期间，提前加强技术维护，前端中心机房坚持全天24小时双人双岗，未出现播出责任事故，数字电视网络小平台和高港城市频道实现全年安全播出无事故。全年播出电视剧96部、电影366部、《大江放歌》广场文艺专场录像6场、《高港风情》6期、《今日扬子江》栏目24期、《高港警方》栏目24期。

【电视新闻研究】 2013年，高港电视节目中心在省级以上刊物发表电视新闻研究论文3篇。陈晓荣的论文《基于VSnet-3存储盘塔的非线性编辑网络的构建》发表在国家广播电影电视总局唯一批准的有线电视技术科技期刊《有线电视技术》第8期。王健的论文《亲民、〈新闻联播〉的三大创新路径》发表在江西省广播电视学会主办《声屏世界》第12期，新闻史研究论文《李卓然与西北局的宣传工作》发表在华东地区优秀期刊《世纪风采》第6期。全年在市级刊物《声屏内外》杂志发表论文4篇。

【"走基层、访民生"学习培训活动】 2月下旬起，高港电视节目中心在口岸街道徐庄村实施"走基层、访民生"学习培训活动。18名记者、编辑、主持人和技术人员到村参加3周的轮训，进行走基层新闻报道，开展课题调研，帮助农村解决问题。采制播出关于徐庄村的报道30余篇，撰写心得体会和调研文章。12月上旬，组织专家评委评选出4篇获奖新闻作品及5篇获奖心得体会。

（王　健）

体　育

【概况】 2013年，高港区举办各类群众体育活动60余场次。口岸街道蔡滩社区新起点健身会所上争江苏省体育产业引导资金50万元。启动即开型体育彩票销售工作，全年销售额22万元。高港区顺利通过省"10分钟体育健身圈"验收，成为全省首批验收合格的市（区）。区文体旅游局被国家体育总局评为2009~2012年度全国群众体育先进单位。健身舞蹈《洲堤杨柳舞港城》获全国首届原创广场健身操（舞）比赛特等奖。

【获全国群众体育先进单位称号】 2009年起，区文体旅游局每年举办2~3项全区性的单项体育运动会，举办1次综合性全民健身运动会，连续五年8月8日举办大型群众健身成果展示活动，积极打造国家、省、市级优秀群众体育健身场所，在全市率先完成城区"10分钟体育健身圈"

建设。9月,第十二届全国运动会期间,区文体旅游局被国家体育总局评为2009~2012年度全国群众体育先进单位,连续三年获全国表彰。

【全民健身中心建设】 高港全民健身中心工程分两期实施,一期工程投资1350万元,包括综合运动馆、室外篮球场和健身长廊,综合运动馆在一期工程中体量最大,总建筑面积5300平方米,由原花卉园艺中心交易大厅改造而成,内设羽毛球馆、乒乓球馆和健身馆。二期工程主要包括游泳馆、笼式足球场、网球场、健身广场、体育协会活动场地、管理用房、体育用品商店、体育培训场所、停车场等。年内,一期工程完成设计和审图,室外4片灯光篮球场和健身路径基础设施建设完工,综合运动馆改造工程完成招投标,进入施工阶段。健身长廊建成全省首个老年人和残疾人康复园。

【全民健身日活动】 8月8日,高港区在大江剧院广场举行庆祝全国第五个全民健身日暨全民健身成果展示活动。来自全区7个镇街的12支代表队共300余人参加,展示排舞、健身舞、太极拳、跆拳道、柔力球、健身鼓舞、石锁等体育健身项目。

【"10分钟体育健身圈"通过省级验收】 2013年,高港区在泰州市率先建成城市社区"10分钟体育健身圈",成为全省首批通过省级验收的地区之一。区文体旅游局先后对全区89个村(社区)进行实地调查,登记造册,掌握第一手准确资料,制作高港区体育健身站点分布图,完成全民健身电子地图的拍摄和制作工作。实施"挂图作战",有针对、有计划、分步骤地填补和消除空白点。泰州市体育局两次在高港区召开现场会,总结和推广高港区村(社区)体育健身工程和"10分钟体育健身圈"做法。

【阳光体育后备人才基地】 2013年,高港区实验小学的田径项目、实验学校的篮球项目、胡庄中心小学的田径项目、刁铺中心小学的篮球项目成功申报为泰州市阳光体育后备人才基地,每年获2万元资助。

【社会体育指导员协会成立】 9月,高港区社会体育指导员协会召开成立大会,审议通过协会章程,选举产生协会第一届领导机构,区文体旅游局副局长沈亚当选为协会会长。协会共有会员97人。全年新培训社会体育指导员130余人,全区有社会体育指导员近1000人。

【群众体育项目参赛获奖】 2013年,高港区组队参加泰州市组织的广场健身舞、钓鱼、门球、棋类、中小学生田径运动会等各项群众体育赛事,获各类奖项近20个。组队参加泰州市广场健身舞大赛,连续三年获一等奖。代表泰州市参加江苏省广场健身舞大赛,获三等奖2个。10月,区文体旅游局与口岸街道共同打造的健身舞蹈《洲堤杨柳舞港城》,代表江苏省参加全国首届原创广场健身操(舞)比赛,获特等奖。

【大丰社区健身广场成为省乡镇体育示范点】 刁铺街道大丰社区建有5000平方米的健身广场,配备灯光篮球场、健身路径和鹅卵石健身步道。年内,被评为江苏省乡镇体育建设工程示范点。

【蔡滩社区建成全市首个新型社区体育公园】 8月,口岸街道蔡滩社区利用闲置废地建设社区体育公园,系高港区首个由社区和体育主管部门共同投资建设,用于全民健身活动的社区体育活动场所。该体育公园依托南官河风光带,占地面积2500平方米,融公园景观、休闲服务、健身锻炼于一体,采用新技术、新材料、新工艺,建设标准室外塑胶篮球场、五人制足球场、健身广场、健身路径、户外灯光配套等场地设施。至年末,项目主体建设基本完成,健身步道、健身路径和绿化区配套到位在即。 (仲伯荣)

旅 游

【概况】 2013年,高港区共接待游客18.80万人次,外联组团游客8333人次,旅游产业带动周边就业451人,实现旅游总收入5625.26万元,比上年翻一番。上争省、市各级旅游专项引导资金168万元,完成品牌创建3个。全年旅游行业无安全生产事故,实现旅游零投诉。

【雕花楼景区建设】 2013年,雕花楼景区共接待游客50536人。启动实施二期后续工程,完成连廊、后门的基础建设,游客服务中心投入使用。景区继续实现旅游安全无事故和游客零投诉,获评泰州市平安景区。

【重点旅游项目建设】 2013年,口岸水景街区完成投资2300万元,主要用于庆元桥复建、驳岸(河道整治)、景观绿化、雕塑小品、亮化等工程建设。海军文化博览园完成投资1650万元,新建停车场9500平方米、旅游厕所1座和景区游步道,环境整治2.50万平方米。

【旅游品牌创建】 2013年,高港区创建省级旅游品牌3个,其中,泰州市鑫马生态园建成江苏省四星级乡村旅游点,御庐园生态果园建成江苏省二星级乡村旅游点,益海(泰州)粮油工业有限公司建成江苏省工业旅游点。 (仲伯荣)

社会生活

民 政

【概况】 2013年，高港区民政系统秉承“以民为本、为民解困、为民服务”宗旨，恪守“解决民生、落实民权、维护民利”工作职责，认真落实各项民生工程，切实保障特殊群体、优抚群体、困难群体的生活权益，保障民生，促进和谐，维护稳定，推动经济社会发展。全区低保标准由每人每月400元提高到480元，全年发放保障金1447.63万元。全区有五保户441人，其中，集中供养五保户202人、分散五保户239人，全年发放五保供养金237.87万元。改造危房34户，医疗救助支出715.01万元，发放“尊老金”818.03万元，发放抚恤补助金731.14万元。登记各类社会组织11个。区民政局被民政部中国社会新闻出版总社评为2013年全国民政宣传工作先进单位，被市民政局评为2013年度民政工作目标管理先进单位，被区委、区政府评为人民满意机关。

【落实低保政策】 2013年，区民政局开展低保动态管理工作，共核减低保1169户、1725人，增加低保299户、661人。动态管理后，低保对象2962户、4504人，低保人数占总人口的比例为1.72%。7月起，全区低保标准提高到每人每月480元。全年发放保障金1447.63万元。

【敬老院规范化建设】 2013年，区民政局对全区7个敬老院逐一进行检查整改，规模偏小、服务人员较少、设施设备不齐全等问题全部整改到位。各敬老院均对厨房、卫生间、位数等内部设施进行升级改造。

【社区居家养老服务站建设】 2013年，全区所有村（社区）均建成居家养老服务站。大泗镇霍堡村、口岸街道新城社区、刁铺街道界牌社区创成AAA级居家养老服务站，口岸街道集成社区等20个村（社区）创成AA级居家养老服务站。下拨居家养老服务站运行和服务补助194.27万元。

【雪灾救助】 年初，高港区出现雪灾，受灾面积2586公顷，倒损房屋19户46间，直接经济损失约1920万元。区民政局在灾害发生的第一时间赶赴现场，进行查灾、报灾、核灾，并帮助灾民做好自救和互救工作，下拨冬令春荒临时救助资金86万元。

【危房改造】 年初，区民政局对辖区内困难群众的危房进行普遍调查，逐户筛选，共筛选出墙体开裂、屋面塌陷、房屋整体出现险情的危房158间。5月，确定61户作为危房改造对象。12月，29户77间危房改造工程通过验收。

【医疗救助】 年初，区民政局拨款53.99万元资助6749名救助对象参加相应医疗保险，将医疗救助对象资料全部录入系统，医疗救助对象凭有效证件在区内13个医院可实时结报。全年救助支出715.01万元，其中，门诊救助23942人次、254.47万元，住院救助1405人次、406.55万元。

【救灾救济款物专项检查】 12月，区民政局开展社会救助款物（含爱心超市补助款、年终救助资金、慰问物品）规范使用专项检查。走访受救助的群众，到各镇街民政科查看救灾款物的使用、发放手续和账目，了解社会救助款物发放情况。经检查，全区救灾款物的管理使用做到民主评议、登记造册、张榜公布、公开发放，接受群众监督，无扩大救灾对象与范围、虚报灾情等问题，坚持“专款专用、重点使用”原则，按规定全部及时发放到困难群众手中,下拨救灾款物的程序符合规定,无拖欠、截留、挪用、挤占和私分等问题。

【"尊老金"标准全省最高】 8月,高港区将原来80、90和100周岁以上老人"尊老金"发放标准由每人每月50元、100元和300元,分别提高到100元、200元和400元,标准全省最高。全年按季给8722名老人打卡发放"尊老金"818.03万元。

【孤儿生活保障】 7月1日,全区散居孤儿生活费标准从每人每月880元提高到960元。全区89名孤儿均得到政府照顾,基本生活保障得到落实。全年发放社会散居孤儿最低养育标准孤儿津贴100.52万元。

【优抚安置】 2013年,区民政局向2239名重点优抚对象发放各类抚恤补助金731.14万元。向115名义务兵家属发放家属优待金和立功奖励金221.90万元。向113名退役士兵发自谋职业补助金289.44万元。是年,高港区退役士兵自谋职业一次性补助金标准为:义务兵2年3.50万元、一期士官5年4.60万元、二期士官8年5.70万元、三期士官12年7.10万元、四期士官16年8.80万元。选择自主就业的2012年冬季退役士兵,在部队未领取国家退役金的,按以上标准发放。在部队已领取国家退役金的,按以上标准减去国家退役金(每年4500元)后发放。

【退役士兵免费职业技能培训】 2013年,全区有95名2012年冬季退役士兵报名参加退役士兵免费技能培训,其中报名参加泰州职业技术学院学历培训的45人,参加泰州技师学院中高级职业技能培训的21人,参加泰州畜牧兽医学院中高级职业技能培训的28人,复学1人。

【婚姻登记】 2013年,区民政局共办理结婚登记2744对,离婚登记416对,补领(办)结婚证258对,补离婚证9对。婚姻登记率、合格率均为100%。

【社会组织登记管理】 2013年,区民政局登记注册各类社会组织11个,其中,民办非企业单位3个、社会团体8个,备案登记社区社会组织80个。重点加强对农民资金互助合作社的监管。会同区农委对全区登记注册的14个农民资金互助合作社进行检查,对存在的问题现场予以纠正。对存在问题较严重的2个合作社责令停业整顿、限期整改。对不规范运作和不能正常发挥作用的社会组织进行清理。

2013年高港区注册登记社会组织一览表

表13

性质	名称	地址	主管单位	登记时间
社会团体	泰州市高港区城南社区慈善互助会	口岸街道城南社区	口岸街道办	3月11日
	泰州市高港区龙窝口社区慈善互助会	口岸街道龙窝口社区	口岸街道办	3月15日
	泰州市高港区女企业家协会	港城路8号	区妇联	3月15日
	泰州市高港区老年艺术团	区文化馆二楼	区文体旅游局	5月28日
	泰州市高港区海诞老年文化艺术团	白马镇宣传文化中心	白马镇宣传文化中心	6月4日
	泰州市高港区刁铺街道大丰社区老年人协会	刁铺街道大丰社区	刁铺街道办	8月1日
	泰州市高港区社会指导员协会	区文化中心	区文体旅游局	9月22日
	泰州市高港区学校党的建设研究会	区教育局	区教育局	12月2日
民办非企业单位	泰州市高港区腾龙棋院	港城花园三区15号、16号	区文体旅游局	7月1日
	泰州市高港区天天向上外语培训中心	金港中路818号	区教育局	7月2日
	泰州市高港区胡庄镇丁庄村老年关爱之家	胡庄镇丁庄村	胡庄镇政府	8月1日

【殡葬管理】 2013年，各镇街根据所辖人口规模，合理确定公益性公墓和骨灰存放堂选址，进行规划设计，许庄街道动工兴建公墓。针对思源公墓承包经营方管理经营状况不良等状况，年初终止与其承包合同，重新确定由口岸街道办承包经营，有效地化解思源公墓经营过程中的矛盾。全面落实惠民殡葬政策，全年为2319名死亡人员免除基本殡葬服务费264.70万元。

【"平安边界"创建】 2013年，区民政局开展地名清理"平安边界"创建活动。清理不规范地名。重点对道路、河流、桥梁等进行梳理检查，着力解决有地无名、一地多名、重名同音、名不符实及其他不符合地名命名规范的现象。清理未审批地名。对没有按照审批程序进行命名的地名，研究拟定初步方案，按照审批程序报市地名委员会审批公布。规范地名使用。宣传引导各类地名、交通、广告等公共场所标识，地图、工具书等公开出版物，各类公文、证照等使用标准地名。加强对上述地名使用情况的监督检查，及时纠正不规范使用行为。分别与泰兴、姜堰、海陵、江都、扬中等毗邻市（区）订立共建"平安边界"协议，定期开展互访、联防、联调等活动，建立边界联席会议制度和边界纠纷应急处理机制。按序时进度完成与泰兴市、扬中市界线的联合检查工作。全区边界综合治理工作的热点、难点问题得到解决，全年边界地区无民事纠纷案件，刑事犯罪案件明显降低，无治安乱点，没有发生因边界不清而引发恶性刑事案件、群体性械斗事件和集体上访事件。

【村（居）委会换届选举】 9月，高港区第十届村委会、第五届社区居委会换届选举工作启动，至11月20日全部结束，全区89个村（居）委会均顺利完成换届选举各项任务，一次性成功选举产生新一届村（居）委会班子。本次换届选举全部采用有候选人直接选举的方式，共登记选民228934人，参选选民224553人，参选率98%。选举产生村（居）民委员会成员479人，其中，主任89人、副主任73人、委员317人；党员374人，占委员总数的78.08%；妇女成员158人，占委员总数的32.99%；成员中连选连任的248人，新当选的231人，新当选的占委员总数的48.23%。党组织书记与主任"一肩挑"的20人，占村（居）总数的22.47%。委员中本科以上学历20人，占4.18%；大专165人，占34.44%；高中211人，占44.05%；初中83人，占17.33%。主任的平均年龄46.10岁，成员的平均年龄32.20岁，较上届下降11.20岁。新一届村（居）委员会成员的结构比例完全达到省、市提出的目标要求。

【村级基础设施和信息平台建设】 2013年，口岸街道戴集社区等8个村（社区）通过自筹资金，新建或改扩建办公和活动用房，通过达标验收。全区开始搭建"网上村委会"信息平台，实现信息资源共享。各村（社区）落实专人，对居住人口和单位信息进行调查登记，收录整理，为相关的内部网站和系统提供最基础的信息资料。

【社区网格化管理】 2013年，全区所有社区按照"规模适度、界线分明、走向合理、管理顺畅"的原则，划分为若干个片区，社区干部兼任片长，每片推选若干个中心户长（楼栋长），协助片长做好辖区内社会事务管理工作。按照"以房管人"的原则，对辖区内所有住户或单位的人口等信息全部登记造册，输入计算机，通过社区管理信息系统实行动态管理。

【省和谐社区建设示范区创建】 高港区每年从区财政收入中拿出3个1%专项资金，分别用于社区基础设施建设、农村村庄环境整治和社会管理创新。每年区财政直接投入社区建设的资金5000万元以上。2013年，许庄街道被评为省和谐社区建设示范街道；口岸街道城东社区、刁铺街道大丰社区、许庄街道三星社区、永安洲镇东江社区、胡庄镇刘元村5个社区（村）被评为省和谐社区建设示范社区（村）；许庄街道、口岸街道蔡滩社区、刁铺街道大丰社区、许庄街道赵王社区被评为泰州市和谐社区建设示范单位；口岸街道戴集社区，永安洲镇润洲社区，大泗镇二陈村、佴陈村，许庄街道蔡庄村、管营村、杨营村和大泗镇康乐村8个社区（村）通过市达标社区（村）验收。至此，全区3个街道全部建成省和谐社区建设示范街道，有21个社区（村）被评为省和谐社区建设示范社区（村），城市社区和农村社区和谐社区建设达标率分别达75.50%和65%。12月，高港区和谐社区创建工作通过省民政厅考核组考核，被授予江苏省和谐社区建设示范区称号。（王志春）

人力资源和社会保障

【概况】 2013年，高港区城镇净增就业8100人，新增创业11874人，城镇登记失业率1.87%，继续保持全省最低。城镇职工养老、医疗保险、城乡居民社会养老保险参保人数分别达4.54万人、5.66万人和9.27万人，城乡居民医疗保险参保率100%。引进高层次人才160人、海外人才24人。职业技能鉴定获证人数6282人。村级社会事业公共服务平台全覆盖。做好各类人事考试工作，实现安全无事故和"零差错、零投诉"。劳动监察联动平台按期运行率100%。劳动人事争议案件处理结案率100%。打造"15分钟公共就业服务圈"，建立人力资源社会保障维权服务中心。"12345"

民生服务热线高效运行。区人社局被评为省文明单位、市文明单位、区人民满意机关。

【城乡一体就业创业扶持】 2013年，区政府办出台《"百村千企万人"就业创业系列帮扶活动实施方案》，制定24项鼓励支持农民就业创业激励政策。区人力资源市场举办"春风行动"、夏季大学生专场招聘会等51场招聘活动，提供岗位1.30万个，帮助4638人实现就业。举办区首届创业富民大赛。开展2013年度全区城乡人力资源实名制调查工作，高港籍离校未就业高校毕业生实名制调查有效入库率全市排名第一。

【城乡社会保障一体化】 2013年，高港区及时调高城乡居民养老保险及企业退休人员养老金待遇标准。提高对城乡居民医疗保险的财政补助投入，由每人每年320元提高到380元。启动实施城乡居民大病保险，城乡居民医疗区内实际补偿率65%。结合医疗保险基金运行情况，对全区18周岁以下学生、儿童和城镇职工参保人员进行二次补偿，个人最高补偿额3万元，全年累计补偿108.70万元。解决主城区失地农民保障历史遗留问题，33619名被征地农民纳进入失地保障。

【城乡公共服务一体化】 2013年，高港区打造"15分钟公共就业服务圈"，在全区89个村（社区）全面建立"就业e图"，315个打点单位提供800个工种、2.60万个岗位。全面推行城乡居民养老保险参保登记、保费缴纳、待遇领取、权益查询"四个不出村"。"12345"民生服务热线高效运行，共办理各类民生诉求1500件。年内，区人力资源市场通过省四星级评估验收。

【社保基金管理】 2013年，区人社局全力推进社保基金"网上监管推进年"活动，实现企业职工基本养老保险（机关事业养老保险）、城镇职工基本医疗保险、失业保险、工伤保险、生育保险五大社保基金网上监管全覆盖，业务、财务数据上线率均为100%。加强基金监管，完善内控机制，确保社会保险基金安全完整，各项社会保险基金累计结余22.50亿元，运行质态全市最优。

【创新高端人才招引模式】 2013年，区人社局围绕全区经济社会发展的重点行业和关键领域，推行"人才+项目"引才模式，实施2013年留学人员科技活动项目择优资助申报工作，为泰州市华强照明器材有限公司上争50万元项目资助，为扬子江药业集团林彬彬申报企业博士集聚计划。全年引进高层次人才160人，其中海外人才24人。

【人才培养平台建设】 2013年，高港区培养复合型和实用型人才225人。举办区第二届职业技能大赛，145名选手参加4个工种的比赛，20名优胜选手晋升高级工。启动实施以高层次人才和紧缺型人才培养为重点，统筹兼顾其他中高级专业技术人才培养的知识更新工程，培训4500人次。

【工资支付应急风险金制度】 2013年，区政府在全区范围内建立全方位的工资支付应急预警预防机制，建立特殊情况下应急周转金制度，设立职工工资应急风险金专账，从源头上缓解欠薪难题，有效促进各类用人单位和谐劳动关系的建立。翌年1月1日开始实施。该项制度在泰州市属首例，得到省劳动监察总队领导的好评。

【人力资源社会保障维权服务中心】 2013年，区人社局有机整合劳动监察、劳动争议仲裁、信访受理、工伤鉴定等职能，建立人力资源社会保障维权服务中心，实现一站式、全方位维权服务。全年处理举报投诉、劳资纠纷和突发事件73件，调解53起劳资纠纷，为职工追讨工资253万元。协同区公安分局、检察院联合执法，为美岸栖庭农民工追讨42万元欠薪款，获得其集体赠送的"务实风范，服务为民"锦旗。

【劳动争议"阳光仲裁"】 2013年，区劳动争议仲裁委员会不断提高劳动争议仲裁社会公信度，推行全区大中型企业网络联系常态化、诚信企业网上办案现代化、协议企业网上送达法律文书制度化、劳动人事争议处理公开化。汇集多方合力进一步深化柔性调处，继续推进区、镇、村三级劳动争议立体调解网络平台全覆盖运行，区人民调解委员会驻会工作室和区法院驻会巡回法庭正常高效运转，劳动人事争议案件处理结案率100%。

【"12345"民生服务热线运行】 2013年，区人社局牵头建设开通"12345"民生服务热线，构建集电话、网络、视频为一体的管理平台，为老百姓提供全天候、全方位的综合民生服务。7月1日，"12345"民生服务热线正式运行。全年办理各类民生诉求1500余件，群众满意率86%，取得较好的社会效应。

【事业单位招考】 2013年，高港区严把机关事业单位新进人员入口关，坚持凡进必考，严格执行考试聘用制度。全年公开招聘事业单位工作人员18人，招聘中小学教师14人。全程接受纪检监察部门和社会的监督，确保上级部门、社会、招考单位、家庭和考生"五满意"。

【"阳光安置"军转干部】 2013年，高港区坚持"阳光安置"政策，通过档案积分、面试、公开选岗等程序共安置军队转业干部9人，其中副团职干部1人，妥善做好军转干部服务管理工作。

【事业单位人事管理制度改革】 2013年，区人社局加快健全以岗位管理为核心的事业单位人事管理制度，全区32个部门158个事业单位全面完成岗位设置和人员聘用工作，涉及事业人员3363人，初步建立按需设岗、竞聘上岗、按岗聘用、合同管理的新机制。

【规范机关事业单位津贴补贴发放】 2013年，区人社局牵头对全区机关事业单位工作人员津贴补贴发放情况进行专项检查，在102个机关事业单位自查自纠基础上，会同区纪委、区委组织部、区财政局、区审计局对口岸街道等20个单位进行全方位审查，巩固规范津补贴工作成果，构建规范津补贴工作长效管理机制。

【公务员培训】 2013年，区人社局加大对科级以下机关工作人员培训考核力度，先后开展公务员职业道德、法治理念、中共十八大精神等多场专题教育实践活动，组织新录用人员55人参加初任培训，选派基层公务员4人到苏南对口培训。

（王 玲）

人口和计划生育

【概况】 2013年，高港区计划生育率99.78%，出生人口男女性别比98.90∶100，孕前优生健康检查覆盖率100%，人口和计划生育依法行政达标率100%，流动人口管理服务率95%，人口和计划生育机构队伍建设达标率95%，各项计划生育优惠政策全面落实。区人口计生委先后承办全市人口计生宣传教育工作、全市流动人口药具服务现场会。获泰州市人口和计划生育工作一等奖，被评为泰州市文明单位、高港区效能建设先进单位；政法科被评为第二批市级党员先锋岗。

【省人口协调发展先进区创建】 2013年，高港区对照省考核指标体系3大类19项指标，逐条排查分析，扎实推进创建活动。组织创建业务培训。1月，邀请市人口计生委各处室负责人进行创建工作培训，解读创建指标体系，明确工作要求。组织迎检工作督查。3月，对各镇街迎检准备工作情况和指标完成情况进行专项督查，对工作中存在的问题，提出工作建议，明确整改要求。准备各项软件资料。5月，编写软件资料目录。8月，召开现场观摩活动，全面推广许庄街道软件资料整理的经验做法。在省、市下达的考评指标中，高港区大部分已经达标，为“十二五”期末实现创建目标奠定较好的基础。

【出生人口性别比综合治理】 2013年，高港区进一步完善统筹协调、宣传教育、孕期服务、部门协作、联合督查、创新机制“六位一体”的出生人口性别比综合治理工作机制，加强对医疗保健机构、药品批发零售企业监管力度，在高港电视台、村（社区）、医院公共宣传栏，宣传“两非”（非医学需要的胎儿性别鉴定和非医学需要的人工终止妊娠行为）的危害性。区人口计生委、卫生局、监察局、食药监局等部门对全区各类医疗保健和终止妊娠药品销售、使用等单位进行联合专项督查2次。

【计划生育优惠政策落实】 2013年，高港区启动两年一次的奖励扶助（简称“奖扶”）、特别扶助（简称“特扶”）人员申报和资格确认工作。分别于4月末、9月末，两次完成个人申报受理、村（社区）初审、镇（街道）审核和区级确认工作。全区确认新增符合农村奖扶资格人员846人，农村奖扶人员累计5505人；新增符合特扶资格人员17人，特扶人员累计228人；无新增节育并发症人员，有节育并发症人员395人。全区登记并确认符合资格条件的持证非从业居民51人，持证企业退休职工1133人。受理37名市属企业持证退休职工申报资料，移交市人口计生委。

【流动人口计划生育服务管理转型】 2013年，区人口计生委培植胡庄镇戴陈村和口岸街道蔡滩社区流动人口服务管理典型。戴陈村建立“分类造册登记、分别服务管理”的工作模式，健全基础工作资料，摸清基本情况，突出重点人群，使服务管理工作更具针对性和实效性。蔡滩社区对沿街店面房、浴室、饭店、农贸市场、KTV等行业进行排查，街道和业主签订责任书，业主和流动人口签订责任书，公安和社区计

2013年高港区人口计划生育工作基本情况一览表

表14 单位：人

年末总人数	死亡人口数	出生情况					出生人口性别比	计划生育率（%）	自然增长率（‰）	已婚育龄妇女数	流动已婚数	
		总数	男	女	计划内	计划外					流入	流出
257375	1897	1808	899	909	1804	4	98.90	99.78	-0.34	46125	2667	4152

生员联合做好流动人口信息采集。在总结试点经验的基础上,及时召开现场会,发挥典型的示范、辐射和带动作用。年内,全区流动人口计划生育服务管理示范单位创建面65%,流动人口信息采集覆盖率比往年提高38%。

【人口信息系统建设】 2013年,区人口计生委积极推进人口信息系统区、镇、村三级全覆盖建设,做好各类人口信息系统的管理和维护工作,省人口和计划生育综合信息平台内信息的人口覆盖率、个案数据完整率、逻辑关系匹配率、数据更新及时率均保持在99%以上,出生人口漏报率、出生政策属性差错率和出生性别误差率控制在4%以下。

【国家免费孕前优生健康检查项目】 每月11~18日为免费孕前优生检查集中服务时间段,凡符合生育政策且计划怀孕的夫妇(包括流动人口)均可享受免费孕前优生检查,检查内容主要包括肝功能、肾功能及甲状腺功能检测等19项指标。2013年,共有614对夫妻参加检查,发现怀孕高风险134人次,对发现的高风险人员均进行优生指导或转诊。

【幸福家庭建设】 2013年,区人口计生委在全市率先出台《创建幸福家庭活动的实施意见》,深入开展生育关怀行动,新落实生育关怀帮扶项目2个,帮扶60户计划生育困难家庭。5月15日,在省人口计生委召开的幸福家庭建设工程现场推进会上,高港区作为泰州市的代表,展示幸福家庭建设工程的各项软件资料,得到与会人员的一致好评。5月22日,《新华日报》报道高港区帮扶计生困难家庭情况。

【"流动人口计划生育药具服务年"活动】 2013年,区人口计生委开展以"药具服务均等化,真情关爱你我他"为主题的"流动人口计划生育药具服务年"活动。按照"属地管理、均等服务、关怀关爱"的原则,在流动人口较多的社区、企业、市场进行面对面宣传指导,多渠道、全方位、多方式发放免费药具,普及科学使用药具知识,提高药具知识的知晓率,提高药具发放的及时率和有效率,以"零距离"的服务,保障流动人口实施避孕节育的知情权、选择权,提高流动人口自我保健意识和生殖健康水平,满足流动人口使用药具的需求。4月18日,全市"流动人口计划生育药具服务年"活动现场推进会在永安洲镇召开,参观并推广泰州中航船舶重工有限公司和福沙社区的流动人口药具均等化服务。 (张国荣)

民族·宗教

【概况】 2013年,高港区共有土家族、苗族、满族等少数民族31个,定居人数670人,占全区总人口的0.25%。有登记的宗教活动场(处)所11处,教职人员22人,其中,佛教场(处)所5个,基督教场(处)所5个,道教场(处)所1个。江苏省口岸中学有新疆班8个,学生304人。区民宗局在全市2013年民族宗教工作评估中获创新奖。

【民族宗教政策法规宣传】 6月22~28日民族团结进步宣传周期间,区民宗局在区、镇两级设立宣传点,发放宣传资料200余份,宣传民族政策。6月宗教政策法规学习月活动,在主要宗教场所、交通要道路口悬挂宣传横幅,设立宣传咨询台,向信教群众宣传中共十八大精神和宗教政策法规。全年举办各类政策法规学习班4次,参加人员近300人次,印发宣传资料1500份。

【服务少数民族群众】 2013年,区民宗局定期走访辖区内少数民族同胞,重大节日进行慰问。协调区教育部门和相关学校,为2名外来少数民族同胞子女就近安排入学。为6名符合条件的少数民族子女办理民族成分变更手续,为10名少数民族考生办理审核证明。

【企业少数民族用工服务协调】 2013年,区民宗局开展全区各类企业少数民族人员用工情况普查,在少数民族用工比较集中的企业明确联络员,加强沟通联络、随时掌握企业少数民族工作情况。区和各镇街分别建立企业少数民族用工服务协调工作站,加强对企业的少数民族风俗习惯和政策法规宣传,引导企业对少数民族工人给予一定的政策倾斜和人文关怀;加强对少数民族员工的宣传教育,让他们熟悉了解高港本地的风土民情,与本地群众和谐相处。及时帮助企业化解涉及少数民族职工的矛盾纠纷,努力将问题解决在萌芽状态,解决在企业内部。

【宗教人士社会保障】 2013年,区民宗局继续做好全区宗教教职人员社会保障工作,新增1名宗教教职人员享受社保待遇,帮助1名年满60周岁、任教职满15年以上的教职人员享受省生活补助。

【宗教活动场所建设】 2013年,区民宗局加强基督教场所建设,到无锡、苏州和南通等地学习考察基督教堂的建设、运转等情况,研究确定区基督教堂项目选址和建筑设计方案,开展教堂项目的规划、立项、土地、建筑设计等手续报批工作。12月,区基督教堂工程开始施工。加强道教场所建设。6月,市民宗局批准高港区城隍庙设立固定处所类宗教活动场所,增挂财神庙、关帝庙牌子。12月,水景街区"三庙"(城隍庙、财神庙、关帝庙)道舍建设和内部神像塑造方案确定,开始招投标。

【和谐寺观教堂创建】 2013年，区民宗局按照宗教活动场所全面负责，各镇街履行属地管理、依法监管的原则，层层建立健全社会稳定风险排查和事故隐患排查治理责任制，扎实开展排查治理工作。通过场所自查、镇街普查、区局检查、市局督查的方式，结合重大节日专项安全检查，对场所存在的各类安全隐患进行消除整改，强化宗教活动场所安全生产主体责任，突出预防为主的工作重点，有效防范和坚决遏制各类事故发生，确保全区宗教领域安全稳定。是年，古东嶽庵被评为全省创建和谐寺观教堂先进集体。

【宗教慈善周活动】 9月16~22日，区民宗局组织全区宗教界开展以“助残”为主题的宗教慈善周活动。全区宗教界积极响应，募集款物计2.80万元，看望慰问残疾孤寡老人84人，定向捐赠市残疾人基金会8000元，向12名残疾人代表发放电视机或洗衣机。 （张　明）

关心下一代工作

【概况】 2013年，高港区关工委围绕全区工作中心，突出做好道德教育活动，加强校外教育辅导站建设，以社会主义核心价值观引领青少年，推进零犯罪社区（村）创建、扶贫助学、“讲、学、达、奔”（讲理想、学科技、达小康、奔现代化）和“双创”（创业之星、创业基地）活动，各项工作取得较好成效。许庄街道乔杨社区被评为全省未成年人零犯罪先进社区，许庄街道马厂社区校外辅导站被评为全省城乡优秀社区（村）校外教育辅导站，刁铺街道通太社区关工委被评为省级基层标兵关工委。

【“中国梦·我的梦”主题教育活动】 2013年，区关工委开展“中国梦·我的梦”主题教育活动，未成年人思想道德建设出现新局面。开展国旗下讲话“中国梦”宣讲活动。3月18日，25名“五老”（老干部、老战士、老专家、老教师、老模范）宣讲员到21所小学宣讲，受众近3万人。开展“中国梦·我的梦”征文竞赛活动，全区中小学共创作1100余篇征文，向省《关心下一代周报》推荐85篇，其中21篇获奖。联合区文明办、区教育局表彰奖励中小学生和指导老师26人，6所学校获组织奖。开展红色经典诵读和“老少共话中国梦”演讲活动。7月1日，在泰州市文明办等单位举办的“老少共话中国梦”比赛中，高港“道德之星”魏清荣和实验小学学生毛文清的演讲获二等奖。2名中小学生获泰州市十佳“三好”（在家庭做好孩子，在学校做好学生，在社会做好公民）青少年称号。

【校外辅导站建设】 2013年，区关工委总结推广许庄街道马厂社区辅导站社区、学校、街道三方面办站的经验，并向省、市关工委推荐。在2013年全省城乡社区（村）辅导站经验交流会上，该站被评为全省城乡优秀社区（村）校外教育辅导站。拍摄马厂社区辅导站活动视频，参加省校外教育辅导站活动优秀视频案例比赛，获一等奖。配合组织、教育部门推进在职教师和大学生村官参与辅导站建设，商讨教师和大学生村官参与辅导站建设的考核奖励机制。加强农家书屋与辅导站共建共享和电子阅览室建设工作。

【未成年人零犯罪社区（村）创建】 2013年，区关工委组织“五老”志愿者义务监督网吧，净化未成年人成长环境。定期调查辖区内未成年人学习、生活情况和现实表现，登记造册、建立档案。组织“五老”对“四失”（失学、失管、失范、失足）青少年及服刑人员未成年子女开展结对帮助和教育转化工作。帮助闲散青少年掌握技能，长效帮扶。对服刑人员子女进行心理疏导，帮助解决生活困难。加大对流动儿童、留守儿童帮困力度。全年89个社区（村）实现未成年人零犯罪。许庄街道乔杨社区连续五年实现未成年人零犯罪，被省关工委授予未成年人零犯罪先进社区称号。

【关爱青少年弱势群体】 2013年，全区各级关工委将关爱青少年弱势群体与“学雷锋、树新风”有机结合。上半年，为胡庄镇、永安洲镇2名患白血病儿童捐款，募集善款40余万元。8~9月，以扬子江慈善会为依托，开展为贫困大学新生捐助活动，资助29名贫困大学新生和18名成绩优异大学新生15万元。各级关工委组织利用各自资源，筹措善款36万元，资助57名大学新生。区关工委向省关工委关爱基金申报2个特困儿童扶助名额，落实每年2200元的扶助金。区关工委对挂钩的贫困大学在校生发放扶助金4000元。全区“五老”对青少年弱势群体“余热暖梦”项目被区委宣传部、区文明办评为2013年全区未成年人思想道德建设创新奖。

【基层关工委建设】 2013年，口岸街道、刁铺街道、永安洲镇、白马镇调整关工委班子成员，形成正常进出机制。区关工委与各镇街党政负责人商定增加镇街关工委驻会人员补贴事宜，至年末，落实新补贴的镇街5个。推动基层先进关工委创争活动，刁铺街道通太社区关工委被省关工委确认为省级基层标兵关工委。 （陈连龙）

老区建设·扶贫开发

【概况】 2013年，高港区老区经济建设促进会、扶贫开发协会（简称区“两会”）紧扣项目建设和扶贫济困工作，开展调查研究，推介典型。

深入基层调研22次，撰写调研报告21篇，在《江苏老区》发表1篇，市《老区民生》发表16篇，《高港情况》发表4篇。"两会"系统成员在省级报刊发表文章3篇，市级报刊发表212篇。扶贫开发项目11个。全区89个村、社区有扶贫小组93个，扶贫志愿者村、社区全覆盖。配合扬子江慈善会资助贫困大学生56人，各镇街资助贫困学生190人。

【四届一次理事会】 11月25日，区"两会"四届一次理事会召开。会议通过"两会"章程，选举产生新一届理事会和驻会班子，区人大常委会原副主任曹春明当选为理事会会长，聘请区委副书记封新华、区人大常委会副主任刘振东、副区长蔡秋云、区政协副主席仲新光为名誉会长。

【扶贫志愿者活动】 4月，区"两会"部署扶贫志愿者活动，各镇街落实专人负责。志愿者与挂扶对象均登记在册，签有帮扶协议书，年中、年末均有挂扶实绩台账。至年末，所有村、社区建立帮扶小组或扶贫服务中心，志愿者人数1105人，捐资452万元，结对帮扶880户3670人。其中，就业帮扶1200人，助学190人，助医28人，帮助创业1300人，技术帮扶1510人。共建有区级基金会（慈善会）4个、镇级基金会2个、村级基金会8个、机关事业单位基金会4个，吸纳资金总额460万元。

【最美扶贫志愿者评选表彰】 7月，区"两会"印发《推荐、评选最美扶贫志愿者工作意见》。经村（社区）、镇街、区层层推荐，从1000余名志愿者中确定26名提名人选。10月，确定最美扶贫志愿者和优秀扶贫志愿者。10名最美扶贫志愿者的事迹在区"两会"期刊上刊载，在区电视台播放。11月25日，区四届一次理事会对最美扶贫志愿者和优秀扶贫志愿者进行表彰。

【调查研究及扶贫典型推介】 2013年，区"两会"着重围绕扶贫开发、村级集体经济发展、高效农业、三大合作组织、城乡一体化建设等专题开展调查研究与宣传推介工作。重点调查总结口岸街道柴墟社区扶贫帮困常抓不懈的经验；推介大泗镇建立扶贫系统，促进民生福祉的做法；调查总结大泗镇三大合作组织运营发展的现状，提出对策与建议；宣传许庄街道"两会"创新方式，着力做好"促""扶"文章的事迹；总结推介许庄街道乔杨社区"实施'两个集中'，精心打造幸福社区"的城乡一体化建设经验；调查推介白马镇陈家村"建好六大基地，以农业转型增效带动农户创业增收"的典型。

【扶贫助学】 2013年，扬子江药业集团资助慈善金220万元，比往年增加40万元；永安洲镇江苏能建机电实业集团有限公司出资22万元设立扶残助困基金会，江苏荣天化工有限公司拿出50万元建立镇扶贫基金会。胡庄镇泰州市茂尧聚氨酯塑料制品厂出资25万元建立宗林村扶贫基金会，江苏大邦清洗有限公司每年拿出30余万元设立大邦励志助学助教基金会。大泗镇泰州圆融投资置业有限公司设立圆融助学金，每年为大泗学校困难学生捐助6万~8万元，泰州市沃爱特化工有限公司吸纳10余名贫困人员就业。刁铺街道泰州市东方离合器有限公司总经理江国辉捐助11户贫困家庭、15名贫困生，救助金38万元；刁铺"两会"秘书长蒋义度联系自己在上海工作的儿子建立"游游助学基金"，拿出4000元救助环溪小学4名贫困生。

【项目基地带动农户增收】 2013年，高港区先后建立胡庄镇润鑫蔬果合作社扶贫基地，胡庄镇薛垛村、赵市村、宗林村种养基地，白马镇陈家村蔬菜大棚扶贫基地，口岸街道引江社区种养基地，永安洲镇福沙社区就业服务基地、永胜社区花卉苗木基地，大泗镇山羊养殖基地、供销产业基地等10余个项目扶贫基地。全年带动2800余名低收入家庭劳动力就业创业。

【文化宣传】 2013年，区"两会"与大泗镇"两会"联合撰写的《倾力谋发展，倾情解民困——高港区大泗镇扶贫开发纪实》在《江苏老区》第1期刊出。区"两会"《放大典型效应　提升帮扶实效》在市"两会"《老区民生》第5期刊出。永安洲镇"两会"唐忠良与陈连龙撰写的《核心港区：五老助青年创业梦》在《泰州日报》发表。胡庄镇"两会"刘向前与王馨凤撰写的《胡庄设立"幸福家庭建设基金"专项帮助计划生育困难家庭》在《泰州晚报》发表。区"两会"与相关镇街"两会"撰写的《真情长在　善举常新——口岸街道柴墟社区扶贫工作常抓不懈》《扶贫济困为己任的爱心老总——刁铺东方离合器有限公司董事长江国辉》《大泗镇三大合作组织的调研与思考》《亿万老总的仁爱之心——记江苏能建集团郭宏鹤董事长》《钱赵村在一穷二白的底板上画美景》等8篇文章在市《老区民生》分期刊出。口岸街道"两会"会长戚正欣、秘书长陈金龙撰写的随笔散文、短论、通讯210余篇在《中国老区建设》《泰州日报》《泰州晚报》《江南时报》《泰州通讯》等发表。区"两会"孔繁喜创作的《听最美志愿者杨培淑事迹介绍有感（诗二首）》《胡庄扶贫基地掠影（诗六首）》在市《老区民生》发表。（郑国生）

街·镇

口岸街道

【概况】 2013年,口岸街道面积53.32平方千米,总人口77209人,辖行政村6个、社区17个、村民小组377个,居民26978户。全年实现地区生产总值71.58亿元,比上年增长22.06%,其中,第一产业2亿元,增长10.73%;第二产业37.59亿元,增长17.04%;第三产业31.99亿元,增长29.43%。公共财政收入2.20亿元,增长36.60%。农民人均纯收入19837元。固定资产投资总额29.78亿元。完成高新技术产业产值60.50亿元,专利申请量515件,发明专利申请量140件,专利授权130件。协议利用外资和港澳台资5500万美元,实际利用外资和港澳台资3502万美元。民营经济净增注册资本13亿元。建筑业考核名列全区第一。新增土地流转面积480公顷,建成小农场18个。街道在全市十强乡镇中位列第四位,顺利通过国家级生态街道复核验收。街道妇联被评为江苏省妇女儿童工作先进集体,徐庄村顺利通过省三星级康居示范村验收,王营社区被评为江苏省农村信息化应用示范社区。

2013年口岸街道主要经济社会指标一览表

表15

项目	数额	项目	数额
地区生产总值(万元)	715789	建筑业利润(万元)	27157
第一产业增加值(万元)	20072	引进项目数(个)	13
第二产业增加值(万元)	375856	实际利用外资和港澳台资数(万美元)	3502
第三产业增加值(万元)	319861	第三产业从业人数(人)	22882
财政总收入(万元)	40002	新增个体工商户(户)	469
固定资产投资完成额(万元)	297815	村(社区)数(个)	23
农业总产值(万元)	32906	总户数(户)	26978
粮食总产量(吨)	22607	总人口(人)	77209
油料总产量(吨)	469	农民人均纯收入(元)	19837
肉类总产量(吨)	4333	从业总人数(人)	60624
牛奶产量(吨)	3500	年末常用耕地面积(公顷)	1748
禽蛋产量(吨)	786	绿化覆盖面积(%)	25
水产品产量(吨)	2503	人均住房面积(平方米)	69

续表15

项目	数额	项目	数额
农业从业人数(人)	4434	人均年生活用电量(千瓦时)	536
工业企业数(个)	756	互联网用户(户)	12874
列统企业数(个)	70	学校数(个)	5
工业总产值(万元)	1995667	在校学生(人)	7109
工业企业年净利润(万元)	147125	教师总数(人)	663
工业企业年实缴税金(万元)	94213	医院、卫生院(所)	25
建筑业产值(万元)	1395964	参加社保人员(人)	22161
建筑业从业人数(人)	8974	—	—

2013年口岸街道各村、社区基本情况一览表

表16

名　称	党支部(总支、党委)书记	村(居)会主任	户籍人口(人)	耕地面积(公顷)	各类企业数(个)	经济总收入(万元)	农民人均纯收入(元)
王营社区	戚永生	戚志高	2859	25	23	13604	19437
口岸社区	张小平	赵庆晨	2427	—	166	4140	21960
龙窝口社区	郁尚义	冯义国	4620	52	12	20436	19436
城东社区	李美娟(女)	许迎春	3723	21	15	34692	19120
柴墟社区	笪克勤(女)	程秀兰(女)	4326	—	—	—	—
新城社区	薛余俊	薛余俊	7218	—	—	—	—
育才社区	何桂林	何桂林	3550	—	—	—	—
城南社区	王国平	戴兴国	4859	68	91	15170	19449
蔡滩社区	刘　俊	张　毅	12212	—	12	16554	20644
东南社区	卞　辉	陈宏才	4856	108	9	17409	18959
朱营社区	徐小圣	徐红明	1529	68	9	54329	20554
戴集社区	戴德恒	封学文	2142	116	5	18025	18310
集成社区	孙丽俊	徐玉生	2359	111	24	38349	18630
新明社区	吴家友	李　忠	2760	119	12	15077	19326
引江社区	张竹山	栾庆兵	2366	66	6	12998	19019
张马社区	张继平	张社宏	3010	111	22	21704	19388
田河社区	吉鹏军	徐永根	2629	92	24	20102	19441
吴楼村	叶建峰	叶建峰	2699	140	9	14182	19440
雅儒村	卞庆生	陈叶林	2221	111	6	10662	18953
郎庄村	陈　明	张德祥	2251	120	5	15330	18992
徐桥村	孙　俊	周红生	2351	200	11	14985	19138
徐庄村	徐勤生	徐永记	2995	113	12	15078	19205
大石村	张桂荣	张桂荣	2025	101	44	12975	19435

说明:口岸社区、柴墟社区、新城社区、育才社区、蔡滩社区为非农社区,不统计相关数据

【农业】 2013年,口岸街道新增各类农业龙头企业3个,其中投入500万元以上的企业1个。在泰州长江公路大桥北接线以东区域发展高效农业,新增各类高效农业面积193.33公顷。有侧重点对农业项目进行包装,上报农业包装项目3个,上争资金1800万元。成功注册“汉水河”绿色大米商标。

【林业】 2013年,口岸街道以打造绿色口岸、生态口岸为目标,开创林业工作新局面。新造林面积80公顷,完成森林抚育面积66.67公顷,雅儒村、戴集社区创建成省级绿化示范村(社区)。森林覆盖率提高到26.10%,远超小康指标。

【工业】 2013年,口岸街道完成工业总产值199.57亿元,比上年增长9.31%;销售175.52亿元,增长15.76%;利润13.63亿元,增长19.62%。工业技改投入9.42亿元。电子信息、新材料、中医药、先进机电装备等特色产业加快集聚,泰州市创新电子有限公司、泰州苏中天线集团有限公司、泰州市超人汽车电子有限公司、泰州诚达精工新材料有限公司、江苏扬子江药业集团凯威药用包装有限公司等企业成为拉动增长的新主力。有开票销售1亿元以上企业7个、5000万元以上企业8个,新增列统企业5个,工业经济多点支撑的格局初步形成。

【服务业】 2013年,口岸街道完成服务业增加值32亿元、税收2.80亿元,投资19.10亿元,比上年分别增长9.57%、18.52%和25.47%。时代广场一期大润发超市成为高港区首个销售过1亿元的零售企业,二期新增的数字影院、苏宁电器、美食广场、海洋之星等休闲娱乐项目对外营业。金港装饰城在王营社区的牵头协调下,东方明珠物业服务管理公司顺利进驻,疑难问题得到妥善化解。

【建筑业】 2013年,口岸街道共有建筑企业27个,完成建筑业增加值29.28亿元,工程结算收入41.35亿元,入库税收0.44亿元,比上年分别增长20%、33.98%、16.32%,在全区考核中名列第一位。

【科技创新】 2013年,口岸街道完成高新技术产业产值60.50亿元,专利申请量515件,发明专利申请量140件,专利授权131件,申报获批各类科技计划17项,获市级科技奖2个、区级科技进步奖11个。产学研合作深入推进,上海理工大学技术转移中心在泰州市兴东煤矿机械制造有限公司揭牌运行。

【城乡环境整治】 2013年,口岸街道深入推进城乡环境综合整治,顺利通过国家级生态街道复核验收,23个村(社区)全部通过环境综合整治验收,创建三星级康居乡村1个、二星级康居乡村2个、一星级康居乡村7个。徐庄村被评为江苏省生态村,郎庄、雅儒、徐桥3个村被评为泰州市生态村,口岸、龙窝口、城南、柴墟4个社区被评为市级绿色社区。按照“高起点、高品质、高标准”的要求,加快泰州长江公路大桥北接线两侧高档绿色景观带建设。

【拆迁安置】 2013年,口岸街道完成中建·锦绣珑湾、宇业·天逸华府、锦江路、王营路等区重点项目133.33公顷的交地任务,全年收购新明、东南、城南、大石、徐庄、张马、田河、集成、龙窝口、王营10个村(社区)900户居民、近30万平方米的房屋。蔡滩花苑368户居民顺利入住,东方明珠一期交房工作结束,水岸景城一期封顶、二期全面启动。

【幸福民生五大工程】 2013年,口岸街道围绕“社会政策要托底”目标要求,在全街道深入推进幸福民生五大工程。阳光助学工程奖助学生100余人,资助金额30余万元,帮助辖区内多所学校改善教学条件;博爱医疗工程实施救助2000余人次,投入总费用30余万元;群众安居工程对10处危旧房屋实施预拆迁,确保困难群众住有所居;亮化工程为徐庄、郎庄、集成、徐桥等村(社区)新设路灯,实现村(社区)100%全覆盖;百姓就业工程新增就业2300余人,确保每1户至少有1人就业。

【法治创建】 2013年,口岸街道“六五”普法工作顺利通过市、区中期检查验收。新城社区创成省级民主法治示范社区,郎庄、新明、朱营、集成、戴集5个村(社区)被评为市级民主法治示范村(社区)。

【群众文化】 2013年,口岸街道全面建成街道宣传文化中心和“15分钟文化圈”,举办高港区健身秧歌大赛和“大江放歌”口岸专场演出。群众自编自演的广场舞《洲堤杨柳舞港城》获全国大奖;原创舞蹈《大江儿女》获全区社区文艺调演一等奖,原创小演唱《口碑》获二等奖;健身舞蹈队获市第四届广场健身舞大赛最佳表演奖。

【基层组织建设】 2013年,口岸街道顺利完成23个村(社区)“两委”换届,解决部分村(社区)班子年龄老化、精神懈怠、能力不足、软弱涣散等问题,基层组织的战斗堡垒作用进一步增强。稳步推行中心片区党委建设,整合社区党建资源,新成立王营河、城中2个片区党委。王营河片区党委辖王营、城东2个社区党总支,城中片区党委辖口岸、柴墟、育才3个社区党总支。村级“四有一责”建设顺利通过省级验收。建立健全村(社区)干部规范化管理各项规章制度,村(社区)配备指纹考勤机。组织开展新任村(社区)干部“适岗能力提升行动”,分批组织村（社区）新当选干部到徐庄村跟班轮训。

【广场舞《洲堤杨柳舞港城》获全国大奖】 10月，由高港区文体旅游局和口岸街道办共同打造的广场舞《洲堤杨柳舞港城》在全国广场健身操（舞）大赛上获特等奖。《洲堤杨柳舞港城》将民间历史文化元素融入“古柴墟八景”之一的“洲堤杨柳”中，运用现代时尚健身舞元素，着力表现和风吹送、柳浪翻滚、大江浪涌、渔歌返航等欢乐场景。

【雅儒、戴集被评为省社区教育示范社区】 雅儒村、戴集社区深入推进社区教育工作，充分利用橱窗、板报、专栏、宣传栏、墙头标语、网络等多种活动阵地广泛宣传，营造“人人爱学习，终身喜学习”的氛围，学技术、学法律、学礼仪、学养生、学娱乐如火如荼，做到为需求而学，为提升而学，为兴趣而学，为品行而学，为奉献而学。年内，雅儒村、戴集社区被评为江苏省社区教育示范社区。

【蔡滩社区远程教育和党建工作成全市示范】 蔡滩社区党员干部远程教育终端站点设在社区综合服务中心大楼，总面积220平方米。该社区围绕“党员受教育，人民群众得实惠”主线，整合优化配置，坚持学用结合，从教育对象、教育内容、教育形式入手，科学制定学习计划，现代远程教育得到社区广大干部群众的普遍认可。蔡滩社区远程教育接收点共播放86次，受益党员干部群众1400余人，基本形成党员干部带头学、群众积极学的良好格局。2013年，被评为泰州市党员干部现代远程教育示范站点、“十化”（领导体制科学化、运行机制规范化、组织设置网格化、党组织活动方式多样化、党员发挥作用常态化、党组织和党员服务群众长效化、工作载体品牌化、队伍建设专职化、阵地建设标准化、经费保障制度化）党建示范社区。

【引江社区通上公交车】 引江社区地处口岸街道东北角、引江河两侧，多年来，村庄道路狭窄，特别是引江河西路面龟裂，坑洼不平，存在严重的交通安全隐患。2013年，该社区投资100余万元改造社区道路1600余米，路宽8米。经申报批准，12月8日，503路公交车线路延伸至该社区，设立公交站台3处，方便社区居民和过往行人出行。

（朱春生　刘小娟）

刁铺街道

【概况】 2013年，刁铺街道面积18.69平方千米，总人口24446人，辖社区6个、居民小组110个，有居民7514户。全年实现地区生产总值210532万元，比上年增长22.47%。其中，第一产业增加值6717万元，增长10.71%；第二产业增加值113401万元，增长22.75%；第三产业增加值90414万元，增长19.10%。完成公共财政预算收入6028万元，增长31.60%。全社会固定资产投资5.67亿元，增长21.94%。实施1000万元以上项目8个，完成技术改造项目14个。实现工业投资总额4.92亿元，增长31.20%。新办私营企业130个，新增注册资本500万元以上企业18个，新增民营企业纳税户76户，新增个体工商户186户。刁铺街道被评为江苏省和谐社区建设示范街道、江苏省基层安监机构能力建设达标单位、泰州市2013年度争创经济工作十强乡镇（街道）活动先进单位。

2013年刁铺街道主要经济社会指标一览表

表17

项目	数额	项目	数额
地区生产总值（万元）	210532	新增个体工商户（户）	186
第一产业增加值（万元）	6717	建筑业产值（万元）	186000
第二产业增加值（万元）	113401	建筑业从业人员（人）	6882
第三产业增加值（万元）	90414	建筑业利润（万元）	5531
财政总收入（万元）	10256	村（社区）数（个）	6
固定资产投资完成额（万元）	56700	总户数（户）	7514
农业总产值（万元）	11865	总人口（人）	24446
粮食总产量（吨）	7526	农民人均纯收入（元）	16075
油料总产量（吨）	216	从业总人数（人）	11619
肉类总产量（吨）	2104	年末常用耕地面积（公顷）	545
禽蛋产量（吨）	295	工业园区面积（公顷）	20

续表17

项目	数额	项目	数额
水产品产量(吨)	1107	城镇建成区面积(公顷)	1000
农业从业人数(人)	844	人均住房面积(平方米)	55
工业企业数(个)	622	互联网上网用户(户)	5780
其中列统企业数	21	学校数(个)	3
工业总产值(万元)	545623	在校学生(人)	3690
工业企业利润总额(万元)	30155	教师总数(人)	420
工业企业年实缴税金(万元)	17967	医院、卫生院(所)	1
第三产业从业人数(人)	5596	—	—

2013年刁铺街道各社区基本情况一览表

表18

名　称	党支部(总支、党委)书记	居委会主任	户籍人口(人)	耕地面积(公顷)	各类企业数(个)	经济总收入(万元)	农民人均纯收入(元)
关桥社区	孙永忠	吴月斌	4520	85	124	61083	15547
通太社区	汪春国	汪春国	6301	99	65	41687	16090
环溪社区	陈玉俊	陈玉俊	5255	88	72	36981	16405
万庄社区	薛　庆	杨继萍(女)	3346	107	25	16627	16665
大丰社区	王海峰	霍荣康	3030	85	33	20905	16133
界牌社区	薛福荣	王甫智	1994	83	16	10271	15310

【农业】 2013年,刁铺街道新增高效农业面积40公顷,建成13.33公顷以上小农场2个,新增造林面积29.67公顷,新增种养专业户12户,推广插秧机2台,机插秧面积65公顷。夏秋两季秸秆禁烧及综合利用工作居全市前列,收集稻草3300余吨。新增1个农机专业合作社和2个社区股份合作社。

【工业】 2013年,刁铺街道完成工业总产值54.56亿元,比上年增长25.38%。列统工业产值40.60亿元,增长31.61%。完成技改投入4.92亿元,其中投资1000万元以上的项目6个。江苏赛维环保有限公司总投资2500万元的环保袋项目6月正式投产,完成销售近1000万元;泰州市环威带业有限公司投资3000万元引进德国胶带制造技术,设备进厂调试;江苏保力自动化科技有限公司总投资6000万元的纸币自动封包项目厂房建设基本完工。

【城乡建设】 2013年,刁铺街道加快推进城市化改造,完成银杏路及明发城市综合体15万平方米的动迁任务。改造薛李桥和刁陈路,改善群众出行条件。环溪路东延建成通车,解放路东延工程开工。育才花苑二期开工,中建八局项目征地工作完成,北京海城项目征地有序推进。加强城市管理执法力度,拆除违章建筑26起,拆除面积2145平方米。常态化开展城乡环境综合整治,群众居住环境明显改善,6个社区全部创成星级示范社区。

【社会保障】 2013年,刁铺街道向低保户165户286人、低保边缘户8户21人、重残全额低保181人,发放各类保障金104万元。发放"尊老金"98.20万元。全年新增就业人数520人,新增创业人数560人,净增企业职工养老保险256人、医疗保险175人、失业保险150人、生育保险150人,完成扩面征缴任务,重点群体参保率90%以上。

【平安与法治建设】 2013年,刁铺街道共排查各类社会矛盾纠纷84起,调结81起,其余3起得到有效钝化。街道被命名为江苏省和谐社区建设示范街道、泰州市法治文化建设示范点,街道司法所通过市级五星司法所验收。界牌社区创成省级和谐社区,其余5个社区被命名为全省民主法治示范社区,实现省级民主法治示范社区全覆盖。

【计划生育】 2013年,刁铺街道推进计划生育"双新"(新农村新家庭）计划创建工作，在全区率先实现计划生育“双新”社区创建全覆盖。全年计划生育率98%，流动人口管理服务率90%以上，依法管理、优质服务和群众满意率均达95%以上，各类计生奖励扶助政策兑现率100%。

【社区“两委”换届】 2013年，刁铺街道利用社区“两委”换届选举的契机，选优配强社区“两委”班子。选举产生社区党总支书记6人、副书记11人、委员28人，其中，女性13人，大专以上文化程度28人，平均年龄44.60岁。选举产生居民委员会主任6人、委员28人，其中，女性18人，大专以上文化程度25人，平均年龄42.10岁。

【建成省级基层安监机构能力建设达标单位】 2013年，刁铺街道投入10余万元，推进安监机构规范化建设，配备60平方米的办公用房、120平方米的业务用房，以及专用执法车辆、笔记本电脑、摄像机、录音笔、便携式浓度报警仪等安全执法装备。街道18个列统企业和48个小微企业全部通过省、市安全生产标准化验收。11月，刁铺街道被评为省级基层安监机构能力建设达标单位。

【刁铺商会被评为江苏省优秀商会】 2013年，刁铺商会搭建各种交流平台，着力提高运作质量，发挥商会的桥梁和助手作用，促进非公有制经济健康发展。成立企业家沙龙，搭建企业家交流学习和政企互动平台，首期共有42名企业家参加。成立高港绳网带行业协会，共有会员企业65个。11月，刁铺商会被评为江苏省优秀商会。

【在全区率先建成社会管理服务中心】 7月，刁铺街道在全区率先建成社会管理服务中心，为辖区群众提供更为优质、便捷的一站式服务，地址位于环溪路17号。各社区改造原有的社会事业工作站，建成社区社会管理服务中心。街道社会管理服务中心建设经验被区委政法委作为模本在全区推广。

（陈　业）

许庄街道

【概况】 2013年，许庄街道面积42.64平方千米，总人口46603人，辖社区10个、行政村4个、村（居）民小组253个，有居民12280户。耕地总面积1736公顷。全年实现地区生产总值20.93亿元，比上年增长28.40%；工业总产值58.71亿元，增长23%；公共预算收入3743万元，增长28.94%；服务业增加值10.18亿元，服务业税收收入0.97亿元，分别增长19.87%和103%；全社会固定资产投入7.07亿元，增长22.03%；高新技术产业产值21.41亿元，增长46.48%，专利申请量150件，其中发明专利申请量50件；农民人均纯收入17800元，增长19.74%。实际利用外资和港澳台资5462万美元，其中农业利用外资和港澳台资1200万美元。兴办小农场14个，新增高效设施农业面积155.33公顷。新增个体工商户232户。许庄街道被省民政厅评为和谐社区建设示范乡镇（街道），连续六年获泰州市争创经济工作十强乡镇（街道）活动先进单位称号；马厂社区被评为全国科普示范社区、江苏省科普示范社区，乔杨社区被评为国家级生态村，曹官营社区被评为全国第四批人口计生基层群众自治示范村，钱赵村被评为省级民主法治示范村。

2013年许庄街道主要经济社会指标一览表

表19

项目	数额	项目	数额
地区生产总值（万元）	209300	实际利用外资和港澳台资数（万美元）	5462
第一产业增加值（万元）	9501	固定资产投资完成额（万元）	70691
第二产业增加值（万元）	97999	第三产业从业人数（人）	10523
第三产业增加值（万元）	101800	新增个体工商户（户）	232
财政总收入（万元）	7630	村（社区）数（个）	14
粮食总产量（吨）	22091	年末常用耕地面积（公顷）	1736
油料总产量（吨）	1129	总户数（户）	12280
肉类总产量（吨）	1621	总人数（人）	46603
禽蛋产量（吨）	448	从业总人数（人）	32006
水产品产量（吨）	1134	工业园区面积（公顷）	5
农业从业人数（人）	1279	城镇建成区面积（公顷）	660

续表19

项目	数额	项目	数额
工业企业数(个)	652	绿化覆盖率(%)	38
列统企业数(个)	86	人均住房面积(平方米)	56
工业企业营业收入(亿元)	60	互联网上网用户(户)	7547
工业企业年净利润(万元)	31291	农民人均纯收入(元)	17800
工业企业年实缴税金(万元)	18179	学校数(个)	5
建筑业产值(万元)	197000	在校学生(人)	6008
建筑业从业人数(人)	3940	教师总数(人)	500
建筑业利润(万元)	2760	医院、卫生院(所)	2
引进项目数(个)	6	—	—

2013年许庄街道各村、社区基本情况一览表

表20

名称	党支部(总支、党委)书记	村(居)会主任	户籍人口	耕地面积(公顷)	各类企业数(个)	经济总收入(万元)	农民人均纯收入(元)
马厂社区	祁亚飞	祁亚飞	4109	21	65	156406	21639
三星社区	陈庆年	陈庆年	3840	—	3	14750	24117
周梓社区	杨传林	杨传林	2943	98	13	21000	17305
官沟社区	李惠民	周宜江	4009	81	24	33034	15168
三旗营社区	曹春明	曹春明	2329	63	3	11761	17109
许庄社区	杨　刚	杨　刚	3240	64	50	38084	17365
曹官营社区	杨书红	杨书红	3180	118	18	91610	16010
乔杨社区	乔向民	乔向民	2948	263	46	50100	21160
孔桥社区	乔向民	朱海军	2116	63	52	16806	17522
赵王社区	戴茂松	赵兴华	3468	254	22	19557	16500
明河村	徐泽超	王荣俊	2058	121	17	13732	16543
管营村	王正乐	孙学军	1810	114	4	11609	17018
钱赵村	宗茂松	宗茂松	3903	260	11	16622	16490
蔡庄村	王纪明	王纪明	3043	202	8	20864	14360

【农业】 2013年,许庄街道完成流转土地309.67公顷,兴办小农场14个,新增高效设施农业面积155.33公顷,新增高效林业面积78.61公顷,森林覆盖率35.40%,乔杨社区创建成江苏省森林生态示范村。农业机械化水平不断提升,新增各类新型农机具78台,其中新增插秧机12台,推广机插秧面积228公顷。秸秆禁烧成效明显,秸秆全量还田综合利用率98%。推进农业产业化和农业招商引资工作,新建农业龙头规模项目5个,农业利用外资和港澳台资1200万美元,"三资"农业投入6277.50万元,上争优质稻米和农产品质量安全示范建设项目,争取财政支农项目资金340万元,花卉苗木基地、优质稻米生产基地通过市农委验收。

【工业】 2013年,许庄街道完成工业产值58.71亿元、销售58.11亿元、利润2.71亿元、税收1.75亿元,技改投入3.80亿元,有工业企业570个,其中规模以上工业企业24个。兴办500万元以上工业企业30个。形成机械制造、汽摩配件、服装加工、电子信息、装饰墙纸、医疗器材六大特色产业板块。

【城乡建设】 2013年，许庄街道开展市容环境专项整治活动12次，拆除过街横幅标语135条，拆除取缔路边站立式广告牌92个，拆除路边临时搭建棚54个，清除非法小广告近4000平方米。新建垃圾中转站1座，组建农村环境综合整治管护队14个，新建密闭式垃圾房120个，清除露天垃圾场20处。对刁泗路的占道经营和乱设广告牌现象进行专项整治和长效管理。查处新发生违法建设56起，拆除处理56起，面积1460平方米。220户6万平方米乔杨集中居住区开工，孔桥集中居住区一期260户开工在即。星火路北延段建成。服务好大桥北接线、231省道、银杏路、永盛路东延和田许路改造征地拆迁工作，累计征地22.94公顷，流转土地75.13公顷，实施动迁590余户、21.50万平方米。

【平安与法治建设】 2013年，许庄街道成功处置9起非正常死亡事件，调处各类社会矛盾91起，调处率100%，成功率98%以上。排查突出矛盾纠纷38件，其中，征地拆迁矛盾8件、劳资纠纷7件、环境污染6件、安全隐患13件、失地保障4件，成功处置37件。接待群众来访58起、95人次，结案55件；受理信件7件，处理7件。全年未发生到省赴京和到市集体访。开展“送法进社区、进企业、进校园”活动，接待法律咨询60余人次，提供法律援助8起，为企业化解各类涉法问题12起。

【安全生产规范化建设】 2013年，许庄街道成立安全生产委员会，14个村（社区）各明确1名安全生产信息员，把安全生产分成企业安全、危险化学品管理、化工企业安全、道路交通安全、建筑施工安全、人员密集场所安全、烟花爆竹安全等条线。街道与14个村（社区）、128个企业签订安全生产责任状，对重点行业、重点企业、重点部门发放安全生产告知书和承诺书，张贴宣传标语600余张，印发宣传资料800余册，进行安全生产专项检查4次，培训安全生产信息员、监督员300余人次。强化危化品生产使用、经营管理，对重点危险源实施重点监控管理，危化品实行双门双锁、专库储存，制定完善应急救援预案，进行救援演练，防止重大事故发生。

【社会事业】 2013年，许庄街道在各村（社区）设立民政工作站，发放重残无业人员生活补贴324人186万元，发放最低生活保障金426户206万元，发放“尊老金”100余万元，发放五保老人救助金65人36万元，发放优待金112人50万元，报销医药费20万元，发放孤儿救助金11人11万元，帮助5名退伍军人和8名困难家庭子女就业，对困难家庭实施救助19万元。实现创业带动就业2696人。净增企业职工养老保险680人、医疗保险566人、工伤保险679人、生育保险966人；新增失地保障人员2700余人，城乡居民医疗保险参保率97.60%；新农合参保及续费完成7520人。组织送电影下乡140场次、送戏5场。投资300万元高标准建成宣传文化中心。按照“作一番省身，唱一首歌曲，看一部短片，诵一段经典，讲一个故事，做一番点评，送一份吉祥”要求，投入近10万元在14个村（社区）建立“道德讲堂”，每月开讲1次。创建省、市卫生社区各1个。计划生育档案建档率100%，计划生育率99.90%。

【村（社区）“两委”换届】 2013年，许庄街道完成14个村（社区）“两委”换届选举工作。选举产生村（社区）党组织书记14人、副书记28人、委员56人，女性30人，大专以上文化程度41人，平均年龄44.30岁。选举产生村（居）民委员会主任14人、副主任3人、委员61人，其中，女性20人，大专以上文化程度60人，平均年龄45.20岁。“能人型”村（社区）干部83人。

【民营工业园建成】 2013年，许庄街道在集镇三星东路北侧、兴园路西侧征地5.20公顷，建设街道民营经济工业园。建成标准化厂房6幢，建筑总面积4.50万平方米。道路建设、供水、供电、污水管网、有线电视、通信等基础设施基本到位。全年引进资金7600万元，落户企业8个，涉及电子信息、机械设备、绳网吊具等产业，其中4个企业形成开票销售。

【孔桥街区启动建设】 孔桥街区规划总面积30万平方米，地处高港区腹部中心位置。4月，投入300万元对孔桥老街区416户店面营业房进行整体式装修出新，实行立面改造1.25万平方米。5月，明河社区74幢农民集中安置房实行统一设计、统一放样、统一施工，安置区内电力、供水、电缆、供气管线全部下埋。至年末，安置区一期工程接近尾声，集中安置房全部封顶。投入1000万元在原孔桥乡办公大楼前建成两幢文化中心大楼，建筑总面积3400平方米。

【乔杨社区建成省森林生态村】 乔杨社区累计投入160万元，致力打造村级生态园。在村庄主干道两侧栽植香樟、红花玉兰、广玉兰、白玉兰等名贵花木近2000株，对许庄河两岸、孔杨路两侧、沟渠两侧的意杨树进行专人管护，落实管护责任，近5000株直径20厘米以上的意杨树成为社区独特的生态风景和宝贵资源。有银杏树3000余株。垃圾做到集中堆放，定期清运，户厕改造率100%，秸秆全量还田率100%，无焚烧秸秆的现象，全部用上液化气。2013年，新增绿化5000平方米，建成3.60万平方米村庄生态园，社区森林覆盖率46.80%。10月，乔杨社区被省农委评为江苏省森林生态村。

【马厂社区建成省优秀社区校外教育辅导站】2013年，马厂社区校外教育辅导站借助区位优势，常年开展校外教育辅导，重点辅导留守儿童、孤残儿童、特困儿童。校外辅导活动以思想道德建设为主，开办未成年人思想品德、书法绘画、象棋、乒乓球等辅导班级，在全社区编织关心下一代健康成长的安全网。年内，马厂社区校外教育辅导站被江苏省关工委评为优秀社区校外教育辅导站。

【组建全市首批大学生村官培养工作室】5月，许庄街道依托乔杨社区社会主义新农村建设成果，放大乔杨社区"农民集中居住、土地集中耕种、环境集中整治"的特色效应，建立乔杨社区大学生村官培养工作室，为全市首批大学生村官培养工作室之一。街道党工委为工作室编印《乔杨社区工作方法制度汇编》《大学生村官基本的道德知识修养》等简易教材。全年举办各类培训室（班）4期，成为全区大学生村官培养教育基地。

【"阳光"系列行动】2013年，许庄街道关工委、工商联开展"金秋阳光"助学行动，共有14名企业家与14名贫困学生结对，为贫困学生捐赠学费2.80万元，并将资助其完成学业。街道工会筹集"阳光互助资金"14万元，共有895人缴纳"阳光互助资金"，有5人享受"阳光互助资金"医药费报销4万余元。（宗家林）

永安洲镇

【概况】2013年，永安洲镇面积55.90平方千米，总人口31013人，辖社区11个、居民小组218个，有居民8415户，拥有长江岸线24.20千米。全年实现地区生产总值64.11亿元，比上年增长30%；财政总收入5.75亿元，公共预算收入3.41亿元；全社会固定资产投资80.72亿元；工业总产值298.55亿元，列统工业总产值288.82亿元，分别增长26.90%、30.70%；高新技术产业产值76.64亿元；服务业增加值16.76亿元，服务业税收3.43亿元；农民人均纯收入19678元。年内，永安洲镇与扬中市三茅街道结为友好镇街。创成全市唯一省级农村公路管养及安保工程示范镇，连续六年跻身泰州市经济工作十强乡镇（街道），被评为泰州市防违控违先进集体，获2013年度区目标考评综合奖、开放型经济专项考核一等奖。

2013年永安洲镇主要经济社会指标一览表

表21

项目	数额	项目	数额
地区生产总值（万元）	641066	新增个体工商户（户）	378
第一产业增加值（万元）	14660	社区数（个）	11
第二产业增加值（万元）	458768	总户数（户）	8415
第三产业增加值（万元）	167638	总人口（人）	31013
财政总收入（万元）	57502	农民人均纯收入（元）	19678
固定资产投资完成额（万元）	807205	从业总人数（人）	17348
农业总产值（万元）	27027	年末常用耕地面积（公顷）	1147
粮食总产量（吨）	16014	工业园区面积（公顷）	1560
油料总产量（吨）	287	城镇建成区面积（公顷）	266
肉类总产量（吨）	4083	绿化覆盖率（%）	29.80
禽蛋产量（吨）	360	人均住房面积（平方米）	63
水产品产量（吨）	3933	人均年生活用电量（千瓦时）	701
农业从业人数（人）	1025	互联网上网用户（户）	5568
工业企业数（个）	206	学校数（个）	3
工业总产值（万元）	2944993	在校学生（人）	2381
工业企业年净利润（万元）	337618	教师总数（人）	196
工业企业年实缴税金（万元）	185982	医院、卫生院（所）	1
建筑业产值（万元）	526270	新型农村合作医疗保险参保（人）	20830
实际利用外资和港澳台资数（万美元）	6240	新型农村养老保险参保（人）	8650
第三产业从业人数（人）	7756	—	—

2013年永安洲镇各社区基本情况一览表

表22

名　称	党支部（总支、党委）书记	居委会主任	户籍人口（人）	耕地面积（公顷）	各类企业数（个）	经济总收入（万元）	农民人均纯收入（元）
福沙社区	王启东	蒋永生	2732	121	27	40686	21253
新街社区	孙祝平	朱纪良	2244	141	12	14282	19121
中心社区	周义松	王文明	2633	135	53	28160	19330
永兴社区	王　敏	秦长林	2154	126	42	38296	20716
兴洲社区	孙仕民	李兴兵	5374	15	23	20211	19169
永胜社区	于　智	孙红才	2625	93	6	21338	19926
上桥社区	黄厚林	宗冬生	3156	135	12	14426	19145
建安社区	王松成	—	2155	168	8	18430	18565
东江社区	陈道贵	陈庆明	2331	78	1	23522	20002
兴隆社区	韩九灯	周建军	2155	150	18	21698	18942
润洲社区	杨义琴（女）	陈　燕（女）	3454	—	1	—	—

说明:润洲社区为安置小区，不统计相关数据。

【农业】 2013年，永安洲镇实施农业“六化”（机械化、水利化、科技化、商品化、产业化、城镇化）工程，全年流转土地754.93公顷，成功创建省级农产品加工区，新增设施高效农业面积67.47公顷、小农场15个、农机具183台（套）、农业龙头企业2个、专业合作社4个。

【工业】 2013年，永安洲镇实现工业总产值298.55亿元，列统工业产值288.82亿元，规模工业增加值65.69亿元，工业开票销售收入140.37亿元，比上年分别增长26.90%、30%、22.34%和8.85%。粮油食品、装备制造、新材料新医药、现代物流四大支柱产业实现产值260亿元，增长15%，工业投资44.53亿元，增长28.05%。工业净入库税金2.31亿元，新增列统工业企业8个。

【城乡建设】 2013年，永安洲镇老街区功能不断完善，永新休闲广场、永新商业街全面建成，润洲花苑二区17幢小高层主体工程完工，兴洲花苑、润洲花苑全面供气，污水接管实现全覆盖，泰州中航船舶重工有限公司污水管网竣工。整治城中村1个、老旧小区1个、背街小巷3条、城市河道4条，拆除违规户外广告21处、320平方米。拆除违章建筑16起，总面积736.40平方米，顺利通过市、区防违控违考核验收，名列全市第一。福沙社区建成省级三星级康居乡村。村庄环境实现长效管护，10个涉农社区全面通过村庄环境整治考核验收。城市环境综合整治通过市级验收。加强道路管护，创成全市唯一的省级农村公路安保工程及管养示范镇。

【生态建设】 2013年，永安洲镇新增绿化面积117.33公顷，森林覆盖率29.50%。投入近300万元，新建苗圃基地60公顷，补植各类乔灌木4万株、行道树6000株。完成大桥湿地公园设计，建成大桥北接线绿色通道40公顷。全面推进江堤景观大道、海军文化主题公园、春江花月夜等生态片区建设。努力打造“洲”文化，利用河道、绿化带、隔离带将生活区与工业区有机分隔，建成口永路生态走廊、马船路绿色屏障、永新路“城市绿肺”等，形成水绕城走、曲径通幽、体现滨江特色的绿色生态居住区。

【民生事业】 2013年，永安洲镇累计向困难群众发放慰问金55万元。重新核查确定234户低保户，作为重点扶助对象。为全镇2947名老人办理意外伤害保险。永安洲镇社区卫生服务中心创成省级现代化社区医疗服务中心。全年新增就业1917人，培训劳动力585人，培训创业人员200人。城镇职工社会保险和城乡居民养老保险参保人数稳步增加，被征地农民保障达到即征即保，新农合实现应保尽保、全面覆盖。

【社区“两委”换届】 2013年，永安洲镇全面完成11个社区的“两委”换届选举工作。共选出社区党组织班子成员75人，其中，党总支书记10人、党委书记1人、纪委书记1

人、副书记31人、委员35人，建安社区党总支1名委员由驻社区民警担任；大专以上学历占42%，女性占31%。选举产生居委会主任11人、副主任10人、委员34人；新一届社区居委会成员党员比例为96%，大专以上文化程度占67%，女性占38%。

【政协永安洲镇工作委员会成立】 2月25日，政协永安洲镇工作委员会正式挂牌成立，成为高港区第一个挂牌的镇街。政协永安洲小组共有政协委员23人，其中，市政协委员2人、区政协委员21人。全年组织“政协委员工作日”活动6次、学习研讨座谈会2次、参观视察活动1次、赴外交流活动1次，搜集社情民意9件，向区政协提交提案18件，报送调研报告1篇。

【全市义务植树活动在永安洲镇举行】 3月6日，市领导张雷、杨峰、王建等带领干部群众代表200余人到泰州大桥北接线绿色通道永安洲段参加义务植树活动。共栽种高杆女贞等树苗500余株。

【永安救助基地训练馆封顶】 3月14日，泰州永安监管救助基地水上搜救志愿者综合技能训练馆成功封顶，标志着泰州市首个海事监管救助基地，也是长江沿线最先进的水上救助基地建设走上正轨。泰州永安监管救助基地位于泰州长江公路大桥公园内，总面积2.60万平方米，包括高港海事处、水上搜救志愿者综合技能训练馆、空巡飞行员公寓、空巡监督员公寓四大主体建筑。根据规划，在长江上进行空巡任务的直升机可停靠该基地，大大缩短整个长江泰州段水域的救援时间，最大限度地保障人民群众的生命和财产安全。

【首届“永安洲杯”诗词联赋大赛】 3~8月，永安洲镇政府与高港区诗词楹联协会联合举办以“魅力核心港区，璀璨江东明珠，锦绣永安家园”为主题的首届“永安洲杯”诗词联赋大赛。共征集作品1000余件，经初评、复评，最后由大赛组委会综合高港区诗词楹联协会理事民主选评、泰州市诗词协会专家组的审评意见，确定一等奖作品4件、二等奖作品9件、三等奖作品18件、佳作奖作品15件。9月2日，在永安洲镇政府举行颁奖仪式。12月，《放歌永安洲——首届“永安洲杯”诗词联赋大赛获奖作品选》出版。

【第二届职工运动会】 4月26日，永安洲镇举办庆“五一”第二届职工运动会。运动会设篮球、乒乓球、羽毛球、拔河、夹乒乓球接力赛5个项目，镇机关、社区、企事业单位的14支代表队共260余人参加。区领导程荣稳、韩亚等出席开幕式。

【爱心接力拯救白血病患儿】 5月17日，永安洲镇开展“大爱无疆——救助白血病患者患者沈婷同学募捐”活动，动员机关、社区、企业、学校等单位进行爱心捐助，活动当天募集善款164698元，累计募集善款183205元。沈婷不幸去世之后，其家人将结余的17007元资金转入镇红十字会专户，用以帮助其他困难群体。

【“梦圆永安洲”文艺汇演】 10月29日，“梦圆永安洲”文艺汇演在永安邻里中心广场举行。晚会共有歌曲、舞蹈、服装秀等16个节目，均由镇机关、社区、企业和学校自行排练表演。区领导程荣稳、韩亚、邵春宁、钱亚东与近1万名永安洲群众一起观看演出。11月8~10日，晚会录像在高港电视台播放。

【创成全市唯一省级农村公路管养及安保工程示范镇】 2013年，永安洲镇投入2000万元，改建道路2条1.50千米，新建红绿灯装置7处，维修破损路面7400平方米，路肩备土8000立方米，路面灌缝100千米，绿化栽植6000平方米，安装里程碑75块、百米桩750根、各类安全标志90处、高桥头防护3处、警示桩1400根，增设标示标牌150块，维修桥梁5座。共有镇辖公路75.68千米，其中，县道4条30.28千米，乡道7条26.89千米，村道15条18.51千米。年内，永安洲镇获江苏省乡村公路管养及安保工程示范镇称号。

【新永安洲中心幼儿园投入使用】 2013年，新永安洲中心幼儿园投入使用。该幼儿园按照省级示范性标准建设，总投资2000余万元，总建筑面积6250平方米，可容纳18个班级700余名学生。配套有独立幼儿活动室、寝室、用餐区、洗漱间和衣帽间，教室内全部安装55寸多媒体触摸一体机。室外活动场所面积2100平方米，地面铺设弹性和防滑性软性材料，提高幼儿室外活动的安全性。

【御庐园夏黑葡萄销售创佳绩】 2013年，泰州市御庐园现代农业科技有限公司创新销售模式，牵手电子商务平台美团网，将夏黑葡萄包制成每盒1.50千克的小包装，以每盒15元的价格直销给消费者，一天卖出1.50吨，15天售空100余吨，销量一度名列美团网产品全国前10名，打破葡萄种植丰产不丰收困局。

【推行“一居一医”服务模式】 2013年，永安洲镇社区卫生服务中心建立“一居一医”服务模式，安排业务熟练、具有执业资格的全科医生和护士（含公卫医生、乡村医生）共30人，分为6个支队，以社区为单位分片区包干，与每户签订家庭健康服务合同，并向居民发放健康服务联系卡，居民只要打个电话，家庭医生就会上门服务。根据检查记录，建立居民个人“健康小档案”，全程掌

【鑫马生态公园获批省AAAA级乡村旅游基地】 1月10日，鑫马生态公园对外开放。该生态公园依托白马镇的区位优势和资源优势，瞄准旅游市场需要，发展特色农业、观光农业。设有餐饮住宿、农副产品销售、跑马赛马、拓展训练、真人CS、棋牌休闲、果蔬采摘、戏水垂钓、会务接待等独具特色和极具参与性的项目。10月，鑫马生态园获批省AAAA乡村旅游基地。

（张宏山　王筛根　袁　伟）

大 泗 镇

【概况】 2013年，大泗镇面积36.70平方千米，总人口33316人，辖行政村12个、社区1个、村（居）民小组232个，有居民10368户。全年实现地区生产总值8.69亿元，比上年增长16.81%；完成社会固定资产投资2.09亿元，增长26.50%；实现工业企业一般纳税人开票销售6.71亿元，增长3.99%；实现公共财政预算收入2311万元，增长25.33%；实现工业企业净入库税收2800万元，增长7.65%；实现高新技术产业产值3.59亿元，增长19.78%；实现民营经济净增注册资本2.81亿元，完成年计划的112.40%，新增个体工商户261户，净增私营企业43个。年内，先后与常州市新桥镇、镇江市延陵镇结成友好镇街。被评为国家级生态镇和江苏省文明乡镇。

2013年大泗镇主要经济社会指标一览表

表25

项目	数额	项目	数额
地区生产总值（万元）	86910	村（社区）数（个）	13
第一产业增加值（万元）	16501	总户数（户）	10368
第二产业增加值（万元）	33709	总人口（人）	33316
第三产业增加值（万元）	36700	农民人均纯收入（元）	13220
财政总收入（万元）	6602	从业总人数（人）	17461
固定资产投资完成额（万元）	20918	年末常用耕地面积（公顷）	2025
农业总产值（万元）	24069	工业园区面积（公顷）	20
粮食总产量（吨）	21317	城镇建成区面积（公顷）	102
油料总产量（吨）	1541	人均住房面积（平方米）	45
肉类总产量（吨）	2293	人均年生活用电量（千瓦时）	321
禽蛋产量（吨）	1816	互联网用户（户）	2721
水产品产量（吨）	1382	学校数（个）	2
农业从业人数（人）	3293	在校学生（人）	1432
工业企业数（个）	124	教师总数（人）	126
列统企业数（个）	10	医院、卫生院（所）	1
建筑业产值（万元）	49190	城乡居民养老保险参保（人）	13571
建筑业从业人数（人）	17550	城乡居民医疗保险参保（人）	26517
新增个体工商户（户）	261	—	—

2013年大泗镇各村、社区基本情况一览表

表26

名称	党支部（总支、党委）书记	村（居）会主任	户籍人口（人）	耕地面积（公顷）	各类企业数（个）	农民人均纯收入（元）
大泗社区	钱爱军	陈宏茂	4027	229	49	14512
时庄村	刘根东	王道清	3127	245	7	13891

续表26

名称	党支部(总支、党委)书记	村(居)会主任	户籍人口(人)	耕地面积(公顷)	各类企业数(个)	农民人均纯收入(元)
马龙村	钱爱军	马　星(女)	1680	145	2	12631
康乐村	殷国海	吴登喜	1840	139	4	11908
霍堡村	栾中庆	栾中庆	2683	267	19	13922
大马村	李葛敏	于　涛	2462	235	5	13863
佴陈村	曹宏宝	曹宏宝	1900	175	6	13178
佴庄村	吴　昊	于　祥	2466	203	4	13911
二陈村	谢圣兵	张萃莲(女)	2555	212	7	13007
北港村	谢加宣	谢加宣	2510	202	4	11869
曹于村	李成焱	程宝平	2392	162	5	11989
前进村	任泽南	于留贯	1970	169	6	12918
杨营村	杨学军	陈小明	3704	282	6	13077

【农业】 2013年,大泗镇成功申报泰州市大泗生态种养产业园,该园区总面积462.67公顷,涉及佴庄、佴陈、前进、二陈、北港、曹于6个村,分养殖区、种植区、交易市场、屠宰加工区、饲料加工区和有机肥加工区六大功能区。全年园区完成总利润1200万元,养殖区域亩均效益1万元以上。全镇申报无公害农产品3个,注册农产品商标13个,认定市级龙头企业2个。注册社区股份合作社10个、家庭农场12个,创成水稻高产示范片1个。流转土地面积384.33公顷,新增高效设施农业216.53公顷。完成70座电灌站产权回收工作。农民人均纯收入13220元,比上年增长14.50%。秸秆综合利用率90%。

【重点项目建设】 2013年,总投资3亿美元的泰州宏进农副产品国际物流中心签约。江苏中药科技园二期主体建筑工程、姜曲海特种猪养殖场、污水管网、环园大道、神农湖等工程进展有序。投资4000万元的江苏宇马铝业有限公司氟碳喷涂项目顺利投产运行。江苏础润电力科技有限公司建成2700平方米标准厂房,设备安装到位并投产。通过实施"腾笼换鸟"、兼并出租等措施,积极盘活闲置土地和厂房,江苏京华澄电力科技有限公司投产。

【小城镇建设】 2013年,大泗镇集镇控制性详细规划和绿地系统专项规划分别经市、区政府批准实施。完成土地复垦及土地增减挂钩13.33公顷,报批土地计划15.20公顷。双马路、泗水路、西陈路相继建成。总投资近1亿元的泗白路南延工程开工。泗水人家农民集中居住区17栋74户连体别墅全部分房到户,大泗社区邻里中心及配套用房竣工并交付使用。完成泗水人家小区河道驳岸、东延及杨营中沟北延等主要河道水系规划调整工作。泰镇高速大泗集中安置区完成方案设计、岩土勘探、施工图设计及造价预算,年末进场施工。霍堡邻里中心完成初步方案设计,组织土地招拍挂程序。建立114人的专业管护队伍,完成57个自然村环境整治任务。总投资近2000万元的镇区污水管网及提升泵站建成使用,污水收集处理率60%以上。

【社会事业】 2013年,大泗镇投入500万元实现幼儿园"民转公",创成泰州市优质幼儿园。成功承办泰州市"梅兰春杯"象棋比赛、大江艺术团"文化港城行"等文体活动。推进大泗镇卫生院特色门诊建设,创新实施"先看病、后付费"医疗政策。杨营、康乐、二陈、佴陈4个村创成市级和谐社区(村)。全年创建市级小康达标村2个、市级小康示范村1个。全镇城乡居民养老保险累计参保人数13571人,城乡居民医疗保险累计参保人数26517人。落实城乡低保359户433人,发放生活保障金126.33万元。核查确定低保边缘户109户228人,发放补助金2.28万元。发放重残无业人员补助金332人188.93万元。发放优抚对象补助金336人102.36万元。发放孤儿补助金12人13.82万元。119户危房改造工作通过验收。做好流动人口管理、孕前优生检查等服务工作,独生子女父母奖励金发放率100%。加强出生婴儿性别比综合治理工作,成功退出重点管理乡镇行列。

【平安与法治建设】 2013年,大泗镇全面开展平安村（社区）、平安学校、平安医院、平安家庭、平安企业等创建活动，实现平安创建全覆盖。开展化解矛盾纠纷信访历史积案、“四项排查”（排查突出信访问题，排查有风险预警的项目，排查安全事故隐患，排查基层基础工作的薄弱环节）等活动，收集社情民意和影响社会稳定、治安稳定的各类情况，有效预防矛盾纠纷激化。维护重大节日、农村集会和特殊敏感时期的社会稳定，定期组织开展“军警民大联防”“红袖标义务巡防”活动。镇社会管理服务中心投入使用。

【安全生产】 2013年，大泗镇积极开展安全生产专项整治，排查各类安全隐患186项，整改达标率100%。对辖区内60个工业生产型企业开展全面分类分级、风险评估工作，排查各类隐患100条，整改达标率100%。完成安全生产规范化管理创建工作和20个工业型企业工商年检前置安全检查工作。完成小微型企业安全标准化创建11个次。组织辖区内企业及油漆、农药、烟花爆竹经营单位法人和安全管理人员200人次参加安全从业资格培训。完成41个烟花爆竹经营网点换发证工作。实现105个企业及经营网点隐患自报系统全覆盖。

【村（社区）“两委”换届】 2013年，大泗镇认真做好村（社区）“两委”换届工作，做到发扬民主、程序规范、纪律严明，注重从农村致富能手、外出务工经商返乡人员、复转军人、大学生村官和机关企事业单位人员中推选，一大批年纪轻、素质高、懂经营、会管理的优秀人才进入村（社区）“两委”班子。选举产生新一届村（社区）“两委”成员112人。村（社区）党组织平均年龄41.60岁；女性委员20人，占35.50%；大专以上文化程度36人，占50.70%。村（居）委会成员平均年龄43.76岁；女性委员22人，占32.35%；大专以上文化程度36人，占36.76%。

【关爱留守儿童】 2013年，大泗镇组织大学生村官对留守儿童开展暑期交通安全、防火安全、用电安全、游泳安全教育，发放告家长书、防溺水安全知识问答等安全教育宣传资料2000余份，接受咨询500余人次。做好留守儿童活动室建设，开放宣传文化中心，配备棋类、影视和图书阅览等活动室，安排妇联专职人员对活动室进行日常管理，为留守儿童服务。加强留守儿童心理辅导工作，教育改变不良习惯，鼓励引导做好力所能及的事，促使其健康成长。

【国家级生态镇创建验收】 2013年，大泗镇投入1500万元铺设污水管网7.80千米，修建污水提升泵站1座。投入200余万元完成13条中沟及4条干河的整治。投资90.60万元建设大泗垃圾中转站，垃圾无害化处理率95.30%。完成农户改厕7336户，卫生户厕普及率95.70%。组建134人的清扫保洁及清运队伍，全年环卫费用投入50余万元。持续实施美化绿化工程，主要道路绿化普及率95.59%。利用广播、电视、电影等宣传渠道，组织观看环保专题影片、电视专题讲座、领导专题讲话，印发3.30万份关于开展生态创建的告全镇人民书，布置生态创建宣传橱窗30余期，悬挂创建横幅200余条，书写标语160余处。落实财政补贴机制、环境卫生管理制度和监督机制。年内，大泗镇通过国家级生态镇创建验收，杨营村、时庄村、康乐村创建成市级生态村。

【省级文明乡镇创建】 2013年，大泗镇组织开展“道德讲堂”10期。组织开展“我推荐我评议身边好人”活动。开展未成年人思想道德建设主题教育活动及关心关爱留守儿童、孤残儿童活动。整治学校周边环境，搭建学校少年宫，每年安排10万~20万元活动经费。成立镇级志愿者服务队伍。组织开展“无偿献血”“植一棵树，还我一片蓝天”“献爱心助孤寡”“圆融助学基金”“学雷锋、做好事”及“大泗好人”评选活动。投入256万元改进敬老院基础设施。投入1000余万元开展绿化造林。建成镇垃圾中转站并投入使用，垃圾箱布点、农户改厕、常态化保洁队伍实现全覆盖。10月，大泗镇被江苏省精神文明建设指导委员会评为2010~2012年度江苏省文明乡镇。

【成立全市首个个人独资家庭农场】 3月14日，泰州市首个个人独资企业性质的家庭农场康乐光普农场在大泗镇成立。该农场注册资本200万元，规划将种植稻米、谷物与养殖家禽水产相结合，以生态一体化种养为特色，形成种养结合的立体式循环种养模式，探索将家庭农场发展成为集生态农业、养殖业、旅游业、餐饮业为一体的“农家乐”。解决农业经营规模小、效益低的问题，提高农业产业化经营水平，促进农业增效和农民增收。

【“泗水天香”牛肉获“泰州老字号”称号】 6月22日，泰州市商务局授予大泗镇“泗水天香”牛肉“泰州老字号”称号。“泗水天香”牛肉起源于大泗镇霍堡村，民国年间以纪绍思、纪春本父子为代表的霍堡人，在本地及镇江、丹徒、邗江开设牛市，杀牛卖肉，传承至今已五代。

【江苏省第三届农民读书节】 8月20日，省新闻出版局、江苏美术出版社、江苏苏中印务有限公司等单位在大泗镇杨营村举办江苏省第三届农民读书节暨高港区“农家书屋·暑期乐园”现场活动。江苏美术出版社向3名贫困儿童和21名参加“暑期乐园”的儿童赠送课外读物和学习用品，向杨营村和前进村“农家书屋”分别赠送价值1.50万元的图书。江苏苏中印务有限公司向杨营村和前进村“农家书屋”分别赠送1台空调。 （许 伟）

胡 庄 镇

【概况】2013年，胡庄镇面积45.30平方千米，总人口40241人，辖行政村13个、社区2个，村（居）民小组305个，有居民13186户。全年实现地区生产总值10.63亿元，比上年增长19.90%；财政总收入4317万元，公共财政预算收入1668万元，分别增长31.40%和32.90%；工业总产值17.20亿元，增长5.60%。净增私营企业31个，净增个体工商户316户，民营经济净增注册资本2.52亿元。实现高新技术产业产值2.34亿元，新增省民营科技型企业3个，完成发明专利申请21件、实用新型和外观设计专利申请97件。农民人均纯收入14753元。年内，胡庄镇被评为江苏省生态镇、江苏省文明乡镇、泰州市高效农业十佳乡镇，获区农业农村工作专项考核一等奖。

2013年胡庄镇主要经济社会指标一览表

表27

项目	数额	项目	数额
地区生产总值（万元）	106300	第三产业从业人数（人）	8141
第一产业增加值（万元）	22700	新增个体工商户（户）	316
第二产业增加值（万元）	29500	引进项目数（个）	4
第三产业增加值（万元）	54100	村（社区）数（个）	15
财政总收入（万元）	4317	总户数（户）	13186
固定资产投资完成额（万元）	14300	总人口（人）	40241
农业总产值（万元）	36192	农民人均纯收入（元）	14753
粮食总产量（吨）	4876	从业总人数（人）	23649
油料总产量（吨）	447	年末常用耕地面积（公顷）	45675
肉类总产量（吨）	3674	工业园区面积（公顷）	42
禽蛋产量（吨）	862	城镇建成区面积（公顷）	269
水产品产量（吨）	969	绿化覆盖率（%）	38
农业从业人数（人）	3681	人均住房面积（平方米）	46
工业企业数（个）	80	人均年生活用电量（千瓦时）	543
列统企业数（个）	3	互联网上网用户（户）	5802
工业企业年净利润（万元）	9157	学校数（个）	4
工业企业年实缴税金（万元）	4883	在校学生（人）	2394
建筑业产值（万元）	47397	教师总数（人）	206
建筑业从业人数（人）	1275	医院、卫生所（所）	2
实际利用外资和港澳台资数（万美元）	201	参加社保人员（人）	8567

2013年胡庄镇各村、社区基本情况一览表

表28

名称	党支部（总支、党委）书记	村（居）会主任	户籍人口（人）	耕地面积（公顷）	各类企业数（个）	经济总收入（万元）	农民人均纯收入（元）
胡庄社区	程春生	田 龙	3888	233	149	4974	14385
汪群社区	毛 宁	毛 宁	3369	229	32	5064	14999
赵市村	徐伯成	叶文虎	2875	219	13	4576	14786

续表28

名称	党支部(总支、党委)书记	村(居)会主任	户籍人口(人)	耕地面积(公顷)	各类企业数(个)	经济总收入(万元)	农民人均纯收入(元)
薛垛村	张晓兰(女)	张晓兰(女)	1806	155	17	2582	14650
戴陈村	谢桥华	季宝宏	3077	223	11	4514	14650
刘荡村	刘宝香	刘新宏	2746	219	6	4015	14790
单王村	王桂山	杨梅生	3481	275	17	5488	14666
刘元村	王泰生	王泰生	2041	141	6	2519	14775
史庄村	史建伟	史奎生	2531	167	10	3588	14420
庵桥村	张正荣	栾春勇	2342	162	4	2892	14705
周马村	李声岳	蔡桂泉	3291	202	22	4113	14316
宗林村	刘伯阳	曹月华	3795	291	26	5699	14419
丁庄村	张　杰	孔维亮	3303	210	11	4779	13999
田野村	徐龙华	刘纪云(女)	2185	146	5	3068	14703
陈隆村	顾国林	陶　荣	2133	175	4	3295	14623

【农业】 2013年,胡庄镇投资3020万元完成农业综合开发产业园无公害蔬菜基地设施建设。该项目总规划面积122.27公顷,建设连栋蔬菜钢架大棚117.33公顷、连栋高架蔬菜大棚4公顷、田间喷滴灌40公顷、农产品冷藏中心1座、农产品交易批发市场1个、农业科技培训中心1座,新建水泥道路2.52千米、桥梁1座。全镇新增土地流转面积866.67公顷,组建小农场34个。农业适度规模经营面积60%以上,新购新型农机具40余台(套),机插秧面积超667公顷。农机合作社总数11个,入社社员108人,服务农户7300户,拥有各类农机具202台(套),其中,大中型拖拉机31台、联合收割机29台、插秧机53台、反转灭茬机27台、育苗机械1台、激光平田机1台。注册植保社会化服务专业合作社5个,拥有大中型植保机械49台套,统防统治面积347公顷。完成电灌站回购工作,稳妥推进"旱改水",完成土地增减挂钩2公顷,占补平衡10.20公顷。

【工业】 2013年,胡庄镇列统企业完成开票销售1.94亿元,比上年增长27.60%。江苏乐彩印刷材料有限公司实现产值1.10亿元、开票销售8773.64万元;泰州市宇航航空器材有限公司实现产值3500万元、开票销售2925.89万元、税收140.49万元;泰州市茂尧聚氨酯塑料制品厂实现产值7000万元、开票销售5974.18万元、税收137.55万元;泰州天弘电子科技有限公司实现产值2200万元、开票销售2028.92万元、税收39.51万元,跻身列统企业行列。开展在建项目协调服务,围绕乐太食品项目早竣工、早投产,做好基建、招工问题协调;围绕发动机配件项目早签约、早落户,做好征地进保、立项矛盾处理;围绕原民航器材厂、食品站、塑料厂等闲置资产早盘活、早开工,做好老问题钝化、新矛盾化解。整合医疗器材行业资源,游说在外能人回乡创业,医疗器材开票销售突破5亿元,入库税收1750万元。泰州市中兴医械科技有限公司三类植入耗材钢板螺钉获国家食品药品监管总局注册许可。

【镇村建设】 2013年,胡庄镇修编完善总体规划,经泰州市政府批准实施。胡庄镇控制性详细规划通过专家评审。加大基础设施投入,完成和丰桥、陈隆桥和创业东路、薛陈路、刘荡路建设,新建道路的亮化、美化工程配套到位。农贸市场投入使用。启动集中居住区建设,开展前期土地征用及设计方案的讨论。污水处理厂及配套管网设施建设到位。融商务、休闲、餐饮于一体的中兴和豪宇项目主体工程完工,富力臣商务酒店和圆融·杏港花苑房地产项目启动建设。全镇15个行政村、社区建立139人的保洁队伍,配备127辆垃圾运送车,新建1151个垃圾箱,安装路灯984个,清淤河道、整治河坡77条,落实长效管护机制。

【社会保障】 2013年,胡庄镇动员社会各界参与21名因病致困群众、8户因灾致贫家庭的救助,援助资金30余万元。继续做好危房改造工作,发放危房改造资金46.18万元,涉及农户51户。推进扶贫攻坚工作,市新一轮帮扶老区工作有序开展。推动城乡居民养老保险续缴扩面,积极推进被征地农民进保障,"即征即保、应保尽保"政策得到落实，首批被征地农民社保金按月足额发放。

【文体事业】 2013年，胡庄镇投入10余万元对宣传文化中心进行刷新维修。新建占地500平方米的灯光健身广场，汪群社区新增健身点2个、增添健身路径5套。依托文体协会和社会能人，投入3万元扶持喜洋洋农民艺术团。举办送戏下乡文艺演出18场，观众2万人次。举办胡庄镇“高伟杯”首届草莓节暨第二届乡村歌手大赛、第二届农民趣味运动会。组建夕阳红太极拳队伍，参加高港区“全民健身日”健身成果展示活动和高港区第二届太极拳比赛活动，获优秀表演奖。

【平安与法治建设】 2013年，胡庄镇投资260万元建成集综治、公安、司法、信访、劳保、计生、民政、村建等为一体的镇社会管理服务中心。镇区、村（社区）、企业投入技防、人防、物防资金300余万元，建成覆盖全镇的社会面监控网络。开展镇、村（社区）两级巡防，派出所专职民警12人、辅警32人，各村（社区）都配备专职保安人员，建立治安中心户长队伍587人。开展“四项排查”活动，信访工作运行机制不断完善，领导包案、协调会办、督查回访、责任追究等制度全面落实。开展“六五”普法进村入户活动。推进基层民主法治建设，戴陈村被评为省级民主法治示范村（社区），单王村、丁庄村和汪群社区被评为市级民主法治示范村（社区），累计有省级民主法治示范村（社区）7个、市级民主法治示范村（社区）6个。8个村（社区）被评为全区五星级社会治安安全村（社区）。镇综治办被市委政法委评为社会管理综合治理工作先进集体，司法所被市司法局评为五星级司法所。

【省级文明乡镇创建】 胡庄镇成立创建文明乡镇工作领导小组，承办区“道德讲堂”现场推进会，开展新人新事、“三好”青少年、优秀共产党员等评比活动。开展未成年人思想道德建设主题教育活动，镇“七彩少年宫”开展共建“希望来吧”“七彩课堂”和留守儿童文艺汇演等活动。建立由机关干部、企业职工等参与的志愿者服务站，15个村（社区）均建有志愿者服务队伍。建有3个志愿林、3个生育关怀基地，安排252名计生困难老人就业。建有建筑面积3600平方米的宣传文化中心，建成文化宣传专栏20余个、灯光篮球广场1个、“农家书屋”15个、村居健身点9个。镇文化站建成省百佳优秀文化站，镇敬老院建成省示范性养老机构、省文明敬老院，镇宣传文化中心建成省级社区体育健身俱乐部。2013年10月，胡庄镇被江苏省精神文明建设指导委员会评为2010~2012年度江苏省文明乡镇。

【省级生态镇创建】 2013年，胡庄镇认真贯彻落实国家环保基本国策，积极开展省级生态乡镇创建活动，推进环境规划和环保设施建设，强化环境监管和环保宣传，群众环保意识显著增强，镇村面貌大为改观，顺利创建成省级生态镇。全镇常年对外开放绿化面积2.10万平方米，路道绿化带1.94万平方米，花卉园林绿地2.01万平方米，人均占公共绿地12.23平方米。投资600万元兴建日处理污水能力2000吨综合污水处理厂，规划污水管网8千米，分两期建设，其中，一期工程日处理1000吨，铺设污水管网3.50千米，年末竣工并投入运行。

【首届草莓节暨第二届乡村歌手大赛】 4月3日，胡庄镇举办主题为“春到胡庄草莓香”的“高伟杯”首届草莓节暨第二届乡村歌手大赛。活动由胡庄镇政府主办，高港现代农业产业园、江苏荣天化工集团有限公司、泰州市高伟草莓专业合作社承办，镇宣传文化中心、镇文体协会、周马村委会、胡庄喜洋洋艺术团协办。共有20余名选手参赛。经过初赛、决赛，评出一等奖2名、二等奖4名、三等奖6名。前10名选手获2013年度胡庄镇第二届乡村歌手大赛十佳青年歌手称号。

【第二届农民趣味运动会】 10月19日，胡庄镇举办第二届农民趣味运动会。此次运动会由胡庄镇党委、镇政府主办，镇文体协会和戴陈村承办，江苏大邦清洗有限公司赞助。全镇8个村（社区）、3个单位共11支代表队的92名农民运动员，参加拔河、挑粮、兔子蹦蹦跳、扛粮接力4个项目的比赛，产生一、二、三等奖共32名。

【全区首个企社共建农机合作社】 10月，胡庄镇与常发集团合作组建高港区首个企社共建农机合作社——泰州市高港区永发农机专业合作社，一次性购进收割机、大中型拖拉机、激光平田机31台（套），提高全镇小农场农机作业水平。

（吴金灯　史杏香　田珍丽）

人物·荣誉栏

新闻人物

·全国人大代表·

徐镜人

男，1944年9月出生，中共党员，研究员级高级经济师，扬子江药业集团董事长、党委书记兼总经理，第十届、十一届、十二届全国人大代表。20世纪70年代初，徐镜人从部队转业回到地方后带头创办企业。在没有依靠国家投资的情况下，自力更生，艰苦创业，使企业逐步发展壮大。1996年起，扬子江药业集团综合经济效益连续十余年排名江苏医药企业首位，跻身全国医药行业前五强、中国企业500强和全国纳税500强行列。徐镜人先后获得全国劳动模范、全国工商联抗震救灾先进个人、全国优秀复员退伍军人、江苏省优秀共产党员、江苏省优秀企业家和苏商社会责任大奖等称号。

·中国好人·

江国辉

男，1944年出生，中共党员，泰州市东方离合器有限公司董事长兼总经理。靠科学管理和自己的人格力量，带领全公司职工开拓进取，使一个原本默默无闻的小厂闯进国际大市场。始终坚决执行党和政府的方针政策，锐意改革、勇于创新、与时俱进、开拓市场、技术创新，为企业发展作贡献。多年来，江国辉热心公益事业，累计投入资金500余万元。

·江苏好人·

王金胜

男，1967年出生，泰州市第三人民医院（原高港人民医院）大外科原主任。1998年，王金胜带头组建脑外科，至2001年，高港人民医院已拥有专门的脑外科医疗团队，能治疗各种类型的颅脑外伤，包括急性硬膜外血肿手术、脑疝手术、脑出血开颅手术、颅脑多发伤手术等。2010年4月，王金胜被查患有肝癌，手术后仍然坚持回到工作岗位。2013年5月9日，王金胜逝世。

杨德富

男，1964年出生，中共党员，江苏宇马铝业有限公司董事长。创业17年来，他实现人生和事业的一次次飞跃，每每遇到十字路口，他总能洞悉玄机、把握先机，朝着正确的道路迈进。杨德富将自己的创业成功经验，总结为“三谋而胜”：谋“变”——不断尝试，敢为人先；谋“精”——更新理念，精益求精；谋“新”——重金揽才，广谋新路。至2013年末，公司发展成拥有360名员工的区重点企业，年销售额突破2.70亿元，利税900余万元，实现经济和社会效益的双丰收。

刘选春

刘选春，1975年出生，陕西安康人。2008年，刘选春到高港区打工。2013年5月，刘选春被查出肿瘤晚期，住院后，广大爱心人士为刘选春捐款3万余元，邻居和工友轮流来照顾她。8月27日，刘选春在高港人民医院逝世，尊重她生前遗愿，来自南京的医疗专家对她实施眼角膜摘除手术。由此，她成为高港区捐献眼角膜第一人。

·最美泰州人·

徐勤生

男，1953年出生，中共党员。

2011年9月，距退休不足半年的泰州市广播电视台副调研员徐勤生受市委组织部委派，到口岸街道徐庄村挂职3年，任村党总支书记。到任以来，用他的实际行动践行着一名党员干部庄严的承诺。他用双脚走遍村子的田间地头，用真心和所有村民交上朋友，以实干赢得群众的信任与夸赞。他凭借苦干、实干，带领村“两委”一班人将一个贫困村、落后村，建设成安居乐业、整洁美丽的江苏省三星级康居乡村。

党代表、人大代表、政协委员名录

·党代表名录·

高港区出席中共江苏省第十二次代表大会代表名录

（按姓氏笔画排名）

王建、乔向民

高港区出席中共泰州市第四次代表大会代表名录

（按姓氏笔画排名）

万晓玲（女）、王建、王群、王国平、王俊泽、叶红（女）、乔向民、刘刚、刘荣富、吴斌、张兆洋、张华女（女）、杨海峰、肖志勇、陆俊、陈军、陈克勤、周裕昌、居山林、封六生、封留才、封新华、查学斌（女）、胡万源、胡冬生、唐小英（女）、徐绍文、戚俊宏（女）、蒋向荣、虞敏（女）、蔡秋云（女）

中共高港区第四次代表大会第一次年会代表名录

（按姓氏笔画排名）

丁兆宏、丁春枝、丁新成、刁德林、万晓玲（女）、万福龙、于义祥、于跃进、凡卫东、马翔、马才本、马步忠、卞珍凤（女）、卞晓江、孔永红（女）、尤俊明、尹晓平、毛宁、毛一鸣、毛照明、王庆、王建、王飞平、王阿明、王国平、王明龙、王金云、王俊泽、王海峰、王瑞华、王镇静、包亚、包志明、包继春、卢国平、史亚军、叶涛、叶建峰、左祥生、田光明、田宝武、石泰、乔峰、乔向民、乔国平、仲新光、任寿南、刘治、刘长军、刘伯阳、刘荣富、刘振东、刘富庭、匡裕民、华为民、吉俊、吉鹏军、孙跃、孙冬林、孙永忠、孙宏许、孙建新、孙剑平、成旭、朱月红（女）、江国辉、江淑平、汤德荣、祁亚峰、纪网兰（女）、许钧、冷洪、吴媇、吴斌、吴加友、吴玉春、吴荣成、吴朝勤、张琴（女）、张万卿、张小平、张长华、张兆洋、张华女（女）、张竹山、张宏生、张桂林、张海峰、张霁明、时彬、李平（女）、李亚、李伟、李泽、李友荣、李文贵、李风华、李正堂、李达华、李伯英（女）、李声岳、李国璋、李俊仁、李帮明、李相文、李继新、李葛敏、杨勇、杨春宣、杨桂喜、杨海峰、沈卫娟（女）、沈光西、肖志勇、邱卜雨、邱小平、邵剑峰、邵荣华、邵釜明、陆河、陆俊、陆成林、陆明航、陈军、陈龙根、陈志斌、陈宝进、陈建国、陈荣亚、陈荣成、陈振东、陈鸿斌、陈富来、陈道贵、陈新兵、陈献华、周昌军、周法鸣、周树发、周裕昌、周鑫科、居山林、金星、侯玉生、封卫东、封六生、封留才、胡万源、胡欣荣（女）、荣春兰（女）、赵达民、赵志胜、赵剑三、唐书萍（女）、唐吉武、唐纪祥、唐明刚、唐秧林、徐小圣、徐亚明、徐江飞、徐绍文、徐思达、徐勤生、栾中庆、秦荣生、袁斌、袁荣堂、郭建东、陶恒杰、陶春山、顾为进、高伟、高丽生、高寿祥、高志勇、高林海、崔寅生、戚永生、戚俊宏（女）、曹云（女）、曹小平（女）、曹兴洪、曹建芳（女）、曹明日、曹春明、梅跃、程永进、程荣稳、葛武、葛玉书、蒋为、蒋加华、蒋向荣、谢卫东、谢桥华、韩亚、韩记国、阙进、雷兵、蔡秋云（女）、薛余俊、薛荣美、戴永平、戴永建、戴龙锦、戴建斌、戴济林、戴珍福（女）、戴海霞（女）、戴德恒、戴霞美（女）、魏玉云

·人大代表名录·

高港区出席十二届全国人大一次会议代表名录

徐镜人

高港区出席江苏省十二届人大一次会议代表名录

（按姓氏笔画排名）

杨屹峰、周裕昌

高港区出席泰州市四届人大二次会议代表名录

（按姓氏笔画排名）

丁新成、王建、王群、王红英（女）、王镇静、叶红（女）、石杰、乔向民、余雨俊、张杰、张娟（女）、张蓉（女）、李达华、李伯英（女）、杨屹峰、邵剑峰、陆新、陈文兰（女）、陈建国、周江丽（女）、周裕昌、查学斌（女）、胡欣荣（女）、倪斌、徐建青、郭余庆、韩记国、薛余俊、鞠建中、魏国俭

高港区四届人大二次会议代表名录

（按姓氏笔画排名）

丁春枝、丁新成、卜秀琴（女）、万福龙、于永祥、于留贯、于智、马才本、孔文四、尤俊明、毛继生、王龙发、王庆、王红英（女）、王启东、王甫智、王国平、王建、王金云、王俊峰、王泰生、王海峰、王镇静、包继春、史建伟、史俊、叶文虎、叶月琴（女）、叶忠民、田红梅（女）、石晶萍（女）、乔向民、任寿南、刘小如、刘纪云（女）、刘俊、刘振东、刘晓春、刘海霞（女）、刘瑞华、刘鹏、匡裕民、吉云、吉俊、吕春红（女）、华为民、孙云生、孙永忠、孙宝泉、孙建华（女）、孙德锁、朱冬林、朱庆荣、朱金荣、朱桂珍（女）、江国辉、许长坤、许建强、吴金灯、吴继山、吴斌、吴朝勤、宋晓平（女）、张小冬（女）、张平、张兆洋、张宏山、张宏生、张连兰（女）、张娟

(女)、张晓兰(女)、张桂林、张素玉(女)、张联生、张勤(女)、张锦萍(女)、李凤华、李平(女)、李伟平、李兴华、李年娣(女)、李达华、李伯英(女)、李秀年、李金兰(女)、李金寿、李曼(女)、李菊萍(女)、李锦宝、杨春宣、杨德富、沈同章、沈金凤(女)、沈培林、沈菊平、肖志勇、邱翠琴(女)、邵剑峰、陆军、陈叶林、陈军、陈华琴(女)、陈志斌、陈尧、陈荣成、陈根柏、陈献华、单银珠(女)、周义松、周江丽(女)、周树发、周菊平(女)、周裕昌、周鑫科、孟伯兰(女)、季宝宏、金星、侯玉生、姚永杰、姚宏明、封留才、封新华、胡欣荣(女)、唐明刚、唐维刚、夏永清、奚美芳(女)、徐亚萍(女)、徐志辉、徐念久、徐绍文、徐春兰(女)、徐琴(女)、徐勤生、徐镜人、栾如军、栾庆兵、栾进、殷国海、殷德明、耿金芳(女)、袁斌、袁荣堂、郭宏鹤、陶春山、顾妲(女)、高国达、高瑞斌、戚庆朋、戚俊宏(女)、曹月华(女)、曹建芳(女)、曹春明、程春生、程荣稳、程桂兰(女)、葛士平、葛玉书、蒋向荣、谢加宣、谢圣兵、谢春华(女)、韩九灯、韩记国、韩亚、韩绍庆、窦新谋、虞继罗、蔡年生、蔡国平、蔡晶(女)、蔡琴(女)、樊伟、戴凤鸣、戴兴国

·政协委员名录·

高港区出席泰州市政协四届二次会议委员名录

(按姓氏笔画排名)

任寿南、刘荣富、吴红艳(女)、张保华、李强、杜环宇(女)、杨宏强、邵春宁(女)、邹贤平、陈龙、陈栋、周正青、周法鸣、姚家跃、胥利民、曹斌(女)、梅娟(女)、焦开慧(女)、董伟柱、褚平忠

高港区政协四届二次会议委员名录

(按姓氏笔画排名)

丁觉民、于建江、马翔、马步忠、马建国、尹晓平、毛庆武、毛红星、王玥、王卿(女)、王蓉(女)、王东兴、王明龙、王洪善、王荣芳(女)、包继林、卢国平、史爱梅(女)、叶留纪(女)、左祥生、田建国、石敏(女)、仲新光、任寿南、刘华礼、刘志军、刘勇涛、刘富庭、匡裕民、印江、吉长平、孙阳(女)、孙跃、孙乃清、孙小平、孙冬林、孙志勇、孙建新、孙雅琴(女)、朱平、朱长顺、朱建军、汤德荣、许世忠、许如喜、吴’、宋杰(女)、宋仁学、张明、张敏(女)、张琴(女)、张静(女)、张小山、张月霞(女)、张长荣、张巧华(女)、张建国、张明生、张金虎、张显伟、张海峰、张海霞(女)、张霁明、李京、李俊、李强、李雯(女)、李蓉(女)、李乃和、李友荣、李付林、李兰香(女)、李俊仁、李家生、李新美(女)、李鹏举、杨华(女)、杨钧、杨谢、杨国平、汪晶(女)、沈建、邱卜雨、邱小平、邹贤平、陆玲玉(女)、陆惠章、陈栋、陈文兵、陈礼晟、陈学东、陈宝进、陈杰汉、陈荣亚、陈富来、陈新兵、周娟(女)、周法鸣、周章红(女)、周越星(女)、宗家林、居山林、郑璐(女)、姚洁、姚莉(女)、姚立中、封茜(女)、施瑾瑜(女)、胡建、赵燕来(女)、凌照明、唐秧林、徐亚明、徐亚峰、徐思达、徐美华(女)、徐桂明、殷继东、秦荣生、袁彩(女)、袁国湘、都兴宇、钱玉明、钱亚东、顾为进、高巧珠(女)、高进云(女)、崔正彬、常小红(女)、常建斌、戚兆庆、戚鸭章、戚银凤(女)、曹明德、曹逸群、梅娟(女)、梅跃、程林森、葛武、蒋为、蒋小平、褚平忠、詹绛(女)、雷兵、蔡晶(女)、蔡国祥、樊凯、樊庆勇、冀小燕(女)、薛兰红(女)、薛兴建、薛松林、薛雨生、薛荣明、戴建斌、戴永建、戴永星、瞿香龙

荣誉栏

·先进集体·

2013年高港区获国家级(含条线)表彰的先进集体一览表

表29

荣　　誉	获奖单位	授予时间	授予单位
全国科技进步考核先进区	高港区	2013-12	科技部
全国维护妇女儿童权益先进集体	地税五分局	2013-03	全国妇联
先进基层党组织	国电泰州发电有限公司	2013-06	中国国电集团公司党组
全国科普示范社区	许庄街道马厂社区	2013-07	中国科协、财政部

续表29

荣　誉	获奖单位	授予时间	授予单位
全国模范职工之家	泰州港务集团有限公司	2013-08	中华全国总工会
中国统一战线宣传先进单位	区委统战部	2013-08	中央统战部宣传办、中国统一战线杂志社
2009~2012年度全国群众体育先进单位	区文体旅游局	2013-09	国家体育总局
全国民政宣传工作先进单位	区民政局	2013-09	中国社会报社
国家技术创新示范企业	扬子江药业集团	2013-11	工业和信息化部、财政部
中国美丽电厂	国电泰州发电有限公司	2013-12	《中国能源报》、中国能源经济研究院

2013年高港区获省级(含条线)表彰的先进集体一览表

表30

荣　誉	获奖单位	授予时间	授予单位
江苏省国土资源节约集约模范县(市)	高港区	2013-03	省国土厅
全省信访工作绩效考核优秀区	高港区	2013-04	省信访工作领导小组
江苏省平安县(市、区)	高港区	2013-05	省委政法委
江苏省社会管理综合治理工作先进集体	高港区	2013-05	省委政法委
江苏省村级“四有一责”建设先进县(市、区)	高港区	2013-07	省委组织部、省委农工办等
江苏省创新型试点区	高港区	2013-12	省科技厅
全省和谐社区建设示范县(市、区)	高港区	2013-12	省民政厅
全省城市管理行政执法工作先进集体	区城管分局	2013-01	省全面推进依法行政工作领导小组办公室、省政府法制办
江苏省知识产权工作先进集体	区知识产权局	2013-01	省科技厅、省知识产权局
江苏省防震减灾工作优秀单位	区地震局	2013-01	省地震局
信息工作先进单位	区委办	2013-01	省委办公厅
江苏省社会主义新农村建设先进村	永安洲镇福沙社区	2013-01	省委农工办
2011~2012年度全省价格举报工作先进集体	区物价局(价格举报中心)	2013-01	省物价局
江苏省质量技术监督系统依法行政示范点	区质监分局	2013-01	省质监局
江苏省质量技术监督系统先进单位	区质监分局	2013-02	省质监局
价格工作先进单位	区物价局	2013-02	省物价局
全省住房城乡建设系统和谐劳动关系模范企业	泰州市嘉木园林绿化有限公司	2013-03	省建设工会工作委员会

续表30

荣　誉	获奖单位	授予时间	授予单位
全省住房城乡建设系统工人先锋号	区住建局行政服务科	2013-03	省建设工会工作委员会
全省村庄环境整治工作先进集体	区村庄环境整治推进工作领导小组办公室	2013-03	省村庄环境整治推进工作领导小组
院省合作先进单位	区科技局	2013-03	省科技厅、中国科学院南京分院
江苏省模范职工小家	国电泰州发电有限公司第一分工会	2013-03	省总工会
公务员职业道德模范集体	永安洲派出所	2013-03	省委组织部、省人社厅、省公务员局
江苏高校团干部到县级团委挂职工作先进集体	团区委	2013-03	省教育工委、团省委
江苏省“安康杯”竞赛优胜单位	江苏海企化工仓储股份有限公司	2013-03	省总工会、安监局
江苏省模范职工之家	泰州中航船舶重工有限公司工会委员会	2013-03	省总工会
江苏省模范职工之家	泰州市创新电子有限公司工会委员会	2013-03	省总工会
江苏省模范职工小家	泰州市东方离合器有限公司金工车间工会小组	2013-03	省总工会
江苏省模范职工小家	华润雪花啤酒（泰州）有限公司包装车间工会小组	2013-03	省总工会
江苏省交通运输行业“安康杯”竞赛优秀组织单位	泰州港务集团有限公司	2013-04	省交通厅
江苏省工人先锋号	泰州中航船舶重工有限公司联合车间切割班	2013-04	省总工会
江苏省工人先锋号	江苏扬子江药业集团凯威药用包装有限公司	2013-04	省总工会
江苏省工会工作模范开发区（园区）	高港高新区总工会	2013-04	省总工会
江苏省青少年科技创新大赛优秀组织单位	区科协	2013-05	省科协
江苏省五四红旗团委	国电泰州发电有限公司	2013-05	团省委
全省公安机关执法规范化建设成绩突出集体	创业园派出所	2013-05	省公安厅
江苏省生态乡镇	胡庄镇	2013-05	省环保厅
全省公安机关先进基层党组织	永安洲派出所党支部	2013-06	省公安厅
江苏省妇女报刊宣传工作先进单位	区妇联	2013-07	省妇联
江苏省青少年维权岗	胡庄派出所	2013-09	团省委、省公安厅
江苏省优秀校外教育辅导站	许庄街道马厂社区	2013-10	省文明办、省关工委

续表30

荣　　誉	获奖单位	授予时间	授予单位
江苏省电力行业优秀企业	国电泰州发电有限公司	2013-10	省电力行业协会
2010~2012年度江苏省文明单位	扬子江药业集团	2013-10	省文明委
2010~2012年度江苏省文明单位	国电泰州发电有限公司	2013-10	省文明委
2010~2012年度江苏省文明单位	区总工会	2013-10	省文明委
2010~2012年度江苏省文明单位	区公安分局	2013-10	省文明委
2010~2012年度江苏省文明单位	国税二分局	2013-10	省文明委
2010~2012年度江苏省文明单位	区财政局	2013-10	省文明委
2010~2012年度江苏省文明单位	地税五分局	2013-10	省文明委
2010~2012年度江苏省文明单位	区工商分局	2013-10	省文明委
2010~2012年度江苏省文明单位	江苏省口岸中学	2013-10	省文明委
2010~2012年度江苏省文明单位	区卫生局	2013-10	省文明委
2010~2012年度江苏省文明单位	高港实验小学	2013-10	省文明委
2010~2012年度江苏省文明单位	区物价局	2013-10	省文明委
2010~2012年度江苏省文明单位	泰州市第三人民医院	2013-10	省文明委
2010~2012年度江苏省文明单位	区人社局	2013-10	省文明委
2010~2012年度江苏省文明单位	区交通分局	2013-10	省文明委
2010~2012年度江苏省文明单位	交巡警二大队	2013-10	省文明委
2010~2012年度江苏省文明单位	农行高港支行	2013-10	省文明委
2010~2012年度江苏省文明单位	区国土分局	2013-10	省文明委
2010~2012年度江苏省文明单位	许庄中心小学	2013-10	省文明委
2010~2012年度江苏省文明单位	区信访局	2013-10	省文明委
2010~2012年度江苏省文明单位	区商务局	2013-10	省文明委
2010~2012年度江苏省文明单位	区质监分局	2013-10	省文明委
2010~2012年度江苏省文明乡镇	胡庄镇	2013-10	省文明委
2010~2012年度江苏省文明乡镇	大泗镇	2013-10	省文明委
2010~2012年度江苏省文明社区	永安洲镇福沙社区	2013-10	省文明委
2010~2012年度江苏省文明社区	口岸街道新城社区	2013-10	省文明委
2010~2012年度江苏省文明村	白马镇黄河村	2013-10	省文明委
江苏省三八红旗集体	区财政局	2013-12	省妇联
江苏省防震减灾工作优秀单位	区地震局	2013-12	省地震局
《人民与权力》杂志通联先进集体	区人大办	2013-12	省人大常委会研究室

2013年高港区获泰州市委、市政府表彰的先进集体一览表

表31

荣　誉	获奖单位	授予时间	授予单位
2012年度工作目标考评一等奖	高港区	2013-02	市委、市政府
2012年度全市农业农村工作考核二等奖	高港区	2013-02	市委、市政府
2012年度科技创新工作目标考核二等奖	高港区	2013-02	市政府
泰州市服务业发展先进市（区）一等奖	高港区	2013-03	市政府
安全生产先进集体	区政府	2013-01	市政府
安全监管规范化创建工作示范乡镇（街道）	大泗镇	2013-01	市政府
安全监管规范化创建工作先进乡镇（街道）	胡庄镇	2013-01	市政府
法治泰州建设规范执法示范单位	区法院	2013-01	市委、市政府
法治泰州建设规范执法示范单位	区检察院	2013-01	市委、市政府
泰州市2012年度经济工作十强乡镇（街道）	永安洲镇	2013-02	市委、市政府
泰州市2012年度经济工作十强乡镇（街道）	口岸街道	2013-02	市委、市政府
泰州市2012年度争创经济工作十强乡镇（街道）活动先进单位	白马镇	2013-02	市委、市政府
泰州市2012年度争创经济工作十强乡镇（街道）活动先进单位	许庄街道	2013-02	市委、市政府
泰州市2012年度发展高效农业十佳乡镇（街道）	大泗镇	2013-02	市委、市政府
泰州市2012年度全面小康建设十强村	永安洲镇福沙社区	2013-02	市委、市政府
泰州市2012年度国税开票销售前十强企业	国电泰州发电有限公司	2013-02	市政府
2011~2012年度泰州市文明行业标兵	地税五分局系统	2013-07	市委、市政府
2011~2012年度泰州市文明行业标兵	国税二分局系统	2013-07	市委、市政府
2011~2012年度泰州市文明单位标兵	扬子江药业集团	2013-07	市委、市政府
2011~2012年度泰州市文明单位标兵	区国土分局	2013-07	市委、市政府
2011~2012年度泰州市文明单位标兵	区工商分局	2013-07	市委、市政府
2011~2012年度泰州市文明单位标兵	区公安分局	2013-07	市委、市政府
2011~2012年度泰州市文明单位标兵	区财政局	2013-07	市委、市政府
2011~2012年度泰州市文明单位标兵	江苏省口岸中学	2013-07	市委、市政府
2011~2012年度泰州市文明单位标兵	泰州港务集团有限公司	2013-07	市委、市政府
2011~2012年度泰州市文明单位标兵	区总工会	2013-07	市委、市政府
2011~2012年度泰州市文明单位标兵	泰州市第三人民医院	2013-07	市委、市政府
2011~2012年度泰州市文明社区标兵	许庄街道乔杨社区	2013-07	市委、市政府
2011~2012年度泰州市文明社区标兵	许庄街道马厂社区	2013-07	市委、市政府
2011~2012年度泰州市文明社区标兵	口岸街道新城社区	2013-07	市委、市政府
2011~2012年度泰州市文明行业	区工商分局系统	2013-07	市委、市政府

续表31

荣　誉	获奖单位	授予时间	授予单位
2011~2012年度泰州市文明行业	区国土分局系统	2013-07	市委、市政府
2011~2012年度泰州市文明行业	区公安分局系统	2013-07	市委、市政府
2011~2012年度泰州市文明行业	区卫生系统	2013-07	市委、市政府
2011~2012年度泰州市文明行业	区物价系统	2013-07	市委、市政府
2011~2012年度泰州市文明行业	区交通分局系统	2013-07	市委、市政府
2011~2012年度泰州市文明行业	区教育系统	2013-07	市委、市政府
2011~2012年度泰州市文明行业	区财政系统	2013-07	市委、市政府
2011~2012年度泰州市文明单位	区委办	2013-07	市委、市政府
2011~2012年度泰州市文明单位	区政府办	2013-07	市委、市政府
2011~2012年度泰州市文明单位	区委政法委	2013-07	市委、市政府
2011~2012年度泰州市文明单位	区检察院	2013-07	市委、市政府
2011~2012年度泰州市文明单位	区法院	2013-07	市委、市政府
2011~2012年度泰州市文明单位	区发改委	2013-07	市委、市政府
2011~2012年度泰州市文明单位	区信访局	2013-07	市委、市政府
2011~2012年度泰州市文明单位	区商务局	2013-07	市委、市政府
2011~2012年度泰州市文明单位	区交通分局	2013-07	市委、市政府
2011~2012年度泰州市文明单位	区卫生局	2013-07	市委、市政府
2011~2012年度泰州市文明单位	区物价局	2013-07	市委、市政府
2011~2012年度泰州市文明单位	区教育局	2013-07	市委、市政府
2011~2012年度泰州市文明单位	区人口计生委	2013-07	市委、市政府
2011~2012年度泰州市文明单位	区区级机关事务局	2013-07	市委、市政府
2011~2012年度泰州市文明单位	区人社局	2013-07	市委、市政府
2011~2012年度泰州市文明单位	国税二分局	2013-07	市委、市政府
2011~2012年度泰州市文明单位	地税五分局	2013-07	市委、市政府
2011~2012年度泰州市文明单位	交巡警二大队	2013-07	市委、市政府
2011~2012年度泰州市文明单位	区科技局	2013-07	市委、市政府
2011~2012年度泰州市文明单位	区农委	2013-07	市委、市政府
2011~2012年度泰州市文明单位	区审计局	2013-07	市委、市政府
2011~2012年度泰州市文明单位	区食药监局	2013-07	市委、市政府
2011~2012年度泰州市文明单位	高港中医院	2013-07	市委、市政府
2011~2012年度泰州市文明单位	农行高港支行	2013-07	市委、市政府
2011~2012年度泰州市文明单位	工行高港支行	2013-07	市委、市政府
2011~2012年度泰州市文明单位	建行高港支行	2013-07	市委、市政府
2011~2012年度泰州市文明单位	人保财险高港营业部	2013-07	市委、市政府
2011~2012年度泰州市文明单位	高港联通公司	2013-07	市委、市政府

续表31

荣　誉	获奖单位	授予时间	授予单位
2011~2012年度泰州市文明单位	泰州永安港务有限公司	2013-07	市委、市政府
2011~2012年度泰州市文明单位	泰州港务集团有限公司集装箱分公司	2013-07	市委、市政府
2011~2012年度泰州市文明单位	江苏能建机电实业集团有限公司	2013-07	市委、市政府
2011~2012年度泰州市文明单位	泰州三福船舶工程有限公司	2013-07	市委、市政府
2011~2012年度泰州市文明单位	泰州市第三高级中学	2013-07	市委、市政府
2011~2012年度泰州市文明单位	高港实验学校	2013-07	市委、市政府
2011~2012年度泰州市文明单位	高港中学	2013-07	市委、市政府
2011~2012年度泰州市文明单位	田河初级中学	2013-07	市委、市政府
2011~2012年度泰州市文明单位	白马中学	2013-07	市委、市政府
2011~2012年度泰州市文明单位	高港实验小学	2013-07	市委、市政府
2011~2012年度泰州市文明单位	口岸中心小学	2013-07	市委、市政府
2011~2012年度泰州市文明单位	田河小学	2013-07	市委、市政府
2011~2012年度泰州市文明单位	许庄中心小学	2013-07	市委、市政府
2011~2012年度泰州市文明单位	泰州市海军小学	2013-07	市委、市政府
2011~2012年度泰州市文明单位	口岸派出所	2013-07	市委、市政府
2011~2012年度泰州市文明单位	口岸国土所	2013-07	市委、市政府
2011~2012年度泰州市文明单位	口岸财政所	2013-07	市委、市政府
2011~2012年度泰州市文明单位	白马供电所	2013-07	市委、市政府
2011~2012年度泰州市文明单位	白马水利站	2013-07	市委、市政府
2011~2012年度泰州市文明村	白马镇黄河村	2013-07	市委、市政府
2011~2012年度泰州市文明村	胡庄镇史庄村	2013-07	市委、市政府
2011~2012年度泰州市文明社区	永安洲镇福沙社区	2013-07	市委、市政府
2011~2012年度泰州市文明社区	永安洲镇东江社区	2013-07	市委、市政府
2011~2012年度泰州市文明社区	刁铺街道关桥社区	2013-07	市委、市政府
2011~2012年度泰州市文明社区	口岸街道口岸社区	2013-07	市委、市政府
2011~2012年度泰州市文明社区	口岸街道朱营社区	2013-07	市委、市政府
2011~2012年度泰州市文明社区	口岸街道张马社区	2013-07	市委、市政府

·先进个人·

2012年高港区获国家级(含条线)表彰的先进个人一览表

表32

姓　名	荣　誉	工作单位	授予时间	授予单位
陈旭伟	第四届全国电力行业设备管理先进工作者	国电泰州发电有限公司	2013-01	中国电力行业设备管理协会
王　平	集团公司百名优秀员工	国电泰州发电有限公司	2013-02	中国国电集团公司

续表32

姓　名	荣　　誉	工作单位	授予时间	授予单位
陈宏伟	市场营销工作先进工作者	国电泰州发电有限公司	2013-03	中国国电集团公司
陈旭伟	安全生产先进个人	国电泰州发电有限公司	2013-03	中国国电集团公司
丁兰生	安全生产先进个人	国电泰州发电有限公司	2013-03	中国国电集团公司
左克祥	燃料管理先进个人	国电泰州发电有限公司	2013-03	中国国电集团公司
李春光	优秀工会积极分子	国电泰州发电有限公司	2013-03	中国国电集团公司
黄书益	信息化工作先进个人	国电泰州发电有限公司	2013-04	中国国电集团公司
周江丽	全国五一劳动奖章	益海（泰州）粮油工业有限公司	2013-04	中华全国总工会
宋　杰	2011~2012年度技术能手	国电泰州发电有限公司	2013-05	中国国电集团公司
黄文静	中国统一战线宣传先进个人	区委统战部	2013-08	中央统战部宣传办和中国统一战线杂志社
孙　跃	全国县（市）科技进步考核先进个人	区科技局	2013-11	科技部
周德明	全国县（市）科技进步考核先进个人	区科技局	2013-11	科技部

2013年高港区获省级（含条线）表彰的先进个人一览表

表33

姓　名	荣　　誉	工作单位	授予时间	授予单位
李　靖	江苏省专利行政执法工作先进个人	区科技局	2013-01	省知识产权局
蒋震宇	信息工作先进个人	区委办	2013-01	省委办公厅
孔　华	全省企业一套表联网直报先进个人	区统计局	2013-01	省统计局
陈宏伟	江苏省电力安全生产工作先进个人	国电泰州发电有限公司	2013-01	省电力监管委员会办公室
蒋鲁莉	全省住房城乡建设系统优秀工会工作者	区住建局	2013-03	江苏省建设工会工作委员会
焦月琴	江苏省巾帼建功标兵	口岸中心幼儿园	2013-03	省妇联
徐宝梅	江苏省巾帼建功先进工作者	区财政局	2013-03	省妇联
韩久旺	江苏省优秀工会工作者	泰州市华强照明器材有限公司	2013-03	省总工会
唐人林	江苏省优秀工会工作者	许庄街道	2013-03	省总工会
王丹荔	江苏省优秀工会积极分子	江苏海企化工仓储股份有限公司	2013-03	省总工会
戴明山	江苏省优秀工会积极分子	区财政局	2013-03	省总工会
陈献华	江苏省支持工会工作优秀领导干部	泰州市华强照明器材有限公司	2013-03	省总工会
韩　欣	江苏省五一劳动奖章	泰州港务集团有限公司	2013-04	省总工会
史先召	江苏省五一劳动奖章	江苏海企化工仓储股份有限公司	2013-04	省总工会
陈彩良	全省公安机关执法规范化建设成绩突出个人	区公安分局	2013-05	省公安厅
肖明兰	江苏省收费统计工作先进个人	区物价局	2013-05	省物价局

续表33

姓　名	荣　　誉	工作单位	授予时间	授予单位
陈宝进	江苏省村级“四有一责”建设先进工作者	区农委	2013-07	省委组织部、省委农工办等
丁兰生	国电江苏公司优秀共产党员	国电泰州发电有限公司	2013-07	国电江苏电力有限公司党委
陆炳荣	国电江苏公司优秀共产党员	国电泰州发电有限公司	2013-07	国电江苏电力有限公司党委
许　尧	国电江苏公司优秀共产党员	国电泰州发电有限公司	2013-07	国电江苏电力有限公司党委
高瑞斌	国电江苏公司优秀党务工作者	国电泰州发电有限公司	2013-07	国电江苏电力有限公司党委
徐亚林	全省法治建设先进个人	区委政法委	2013-07	省人社厅、省委政法委、省法治办、省公务员局
王崇生	2012年长江干线港口统计工作先进个人	泰州港务集团有限公司	2013-08	交通部长江航务管理局
李小燕	江苏省校外教育辅导站先进个人	许庄街道中心小学	2013-10	省文明办、省关工委
张　敏	江苏省三八红旗手	地税五分局	2013-12	省妇联

2012年高港区获泰州市委、市政府表彰的先进个人一览表

表34

姓　名	荣　　誉	工作单位	授予时间	授予单位
施礼山	安全生产工作先进个人	区安监局	2013-01	市政府
刘　帅	安全生产工作先进个人	区安监局	2013-01	市政府
史叔军	安全生产工作先进个人	胡庄镇政府	2013-01	市政府
魏玉云	安全生产工作先进个人	大泗镇政府	2013-01	市政府
韩　嵘	泰州市放心消费创建工作先进个人	区工商分局	2013-02	市政府
周伟生	泰州市劳动模范	地税五分局	2013-04	市政府
周树发	泰州市劳动模范	区人大办	2013-04	市政府
杨宏强	泰州市劳动模范	国电泰州发电有限公司	2013-04	市政府
潘海霞	泰州市劳动模范	江苏扬子江药业集团凯威药用包装有限公司	2013-04	市政府
郭余庆	泰州市劳动模范	江苏能建机电实业集团有限公司	2013-04	市政府
潘文标	泰州市劳动模范	万向精工江苏有限公司	2013-04	市政府
曹　斌	泰州市劳动模范	江苏腾龙园林绿化工程有限公司	2013-04	市政府
王启东	泰州市劳动模范	永安洲镇福沙社区	2013-04	市政府
徐勤生	泰州市劳动模范	口岸街道徐庄村	2013-04	市政府
周伟生	泰州市劳动模范	地税五分局	2013-04	市政府
朱月红	泰州市劳动模范	高港实验学校	2013-04	市政府
马才本	二等功	白马镇	2013-10	市政府
焦小萍	泰州市十佳环卫工人	泰州市高港区金港保洁有限公司	2013-10	市政府

重要文件

重要文件题录

2013年区委重要文件题录一览表

表35

文　号	文件标题	文件日期
泰高发〔2013〕1号	争当全市转型升级综合改革排头兵工作意见	2013-01-04
泰高发〔2013〕2号	关于印发《高港区党代表提案制度》的通知	2013-01-04
泰高发〔2013〕3号	关于印发《中共泰州市高港区委关于改进工作作风、密切联系群众的十项规定》的通知	2013-02-05
泰高发〔2013〕4号	关于印发《关于加强全区镇（街）水利管理服务站建设的实施意见》的通知	2013-04-01
泰高发〔2013〕7号	关于印发《高港区推进国家现代农业示范区建设促进农民增收奖励办法》的通知	2013-05-06
泰高发〔2013〕8号	关于印发《高港区区级机关部门（单位）绩效管理暂行办法》的通知	2013-06-04
泰高发〔2013〕10号	关于印发《推进转型升级综合改革的若干政策意见（暂行）》的通知	2013-07-27
泰高发〔2013〕11号	关于分类推进事业单位改革的实施意见	2013-09-27
泰高发〔2013〕12号	关于印发《关于加快我区老龄事业发展的实施意见》的通知	2013-10-11
泰高发〔2013〕13号	贯彻省委、省政府、市委、市政府《关于深入推进生态文明建设工程率先建成全国生态文明建设示范区的意见》实施办法	2013-11-27
泰高委〔2013〕8号	关于表彰全区信访工作先进集体和先进个的决定	2013-02-28
泰高委〔2013〕17号	关于表彰2012年度“四个文明”建设先进园区、镇（街道）的决定	2013-03-07
泰高委〔2013〕18号	关于表彰2012年度开放型经济工作先进部门及先进个人的决定	2013-03-07
泰高委〔2013〕19号	关于表彰2012年度全区科技工作先进单位和先进个人的决定	2013-03-07
泰高委〔2013〕20号	关于表彰2012年度服务业重点企业的决定	2013-03-07
泰高委〔2013〕21号	关于表彰2012年度“创新创优”奖的决定	2013-03-07

续表35

文　号	文件标题	文件日期
泰高委〔2013〕22号	关于表彰2012年度工业经济工作先进单位的决定	2013-03-07
泰高委〔2013〕23号	关于表彰2012年度全区民营经济发展先进集体、先进个人的决定	2013-03-07
泰高委〔2013〕24号	关于表彰全区新农村建设先进村和先进个人的决定	2013-03-07
泰高委〔2013〕25号	关于表彰2012年度高港区“人民满意机关（单位）”和“效能建设先进单位”的决定	2013-03-08
泰高委〔2013〕90号	关于成立区委宣传思想文明工作领导小组通知	2013-11-12
泰高委〔2013〕91号	关于组建镇（街道）党（工）委政法委员会的通知	2013-11-13

2013年区政府重要文件题录一览表

表36

文　号	文件题名	日期
泰高政规〔2013〕1号	关于印发《高港区中心城区村（居）民住房预动迁实施办法》的通知	2013-09-29
泰高政规〔2013〕2号	关于印发《高港区镇区村（居）民住房建设管理实施办法》的通知	2013-09-29
泰高政规〔2013〕3号	关于印发《高港区农村村民住房建设管理实施办法》的通知	2013-09-29
泰高政发〔2013〕11号	关于做好第三次全国经济普查工作的通知	2013-03-06
泰高政发〔2013〕12号	关于表彰2012年林业绿化工作先进单位的决定	2013-01-01
泰高政发〔2013〕13号	关于表彰2012年度全区流通业发展工作先进集体、先进个人的决定	2013-03-07
泰高政发〔2013〕15号	关于表彰2013年度全区安全生产工作先进集体、先进个人的决定	2013-03-13
泰高政发〔2013〕16号	关于表彰2012年度质量强区工作贡献奖、先进单位和先进个人的决定	2013-03-13
泰高政发〔2013〕17号	关于表彰2012年度环保工作先进集体的决定	2013-03-13
泰高政发〔2013〕21号	关于修改我区中心城区控制范围内刁铺和许庄街道土地利用总体规划的通知	2013-03-21
泰高政发〔2013〕30号	关于表彰2013年度统计工作先进集体和先进个人的决定	2013-04-09
泰高政发〔2013〕40号	关于印发《加强税收征管实施社会综合治税意见》的通知	2013-04-27
泰高政发〔2013〕43号	关于对重大火灾隐患单位实施挂牌督办的通知	2013-05-08
泰高政发〔2013〕44号	关于加强基层武装部规范化建设的意见	2013-05-14
泰高政发〔2013〕50号	关于表彰高港区机关企事业单位工间操比赛获奖单位的决定	2013-06-13
泰高政发〔2013〕55号	关于表彰2012年度征兵工作先进单位和先进个人的决定	2013-06-27
泰高政发〔2013〕59号	关于转发区总工会《关于进一步加强高港区企业工资集体协商工作意见》的通知	2013-07-08
泰高政发〔2013〕61号	关于印发《泰州市高港区数字化城市管理实施办法》的通知	2013-07-09
泰高政发〔2013〕67号	关于表彰全区工业企业安全生产工作先进个人的决定	2013-07-10
泰高政发〔2013〕69号	关于表彰2012年度全区人口和计划生育工作先进集体和先进个人的决定	2013-07-12
泰高政发〔2013〕92号	关于印发《高港区保障房、安置房团购实施办法（试行）》的通知	2013-09-12
泰高政发〔2013〕97号	关于对2012年度全区机关年度考核优秀人员给予记功、嘉奖的通知	2013-09-27
泰高政发〔2013〕98号	泰州市高港区关于公布第三批非物质文化遗产名录的通知	2013-09-30
泰高政发〔2013〕111号	关于加强区级湿地保护小区管理的通知	2013-11-15
泰高政发〔2013〕126号	关于授予2012年度高港区科学技术奖的决定	2013-12-11

2013年区委办重要文件题录一览表

表37

文　　号	文件标题	文件日期
泰高委办发〔2013〕4号	关于印发《关于适当提高离任村（社区）干部生活困难补贴的实施办法》的通知	2013-01-14
泰高委办发〔2013〕13号	关于印发《高港区职工阳光互助互济实施办法（暂行）》的通知	2013-01-25
泰高委办发〔2013〕14号	关于印发《高港区重大决策社会稳定风险评估责任追究办法（试行）》的通知	2013-02-26
泰高委办发〔2013〕27号	关于转发《关于开展党建工作“四进企业”活动的实施意见》的通知	2013-03-26
泰高委办发〔2013〕28号	关于转发区委统战部《关于进一步完善党员领导干部与党外代表人士联系交友制度的意见》的通知	2013-04-11
泰高委办发〔2013〕47号	关于转发《高港区总工会关于开展六大行动服务企业转型升级的实施意见》的通知	2013-05-30
泰高委办发〔2013〕55号	关于开展全区村（居）“三资”清理及财务审计的通知	2013-07-17
泰高委办发〔2013〕59号	关于深化“三解三促、两送两增”活动组建“群众工作队”的通知	2013-07-31
泰高委办发〔2013〕61号	关于印发《关于认真做好全区村（居）“两委”换届选举工作的意见》的通知	2013-07-31
泰高委办发〔2013〕70号	关于全区各级党政机关停止新建楼堂馆所和清理办公用房的通知	2013-09-05
泰高委办发〔2013〕73号	关于印发《关于加强全区社会管理服务三级平台建设的意见》的通知	2013-09-22
泰高委办发〔2013〕74号	关于我区开展清理规范创建达标活动自查自纠情况报告	2013-09-24
泰高委办发〔2013〕78号	关于开展全区事业单位分类工作的通知	2013-09-27
泰高委办发〔2013〕82号	转发区委组织部等部门《关于进一步做好新形势下离退休干部工作的意见》的通知	2013-10-11
泰高委办发〔2013〕83号	转发区纪委、区委组织部、区编委办、区人社局、区监察局《关于对区纪委、区监察局派驻机构实行统一管理的实施意见》的通知	2013-10-11
泰高委办发〔2013〕85号	关于印发《泰州市高港区科技镇长团派驻管理暂行办法》的通知	2013-10-31
泰高委办发〔2013〕86号	关于印发《高港区转型升级考核评价办法（试行）》的通知	2013-11-06
泰高委办发〔2013〕90号	关于印发《关于进一步加强信访受理工作的意见》的通知	2013-11-25
泰高委办发〔2013〕96号	关于印发《泰州市高港区机关事业单位编外用工管理办法（试行）》的通知	2013-12-12

2013年区政府办重要文件题录一览表

表38

文　　号	文件题名	文件日期
泰高政办发〔2013〕8号	转发区编委办等部门《关于加强高港区卫生人才建设实施意见》的通知	2013-01-30
泰高政办发〔2013〕13号	关于印发在口岸、永安洲试行统计代理工作意见的通知	2013-03-04
泰高政办发〔2013〕18号	关于印发《泰州市高港区价格调控目标实施意见》的通知	2013-03-07
泰高政办发〔2013〕20号	关于进一步严控违法用地的通知	2013-03-18
泰高政办发〔2013〕42号	关于调整2013年度高港区城乡居民医疗保险财政补助资金标准的通知	2013-04-18
泰高政办发〔2013〕43号	关于率先基本实现农业机械化的实施意见	2013-04-18

续表38

文　　号	文件题名	文件日期
泰高政办发〔2013〕45号	关于加快推进畜牧业转型升级的意见	2013-04-26
泰高政办发〔2013〕47号	关于建立校车安全管理联席会议制度的通知	2013-04-27
泰高政办发〔2013〕59号	转发区民政局、区编委办等部门《关于加强全区镇(街)民政机构建设实施意见》的通知	2013-06-03
泰高政办发〔2013〕68号	关于印发《泰州市高港区村庄环境长效管理工作意见》的通知	2013-06-21
泰高政办发〔2013〕87号	关于印发《高港区政府采购项目标后监督管理暂行办法》的通知	2013-07-18
泰高政办发〔2013〕93号	关于印发《高港区教育信息化三年行动计划(2013~2015年)》的通知	2013-08-22
泰高政办发〔2013〕95号	关于调整我区城乡居民医疗保险部分政策的通知	2013-08-27
泰高政办发〔2013〕100号	关于印发《泰州市高港区用人单位欠薪预防和处理实施办法》的通知	2013-10-18
泰高政办发〔2013〕114号	关于调整2014年度城乡居民医疗保险筹资标准的通知	2013-11-21
泰高政办发〔2013〕121号	关于印发《泰州市高港区土地综合整治项目管理实施意见》的通知	2013-12-19

重要文件选录

争当全市转型升级综合改革排头兵工作意见

泰高发〔2013〕1号

省委、省政府将泰州确定为推进转型升级综合改革试点,并正式下发《关于推进泰州转型升级综合改革试点的意见》,这是省委、省政府立足江苏发展全局作出的一项重大决策,也是泰州推进转型升级、加快现代化建设的重大历史性机遇。高港作为泰州滨江主城区和苏中沿江板块,必须牢牢抓住综合改革试点的新机遇,在转型升级方面敢于突破、勇于争先,奋力争当全市转型升级综合改革排头兵,为泰州争创全省转型升级示范区勇挑重担、多作贡献。根据市委、市政府《关于贯彻落实〈省委省政府关于推进泰州转型升级综合改革试点的意见〉的实施意见》,现提出争当全市转型升级综合改革排头兵工作意见。

一、总体思路、主要目标和基本原则

(一)总体思路:坚持以邓小平理论、“三个代表”重要思想和科学发展观为指导,深入贯彻党的十八大精神,以加快转变经济发展方式为主线,推进综合改革,深化开放创新,坚定不移推进经济、组织、法治、文化、社会、生态“六大建设”,致力新型工业化、信息化、城镇化、农业现代化同步发展,争当全市转型升级综合改革排头兵,在苏中率先基本实现现代化。

(二)主要目标:到2016年,经济社会转型升级取得明显成效,确保GDP超500亿元、财政总收入超100亿元、公共财政预算收入超35亿元,力争比2012年翻一番;人均GDP进入苏南第一方阵,人均财政收入达到苏南平均水平。在具体内涵上,实现“六个全市率先”:

——以经济建设为中心,在发展速度和质态上全市率先。主要经济指标增幅全市领先,科技进步贡献率、特色产业集聚度、区域经济竞争力显著增强。高新技术产业产值占规模以上工业比重超过60%,新兴产业增速、占规模以上工业比重均高于全市平均水平。

——以组织建设为龙头,在党建工作创新上全市率先。各级干部引领转型、服务发展的本领水平显著提高,基层组织的创造力、凝聚力、战斗力进一步增强,企业经营管理人才、科技人才、社会工作人才等各类人才队伍不断壮大。

——以法治建设为关键,在保持社会和谐稳定上全市率先。区镇村三级社会管理体制机制不断健全,基层民主政治建设开创新局面,社会公平正义得到切实维护,人民群众安全感达95%以上,“平安高港”“法治高港”建设继续保持全国领先。

——以文化建设为内涵,在提升城市文明程度上全市率先。加强社会主义核心价值体系建设,大力发展文化事业和文化产业,培育形成具有高港特色的区域文化品牌,人民群众文明素质不断提高,精神文化生活不断丰富,“创业创新创优、争先领先率先”氛围更加浓厚。

——以社会建设为基础,在提供优质均衡的城乡公共产品和公共服务上全市率先。城乡居民收入年均增长13%以上。将新增财力的80%用于民生和社会事业,不断健全终身教育、卫生服务、社会保障体系,推进居家养老服务站、便民服务中心等为民服务平台建设,使人民群众“学有优教、病有良医、老有尊养、劳有应得、住有宜居”。

——以生态建设为抓手,在打造滨江生态宜居环境上全市率先。

中心城区建成区面积达20平方公里，建成一批具有规模效应和集聚能力的服务性综合设施，城市化率达65%。加快城乡一体化步伐，引导人口向中心城区、重点镇集中。大力推进生态建设，城市绿化覆盖率达48.50%，2014年创成国家级生态区。

（三）基本原则：

——坚持改革创新，先行先试。进一步打破观念束缚、行政壁垒和体制障碍，大胆先行先试，勇于探索突破，增强推进经济社会全面转型升级的体制机制活力，打造最优的商务环境、创业环境和生活环境。

——坚持协调推进，全面转型。始终将经济转型和社会转型同步推进，以经济转型带动社会转型，以社会转型促进经济转型，把高港的特色转变成泰州转型升级综合改革的亮点，实现转型升级的全面突破。

——坚持群策群力，合力推动。充分调动和激发广大基层群众和企业的主体意识、主创意识，广泛集成各类资源，用好用足政策支持，形成转型升级的强大合力。

——坚持惠民为本，共创共享。把以人为本、改善民生作为推进经济社会全面转型升级的出发点和落脚点，通过经济社会转型升级推进人民幸福指数不断提高，社会文明程度不断提升。

二、“六大建设”工作任务

（一）经济建设

1. 以产业特色形成产业集聚，构建富有竞争力的现代产业体系

① 推动先进制造业做强做大。按照“产业集聚、产品集成、企业集群”的思路，以产业基础明晰产业方向，以产业优势构建产业体系，以产业特色形成产业集聚，推进主导产业高端化、新兴产业集群化，打造江苏省国际先进制造业基地的重要板块，先进制造业销售收入突破2000亿元。（△经信委，发改委、商务局、科技局、高新区、核心港区、临港经济园等）

——促进主导产业高端发展。推动新医药、粮油食品、装备制造、新材料等优势产业向“特色化、多元化”方向拓展，向高技术含量、高附加值攀升。新医药，依托中国医药城和扬子江药业集团，加速集聚制药及医疗器械、医疗耗材、医用辅料、医药高分子材料等大健康产业，新医药产业产值超过500亿元。粮油食品，依托益海粮油、统一食品、华润雪花啤酒等龙头企业，重点招引粮食精深加工和副产品综合利用项目，打造长三角地区最大的绿色食品生产基地。粮油产业产值超过300亿元。装备制造，创建国家级船舶工程技术中心，支持船舶企业加快调整产品结构，大力发展高新技术船舶、特种船舶、海洋工程装备，向“修、拆、造、航运”一体拓展，打造全国有影响的船舶产业基地；推进国机集团（泰州）产业园建设，集聚通用动力机械关联产业；以万向精工为龙头，重点抓好汽车轮毂轴承、安全气囊等产品，引导苏中天线、贺尔碧格、东方齿轮等企业向品牌配套、关键部件配套、整车配套提升。装备制造产业产值超过500亿元。新材料，放大全国壁纸产业基地效应，加快招引国内外壁纸生产龙头企业和研发、检测、培训机构，建设壁纸交易市场，壁纸产能占全国40%以上；大力扶持LED光源、蓝宝石晶体、阻燃剂等产品，形成技术领先优势和市场规模优势。新材料产业产值超过200亿元。

——促进新兴产业规模发展。围绕物联网、智能电网、新能源汽车等新兴产业领域，落户和培育一批创新能力强、科技含量高、税收效益好的新兴产业项目。新兴产业产值突破100亿元。

② 推动现代服务业提速升级。加快发展现代物流、服务外包、高端商贸等现代服务业，实现服务业比重提高、结构优化、竞争力提升，力争服务业增加值占GDP比重每年提高1个百分点以上。现代物流业，以打造“两业互动示范区”为目标，充分发挥大桥、港口、道口优势，内培外引第三方物流企业，争取一批世界500强、国内物流企业50强入驻；依托省级现代服务业集聚区（高港综合物流园），打造钢材、粮食、煤炭、化学品等物流区域总部或配送中心，建设集电子商务、仓储配送、多式联运为一体的综合物流基地。到2016年，港口吞吐量达5000万吨，集装箱吞吐量达50万标箱。服务外包业，研究制定相关优惠政策，支持服务外包企业发展。策应制造业快速发展态势，鼓励制造业企业抓住“营改增”政策的机遇，将研发、设计、物流、营销等服务环节剥离出来，拓展服务外包市场。现代商贸业，依托中心城市功能提升，建成一批具有较高品位和区域辐射带动力的城市商圈、中央商务区、商业街区，形成业态完备的城市生活性服务体系。金融服务业，吸引国内外金融机构到高港设立分支机构，完善投融资体系，创新金融产品，提升金融服务功能。（△发改委，经信委、住建局、商务局、供销总社、金融办等）

③ 推动现代农业提质增效。大力推进农业现代化，加快“农业规模化、机械化，农村园区化、社区化，农民多元化、职业化”步伐。高标准推进农村河道综合整治、农田水利建设。加快土地流转步伐，建设一批200亩以上的小农场，土地规模经营比重达80%以上。加快农机推广力度，建立机耕、机插秧、机植保一体化服务新模式，农业综合机械化水平达85%以上。加快农业结构调整，大力发展现代高效农业，高港现代农业园区成为泰州国家级现代农业示范区的核心区之一。加快建设中国泰州供销产业园和江苏中药科技园，争创省级特色园区。依托粮油食品优势产业，试行“企业+农户”模式，探索推行订单农业，拓展农产品销售网络，提高农业综合效益。加大科技对农业的支撑

作用，促进农业生产技术全面提档升级，科技对农业的贡献率达75%以上。加快发展农民专业合作经济组织，建立健全农业多元化投入机制、社会化服务体系，大力培养新型农民和职业农民，农民参加专业合作经济组织比重达80%。（△农委，发改委、科技局、水利局、供销总社、商务局、工商分局、质监分局、各镇街等）

2. 提升园区承载功能，打造特色产业基地。以省级高新区为统领，以科技创业园、核心港区、临港经济园为板块，争创国家级开发区，经济总量突破双千亿，其中核心港区达1000亿元、高新区达500亿元、临港经济园达500亿元。（△商务局，经信委、发改委、科技局、国土分局、规划分局、交通分局、核心港区、高新区、临港经济园、各镇街等）

——促进园区转型升级。科技创业园打造国家级通用动力、新型建筑装饰材料、汽车零部件产业基地。核心港区加快船舶工业基地、食品工业基地、新材料产业基地、临港物流基地建设。临港经济园围绕科技新城定位，发展智能电网、物联网、新能源汽车等产业，打造新兴产业集聚区。深入推进跨江联动开发，探索建设两岸合作开发的工业园区，促进与上海、苏南、沿海地区深度对接。建好许庄、刁铺民营工业园，胡庄、白马及大泗工业集中区等载体平台，促进乡镇工业由“小、散、乱”向产业集聚、块状经济发展。

——引进实施优质高端项目。把优质增量投入作为转型升级的第一选择，重点面向世界500强、中国500强和民营500强企业，招引一批投资体量大、高附加值、带动性强、上下游产业链长的基地型、龙头型项目，每年招引超亿美元或过10亿元人民币项目8个以上。

——加快园区功能集成。科技创业园围绕产业特色，建好研发设计、检测中心、交易市场及创业融资等公共服务平台。核心港区以建设第三代港口为目标，加快集装箱码头建设，完善集疏运体系和通关服务功能，提升港口信息化水平，积极申报港口保税物流区，为临港产业发展提供有力支撑。临港经济园按照现代科技新城的发展定位，加快建设科技孵化器、加速器，为高新产业发展和高层次人才创业提供良好环境。

3. 深入实施“六化”转型工程，打造国际化企业。坚定不移实施“品牌化、标准化，资本化、上市化，信息化、高端化”转型升级工程，推动企业规模扩张、质态提升，形成五百亿级企业1家、百亿级企业5家、十亿级企业20家的企业成长梯队。（△经信委，科技局、商务局、工商分局、质监分局、金融办、核心港区、高新区、临港经济园等）

——品牌化、标准化。引导企业由贴牌加工向创牌生产转变，加快自主品牌创建，积极发展品牌经济，全区企业平均商标持有率达30%以上，培育省级以上名牌产品10个、著名商标10件，万人拥有发明专利量达10件以上，规模以上工业企业拥有专利实现全覆盖；支持企业标准创新，在参与行业标准、国家标准制定和采用国际标准组织生产中提升实力，培育一批拥有自主知识产权的龙头产品和检测中心，企业参与修订制定国家、行业标准20项以上，建成省级墙纸、特防产品、食品检测中心。

——资本化、上市化。鼓励企业以资本、技术、品牌为纽带，加快与上下游企业的兼并重组步伐，提升企业整体竞争力。加快建立现代企业制度，大力推进股份化改造，引进职业经理人，提升经营管理水平。完善上市工作机制，在重点企业和成长型企业中全面推行“模拟上市”，吸引国内外创投、风投、基金参与企业股改上市，“模拟上市”企业80家，5家以上企业进入上市辅导期，1~2家企业成功上市。

——信息化、高端化。促进企业工艺创新，强化信息技术在企业的协同应用和集成创新，重点在产品研发、生产控制、质量检测、营销交易等环节实施信息化改造。鼓励金融机构上争信贷规模、优化信贷结构，重点支持优势行业、新兴产业、创新型企业。放大教育部“蓝火计划”平台优势，创新“政产学研金”合作模式，建成一批高质量的产研学联合体，实施一批高质量的产学研合作项目，全区高新技术企业达50家，大中型企业研发机构实现全覆盖，全社会研发投入占GDP比重达3%，建成100个校（院）企联盟、产学研合作体，建成全省重要的产学研合作创新集聚区。

4. 加快中心城区建设。以“现代化、国际化”为引领，以打造“泰常中心”为目标，加快完善城市功能，提升城市品位，全面展示“江东明珠·泰州门户”的崭新形象。加快道路交通体系建设，形成“九纵十一横”的道路框架。以泰州大道为中轴线，突出滨江新城、口岸转盘区域、港城路道口、刁铺转盘区域、京沪立交功能区等重要节点的打造，优化城市功能形态。引进和推动一批商业形态类项目、公共服务类项目、特色旅游类项目建设，促进城市功能完善、人气集聚。推进城区企业“退城进园”“退二进三”，有序实施“城中村”“园中村”和老城区动迁改造；加大市容市貌整治力度，严格控制违法建设，切实提高社区物管水平，提升城市形象。提升城市数字化管理水平，积极扩大信息化、智能化成果和物联网的示范应用，加快建设“智慧城市”。（△住建局，规划分局、国土分局、交通分局、城管办、城投中心等）

5. 推进城乡一体发展。积极推进城乡规划、基础设施、公共服务、就业社保、社会管理“五个一体化”，加快形成中心城区、重点镇各具特色、优势互补的新型城镇体系。以

"万顷良田建设工程"为抓手，统筹规划中心城区和白马、大泗、胡庄、汪群、孔桥"1+5"的集中居住格局，整合农村社会事业投入，集中用于重点镇建设，以完善的功能和优美的环境增强人口的承载力和吸引力。白马镇围绕宜居宜游宜休闲的现代小镇定位，加快完善城市功能和旅游景点建设，打造泰州城市的"后花园"；大泗镇加快完善集镇规划，大力发展道口经济，积极打造城市组团；胡庄镇科学编制工业集中区和集中居住区规划，以未来经济开发区的理念促进一产、二产联动发展。（△住建局，农委、城管办、规划分局、国土分局、交通分局、各镇街等）

（二）组织建设

1.加强领导班子建设。深入实施党政领导干部素质提升工程，提高引领科学发展的能力。实行分层分类培养，强化实践锻炼，在基层一线、重要岗位历练干部，建立起年龄、性别、文化专业结构合理的后备干部队伍。推行干部选拔任用"常态竞争、全程差额"制度，到2016年，通过竞争性选拔方式产生党政领导干部的比例达到50%。建立起促进科学发展和转型升级的考核机制和评价机制，不断提高考核的科学性、激励性和导向性。（△组织部，监察局、人社局、督查与考核办等）

2.加强党的基层组织建设。继续选派机关优秀干部、"退二线"干部担任村（社区）党组织书记，建设高素质基层党组织带头人队伍。用好"1%强基工程"专项资金，加强干部考核管理，设立离任村居干部生活困难补助基金，探索建立村居干部养老保险制度，激发基层干部的积极性和能动性。深化村级"四有一责"建设，建立片区党委，力争2016年，80%左右的社区创成"党建特色社区"。深化机关优质服务品牌创建，着力推进机关党建工作走在前列。加大非公企业党组织组建力度，选树和培植党建强、发展强"双强型"非公企业党组织先进典型。加大大学生村官选拔力度，培养选拔一批大学生村官担任乡科级领导干部、市及区"两代表一委员"。（△组织部，人社局、财政局、机关工委、各镇街等）

3.加强人才队伍建设。用好1800万元人才开发专项资金，积极推进人才强区战略。大力实施"创新创业人才引进工程"，加快新兴产业基地、国家工程技术研究中心和院士工作站等引才载体建设，加速重点产业人才集聚，引进100个高层次创新创业人才(团队)。深入实施"青年拔尖人才千人培养计划"，100名左右人才在相关领域做出突出贡献、取得突出科研成果。加大企业经营管理人才培养力度，培养造就100名左右能够引领产业发展的高层次企业经营管理人才。实施"急需紧缺高层次创新人才培养计划"，制定急需紧缺人才引进补贴、继续教育费用减免、享受廉租房等优惠政策，培养引进急需紧缺专门人才1000人。（△组织部，人社局、编办、经信委、科技局等）

4.加强党风廉政建设。牢牢把握加强党的执政能力建设、先进性和纯洁性建设这条主线，坚持党要管党、从严治党，全面加强党的思想建设、组织建设、作风建设、反腐倡廉建设、制度建设，增强自我净化、自我完善、自我革新、自我提高能力。坚持标本兼治、综合治理、惩防并举、注重预防方针，全面推进惩治和预防腐败体系建设，做到干部清正、政府清廉、政治清明。强化基层廉政宣传阵地建设，加大廉政文化宣传力度，推动廉政教育全社会覆盖。（△区纪委，监察局等）

（三）法治建设

1.加强社会主义民主政治建设。坚持民主集中制原则，进一步健全完善党内的各项民主制度，不断扩大和发展党内民主，以党内民主带动人民民主。深化党代会常任制，推行党代表提案制，建立完善"两代表一委员"工作日、工作室、工作经费制度，拓展和丰富"两代表一委员"参政议政督政的方式方法，更好地深入基层一线、密切联系群众，不断提高活动实效性和群众满意率。大力推行"政务公示、事务公议、财务公开"，不断深化民主管理、民主监督。（△组织部，纪委、宣传部、人大办、政协办、法制办等）

2.推进社会管理创新。加快构建区、镇街、村居三级社会管理服务平台，推进区社会管理服务中心、镇街政法综治中心、社区便民服务中心和"劳动者之家"建设及正常运行，建立"联系无障碍、管理无盲点、服务无缝隙"的社会管理服务网络。积极推进社会管理方式创新，加快构建网格化社会管理服务模式，加强网络虚拟社会、流动人口、特殊人群、"两新"组织服务管理，推动涉民服务窗口前移、工作重心下沉，建立"平台到村、服务到民"的"正金字塔"型组织架构和服务体系。进一步畅通拓展群众参与社会管理的途径和渠道，深化村民直评村官和民生部门、基层直评区级机关部门、"两代表一委员"和企业负责人直评区四套班子的"三大直评"机制，加强完善民生资金监管平台管理建设，严格履行重大事项的民意调查、专题听证、方案表决、决策公示等环节，充分调动和发挥人民群众参与社会管理的积极性、主动性和创造性。（△政法委，纪委、组织部、公安分局、检察院、法院、民政局、司法局、人社局、财政局、总工会、团区委、妇联、各镇街等）

3.深化综治平安建设。落实"六五"普法规划，提高广大人民群众的法律素质。不断强化社会治安综合治理，巩固放大综治平安建设成果，确保我区综治平安工作继续保持全省、全国领先。进一步完善规范风险评估机制，对涉及民生的重大决策、重大事项、重大项目先期进行风险评估，建立健全责任查究制度，从源头确保社会和谐稳定。认真开展矛盾纠纷排查化解工作，把常态化开展“三解三促、两送两增”活动与干部“大下访、大接访”相结合，建立各类矛盾纠纷信息数据库，实行动态管理，落实包保责任，切实维护全区社会大局稳定。健全防控体系，大力实施惩防、技防、巡防工程，广泛开展基层平安创建活动，构建集区、镇、村、户“四位一体”的大防控格局。加强公共安全管理，完善公共安全应急机制，严格落实安全生产责任制，加强食品药品和产品质量安全监管，确保人民群众生命财产安全。（△政法委，综治办、公安分局、610办公室、司法局、信访局、安监局、消防大队、食药监局、质监分局、维稳办、应急办、各镇街等）

4. 开展法治城市创建。突出依法行政、规范执法和学法、遵法、守法、用法，认真办理法治实事，积极营造公平正义的社会环境，确保法治创建继续走在全市、全省前列，努力争创全国法治创建先导区。严格规范司法行为，加强法治宣传教育，强化执法规范化建设，不断提升依法行政能力和水平。坚持法院、检察院和法制部门全程参与区委区政府重大决策、提前介入中心工作等制度，加快构建法治政府建设绩效评估指标和考核评估体系。（△政法委，综治办、法治办、法制办、公安分局、检察院、法院、司法局、各镇街等）

（四）文化建设

1. 完善公共文化体系。全面加强文化基础设施建设，进一步完善三级公共文化服务体系，提升区文化馆、图书馆免费开放水平，建设区体育馆、全民健身中心、档案馆、书画院以及历史文化展示馆等一批文化标志性设施，建成镇街宣传文化中心和一批有特色、有品位的村居文化广场、农家书屋，打造“10分钟体育健身圈”、城市“15分钟文化圈”、农村“十里文化圈”。推进文化惠民工程，积极开展社区文艺调演、“大江艺术团”基层巡演和“大江放歌”专场文艺演出活动，定期组织开展送书送戏送电影下乡和高雅艺术进校园、进企业、进社区等群众性公益文化活动，各类公共文化设施和场所全部免费向市民开放，努力满足群众的精神文化需求。大力实施优秀文化人才培育工程，创新文化人才培养、引进和激励机制，重点加强高端人才、专业人才、基层文化骨干的选拔、培养和引进，造就一支高素质的文化人才队伍。（△宣传部，文体旅游局、住建局、史志档案办、各镇街等）

2. 打造特色文化品牌。大力推进大江特色文化品牌建设，丰富品牌内涵，塑造品牌形象，不断提升在全市、全省乃至全国的知名度、影响力。围绕“文化名城”建设，加强高港优秀历史文化遗产的研究、保护与开发利用，打造以雕花楼景观区为核心的水景街区，再现“柴墟八景”历史风光。弘扬红色文化，放大“海军诞生地、水兵母亲城”的影响力，打造海军诞生地原址、纪念馆和文化公园“三位一体”的海军文化展示平台，努力建成国家级爱国主义教育基地、海军官兵培训基地、少年儿童海军文化体验基地。充分发挥文化产业引导资金的引导和扶持作用，全力打造中国壁纸文化产业园，增强文化整体实力和竞争力。确保2016文化产业增加值占GDP的比重达5%以上。（△宣传部，文体旅游局、住建局、核心港区、各镇街等）

3. 提升全社会文明程度。大力开展全国文明城市创建活动，将国家测评标准转化为日常工作标准，全面落实创建工作长效机制。加强学习型社会建设，深入开展学习型机关、学习型企业、学习型社区等创建活动，提升全社会的学习力和创造力。倡导富强、民主、文明、和谐，倡导自由、平等、公正、法治，倡导爱国、敬业、诚信、友善，积极培育和践行社会主义核心价值观。深入开展群众性精神文明创建活动，大力开展志愿者服务，推动学雷锋活动、学道德模范常态化。大力倡导文明新风，培育选树“中国好人”“大江儿女”、劳动模范等各类先进典型，引导市民争做讲文明有礼貌、讲道德守秩序、讲友爱促和谐的实践者和传播者。加强和改进未成年人思想道德建设，不断丰富未成年人的精神文化生活，营造有利于未成年人健康成长的良好社会环境。扎实推进政务诚信、商务诚信、社会诚信和司法公信建设，建立健全覆盖全社会的诚信体系。（△宣传部，各镇街、机关各部门等）

（五）社会建设

1. 促进居民增收。大力实施“居民收入五年倍增计划”，突出抓好农村居民、企业职工、中低收入者和困难家庭“四个群体”的增收，拓宽就业、创业、投资、社保、帮扶“五大增收渠道”，不断提高群众的工资性收入、经营性收入、财产性收入和转移性收入。以城市新成长劳动力、农村富余劳动力为重点，整合各类培训资源，积极开展经营管理、职业技术、岗位技能等免费培训。加强融资担保、技术支持、市场开拓等平台建设，不断健全创业扶持体系。严格执行企业职工最低工资规定，全面实施劳动合同制度、工资集体协商制度，创建劳动关系和谐企业。（△政府办，人社局、农委、民政局、财政局、教育局、总工会、各镇街等）

2. 优化公共服务。用好“1%社会建设”专项资金，集中投入建设多功能、一站式的社区便民服务中心，促进功能不断拓展、机制进一步健全、服务进一步规范。大力实施教育质量提升工程，创树区域教育品牌，打造“名师名校”；突出发展特色职业教育，创办职业技术学院；加快教育开放步伐，集聚国际教育资源；构建全民学习、终身学习的服务平台，不断健全终身教育体系。高标准建设疾病预防和卫生监督体系，健全区、镇、村三级医疗服务网络,提高公共卫生服务能力;高港人民医院建成二甲综合医院,高港中医院建成二级中医院;积极打造张勤眼科、田河喉科、许庄骨科等特色专科,扩大医疗卫生的影响力;深化医药卫生体制改革,全面落实基本药物制度,不断提高医保报销比例。认真落实人口和计生政策,继续稳定适度低生育水平,提高出生人口素质。(△政府办,人社局、财政局、教育局、卫生局、计生委、各镇街等)

3. 完善社会保障体系。加快失地农民保障向城镇职工养老保险并轨,到2016年实现城乡社会保障一体化。扩大尊老金发放范围,进一步提高五保供养标准。健全残疾人社会保障和服务体系,切实保障残疾人权益。进一步完善社会救助体系,加大对特困家庭的帮扶力度,大力发展福利慈善事业,动态调整城乡低保、医保、救助等标准,实现与经济社会发展同步增长。(△政府办,人社局、组织部、住建局、民政局、财政局、总工会、红十字会、残联、各镇街等)

(六)生态建设

1. 推进节能减排。把节能减排作为生态建设的重要抓手,严格落实目标责任制,提高项目准入门槛,实行结构调整、技术进步、管理创新"三管齐下",严格控制高耗能和产能过剩行业扩大产能,淘汰一批"三高一低"的企业,确保完成节能减排约束性指标。大力推广循环经济试点、清洁生产审计和环境管理体系认证,促进节能、减排、降耗,为优质项目落户腾出环境容量。积极发展生态经济,推进绿色低碳增长,加快形成节约能源资源和保护生态环境的产业结构、增长方式。(△环保局,经信委、科技局、核心港区、高新区、临港经济园、各镇街等)

2. 加强环境管理。深入开展整治企业违法排污环保专项行动,加大对电镀、化工、印染等行业的整治力度和监察频次,严厉打击各类环境违法行为,着力解决好群众反映强烈的环境问题。切实加强饮用水源保护,确保城乡人民饮水安全。落实最严格的耕地保护制度和节约用地制度,促进生产空间节约高效,大幅提高资源配置效率和综合利用效益。落实好"1%村庄环境长效管理"资金,加强村庄环境综合整治和长效管理,打造生态宜居环境。(△环保局,水利局、住建局、城管办、国土分局、核心港区、高新区、临港经济园、各镇街等)

3. 打造生态名城。注重经济增长与生态建设的良性互动,积极打造宜居环境,努力实现绿色发展。核心港区、高新区建成省级生态园区,所有镇达到国家级环境优美乡镇的标准,70%以上的社区建成绿色社区,确保2014年建成国家生态区。加强水系沟通,加快污水管网建设,推进雨污分流,建立较为系统完整的城乡排污体系,确保城区污水收集率、处理率均达100%。深入推进生态林网、绿色通道、村庄绿化、湿地保护等重点工程建设,形成"水绿相依、城林交融"的滨江港城特色风貌。(△环保局,农委、水利局、住建局、城管办、核心港区、高新区、临港经济园、各镇街等)

三、保障措施

(一)加强组织领导。成立由区委、区政府主要领导任总指挥长、分管领导任副总指挥长、相关部门主要负责人为成员的争当全市转型升级综合改革排头兵总指挥部。设立各个条块争当全市转型升级综合改革排头兵分指挥部,明确牵头单位和工作职责,对转型升级的重点工作实行目标化管理、项目化推进。建立健全督查推进工作机制,定期组织督查,加强跟踪推进,推动工作落实。研究制定争当全市转型升级综合改革排头兵考核评价指标体系,作为对各园区(镇街)年度考评的重中之重,纳入区级机关部门(单位)绩效管理的重要内容。建立政策执行全程监督评价体系,加大激励奖惩力度,严肃责任追究,确保落实到位。(△区委办,政府办、监察局、督查与考核办等)

(二)深化体制机制改革。加快重点领域和关键环节的改革试点,以改革的大突破推进转型升级的大突破。深化行政管理体制机制改革。积极上争省市级授权,力争享受县一级行政审批权限,减少行政审批路径,缩短行政审批周期;深化行政审批制度改革,通过直接下放、委托行使等方式赋予园区相关区级行政审批职能,大力推行网上审批,提高行政效率。实体化运行行政服务中心,确保区级行政审批事项进驻率达100%、部门授权到位率达100%。深化财政体制改革。在支持企业开放创新上做"加法",梳理整合财政激励政策,重点向实体经济、税源经济倾斜,加大对企业"六化"转型的奖励力度;进一步优化园区、镇街分税制财政体制,支持园区、镇街加快发展;规范政府采购,加强对财政投入项目审计和效益评估,提高财政资金使用效益;实行机关后勤服务市场化,控减行政机关运行成本。深化科技创新体制改革。设立科技创新专项资金,建立科技研发、科技孵化、成果转化为一体的"政产学研金"合作机制;探索风投、创投等科技金融支持措施,完善风险补偿和财政奖励机制;组建船舶、通用动力、粮油食品、壁纸等研发合作产业联盟,实现研发资源共享,降低研发成本,缩短研发周期。深化要素资源配置改革。放宽市场准入,鼓励民间资本进入基础产业、基础设施领域、市政公用事业。完善节约集约用地考核体系,实行盘活存量与用地计划捆绑奖励;合理设置项目准入门槛,既重投资强度,更重税收产出;加强项目用地跟踪督查,严格竣工验收制度。建立全区闲置资产数据库,按照"资源资产化、资产资本化、资本股份化"的思路,实现"集中管理、市场运作、利益共享",发挥闲置资产最大效益。深化统筹发展机制改革。在城乡统筹上，推进工业向园区集中、居住向城镇集中、土地向规模经营集中，探索实施农民宅基地及住宅置换城镇住房、土地承包经营权置换城镇社会保障、集体经济组织中的资产置换合作社股权。在园区统筹上，建立项目落户统筹机制，推进产业集聚，增强园区产业特色。支持村居在园区或工业集中区建设标准厂房，增强村集体“自我造血”功能。（△政府办，发改委、经信委、科技局、商务局、财政局、农委、人社局、法制办、行政服务中心、国土分局、规划分局、城投中心、金融办、核心港区、高新区、临港经济园等）

（三）构建社会共创体系。认真学习、深刻领会、贯彻落实党的十八精神，大力弘扬“三创三先”新时期江苏精神，推进新一轮思想大解放。在全区组织开展“我为转型升级作贡献”大讨论活动，引导全区上下冲破传统思维束缚和传统路径依赖，先行先试、敢闯敢试，形成支持转型升级的良好社会环境，激发大家走在转型升级综合改革的前列。健全政府与企业、市民的信息沟通机制，提高《工作意见》实施的民主化程度和透明度。充分发挥人大、政协的工作监督、民主监督作用和纪检监察机关的纪律监督作用，发挥新闻媒体和社会各界的桥梁和监督作用，形成全社会共同关注、共同支持争当全市转型升级综合改革排头兵的强大合力。（△宣传部，纪委、人大办、政协办、机关各部门、各镇街等）

（注：加△标志的为牵头部门）

中共泰州市高港区委关于改进工作作风、密切联系群众的十项规定

泰高发〔2013〕3号

为贯彻落实党的十八大精神和中央政治局、省委、市委关于改进工作作风、密切联系群众的各项规定，带头弘扬党的优良传统和作风，始终保持和人民群众的血肉联系，结合高港实际，制定如下十项规定。

一、切实改进调查研究。区领导同志要紧紧围绕事关我区改革发展稳定的重点难点热点问题，明确调研主题，有针对性地安排考察点和座谈会，既要选择工作开展好的地方和单位，更要多到困难和矛盾集中、群众意见多的地方去开展调查研究。区委常委、副区长每年到基层调研时间不少于两个月。调研可采用随机的方式，注重向群众学习、向实践学习，多同群众座谈，多同干部谈心，多商量讨论，多解剖典型，全面深入了解基层一线的实情、检查决策政策的实效、探讨推动科学发展的实招，总结经验、研究问题、解决困难、指导工作，力戒走形式、走过场。各考察点不能为迎接考察装饰布置，更不能弄虚作假。区委常委不同时到一个园区、镇街、部门考察调研，区领导不要集中或轮番到一个点、一条线路考察调研。区委常委、副区长围绕区委、区政府重大决策部署开展的重要调研活动，应向区委、区政府提交调研报告，必要时区委书记或区委常委会议、区政府常务会议可听取调研情况汇报。

二、全力解决民生难题。自觉践行以人为本、执政为民的理念，坚持群众路线，站稳群众立场，推进“三解三促、两送两增”活动常态化、制度化。进一步深入开展“三尊重、三服务”活动和领导干部挂钩联系企业、项目、社区活动。坚持问政于民、问需于民、问计于民，进一步完善“两代表一委员”工作日、工作室、工作经费制度和领导干部接访下访制度，了解群众诉求，关心群众疾苦，着力解决群众反映强烈的突出问题，努力让群众得到实实在在的利益。适应新形势下群众工作新特点新要求，探索运用网络等新媒体与群众直接联系的途径和方法，深入做好组织群众、宣传群众、教育群众、服务群众工作。

三、切实加强机关效能建设。区领导同志要以优良作风抓好工作落实，对区委、区政府确定的年度工作目标、重点工作，要落实责任，提高效能，确保完成。区领导同志要根据各自分工，加强统筹协调，突出各种困难和矛盾的化解处置，突出重点工作、重点项目的推进，以创新、务实、高效的工作作风切实解决实际问题。要进一步完善机关效能考评机制，细化量化、分解落实转型升级综合改革目标任务，为推进转型升级综合改革提供保障。坚持属地管理、分级负责，谁主管、谁负责的原则，大力推行领导干部包案处理疑难信访问题，有效预防、及时处置各类群体性信访案件。认真落实信访工作领导责任制和责任追究制。

四、着力精简会议活动。严格控制以区委、区政府名义召开的各类会议和举行的重大活动。可开可不开的会坚决不开，可合并开的会尽力合并召开；可由部门召开的会议，不以区委、区政府名义召开。严格执行关于开展清理和规范评比、达标、表彰与庆典、研讨会、论坛活动的各项规定，未经区委、区政府批准，不在园区、镇街任职的区领导同志一律不出席各类剪彩、奠基活动和庆祝会、纪念会、表彰会、研讨会及各类论坛等。严格控制会议活动规模。区委、区政府召开的会议，除涉及全局性工作的会议外，一般只请各镇街一位分管负责同志参加，减少领导陪会。区委、区政府召开的某一方面工作会议，原则上只安排分管领导出席；部门召开的会议，区委、区政府领导一般不出席，主办部门也不得要求各镇街负责同志出席。召开会议不要照套上级会议的格式，而应视实际情况安排。从严控制要求镇街党政主要负责同志参加的会议。切实改进会风，提倡开短会、讲短话，力戒空话、套话，提高会议实效。

五、大幅减少文件简报。规范公文处理程序，严格按照工作需要和职能范围发文，没有实质内容、可发可不发的文件、简报一律不发。除区委办《高港情况》、区政府办《政务通讯》外，原则上各类简报一律停发，如确有需要须经区委宣传部核准并报区委办公室备案。属于部门职权范围内的文件，一律由部门自行发文或联合发文，不以区委、区政府或区委办公室、区政府办公室名义转发或印发。严格公文流转程序，区委办公室、区政府办公室要加强文件起草、审核、批准的扎口把关。积极推进无纸化办公。凡党内规范性文件，要依照相关规定，进行审查、备案。

六、严格规范出访活动。区领导出访活动根据工作需要安排，严格按照上级规定执行，实行量化管理。区主要领导同志原则上不安排同期出访。严格按照工作需要安排陪同人员，工作人员要从简从紧。出访团组要严格按照规定乘坐交通工具。除招商引资外，严格控制并压缩党政干部一般性考察学习。外出考察学习，要及时向区委、区政府书面报告考察学习成果。

七、着力简化接待工作。区领导同志到基层考察调研要坚持轻车简从，严格控制陪同和工作人员并按照有关规定执行。各级领导同志到基层调研，不张贴悬挂标语横幅，不打电子屏滚动标语，不摆放花草，不插彩旗，不赠送纪念品和土特产。不安排宴请，如需就餐，一律安排工作简餐。区领导同志下基层，不用警车带路，不限制正常的生产经营活动，不扰民。接待上级领导、外地代表团和客商要务实节俭、热情周到，突出地方特色。

八、简化改进新闻报道。区领导出席会议和活动应根据工作需要、新闻价值、社会效果决定是否报道。区级机关各部门各单位召开的业务性、内部性会议一般不作报道。报道区领导同志出席会议和活动的新闻，要按照精简务实的原则，进一步压缩报道的数量、字数、时长，有的可刊播简短消息，有的只报标题新闻。除项目洽谈、签约等有实质性内容的活动外，区领导同志一般性的会见会谈一律不作报道。

九、带头厉行勤俭节约。严格执行财经纪律和工作纪律，严格执行住房、车辆配备等有关工作和生活待遇的规定，严禁高标准装修办公用房。倡导厉行节约，反对铺张浪费，从严控制会议活动规模及规格，严格控制会议活动经费支出。大力精简各类茶话会、联欢会。严肃整治公款大吃大喝和公款旅游行为，规范公务用车管理。严禁用公款走访、送礼、宴请等活动。会议活动现场布置要俭朴，一律不摆放花草和香烟水果、不制作背景板。一般性会议不制作非纸质专用材料袋，不发笔和记录本。工作日午间严禁饮酒，节假日执行公务期间严禁饮酒，区内各级单位、部门之间严禁相互宴请。

十、始终坚持廉洁从政。严格执行领导干部廉洁从政各项规定，认真落实领导干部报告个人有关事项制度，严格执行领导干部述职述廉等制度，加强廉政风险防控管理，坚持依法用权、秉公用权，自觉接受人民群众监督，让权力在阳光下运行。审慎对待亲情友情和社会交往，严格教育、从严要求配偶、子女、亲属和身边工作人员。坚持自重自省、自警自励，模范遵守党纪国法，自觉加强自身修养，保持高尚的精神追求，培养健康的生活情趣，坚守共产党人的精神家园，永葆为民务实清廉的政治本色。

关于分类推进事业单位改革的实施意见

泰高发〔2013〕11号

为全面贯彻落实党的十八大和区第四次党代会精神，推动我区公益事业又好又快发展，根据《中共中央、国务院关于分类推进事业单位改革的指导意见》（中发〔2011〕5号）、《中共江苏省委、江苏省人民政府关于分类推进事业单位改革的实施意见》（苏发〔2012〕26号）和《中共泰州市委、泰州市人民政府关于分类推进事业单位改革的实施意见》（泰发〔2013〕18号），结合高港实际，现就分类推进我区事业单位改革提出如下实施意见。

一、指导思想、基本原则和主要目标

（一）指导思想

高举中国特色社会主义伟大旗帜，以邓小平理论、“三个代表”重要思想、科学发展观为指导，按照政事分开、事企分开和管办分离的要求，以促进公益事业发展为目的，以科学分类为基础，以创新体制机制为核心，坚持分类指导、分业推进、分级组织、分步实施的工作方针，进一步增强事业单位活力，不断满足人民群众日益增长的公益服务需求。

（二）基本原则

坚持以人为本，发展公益事业，把提高公益服务水平、满足人民群众需求作为出发点和落脚点；坚持分类指导，明确功能定位，根据不同类别事业单位的特点，实施改革和管理；坚持开拓进取，创新体制机制，破除影响公益事业发展的体制机制障碍，大胆进行多种形式的探索和实践；坚持着眼发展，优化资源配置，充分发挥政府主导、社会力量参与和市场机制的作用，实现公益服务提供主体多元化和提供方式多样化；坚持统筹兼顾，整体配套衔接，注意与行业体制改革、政府机构改革等相衔接，妥善处理改革发展稳定的关系。

（三）主要目标

改革的总体目标是：2020年前，建立起功能明确、治理完善、运行高效、监管有力的管理体制和运行机制，形成基本服务优先、供给水平适度、布局结构合理、服务公平公正的公益服务体系。

改革的阶段性目标是：2013年12月底前，全面完成事业单位分类工作。2015年12月底前，基本完成承担行政职能事业单位和从事生产经营活动事业单位改革工作，从事公益服务事业单位在机构编制、人事管理、收入分配、社会保险、财税政策等方面的改革取得明显进展，管办分离、完善治理结构等改革取得较大突破，社会力量兴办公益事业的制度环境进一步优化，为加快转型升级，推进融合发展，实现更高水平小康、率先融入苏南提供重要保证。

二、工作任务

（一）按照社会功能科学划分事业单位类别

在前期清理规范的基础上，按照社会功能，将现有事业单位划分为承担行政职能、从事生产经营活动和从事公益服务三个类别。根据职责任务、服务对象和资源配置方式等情况，将从事公益服务事业单位细分为两类：承担义务教育、基础性科研、公共文化、公共卫生及基层的基本医疗服务等基本公益服务，不能或不宜由市场配置资源的，划入公益一类；承担非营利医疗等公益服务，可部分由市场配置资源的，划入公益二类。今后，不再批准设立承担行政职能事业单位和从事生产经营活动事业单位。

（二）稳步推进承担行政职能事业单位改革

根据国家有关法律法规和中央、省、市有关政策规定，按照是否完全或主要履行行政决策、行政执行、行政监督等职能，从严认定承担行政职能的事业单位，不以机构名称、经费来源、人员管理方式等作为依据。

对已认定为完全承担行政职能的事业单位和主要承担行政职能的事业单位在其他职责剥离后，在规范和调整其行政职能、重新核定人员编制的基础上，可调整为相关行政机关的内设机构，确需单独设置行政机构的，要按照精简效能的原则设置。改革中涉及行政机构编制调整的，不得突破政府机构限额和行政编制总额，主要通过行政管理体制和政府机构改革中调剂出来的空额逐步解决。

已认定为承担行政职能、但尚未调整到位的事业单位，在过渡期内继续按照现行法律法规和政策规定履行职责，使用事业编制且只减不增，依照现行机构编制、人事、财务、社会保险等政策规定实施管理。

对部分承担行政职能的事业单位，要认真梳理职能，将属于政府的职能划归相关行政机构；职能调整后，要重新明确事业单位职责、划定类别，工作任务不足的予以撤销或并入其他事业单位。

按照事业单位不再承担行政职能的改革方向和管理要求，今后事业单位原则上不再承担行政职能。

（三）积极推进从事生产经营活动事业单位改革

1.加快推进转企改制。对从事生产经营活动事业单位要加快转企改制，使其成为市场竞争主体。要周密制定转企改制工作方案，按照有关规定进行资产清查、财务审计、资产评估，核实债权债务，界定和核实资产，由财政部门依法核定国家资本金。事业单位转为国有企业的，要按现代企业制度要求，深化内部改革，转变管理机制，并依照政企分开、政资分开的原则，与原行政主管部门脱钩，其国有资产除国家另有规定外，由履行国有资产出资人职责的机构负责。鼓励事业单位转企的同时，进行产权制度改革，采取兼并、重组、股份制改造等多种形式，依法组建公司制企业、合伙企业或个人独资企业。转企改制单位要按规定注销事业单位法人，核销事业编制，进行国有资产产权登记、工商登记，并依法与在职职工签订劳动合同，建立或接续社会保险关系。

2.制定完善相关政策。为平稳推进转企改制工作，可给予过渡期，一般为5年。在过渡期内，对转企改制单位给予适当保留原有税收等优惠政策，原有正常事业费继续拨付。在离退休人员待遇方面，转企改制前已离退休人员，原国家和省、市规定的离退休费待遇标准不变，支付方式和待遇调整按国家和省、市有关规定执行；转企改制前参加工作、转企改制后退休的人员，基本养老金的计发和调整按照国家和省、市有关规定执行，保证离退休人员待遇水平平稳衔接。在医疗保障方面，离休人员继续执行现行办法，所需资金按原渠道解决；转企改制前已退休人员，转企改制后继续按规定享受职工基本医疗保险、补充医疗保障等待遇。有条件的转企改制单位，可按照有关规定为职工建立补充医疗保险和企业年金。要进一步做好离退休人员的服务管理工作。

（四）深化从事公益服务事业单位改革

1.优化布局结构。加强公益事业的统筹规划，推动社会事业发展规划、重大社会公益项目立项与事业单位机构编制管理的有效对接，为社会力量参与举办公益事业留下足够空间。打破条块分割和行政区划界限，整合职责功能相近的事业单位，提升公益服务能力。优化事业单位层级分布，面向社会提供公益服务的事业单位原则上实行属地管理。

2.改革管理体制。实行政事分开，理顺政府与事业单位的关系。行政主管部门要加快职能转变，创新管理方式，减少对事业单位的微观管理和直接管理，强化制定政策、行业规划、标准规范和监督指导等职责。对面向社会提供公益服务的事业单位，积极探索管办分离的有效实现形式，逐步取消行政级别，落实事业单位法人自主权，保证其依法决策、独立自主开展活动并承担责任。

3.规范和创新机构编制管理。

贯彻落实《江苏省事业单位机构编制管理办法》《泰州市机构编制管理办法》和《泰州市高港区机构编制管理办法》，全面规范从事公益服务事业单位的机构编制事项。对不同类型事业单位实行不同的机构编制管理。推进事业单位机构编制科学化、规范化、法制化管理，建立健全“控制总量、盘活存量、优化结构、有减有增”的动态管理长效机制，用好用活现有编制资源。进一步强化机构编制管理与组织（人事）管理、财政预算等综合约束机制。加快建立事业单位机构编制执行情况和公益性职责履行情况的定期评估制度。推进事业单位部分岗位实行政府购买服务的办法。

4. 建立健全法人治理结构。加强事业单位的法人资格管理。面向社会提供公益服务的事业单位，探索建立理事会、董事会、管委会等多种形式的治理结构，健全决策、执行和监督机制，提高运行效率，确保公益目标实现。不宜建立法人治理结构的事业单位，继续完善现行管理模式。

5. 深化人事制度改革。以转换用人机制和搞活用人制度为核心，以健全聘用制度和岗位管理制度为重点，建立权责清晰、分类科学、机制灵活、监管有力的事业单位人事管理制度，实现由固定用人向合同用人转变，由身份管理向岗位管理转变。加快推进职称制度改革，健全专业技术人才评价机制。坚持科学化、民主化、制度化方向，对不同类型事业单位实行分类人事管理，依照编制管理办法分类设岗，实行公开招聘、竞聘上岗、按岗聘用、合同管理。

6. 深化收入分配制度改革。以完善工资分配激励约束机制为核心，健全符合事业单位特点、体现岗位绩效和分级分类管理要求的工作人员收入分配制度。结合规范事业单位津贴补贴，进一步完善事业单位绩效工资实施工作和分类管理办法。按照国家和省、市统一部署，逐步完善事业单位工资正常调整机制和收入分配宏观调控机制。

7. 推进社会保险制度改革。根据国家和省、市统一部署，积极研究并逐步推进事业单位及其工作人员参加基本养老、基本医疗、失业、工伤、生育等社会保险政策，逐步建立起独立于单位之外、资金来源多渠道、保障方式多层次、管理服务社会化的社会保险体系。事业单位工作人员基本养老保险制度改革实行社会统筹和个人账户相结合的模式，养老保险费由单位和个人共同负担，个人缴费全部记入个人账户。实行“老人老办法、新人新制度、中人逐步过渡”，对改革前参加工作、改革后退休的人员，妥善保证其养老待遇水平平稳过渡、合理衔接，保持国家规定的待遇水平不降低。探索建立事业单位工作人员职业年金制度。

8. 加强对事业单位的监督。建立事业单位绩效考评制度，考评结果作为确定预算、负责人奖惩与收入分配等的重要依据。加强审计监督和舆论监督。面向社会提供公益服务的事业单位要建立信息披露制度，重要事项和年度报告要向社会公开，涉及人民群众切身利益的重大公益服务事项要进行社会公示和听证。

9. 全面加强事业单位党的建设。按照党章和有关规定，及时调整党的组织设置，理顺隶属关系，选好配强党组织领导班子，加强党员教育、管理、服务，做好思想政治工作，推进精神文明建设，领导工会、共青团等群众组织开展工作，充分发挥党组织在促进事业发展、完成本单位中心任务中的领导核心或政治核心作用，保证党的基本路线方针政策在事业单位的贯彻执行。

（五）构建公益服务新格局

1. 大力发展公益服务。适应经济社会发展和人民群众需要，不断拓展公益服务领域，增加公益服务品种，扩大公益服务供给总量。发挥政府主导作用，引导社会力量广泛参与，引入市场竞争机制，形成提供主体多元化、提供方式多样化的公益服务新格局，满足人民群众多层次、多样化的公益服务需求。

2. 强化政府责任。按照逐步实现基本公共服务均等化的要求，优先发展直接关系人民群众基本需求和社会和谐稳定的公益服务，加快构建终身教育、就业服务、社会保障、基本医疗卫生、住房保障、社会养老服务“六大体系”，把公益服务资源更多地向民生领域倾斜，缩小城乡之间、地区之间公益服务水平差距，努力为人民群众提供保基本、广覆盖、可持续的公益服务。

3. 鼓励社会力量兴办公益事业。引导社会力量广泛参与，充分发挥市场在公益事业领域资源配置中的积极作用，完善相关政策，放宽准入领域，推进公平准入，鼓励支持社会力量和国（境）外资本，以出资创办、入股联办和民办公助、公办民助等形式兴办公益事业，或通过捐赠等形式参与公益服务。创新公益服务提供方式，采用政府购买、合同外包、特许经营、投资补贴等方式，鼓励和支持社会力量参与兴办医疗、科技、教育、社会福利、文化、旅游、体育等公益事业，对社会力量兴办公益事业的，在设立条件、资质认定、职业资格、职称评定、税收政策和政府购买服务等方面，与事业单位公平对待。

（六）完善支持公益事业发展的财政政策

1. 加大财政支持力度。加快建立健全公共财政体系，调整支出结构，加大投入力度，构建财政支持公益事业发展长效机制，对基本公共服务范畴的公益事业优先保障。制定和完善支持社会力量兴办公益事业的财政政策，形成多渠道筹措资金发展公益事业的投入机制。对事业单位的财政资金使用情况进行绩效考评，严格资金管理，提高使用效益。

2.完善财政支持方式。按照国家政策和以事定费的原则，结合不同事业单位的具体特点和财力，对不同类型事业单位实行不同的财政支持办法，合理制定标准，实行动态调整，健全监管制度，充分发挥财政资金的效用。对公益一类事业单位，根据正常业务需要，财政给予经费保障；对公益二类事业单位，根据财务收支状况等，财政给予经费补助，并通过政府购买服务等方式予以支持。

3.推进预算管理、政府采购和国有资产管理改革。研究建立事业单位资产配置标准体系，促进资产管理与预算编制有机结合，强化事业单位政府采购预算管理与执行，规范政府采购操作执行行为。加强行政事业性收费管理，严格收费项目和标准审批。建立健全事业单位财务会计和国有资产管理制度，加强财务监督，确保财政资金和国有资产使用规范、安全和有效。

三、组织实施

（一）健全领导机制。分类推进事业单位改革事关我区经济社会发展全局，政策性强，涉及面广，情况复杂，任务艰巨。为切实加强对全区事业单位分类改革工作的组织领导，区委、区政府决定成立区分类推进事业单位改革工作领导小组，负责全区事业单位改革工作的组织领导和统筹协调，研究审议改革政策，协调处理重大问题，督促落实改革任务。领导小组办公室设在区编委办，具体负责日常工作。各园区、各镇、街道，区级机关各部门（单位）要健全工作机制，明确专人抓好落实。

（二）加强协作配合。在区委、区政府的统一领导下，区机构编制、纪检监察、组织、发展改革、财政、人力资源社会保障等部门要按照领导小组明确的职责分工，各司其职，密切配合，指导做好相关工作，对改革中出现的新情况、新问题，及时研究提出指导性意见。各事业单位主管部门(举办主体)是事业单位分类改革工作的责任主体，要按照全区的统一部署，负责所属事业单位分类改革工作，妥善解决改革中出现的矛盾和问题。教育、科技、文化、卫生等部门要按照现行的领导体制和政策规定，继续推动行业体制改革。

（三）积极稳妥实施。坚持分类指导、分业推进、分级组织、分步实施的工作方针，按照有利于促进公益事业发展、有利于促进社会和谐稳定的要求，注重把握改革的节奏和力度，加强统筹协调，做到条块结合、上下结合，条件成熟的可率先改革，暂不具备条件的允许过渡，不搞“一刀切”，平稳有序推进事业单位改革。严格遵守组织人事、机构编制和财经纪律，严禁突击提拔干部、严禁超职数配备干部或违反规定提高干部职级待遇。在改革任务完成前，原则上冻结承担行政职能和从事生产经营活动类事业单位人员（政策性安置人员除外）。加强新闻宣传，把好宣传口径，正确引导社会舆论，为改革营造良好舆论氛围和社会环境。要深入细致做好思想政治工作，引导广大干部职工积极支持和参与改革，确保社会和谐稳定，确保国有资产不流失，确保公益事业健康发展。

高港区中心城区村（居）民住房预动迁实施办法

泰高政规〔2013〕1号

第一条 为加快城市化步伐，改善村（居）民住房条件和人居环境，结合本区实际，制定本办法。

第二条 本办法适用于中心城区，即以下城市建设控制区范围：

1.泰州市城市总体规划规定的宁通公路以南、泰州大桥北接线以西、长江以北、南官河以东区域用地范围；

2.高新技术产业园、核心港区、临港经济园规划区范围；

3.市、区政府实行规划控制的其他区域。

第三条 中心城区严禁村（居）民新建、翻建、扩建住房，防止形成新的“城中村”，避免“二次拆迁”，符合下列条件之一的家庭可按照本办法规定申请预动迁：

1.人均住房面积低于省小康水平的农户；

2.经实施主体组织专业人员鉴定其住房属危房的农户。

第四条 高新技术产业园、核心港区、临港经济园预动迁实施主体为所属管委会，中心城区预动迁实施主体为区城投中心（不含园区范围）。

第五条 本办法所称预动迁，是指对村（居）民自有宅基地上的住房，预先按拆迁标准进行补偿，拆房后准许村（居）民购买城市安置房的行为。预动迁的补偿标准按照预动迁时点的相关拆迁政策执行，但不享受提前搬迁奖励和联动搬迁奖励。政府公布的安置房建安造价、安置房价格、同地区商品房市场价等价格，由实施主体确定，报物价部门核准后实施。

第六条 符合预动迁条件的家庭选择城市安置区的，可结合家庭人口按人均住房面积30平方米靠套型选择。各户实际安置面积小于等于安置面积标准的，按安置房屋建安造价与实施单位结算房款；实际安置面积超出安置面积标准10平方米以内部分，按政府公布的安置房价格结算；实际安置面积超出安置面积标准10平方米以外部分，按同地区商品房市场价结算。各户选择的安置房面积小于原有住房面积的，对面积差额部分，由实施单位按政府公布的安置房价格给予差价补偿（安置房价格–安置房建安造价）。

第七条 村（居）民预动迁申请经批准，并签订预动迁补偿安置协议书后，必须拆除原有住房，退出原有宅基地，原宅基地可由区主管部门委托镇（街道）或园区代为管理。

第八条 按照“谁使用、谁收

益、谁投入”的原则，由实际用地单位负责预动迁的各项费用支出。未落实用地单位的，由实施主体先行垫付相关费用，待落实用地单位后由用地单位与垫款单位结清当时预动迁成本及所发生的财务费用。

第九条 预动迁实行登记备案制度。各镇（街道）、园区应根据相关规定，调查统计并形成本地区年度《预动迁登记表》。区城投中心和各园区应会同区发改、财政、住建、规划、国土部门编制城市建设控制区预动迁年度计划和三年计划，并提前落实资金及安置房源，履行好自身职责分工。

第十条 预动迁由符合预动迁条件的农户提出书面申请，并提供户籍证明和身份证件复印件（原件备查）、土地使用权属证件或证明（原件备查）、原有房产权属证件或证明（原件备查）、未享受拆迁安置或货币补偿证明或文件原件等材料，经行政村（社区）、镇（街道）逐级审核后报相关单位核放《泰州市高港区村（居）民符合住房预动迁条件确认书》（以下简称预动迁条件确认书）。

1. 高新技术产业园、核心港区、临港经济园村（居）民住房预拆迁条件确认书由所属管委会核发；

2. 中心城区（不含园区）村（居）民住房预动迁条件确认书由区城投中心会同区住房城乡建设局核发。

第十一条 预动迁申请人领取预动迁条件确认书后，与实施主体按拆迁规定签订《泰州市高港区村（居）民住房预动迁补偿安置协议书》，并在落实补偿安置事宜后，将原住房交由实施主体在协议限期内组织拆迁。

第十二条 镇（街道）要加强宣传指导、村（居）民预动迁条件审核和批后监管工作，严防违法建设行为发生。

第十三条 本办法由制发单位负责解释。各实施主体应切合自身实际制定相应的计划和工作细则。

第十四条 本办法自印发之日起施行。

高港区镇区村（居）民住房建设管理实施办法

泰高政规〔2013〕2号

第一条 为加强小城镇个人住房建设管理，鼓励村（居）民向小城镇聚集，改善群众住房条件和人居环境，加快城镇化建设步伐，依据《中华人民共和国城乡规划法》《中华人民共和国建筑法》《江苏省城乡规划条例》等法律法规及《泰州市实施〈江苏省土地管理条例〉办法》等规定，结合本区实际，制定本办法。

第二条 本办法适用于本行政区域村（居）民在中心城区之外镇区及集镇规划建设用地范围内的住房建设活动。

第三条 镇区及集镇严格控制个人建房，但符合下列条件之一的农户，可批准到统一规划的集中居住区建（购）低层联排、复式联排住宅或多层、小高层村民公寓。

1. 镇区及集镇无房户；

2. 镇区及集镇人均住房面积低于省小康水平的农户；

3. 镇区及集镇危房户（经镇人民政府、街道办事处组织专业人员鉴定属危房且无其他宅基地的）；

4. 符合建房条件的农村区域农户。

第四条 允许符合建房条件的农村区域农户申请退出原宅基地到城镇置换村民公寓或到集中居住区建（购）房。凡选择进集中居住区村民公寓的农户，原宅基地已复垦的，享受以建安成本价购置建房政策允许批准的建筑面积等优惠条件，节约的土地按征地安置补偿标准奖补。凡进集中居住区占用集体土地建房的农户，原宅基地已复垦的，经区政府批准，免缴耕地开垦费、农业重点开发建设资金和新增建设用地有偿使用费。

第五条 城镇居民不得占用农村集体经济组织的土地新建住宅或购买农村集体经济组织成员的住宅，因户籍制度改革农业户口转为非农业户口以及离退休干部、职工，没有享受过划拨供地建房且没有参加房改或货币分房的除外。住房困难的城镇中低收入家庭可按规定申请租赁公租房或购买经济适用房、限价商品房等保障性住房。

第六条 集中居住区规划由镇人民政府（街道办事处）组织修编，区规划分局、国土资源分局、住房城乡建设局等部门负责业务指导，村民会议或者村民代表会议讨论同意，镇（街道）人民代表大会审议通过并经区人民政府审核后，报市政府审批。

集中居住区规划必须依据城镇总体规划、土地利用总体规划，按照“利于就业、方便生活、适宜集聚”的要求，在镇区或集镇选择区位优势较好、村民集聚程度较高、配套基础设施较完善、利于多个村组集聚的地方科学选址。规划布局要充分预留本行政区域范围内空心村治理和零散村、小型村、偏远村及非规划点村迁并安置用地，通盘考虑老年人住房安排。集中居住区住宅设计应遵守国家和地方关于抗御灾害及节地、节材、节能等规定，充分体现泰式民居风格，保持整体风貌协调、套型功能合理。公寓式住宅每套建筑面积60~140平方米。

第七条 执行“一户一宅”的法律规定，严格控制宅基地面积标准。低层或复式联排住宅每户用地面积不得超过100平方米。集中居住区新增建设用地，原则上由镇（街道）通过增减挂钩或土地整治等方式予以解决，确需土地利用年度计划且占用耕地的，在镇（街道）落实占补平衡的基础上，区国土资源部门优先安排用地指标，切实保障村（居）民住宅建设合理用地需求。

第八条 对现有各类建设用地进行调整置换的，应按照相关规定评估土地、房屋价格并做好补偿安置。在留足村（居）民必需的住宅建设用地前提下，其他土地可依法用于发展二、三产业，但不得利用集体土地违法建设销售住宅，以市场化模式开发建设对外销售的，应依法办理土地征用等相关手续，缴纳土地出让金。

第九条 村（居）民建房必须由持证建筑工匠或具备相应施工资质等级证书的施工队伍承担住房建设施工。多层以上公寓由镇人民政府（街道办事处）统一组织实施。

第十条 对不符合城乡规划经鉴定确属危房且无其他合适选择的，经批准可以在原址、按法定面积不超过原面积进行修建，但不得影响相邻人的合法权益。

第十一条 村（居）民住房建设由镇人民政府（街道办事处）负责资格审核。村（居）民住宅不改变土地所有权属的，其建房由所属镇（街道）按照本办法要求负责审核建房申请材料，审核通过后将材料汇总报区规划分局审批许可，办理发放建设工程规划许可证。

第十二条 有下列情形之一的，禁止进行村（居）民住房建设：

1.不符合城镇总体规划、土地利用总体规划及其他相关规划的；

2.不符合村（居）民个人住房建设申请条件的；

3.恶意违法建设未按规定处理或未处理完毕的；

4.已列入拆迁或规划、文化等部门划定的需要控制建设范围的；

5.拆旧房另建新房不愿交出原有宅基地的；

6.有非法转让、出租、赠予宅基地或者房屋行为的；

7.在集体土地范围内一户多宅或有其他闲置住宅的；

8.村（居）民建房未办理用地手续的；

9.不符合分户条件以分户名义申请宅基地的；

10.申请人和房屋所有人已享受拆迁安置或货币补偿的；

11.申请人户口虽迁入集体经济组织但并未履行集体经济组织成员义务的；

12.法律法规规章及政策规定不得批准建房的其他情形。

第十三条 符合个人建房条件的村（居）民，应当提交以下材料，并对材料的真实性负责：

1.建房申请；

2.户籍证明和身份证件复印件（原件备查）；

3.有效的土地使用权属证件或证明（原件备查）；

4.有效的原有房产权属证件或证明，无房户应当提供镇人民政府、街道办事处出具的无房证明（原件备查）；

5.建房申请现场公示结果证明材料原件；

6.危房翻建的，应当提供危房鉴定机构出具或镇（街道）组织专业人员鉴定的危房鉴定书。在文物保护单位、历史文化街区、历史地段、历史建筑群和建设控制地带的危房翻建，其翻建方案应当先报经本地区文物保护部门审批；

7.拟建房屋与相邻建筑毗连或者涉及到公用、共用、借墙等关系的，应当取得相邻建筑所有权人同意，并提供书面协议原件；

8.镇人民政府（街道办事处）提供的申请人家庭未享受拆迁安置或货币补偿证明或文件原件。

以上复印件均需行政村（社区）、镇人民政府（街道办事处）盖章确认，特殊情况的由镇人民政府（街道办事处）出具书面情况说明。

第十四条 村（居）民在镇区建设住房审批程序：

1.申请人向户口所在地的行政村（社区）提出书面建房申请，并提供现有住房和宅基地面积、家庭成员数量、户籍关系证明等材料；

2.行政村（社区）集体讨论建房申请，并予张榜公布，公示期10天，期满后无异议并符合本办法规定的，由行政村（社区）签署意见，并报所属镇（街道）审核；

3.镇（街道）派员在5个工作日内进行现场踏勘，根据城乡规划对申请材料进行审核，核实农户信息、四址范围和产权权属证件。申请建房材料齐全、符合规划要求的，由申请人填写《泰州市高港区村（居）民建房申报表》，村镇规划建设服务中心就拟建设情况在申报表上绘制平面示意图，标明四址范围、相邻关系、建筑物长宽高等尺寸，行政村（社区）、国土资源所、村镇规划建设服务中心、镇人民政府（街道办事处）分别签署明确意见后报区规划分局；

4.区规划分局在接到建房申请材料后，在7个工作日内对材料进行审查。区规划分局自审查同意之日起20日内核发建设工程规划许可证；

5.需办理建房用地手续的，区规划分局办理个人建房选址意见书。申请人凭个人建房选址意见书向区国土资源分局申请办理建房用地审批手续。区国土资源分局依据个人建房选址意见书核发用地通知书。建房用地报经批准后，由镇（街道）按照本办法第十三条之规定，备齐材料后统一报区规划分局审批；

6.建房申请人领取建设工程规划许可证后，经镇（街道）村镇规划建设服务中心放样和验线后，方可开工建设。

镇（街道）要加强宣传指导和村（居）民建房条件审核。对未按规定程序报批，擅自拆除原有住房后申请建房的，由城市管理部门依法查处，并责令补办审批手续。

第十五条 村民住房建设应当严格按照区规划分局核发的建设工程规划许可证进行建设，不得擅自变更；确需变更的，应当经发证机关同意，并按原审批程序办理变更手续。建设工程规划许可证有效期一年。需要申请延期的，应在许可证期满前30日内，向原审批部门申请办理延期手续，延长期限不得超过一年。

第十六条 村（居）民建房的批后监管工作由镇（街道）村镇规划建设服务中心、国土资源所、城管中队负责，确保及时发现并制止不按建设工程规划许可证确定内容建设的行为。对不听劝阻的，会同城市管理部门责令停止建设、限期整改或者限期拆除。限期拆除决定作出后，不停止建设或者逾期不拆除的，由相关职能部门采取查封施工现场、强制拆除等措施，工程所在镇（街道）村配合做好相关工作。

第十七条 镇人民政府（街道办事处）要加强对新建、翻建住房的管理，经批准新建、翻建的村民建房，新房开工建设前，其原有住房应拆除、原宅基地应还耕并交还集体经济组织。

第十八条 村（居）民建房期间，镇（街道）村镇规划建设服务中心要做好房屋场地和基础、承重墙、梁柱、楼板、屋盖及其连接构造等房屋关键部位的质量监督和施工安全管理，竣工后与国土资源所负责验收，确认与审批内容一致后，签署验收合格通知书。建房户凭验收合格通知书及相关文件到区房产主管部门办理房屋产权登记手续。区房产主管部门核验建设工程规划许可证、用地通知书、验收合格通知书及相关材料后，对符合规定的村（居）民建房，核发房屋所有权证。

第十九条 村（居）民建房有下列行为之一的，由城市管理部门根据相关法律法规进行处理：

1. 未取得建设工程规划许可证进行建设的；

2. 擅自改变建设工程规划许可证确定的内容进行建设的；

3. 利用买卖、转让的建设工程规划许可证进行建设的；

4. 利用失效的建设工程规划许可证进行建设的；

5. 未经有权部门放线、核准进行建设的；

6. 超出用地批准范围进行建设的；

7. 其他违反城乡规划的行为。

第二十条 规划、建设、国土、城管等部门及镇人民政府（街道办事处）应当加强队伍建设和管理，坚持依法行政，严格履行职责。工作人员在村民建房申请、审查、审核、批准以及监管过程中玩忽职守、滥用职权、徇私舞弊的，由其所在单位或者上级主管部门、同级政府监察机关给予行政处分。构成犯罪的，依法追究刑事责任。

第二十一条 本办法由制发单位负责解释。

第二十二条 本办法自印发之日起施行，原《关于对全区村（居）民建房实施规划控制和规范管理的意见》自行废止。

高港区农村村民住房建设管理实施办法

泰高政规〔2013〕3号

第一章 总 则

第一条 为加强农村村民住房建设管理，规范村民个人住房建设行为，引导村民住房建设节约集约，改善村民住房条件和农村人居环境，依据《中华人民共和国城乡规划法》《中华人民共和国建筑法》《江苏省城乡规划条例》等法律法规及《泰州市实施〈江苏省土地管理条例〉办法》等规定，结合本区实际，制定本办法。

第二条 本办法适用于本行政区域农村区域集体经济组织成员进行住房建设的行为。本区农村区域范围为下列城镇建设控制区之外区域：

1. 泰州市城市总体规划规定的北至宁通公路、东至泰州大桥北接线、南至长江、西至南官河建设用地范围；

2. 高新技术产业园、核心港区、临港经济园规划区范围；

3. 建制镇镇区及集镇规划建设用地范围；

4. 市、区政府实行规划控制的其他区域。

第三条 农村村民住房建设规划管理实行建设工程规划许可制度。区规划、国土、住建、城管等部门和所在镇人民政府、街道办事处，按照各自分工负责农民住房建设的相关管理工作。村民委员会依照本办法，组织实施村民建房规划，组织村民参与公益性建设，维护村容村貌整洁，推进村庄人居环境改善。

第二章 规划管理

第四条 农村严禁随意建房，应当根据土地利用总体规划、集中居住区规划或村庄规划批准建房。近期规划迁并的空心村、零散村、小型村、偏远村及非规划布点村庄范围，除危房改造外不再批准新建、改建和扩建住房，控制自然村无序扩张，改变自然村“小散乱”状况。

第五条 符合建房条件的农户可申请退出原宅基地到城镇置换村民公寓，也可根据集中居住区规划或村庄规划到居住点上建（购）房。

第六条 集中居住区规划（村庄规划）由镇人民政府（街道办事处）组织修编，区规划分局、国土资源分局、住房城乡建设局等部门负责业务指导，村民会议或者村民代表会议讨论同意，镇（街道）人民代表大会审议通过并经区人民政府审核后，报市政府审批。

第三章 用地管理

第七条 执行“一户一宅”的法律规定，严格控制宅基地面积标准。村民建房的宅基地面积、建筑占地面积，根据其家庭集体经济组织成员数，结合其原有住房状况进行界定。1~5人（含5人）户宅基地面积不超过120平方米，5人以上户不超过135平方米。建筑占地面积不得超过宅基地面积的70%。

下列人员对象，可以纳入集体经济组织成员数核定可批准面积：

1. 已婚尚未有子女的或已领取独生子女证的夫妻一方系集体经济组织成员，其配偶或子女；

2. 原户口在本行政村（社区）的现役军人（不含现役军官），复退军人；

3. 原户口在本行政村（社区）的大中专院校在校学生；

4. 原户口在本行政村（社区）的劳动教养、监狱服刑人员；

5. 原户口在本行政村（社区），后在户籍制度改革期间转为地方定量户，至今仍在履行本集体经济组织成员义务的个人；

6. 因合法的收养关系或根据国家有关政策，户口迁入本集体经济组织并履行本集体经济组织成员义务的人员；

7. 依照法律、法规和国家、省市规定符合条件的其他人员。

第八条 规划确定的居住点需要新增建设用地的，国土资源部门应优先安排农民住宅建设用地计划指标，切实保障农民住宅建设合理用地需求。占用耕地的，镇（街道）必须依法落实占补平衡。

第九条 对村庄内现有各类建设用地进行调整置换的，应按照相关规定评估土地、房屋价格并做好补偿安置。农村村民将原有住房出卖、出租或赠与他人后，再申请宅基地的，不得批准。

第四章 建设管理

第十条 农村住宅设计应当安全、适用、经济、美观，遵守国家和地方关于抗御灾害及节地、节材、节能等规定；与周边环境协调，体现泰式民居特色；住宅户型设计尊重村民生产生活习惯，按照《住宅设计规范》成套设计布局的要求，设置卧室、起居室（厅）、厨房和卫生间等基本空间。

第十一条 区行政主管部门负责编制完善农房通用图集，指导村民采用农房通用图集或经区行政主管部门审核同意的设计方案建设。

第十二条 农村住房建设施工必须由持证建筑工匠或具备相应施工资质等级证书的施工队伍承担。集中居住区多层以上公寓由镇人民政府（街道办事处）统一组织实施。

第十三条 优先安排五保低保户、贫困残疾人家庭、因灾致贫户实施危房改造。对不符合城乡规划经鉴定确属危房且无其他合适选择的，经批准可以在原址、按法定面积不超过原面积进行修建，但不得影响相邻人的合法权益。

第五章 申请条件

第十四条 有下列情形之一的，禁止村民实施住房建设：

1. 不符合城镇总体规划、土地利用总体规划及其他相关规划的；

2. 不符合村民个人住房建设申请条件的；

3. 恶意违法建设未按规定处理或未处理完毕的；

4. 已列入拆迁或规划、文化等部门划定的需要控制建设范围的；

5. 拆旧房另建新房不愿交出原有宅基地的；

6. 有非法转让、出租、赠予宅基地或者房屋行为的；

7. 在集体土地范围内一户多宅或有其他闲置住宅的；

8. 农民建房未办理用地手续的；

9. 不符合分户条件以分户名义申请宅基地的；

10. 申请人和房屋所有人已享受拆迁安置或货币补偿的；

11. 申请人户口虽迁入本集体经济组织但并未履行本集体经济组织成员义务的；

12. 法律法规规章及政策规定不得批准建房的其他情形。

第十五条 符合个人建房条件的村民，应当提交以下材料，并对材料的真实性负责：

1. 建房申请；

2. 户籍证明和身份证件复印件（原件备查）；

3. 有效的土地使用权属证件或证明（原件备查）；

4. 有效的原有房产权属证件或证明（原件备查）；

5. 建房申请现场公示结果证明材料原件；

6. 危房翻建的，应当提供危房鉴定机构出具的危房鉴定书。在文物保护单位、历史文化街区、历史地段、历史建筑群和建设控制地带的危房翻建，其翻建方案应当先报经本地区文物保护部门审批；

7. 拟建房屋与相邻建筑毗连或者涉及到公用、共用、借墙等关系的，应当取得相邻建筑所有权人同意，并提供书面协议原件；

8. 镇街提供的申请人家庭未享受拆迁安置或货币补偿证明或文件原件。

以上复印件均需行政村（社区）盖章确认，特殊情况的由行政村（社区）出具书面情况说明。

第六章 审批程序

第十六条 村民建房由镇（街道）负责资格审核，审核通过后将材料汇总报区规划分局审批许可，办理发放建设工程规划许可证。

第十七条 村民申请建房，按下列程序报批：

1. 申请人向户口所在地的行政村（社区）提出书面建房申请，并提供现有住房和宅基地面积、家庭成员数量、户籍关系证明等材料；

2. 行政村（社区）集体讨论建房申请，并予张榜公布，公示期10天，期满后无异议并符合本办法规定的，由行政村（社区）签署意见，并报所属镇（街道）审核；

3. 镇（街道）派员在5个工作日内进行现场踏勘，根据城乡规划对申请材料进行审核，核实农户信息、四址范围和产权权属证件。申请建房材料齐全、符合规划要求的，由申请人填写《泰州市高港区村（居）民建房申报表》，村镇规划建设服务中心就拟建设情况在申报表上绘制平面示意图，标明四址范围、相邻关系、建筑物长宽高等尺寸，行政村（社区）、国土资源所、村镇规划建设服务中心、镇（街道）分别签署明确意见后报区规划分局；

4. 区规划分局在接到建房申请材料后，在7个工作日内对材料进行审查。区规划分局自审查同意之日起20日内核发建设工程规划许可证；

5. 需办理建房用地手续的，区规划分局办理个人建房选址意见书。申请人凭个人建房选址意见书向区国土资源分局申请办理建房用地审批手续。区国土资源分局依据个人建房选址意见书核发用地通知书。建房用地报经批准后，由镇（街道）按照本办法第十六条之规定，备齐材料后统一报区规划分局审批；

6. 建房申请人领取建设工程规划许可证后，经所属镇（街道）村镇规划建设服务中心放样和验线后，方可开工建设。

镇（街道）要加强宣传指导和村民建房条件审核。对未按规定程序报批，擅自拆除原有住房后申请建房的，由城市管理部门依法查处，并责令补办审批手续。

第七章 监督管理

第十八条 村民住房建设应当严格按照区规划分局核发的建设工程规划许可证进行建设，不得擅自变更；确需变更的，应当经发证机关同意，并按原审批程序办理变更手续。建设工程规划许可证有效期一年。需要申请延期的，应在许可证期满前30日内，向原审批部门申请办理延期手续，延期不得超过一年。

第十九条 村民建房的批后监管工作由镇（街道）村镇规划建设服务中心、国土资源所、城管中队负责，确保及时发现并制止不按建设工程规划许可证确定内容建设的行为。对不听劝阻的，由城市管理部门责令停止建设、限期整改或者限期拆除，工程所在地镇（街道）配合做好相关工作。

镇（街道）要加强对新建、翻建住房的管理，经批准新建、翻建的村民建房，新房开工建设前，其原有住房应拆除、原宅基地应还耕并交还集体经济组织。

第二十条 村民建房期间，镇（街道）村镇规划建设服务中心要做好房屋场地和基础、承重墙、梁柱、楼板、屋盖及其连接构造等房屋关键部位的质量监督和施工安全管理，竣工后与国土资源所负责验收，确认与审批内容一致后，签署验收合格通知书。建房户凭验收合格通知书及相关文件到区房产主管部门办理房屋产权登记手续。区房产主管部门核验建设工程规划许可证、用地通知书、验收合格通知书及相关材料后，对符合规定的村民建房，核发房屋所有权证。

第八章 法律责任

第二十一条 村民建房有下列行为之一的，由城市管理部门根据相关法律法规进行处理：

1. 未取得建设工程规划许可证进行建设的；

2. 擅自改变建设工程规划许可确定的内容进行建设的；

3. 利用买卖、转让的建设工程规划许可证进行建设的；

4. 利用失效的建设工程规划许可证进行建设的；

5. 未经有权部门放线、核准进行建设的；

6. 超出用地批准范围进行建设的；

7. 其他违反城乡规划的行为。

第二十二条 规划、建设、国土、城管等部门及镇（街道）应当加强队伍建设和管理，坚持依法行政，严格履行职责。工作人员在村民建房申请、审查、审核、批准以及监管过程中玩忽职守、滥用职权、徇私舞弊的，由其所在单位或者上级主管部门、同级政府监察机关给予行政处分。构成犯罪的，依法追究刑事责任。

第九章 附 则

第二十三条 本办法由制发单位负责解释。

第二十四条 本办法自印发之日起施行，原《关于对全区村（居）民建房实施规划控制和规范管理的意见》自行废止。

统计资料

2013年高港区行政概况一览表

表39

指标名称	单位	年末数
一、总户数	户	81704
二、户籍人口	人	263413
其中:城镇人口	人	157890
三、常住人口	人	251400
四、出生人口	人	2588
五、死亡人口	人	2458
六、土地面积	平方千米	286.83
其中:建成区面积	平方千米	14.80
七、镇政府	个	4
八、街道办事处	个	3
九、居民委员会	个	49
十、村民委员会	个	40
十一、亿元以上市场	个	3
十二、列统工业企业数(2000万元以上)	个	189
其中:大中型工业企业	个	25
十三、限额以上批发和零售、住宿和餐饮单位	个	70
十三、规模以上服务业企业	个	82

2013年高港区人口及其变动情况一览表

表40 单位：户、人

指标名称	全区合计	口岸街道	刁铺街道	许庄街道	永安洲镇	白马镇	大泗镇	胡庄镇
总户数	81704	23245	7514	12285	8415	6648	10368	13229
总人数	263413	69990	24446	39574	30996	22282	33316	42809
#男	133446	35134	12050	19864	15244	11551	17559	22044
女	129967	34856	12396	19710	15752	10731	15757	20765
出生人口	2588	721	217	392	348	220	311	379
#男	1358	386	119	213	152	109	179	200
女	1230	335	98	179	196	111	132	179
死亡人数	2458	513	223	432	247	229	366	448
#男	1358	265	119	228	148	128	210	260
女	1100	248	104	204	99	101	156	188
迁入人数	2281	755	194	376	211	112	243	390
#省内	1562	539	124	257	148	66	135	293
省外	719	216	70	119	63	46	108	97
迁出人数	912	361	110	55	88	53	84	161
#省内	421	153	56	34	32	20	32	94
省外	491	208	54	21	56	33	52	67

2013年高港区社会经济基本情况一览表

表41

指标名称	计量单位	数值
一、人口、就业及土地面积		
年末总人口	万人	26.34
#女	万人	13.00
年平均人口	万人	26.32
年末常住人口	万人	25.14
#城镇人口	万人	15.07
当年出生人口	人	2588
当年死亡人口	人	2458
年末总户数	户	81704
从业人员	万人	15.44
第一产业	万人	3.06
第二产业	万人	6.75
第三产业	万人	5.63
年末单位从业人员	人	91156

续表41

指标名称	计量单位	数值
#女	人	15130
(一)按国民经济行业分组		
第一产业(农林牧渔业)	人	5
第二产业	人	78181
(1)采矿业	人	—
(2)制造业	人	33888
(3)电力、热力、燃气及水生产和供应业	人	413
(4)建筑业	人	43880
第三产业	人	12970
(1)批发和零售业	人	1696
(2)交通运输、仓储和邮政业	人	2628
(3)住宿和餐饮业	人	232
(4)信息传输、软件和信息技术服务业	人	91
(5)金融业	人	226
(6)房地产业	人	452
(7)租赁和商务服务业	人	376
(8)科学研究和技术服务业	人	341
(9)水利、环境和公共设施管理业	人	126
(10)居民服务、修理和其他服务业	人	253
(11)教育	人	2983
(12)卫生和社会工作	人	1086
(13)文化、体育和娱乐业	人	76
(14)公共管理、社会保障和社会组织	人	2404
(二)按登记注册类型分组		
#国有单位	人	5788
城镇集体单位	人	2004
港澳台商投资单位	人	977
外商投资单位	人	16343
在岗职工人数	人	78974
#国有单位	人	5614
城镇集体单位	人	1967
港澳台商投资单位	人	976
外商投资单位	人	15334
在岗职工平均人数	人	78179

续表41

指标名称	计量单位	数值
#国有单位	人	5570
城镇集体单位	人	1953
港澳台商投资单位	人	950
外商投资单位	人	14975
私营企业从业人员	人	55511
#城镇私营	人	47984
个体从业人员	人	30694
#城镇个体	人	27359
年末城镇登记失业人员数	人	780
行政区域土地面积	平方千米	286.83
#建成区面积	平方千米	14.8
城市建设用地面积	平方千米	29.93
#居住用地面积	平方千米	7.82
公共设施用地面积	平方千米	2.26
工业用地面积	平方千米	12.44
水资源总量	万立方米	9310
二、综合经济		
地区生产总值	亿元	300.16
第一产业	亿元	9.91
农业	亿元	6.89
林业	亿元	0.09
畜牧业	亿元	2.02
渔业	亿元	0.74
农林牧渔服务业	亿元	0.18
第二产业	亿元	198.53
工业	亿元	184.54
建筑业	亿元	13.99
第三产业	亿元	91.72
批发和零售业	亿元	6.43
交通运输、仓储和邮政业	亿元	2.62
住宿和餐饮业	亿元	17.88
信息传输、软件和信息技术服务业	亿元	4.20
金融业	亿元	15.25
房地产业	亿元	11.37

续表41

指标名称	计量单位	数值
租赁和商务服务业	亿元	5.65
科学研究和技术服务业	亿元	1.64
水利、环境和公共设施管理业	亿元	1.44
居民服务、修理和其他服务业	亿元	3.59
教育	亿元	3.19
卫生和社会工作	亿元	3.54
文化、体育和娱乐业	亿元	0.74
公共管理、社会保障和社会组织	亿元	14.18
人均地区生产总值（按常住人口计算）	元	119490
地区生产总值（2010年价格）	亿元	285.08
第一产业	亿元	7.99
第二产业	亿元	198.16
#工业	亿元	185.59
第三产业	亿元	78.94
地区生产总值指数（上年=100）	—	112.3
第一产业	—	103.1
第二产业	—	112.5
#工业	—	112.7
第三产业	—	112.9
人均地区生产总值指数（上年=100）	—	112.1
三、固定资产投资		
固定资产投资（不含农户）	万元	1747278
#工业投资	万元	867463
#房地产开发投资	万元	310342
#住宅	万元	299457
固定资产投资本年资金来源		
国家预算内资金	万元	1133
国内贷款	万元	187592
利用外资	万元	3000
自筹资金	万元	1687179
其他资金	万元	100447
新增固定资产	万元	951759
住宅竣工面积	万平方米	28

续表41

指标名称	计量单位	数值
商品房销售面积	万平方米	44.50
#住宅	万平方米	43.61
#别墅、高档公寓	万平方米	3.52
商品房销售额	万元	207947
#住宅	万元	201860
#别墅、高档公寓	万元	31105
待售面积	万平方米	10.64
#住宅	万平方米	10.56
四、财政、金融、保险		
财政总收入	万元	703907
上划中央收入	万元	182874
增值税（75%）	万元	140925
消费税	万元	2380
企业所得税（60%）	万元	31359
个人所得税（60%）	万元	8210
公共财政预算收入	万元	249211
#税收收入	万元	204434
#增值税（25%）	万元	46975
营业税	万元	69874
企业所得税（40%）	万元	20906
个人所得税（40%）	万元	5473
公共财政预算支出	万元	217232
#一般公共服务	万元	35021
教育	万元	39575
科学技术	万元	6166
文化体育与传媒	万元	1681
社会保障和就业	万元	15541
医疗卫生	万元	15246
节能保护	万元	6256
城乡社区事务	万元	38891
农林水事务	万元	35016
交通运输	万元	319
住房保障	万元	2033

续表41

指标名称	计量单位	数值
财政供养人员	人	4569
财政供养人员全年工资总额	万元	39856
年末金融机构各项存款余额（人民币）	万元	2314000
#储蓄存款	万元	1002700
年末金融机构各项贷款余额（人民币）	万元	1382000
#短期贷款	万元	—
中长期贷款	万元	480800
#个人消费贷款（短期+中长期）	万元	—
保费收入	万元	37186
财产险	万元	10455
人寿险	万元	26731
赔款和给付	万元	14040
财产险	万元	5567
人寿险	万元	8473
五、规模以上工业、建筑业		
规模以上工业企业单位数	个	189
1. 内资企业	个	164
#国有企业	个	—
私营企业	个	118
2. 港澳台商投资企业	个	7
3. 外商投资企业	个	18
#高技术产业企业	个	49
#亏损企业	个	2
#国有控股企业	个	3
#轻工业	个	52
#大型企业	个	9
中型企业	个	16
小型企业	个	162
工业总产值（当年价）	万元	11785150
1. 内资企业	万元	9739701
#国有企业	万元	—
私营企业	万元	3600879
2. 港澳台商投资企业	万元	114005

续表41

指标名称	计量单位	数值
3.外商投资企业	万元	1931444
#高技术产业企业	万元	5554783
#国有控股企业	万元	486293
#轻工业	万元	6047363
#大型企业	万元	7318448
中型企业	万元	1797326
小型企业	万元	2653029
#制造业	万元	11289699
电力、热力、燃气及水生产和供应业	万元	459829
资产合计	万元	6686394
流动资产合计	万元	1055192
固定资产合计	万元	2733115
负债合计	万元	3710482
主营业务收入	万元	11578842
主营业务成本	万元	8148482
主营业务税金及附加	万元	72767
利润总额	万元	1004075
利税总额	万元	1646531
本年应交增值税	万元	567065
全部从业人员年平均人数	人	68016
建筑企业单位数	个	62
建筑企业从业人员	人	74430
建筑业总产值	万元	2764094
房屋建筑施工面积	万平方米	1558.13
房屋建筑竣工面积	万平方米	1088.08
六、交通运输、邮电通信、电力		
公路里程	千米	806
#等级公路	千米	806
#高速公路	千米	22.5
一级公路	千米	101
公路客运量	万人	38.3806
公路货运量	万吨	767.95
内河港口货物吞吐量	万吨	1172

续表41

指标名称	计量单位	数值
水上客运量	万人	—
邮政局所数	处	12
固定电话用户	户	72476
#农村电话用户	户	46609
移动电话年末用户	户	253726
#3G移动电话用户	户	64076
互联网宽带接入用户	户	42805
规上工业综合能源消费量	万吨标煤	233
七、批发零售贸易、外经、旅游		
社会消费品零售总额	万元	344070
#批发和零售业	万元	298290
住宿和餐饮业	万元	45780
限额以上批发和零售业主要指标		
法人企业个数	个	125
#零售业	个	25
年末从业人数	人	7336
商品销售总额	万元	2280090
流动资产合计	万元	844441
固定资产合计	万元	34330
主营业务收入	万元	1975007
主营业务成本	万元	1759454
主营业务税金及附加	万元	8257
利润总额	万元	46805
应缴增值税	万元	28431
进出口总额	万美元	125342
#出口总额	万美元	59401
外商及港澳台商投资企业个数	个	17
协议外资及港澳台资金额	万美元	38810
实际到账外资及港澳台资	万美元	20071
接待海外旅游者人次数(含一日游)	人次	1340
外国人	人	1288
港、澳、台同胞	人	16
旅游外汇收入	万美元	—

续表41

指标名称	计量单位	数值
星级饭店数	个	1
星级饭店客房总数	间	30
八、市政公用事业、环境保护		
城市维护建设资金支出	万元	4500
供水综合生产能力（包括自备水源）	万吨/日	7
供水总量	万吨	1433
售水量	万吨	1096
#居民生活用水量	万吨	423
用水人口	万人	25.14
用水普及率	%	100
年末公交车路数	路	20
公共汽（电）车运营车辆数	辆	114
公共汽（电）车客运总量	万人次	1068
供气总量（人工煤气、天然气）	万立方米	1335
#家庭用量	万立方米	266.2
用气人口	人	3.25
道路面积	万平方米	677.19
排水管道长度	千米	271.5
建成区绿化覆盖面积	公顷	603
绿地面积	公顷	552
公园绿地面积	公顷	132
污水处理率	%	61.84
#污水集中处理率	%	27.42
生活垃圾无害化处理率	%	100
自然保护区面积	公顷	4684
工业废水排放量	万吨	478
工业二氧化硫产生量	吨	1434
工业二氧化硫排放量	吨	1157
化学需氧量排放量	吨	3652
氮氧化物排放量	吨	316.4
工业烟（粉）尘去除量	吨	5310.1
工业烟（粉）尘排放量	吨	500.7
一般工业固体废物综合利用率	%	100

续表41

指标名称	计量单位	数值
城区空气质量优良以上天数	天	311
九、教育、科技、卫生		
学校总数	个	21
#普通高等学校	个	—
普通中等专业学校	个	1
普通中学	个	10
职业高中	个	1
技工学校	个	—
小学	个	10
毕业生总数	人	4806
#普通高等学校	人	—
普通中等专业学校	人	773
普通中学	人	1828
职业高中	人	866
技工学校	人	—
小学	人	2205
招生总数	人	4588
#普通高等学校	人	—
普通中等专业学校	人	673
普通中学	人	1885
职业高中	人	—
技工学校	人	—
小学	人	2030
在校学生总数	人	21886
#普通高等学校	人	—
普通中等专业学校	人	3142
普通中学	人	5592
#女生	人	2791
#高中	人	—
职业高中	人	—
技工学校	人	—
小学	人	13152
#女生	人	5891

续表41

指标名称	计量单位	数值
专任教师总数	人	1830
#普通高等学校	人	—
普通中等专业学校	人	259
普通中学	人	772
职业高中	人	—
技工学校	人	—
小学	人	799
幼儿园数	个	12
在园幼儿数	人	5202
学龄儿童入学率	%	99.8
初中毕业生升学率	%	99.2
从事科技活动人员数	人	3824
R&D人员数	人	3488
R&D经费内部支出	万元	149400
各类专业技术人员数	人	10237
#农业技术人员	人	135
专利申请受理量	件	2759
#发明	件	642
专利申请授权量	件	586
#发明	件	28
广播覆盖率	%	100
电视覆盖率	%	100
有线电视入户率	%	100
剧场、影剧院数	个	5
公共图书馆	个	1
公共图书馆图书总藏量	千册、件	167.96
卫生机构数	个	103
#医院	个	3
卫生院	个	5
卫生机构床位数	张	901
#医院	张	403
卫生院	张	210
卫生技术人员	人	818

续表41

指标名称	计量单位	数值
#执业（助理）医师	人	345
注册护士	人	289
#卫生防疫人员	人	6
医院、卫生院技术人员	人	560
#执业（助理）医师	人	216
注册护士	人	218
十、人民生活		
在岗职工工资总额	万元	376722
#国有单位	万元	39030
城镇集体单位	万元	9515
港、澳、台商投资单位	万元	3705
外商投资单位	万元	74682
城镇基本养老保险参保人数	人	101961
#城镇职工	人	45439
城镇基本医疗保险参保人数	人	89652
#城镇职工	人	56671
工伤保险参保人数	人	39800
生育保险参保人数	人	33151
社会福利收养性单位数	个	8
社会福利收养性单位床位数	张	1490
社区服务设施数	个	178
社区服务中心覆盖率	%	100
城镇居民最低生活保障人数	人	436
农村居民最低生活保障人数	人	4053
新型农村合作医疗参保人数	人	143704
新型农村养老保险参保人数	人	56522
十一、社会治安		
刑事案件立案数	件	178
罪犯罪人数	人	257
#青少年人数（14~25岁）	件	60
交通事故死亡人数	人	35
交通事故损失额	万元	36
火灾死亡人数	人	—
火灾损失金额	万元	72

索　　引

主题分析索引说明

1. 本索引采用主题分析法提取，部分则选用关键词。
2. 本索引按首字汉语拼音字母顺序排列。
3. 索引名称后的数字表示内容所在的页码，数字后面的a、b、c分别表示左栏、中栏和右栏。
4. 表格标题的索引后注有“表”字。
5. 特载、媒体聚焦、大事记、人物·荣誉栏、重要文件、统计资料等均未作索引。

A

B

C

D

E

F

G

H

J

K

L

M

N

P

Q

R

S

T

W

X

Y

Z

江苏银行股份有限公司泰州高港支行

行 长　戴振华

总服务台

2013 年，江苏银行高港支行各项存款余额 8.77 亿元，比年初新增 2.41 亿元。其中，储蓄存款较年初净增 0.79 亿元，公司存款较年初增长 1.67 亿元。理财类资产销售 2.26 亿元，计划完成率 117%。各项贷款余额 8.15 亿元，较年初新增 4.22 亿元。其中，个人贷款较年初新增 0.34 亿元，对公贷款较年初增长 3.88 亿元。小企业贷款余额新增 6055 万元，户数新增 20 户。全年共实现中间业务收入 648.92 万元。实现国际结算业务量 11816 万美元；完成国际结算中间业务收入 155 万元。实现净利润 1938 万元，计划完成率为 161.54%。在江苏银行泰州分行“双先”“双十佳”评比中，被评为先进集体。

营业大厅

泰州市交通运输局高港分局

泰州市委副书记、市长陆志鹏（前右一），泰州市人大常委会副主任、区委书记王建（前右二）等市、区领导视察高港区重点交通工程建设

区委常委、区纪委书记张兆洋（右）在区交通分局局长高林海（左）的陪同下调研交通工作

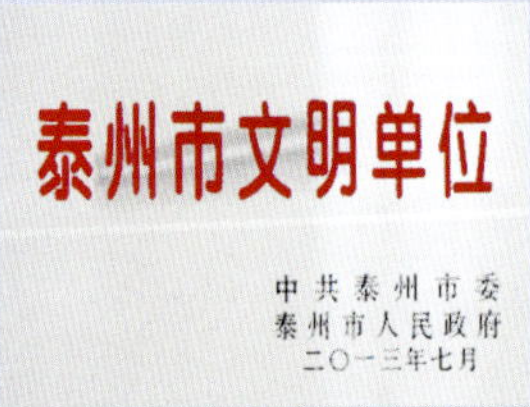

区人大常委会专题视察交通工作

2013年，在区委、区政府的正确领导下，在省、市交通运输部门的关怀指导下，全系统上下凝心聚力锐意进取，拼搏努力，自我加压，负重奋进，科学编制“十二五”规划，统筹推进综合交通建设，创新破解制约发展难题，全面提升行业管理水平，着力建强干部职工队伍，全年各项工作亮点频现，精彩纷呈，具有“规划引领好、投资规模大、建设任务重、改革推进快、破解难题多、作风抓得紧、队伍建设强”等特点。年内，获得泰州市文明单位、泰州市文明行业、泰州市交通运输工作目标考核一等奖和区人民满意单位（机关）等多项殊荣。

全市首班快速公交K1路顺利开通

高港区城市管理委员会办公室
泰州市城市管理行政执法局高港分局

区城管办主任、区城管执法分局局长　张万卿

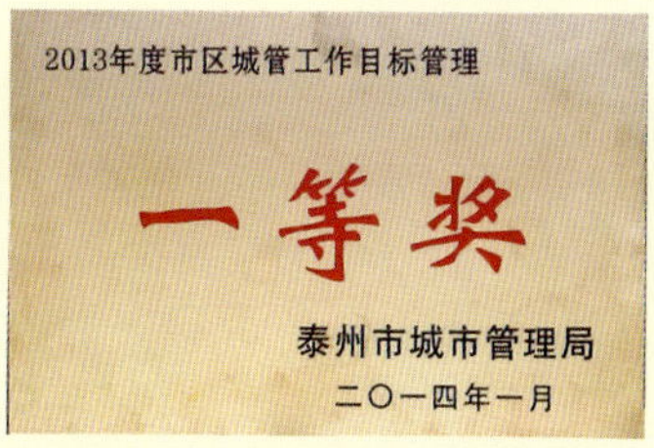

2013 年，高港区城管系统积极开展文明城市创建、环境综合整治，提升环境卫生和农村环境长效管理水平，加大违法建设防控工作管理力度，加快建设数字化城管，规范行政执法各项工作均取得较好成效。区城管办获 2013 年度泰州市区城管工作目标管理一等奖，违法建设防治工作再次获得市区考核第一名。

区城管办开展“网民进城管”活动

高港区数字化城管业务培训班

城管办准军事化管理常态化

泰州工商行政管理局高港分局

局 长　曹映华

2013 年，高港区工商企业登记注册总数 5340 户，注册资本总额 300.63 亿元，其中，法人企业 3676 户、有限责任公司 3685 户、国有企业 37 户、集体企业 171 户。累计登记注册外商投资企业 93 户，其中，中外合资企业 36 户、中外合作企业 2 户、外商独资企业 55 户，投资总额 14.34 亿美元，注册资本 11.82 亿美元，外方认缴注册资本 7.23 亿美元。个体工商户 15325 户，从业人员 3.07 万人，注册资本 30 亿元。私营企业 4669 户，其中，有限责任公司 3443 户、独资企业 1221 户、合伙企业 5 户，投资者人数 7769 人，雇工人数 60189 人，注册资本 184.59 亿元。各类市场 11 个，其中，消费品市场 10 个、生产资料市场 1 个，商品交易市场成交额 53.01 亿元。广告经营单位 39 户，从业人员 158 人，广告经营额 4038 万元。工商机关全年检查合同 92 份，金额 0.25 亿元；办理动产抵押登记 41 件，帮扶企业融资 1.86 亿元，盘活企业资产 4.26 亿元。查处各类行政处罚案件 192 起，罚没金额 90 余万元。年内，区工商分局被评为全市工商系统重点工作先进单位，刁铺工商所被评为省工商系统廉政文化建设示范单位。

2013年6月8日，高港工商分局召开干部大会，泰州市工商局局长蔡忠云（左三）宣布主要领导调整决定并作重要讲话

工商分局向社会和服务对象述职述廉会议现场

开展“道德讲堂”系列教育活动

区委常委、副区长吴斌（右二）参观区工商分局打假治劣、消费维权成果展

区委常委、副区长吴斌（右）在局长曹映华（左）的陪同下开展“五一”节前检查

“诚信经营，放心消费”宣誓仪式现场

工商分局党员干部参观反腐倡廉教育馆

局长曹映华（中）参加“12345”政风行风热线活动

重温入党誓词 践行群众路线

工商分局党的群众路线教育实践活动知识竞赛颁奖仪式现场

加强市场监管 维护消费者权益

江苏省泰州引江河管理处

TAIZHOU YINJIANG CANAL ADMINISTRATION OF JIANGSU PROVINCE

江苏省泰州引江河管理处是江苏省水利厅直属水利工程管理单位，与省灌溉动力管理一处合署办公，主要负责高港枢纽泵站、节制闸、调度闸、送水闸、船闸等工程管理，24公里引江河河道行业管理，里下河腹部地区湖泊湖荡监管，如皋拉马河闸管理以及省级防汛机动抢险工作。

高港枢纽鸟瞰

近年来，在各级领导的亲切关怀下，省泰州引江河管理处认真贯彻省水利厅党组的决策部署，以全面推进现代化管理为总揽，加强工程管理，着力服务民生，壮大水利经济，狠抓作风建设，提升队伍素质，取得了巨大的生态、经济和社会效益，多次荣获省部级表彰，先后被评为“全国水利系统文明单位”、“国家级水利工程管理单位”、“全国保护母亲河行动先进集体”、“国家AAA级旅游景区”、“国家水利风景区”等，塑造了现代水利的良好形象，得到了各级领导的充分肯定。

为进一步提升泰州引江河功能，更好地服务经济社会发展，江苏省委、省政府又于2012年12月18日启动了泰州引江河二期工程，掀起了新一轮如火如荼的建设热潮。一个朝着现代化迈进的水利工程管理单位，正在泰州引江河的热土上孕育、成长……

泰州市泰州港核心港区
泰州市永安洲镇

高港区委常委
核心港区党工委书记　韩亚
永安洲镇党委书记

核心港区党工委副书记
核心港区管委会常务副主任　王镇静
永安洲镇党委副书记、镇长

2013年，永安洲镇面积55.90平方千米，总人口31013人，辖社区11个、居民小组218个，有居民8415户，拥有长江岸线24.20千米。全年实现地区生产总值64.11亿元，比上年增长30%；财政总收入5.75亿元，公共财政预算收入3.41亿元；全社会固定资产投资80.72亿元；工业总产值298.55亿元，列统工业总产值288.82亿元，分别增长27%、31%；高新技术产业产值76.64亿元；服务业增加值16.76亿元，服务业税收3.43亿元；农民人均纯收入19678元。年内，永安洲镇与扬中市三茅街道结为友好镇街。连续六年跻身泰州市经济工作十强乡镇(街道)，被评为泰州市防违控违先进集体，获2013年度区目标考评综合奖、开放型经济专项考核一等奖。

“梦圆永安洲”文艺汇演

江苏省委书记罗志军（前中）视察益海粮油

江苏省副省长、时任泰州市委书记张雷（前中）视察核心港区

泰州市委副书记、市长陆志鹏（前右二）调研核心港区

泰州市人大常委会副主任、区委书记王建（前右三）和区委副书记、区长周裕昌（前右一）视察核心港区安全生产工作

泰州港核心港区与浙江广厦建设集团举行战略合作签约仪式

泰州市高港区临港经济园
泰州市高港区口岸街道

高港区副区长
临港经济园党工委书记　徐绍文
口岸街道党工委书记

临港经济园党工委副书记、管委会主任
口岸街道党工委副书记、办事处主任　张桂林

2013 年，口岸街道总土地面积 53.32 平方千米，常住人口 77209 人，辖行政村 6 个、社区 17 个、村民小组 377 个，居民 26978 户。全年实现地区生产总值 715789 万元，比上年增长 22.06%，其中，第一产业 20072 万元，增长 10.73%；第二产业 375856 万元，增长 17.04%；第三产业 319861 万元，增长 29.43%。公共财政收入 2.20 亿元，增长 36.60%。农民人均纯收入 19837 元。固定资产投入总额 29.78 亿元。完成高新技术产业产值 60.50 亿元，专利申请量 515 件，发明专利申请量 140 件，专利授权 130 件。协议利用外资和港澳台资 5500 万美元，实际利用外资和港澳台资 3502 万美元。民营经济净增注册资本 13 亿元。建筑业考核名列全区第一。新增土地流转面积 480 公顷，建成小农场 18 个。群众自编自演的广场舞《洲堤杨柳舞港城》获得国家级舞蹈作品大赛一等奖和表演特等奖。街道在全市十强乡镇中位列第四位，顺利通过国家级生态街道复核验收。街道妇联被评为江苏省妇女儿童工作先进集体，徐庄村顺利通过省三星级康居示范村验收，王营社区被评为江苏省农村信息化应用示范社区。

大江艺术团基层巡演走进口岸街道

江苏省副省长、时任泰州市委书记张雷（前中）视察口岸街道徐庄村社会事业工作站并看望市选派干部徐勤生

泰州市人大常委会副主任、区委书记王建（前右）等领导慰问口岸街道百岁老人

泰州市人大常委会副主任、区委书记王建（前中）调研口岸街道经济社会发展情况

扬泰电子项目签约仪式现场

巾帼志愿服务总队口岸街道分队开展关爱空巢老人服务活动

蔡滩社区“道德讲堂”居民同唱道德歌

泰州市高港区刁铺街道

党工委书记　张宏生

党工委副书记、办事处主任　李伯英

刁铺街道地处高港主城区，面积 18.69 平方千米，人口 24446 人，辖社区 6 个、村民小组 110 个，居民 7514 户。2013 年，加快推进城市化改造，完成银杏路及明发城市综合体 15 万平方米的动迁工作；环溪路东延建成通车，解放路东延、育才花苑二期开工建设，中建八局征地工作圆满完成，北京海城项目征地有序推进。全年实现国内生产总值 21.05 亿元，比上年增长 22.47 %。其中，第一产业增加值 6717 万元，增长 10.71%；第二产业增加值 113401 万元，增长 22.75%；第三产业增加值 90414 万元，增长 19.10%。完成公共财政预算收入 6028 万元，比上年增长 31.60%。全社会固定资产投资 5.67 亿元，增长 21.94%；实施 1000 万元以上项目 8 个，完成技术改造项目 14 个。实现工业投资总额 4.92 亿元，增长 31.20%。被评为泰州市 2013 年度争创经济工作十强乡镇(街道)活动先进单位。

刁铺街道经济发展暨城市建设务虚会现场

刁铺街道法制宣传暨法律援助宣传活动现场

省人大常委会副主任张卫国（右二）视察刁铺街道“人大代表工作室”建设情况

江苏省副省长、时任泰州市委书记张雷（右二）看望慰问刁铺街道群众工作团成员

江苏省民政厅厅长侯学元（前左二）调研刁铺街道民政工作

泰州市委常委、市纪委书记唐小英（女，前中）视察刁铺街道大丰社区“党代表工作室”

泰州市人大常委会副主任、区委书记王建（中）走访慰问刁铺街道低保户

区委常委、组织部部长陈志斌（后左三）出席刁铺街道企业家沙龙成立仪式

泰州市白马镇

党委书记、镇长　马才本

2013 年，白马镇面积 24.02 平方千米，人口 22322 人，辖行政村 5 个、社区 2 个、村(居)民小组 127 个，有居民 6648 户。全年实现地区生产总值 8.94 亿元，比上年增长 9.19%。完成公共财政预算收入 4691 万元，增长 23.58%。全社会固定资产投资 3.58 亿元，增长 26.40%。服务业增加值 4.61 亿元，增长 17.94%。完成进出口总额 809 万美元，协议利用外资和港澳台资 800 万美元，实际到账外资和港澳台资 223 万美元。实现自营进出口 809 万美元，净增私营企业注册资本 2.55 亿元。新增小农场 6 个，实现农业增加值 9900 万元，增长 13.05%。农民人均纯收入 14753 元，增长 14%。实现建筑企业工程结算收入 6.25 亿元，增长 45%。秸秆禁烧和综合利用工作考核获全市第一，获区开发型经济和民营经济考核二等奖。鑫马生态园获批省 AAAA 乡村旅游基地。

白马镇党的群众路线教育实践活动动员大会现场

白马镇“我是谁、为了谁、依靠谁”主题讨论活动现场

开展庆五一“中国梦 劳动美”文艺展演活动

“文化与旅游融合发展”白马调研座谈会现场

江苏省妇联副主席缪志红（女，左三）调研白马镇农村妇女参与现代农业建设等工作

江苏省人口和计划生育委员会副主任徐东红（女，前右一）视察白马镇计生工作

泰州市委常委、宣传部部长倪斌（前中）视察白马镇红色旅游开发工作

泰州市人大常委会副主任、区委书记王建（右三）调研白马镇经济工作

区委副书记、区长周裕昌（右二）视察白马镇民生和教育工作

泰州市委政法委副书记、综治办主任顾跃进（中）视察白马镇综治工作

白马镇2013年度“四个文明”建设总结表彰大会现场

党员干部参观廉政教育基地

泰州市胡庄镇

党委书记　卞晓江

党委副书记、镇长　陆明航

胡庄镇总面积45.30平方千米，辖13个行政村、2个社区，村（居）民小组305个，13186户，人口40241人。2013年，全镇实现地区生产总值10.63亿元，比上年增长19.90%；财政总收入4317万元、公共财政预算收入1668万元，分别增长31.40%和32.90%；工业总产值17.23亿元，增长5.60%；净增私营企业31个，净增个体工商户316户，民营经济净增注册资本2.52亿元；实现高新技术产业产值2.34亿元，新增省民营科技型企业3个，完成发明专利申请21件、实用新型和外观设计专利申请97件；农民人均纯收入14753元，被评为江苏省生态镇、江苏省文明乡镇、泰州市发展高效农业十佳乡镇，荣获高港区农业农村工作专项考核一等奖。

胡庄镇第四次党代会第二次会议

胡庄镇三届人大二次会议

上膳源全景图

泰州市委常委、政法委书记张爱平（前右二）调研江苏乐彩印刷材料有限公司

泰州市人大常委会副主任、区委书记王建（前右一）调研上膳源农场

泰州市乐太食品有限公司

中兴大酒店

社会管理服务中心

污水处理厂

三星级康居示范村——宗林村福云广场

“道德讲堂”活动

口岸街道蔡滩社区

党委书记　刘 俊

党委副书记、居委会主任　张 毅

口岸街道蔡滩社区地处高港主城区，辖区总面积1.47平方千米，覆盖银杏苑、港城花苑、百年豪景、金港别墅等15个居民小区，居民3460户，常住人口12212人，流动人口保持在2000人左右。社区党委下辖3个党支部。蔡滩社区面对社区人口较多、构成情况复杂、管理难度较大这一实际情况，通过不断改革创新社区管理模式，不断探索社区经济发展和社区建设的新路子，社区工作取得较好的成效。先后被授予国家级民主法治示范社区、江苏省民主法治示范社区、江苏省和谐示范社区、江苏省绿色社区、江苏省充分就业社区、江苏省“五五”普法先进集体、江苏省残疾人文化进社区试点单位、泰州市三星级文明社区、泰州市十佳社区等多种荣誉称号。

蔡滩社区党的群众路线教育实践活动动员大会现场

2014年蔡滩社区“两委”班子及成员公开承诺会议现场

泰州市委副书记、市长陆志鹏（前右一），泰州市人大常委会副主任、区委书记王建（前左二）视察蔡滩社区民生工作

慰问敬老院孤寡老人

组织党员干部参观海军纪念馆

党委书记刘俊（右一）向社区大学生发放助学金

党委副书记、居委会主任张毅（右）慰问孤寡老人

口岸街道引江社区

党总支书记　张竹山

居委会主任　栾庆兵

引江社区位于高港区西北角，北邻刁铺街道，南临泰州港，东与泰州滨江开发区相邻，西与扬州市江都区接壤，是高港区的西大门。社区由天如、宁都两个村合并而成，因引江河穿村而过得名。社区占地4.50平方千米，共有21个村民小组、678户、2323人，农业排灌面积近200公顷。

引江社区在口岸街道党工委、办事处的正确领导下，按照“生产发展、生活宽裕、乡风文明、村容整洁、管理民主”的新农村建设目标，在全体党员、干部、群众的支持和努力下，认真贯彻执行党的方针政策，积极拓展经济发展渠道，社区集体经济实力不断增强，群众幸福生活指数大幅度提高。社区获得江苏省民主法治示范社区、江苏省和谐社区建设示范社区、江苏省新型农村社会养老保险办理服务示范社区、泰州市卫生村等荣誉称号。

团结奋进的“两委”领导班子

组织社区党员干部和居民代表参观南京雨花台革命教育基地

泰州市委副书记杨峰（前中）视察引江社区芋头种植基地

泰州市人大常委会副主任、区委书记王建（中）视察引江社区民生工作

区委副书记、区长周裕昌（前左一）视察引江社区芋头种植基地

区委副书记封新华（前左）视察引江社区圩头基地和奶牛场

区委常委、宣传部部长程荣稳（左二）在临港经济园管委会主任、口岸街道办事处主任张桂林（右一）的陪同下视察引江社区

副区长、临港经济园党工委书记、口岸街道党工委书记徐绍文为社区全体党员上党课

引江社区深入开展党的群众路线教育实践活动。图为社区党员雨中宣誓场景

党总支书记张竹山（左）接受江苏电视台采访

永安洲镇东江社区

核心港区社会事业局副局长、社区党总支书记　陈道贵

社区党总支副书记、居委会主任　陈庆明

东江社区原为泰兴市第二捕捞公司，2008 年 9 月划入永安洲镇，2009 年组建社区，为泰州长江大桥江边互通区所在地。社区面积 2.75 平方千米，现有党员 67 人，设 4 个支部、2 个非公企业支部，共 14 个村民小组、773 户、2337 人。2013 年，社区完成三业总产值 3.07 亿元，集体经济收入 254 万元，农民人均纯收入 20002 元。社区党总支连续五年被上级党委评为优秀基层党组织，2009~2013 年先后获江苏省社会主义新农村建设先进村、江苏省卫生村、泰州市全面建设小康十强村称号，顺利通过江苏省三星级康居示范村验收。

江鲜养殖基地

泰州市委副书记杨峰（前中）、泰州市人大常委会副主任、区委书记王建（前左一）等市、区领导视察东江社区

区委常委、核心港区党工委书记、镇党委书记韩亚（中）参加东江社区“党代表工作日”活动

东江社区党员大会现场

东江社区党的群众路线教育实践活动动员大会现场

东江社区社会事业工作站

东江社区居民休闲广场

东江社区河豚养殖基地

东江社区门楼

白马镇金马社区

党总支部书记　李泽

集中居住区

金马社区居委会地处白马镇集镇区，是由原增产村、李庄村、马庄村三个行政村和金马居委会合并组建而成，为涉农社区。北边和医药高新区凤凰街道接壤，西至前进村，东靠白马居委会，南接陈家村，总面积4.50平方千米，耕地228公顷，有22个居民小组、1380户，五保13户，低保44户67人，纯农人口4547人，总人口近6000人，党员103人。2013年，农民人均纯收入14500元，集体经济收入55万元。近年来，社区经济工作和社会事业取得长足发展，先后被评为江苏省民主法治示范社区、江苏省和谐社区建设示范社区、江苏省放心消费活动先进单位、泰州市十佳社区、泰州市党风廉政建设示范社区、泰州市勤廉示范社区、泰州市全面小康示范村、五星级社会治安安全社区、高港区文明社区、高港区先进基层党组织。

居民健身点

区委副书记封新华（前右二）、副区长蔡秋云（女，前左一）和镇党委书记、镇长马才本（前左二）检查验收金马社区环境整治工作

上级公安部门到金马社区开展“三解三促”活动

省检查组验收金马社区二星级康居乡村创建工作

泰州市党风廉政建设会议现场观摩金马社区党风廉政建设示范社区创建工作

金马社区党的群众路线教育实践活动党员民主生活会现场

金马社区便民服务中心

江苏省口岸中学

校 长 封留才

封留才，口岸中学校长，博士研究生学历，法学博士学位，江苏省中学政治特级教师，江苏省教授级中学高级教师（正高级教师），江苏人民教育家培养对象，江苏省首批四星级高中评估专家。曾荣获江苏省中小学优秀班主任、全国中小学德育先进工作者、全国五一劳动奖章，被教育部评为国培计划中学思想政治课教师培训专家（中学政治教师，江苏仅1人），被扬州大学聘为教育学专业硕士生导师，被南京航空航天大学聘为管理学专业硕士生导师，被江苏省人民政府评为江苏省有突出贡献的中青年专家。

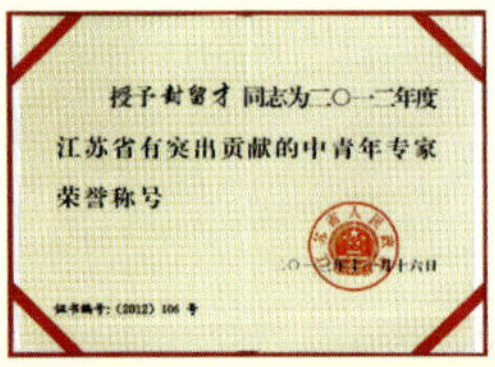
授予封留才同志为二〇一二年度
江苏省有突出贡献的中青年专家
荣誉称号

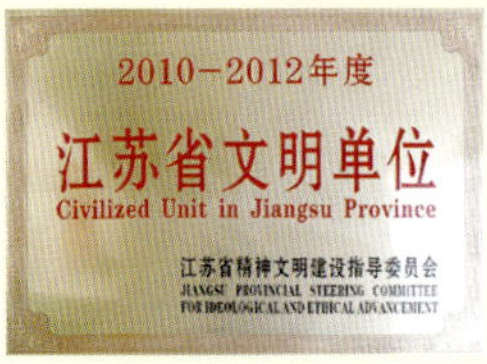

校长封留才参加江苏省庆祝第三十个教师节暨教育系统先进集体、先进个人表彰大会，受到省委书记罗志军接见。图为江苏卫视报道画面

江苏省口岸中学创办于1926年10月，1996年被确认为江苏省重点高级中学，1997年8月成为泰州市教育局直管学校，2001年4月被评为国家级示范性高中，2003年11月转评为江苏省首批四星级高中，2004年1月学校党总支升格为党委，2005年1月经省教育厅批准更名为江苏省口岸中学，2005年9月经教育部批准开始承办内地新疆高中班，2007年12月学校升格为副处级单位。近年来，学校教育教学质量稳步攀升，业绩突出，《人民教育》《中国教育报》《中国教师报》《教育文摘周报》《江苏教育报》《新华日报》等国家、省、市媒体先后多次报道或专题推介该校的教育教学管理经验。学校先后荣获全国民族团结进步模范集体、江苏省文明单位、江苏省文明学校、江苏省基础教育课程改革先进集体、江苏省实施素质教育先进学校、江苏省德育先进学校、江苏省体育工作先进集体等90多项省、市级以上表彰。

校长封留才领取国家级教学成果奖证书

口岸中学荣获长三角优秀科研团队称号

教育部基础教育司一司司长王定华（前右二）等领导在校长封留才（前左二）和党委书记、副校长丁骏（前左一）陪同下视察口岸中学

泰州市政协副主席、市教育局局长奚爱国（右一）视察口岸中学高考工作

口岸中学党员领导干部集中学习会现场

以“学习最美教师、争做最美教师”为主题的“道德讲堂”在口岸中学开讲

澳大利亚科耐中学师生代表到口岸中学交流访问

口岸中学成为华南理工大学优质生源基地

口岸中学举行2014年元旦文艺汇演

泰州市高港中学

校长　李国璋

李国璋，中学高级教师，泰州市高港中学校长、党支部书记、高港区人民政府兼职督学。从教三十年来，他一直秉承教好每一个学生的教学理念，认认真真、兢兢业业地完成教育教学和教学管理工作。先后获江苏省优秀青少年科技教育校长、江苏省实施素质教育先进个人、泰州市教育系统优秀党务工作者、高港区优秀共产党员、口岸街道优秀共产党员等荣誉。

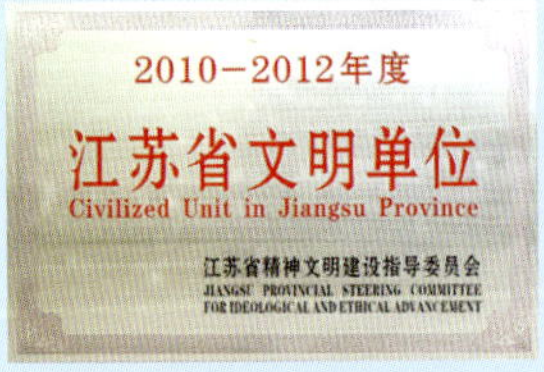

泰州市高港中学组建于1999年8月，是省重点中学口岸中学初中分设后，合并口岸第二初级中学成立的一所年轻的初级中学。学校占地面积27398平方米，建筑面积13034平方米。现有教学班27个，学生总数1279人，教职工128人，其中高级职称教师人数24人，中、高级职称教师占教师人数的66.40%。市三级骨干教师5人，区星级教师12人，名师工作室成员10人。学校坚持求真务实的作风，锐意进取，无私奉献，赢得社会的信任。有10多名教师获江苏省科技教育先进个人、江苏省优秀共产党员、泰州市优秀共产党员、泰州市教育先进工作者、泰州市优秀班主任、高港区师德标兵、高港区十佳青年教师、高港区爱生模范等荣誉，数十名教师参加课堂教学比赛获省、市、区级奖，每年有上百篇教育教学论文发表或获奖。学校先后获得江苏省未成年人科技创新教育先进集体、江苏省绿色学校、江苏省健康促进学校铜奖、泰州市文明单位、泰州市规范管理先进学校、泰州市和谐校园、泰州市平安学校、泰州市科技教育特色学校、泰州市体育工作先进学校、泰州市园林式单位、江苏省泰州中学和江苏省口岸中学优质生源基地等称号。

高港中学举办数学青年教师解题能力大赛

高港中学举行"中国梦·青春梦"校园合唱比赛

泰州市委教育工委书记陶玲（女，前）到高港中学调研

副区长邵春宁（女，右一）慰问学校老师

泰州市教育局关工委常务副主任张瞬琴（女，右一）一行检查高港中学关工委常态化建设工作

区级机关党员代表到高港中学慰问

重温入党誓词

高港中学暑期校本培训

高港中学青年教师志愿者积极参与团区委关爱留守儿童活动

高港中学举行国庆文艺汇演

泰州市第三人民医院

区政协副主席、区卫生局副局长、院长　钱亚东

泰州市第三人民医院始建于 1958 年，地处泰州市南大门，与泰州长江大桥仅咫尺之遥。医院是一所二级甲等综合性医院，是高港区卫生行业医教研中心，泰州职业技术学院教学医院。占地面积 3.30 万平方米，建筑面积 3.80 万平方米，全院整体布局合理，基础设施完善，具有园林化的风格和现代化的气息。现有床位 400 张，年门诊量 22 万人次，年住院量万余人次。医院资产近 2 亿元，拥有螺旋 CT、PS800 数字胃肠机、CR、DR、进口电子胃肠镜、彩色 B 超机、全自动生化分析仪、进口麻醉机、呼吸机、血透机、电视腹腔镜系列等 1 万元以上医疗设备 200 多台（套）。有职工 450 人，硕士研究生 9 人，市突出贡献中青年专家 3 人，市医学重点人才 2 人，泰州市名中医 2 人。近年来，医院先后被授予江苏省文明单位、泰州市卫生系统先进集体、泰州市惠民医院、泰州市无红包医院、高港区百姓放心医院等荣誉称号。

区政协副主席、区卫生局副局长、院长钱亚东就提高医疗水平和服务质量接受媒体采访

高港区医疗集团组建暨签约仪式现场

泰州市委常委、市纪委书记唐小英（女，中）和泰州市人大常委会副主任、区委书记王建（左二）等领导视察泰州市第三人民医院

泰州市卫生局局长徐洪涛（前右二）视察泰州市第三人民医院

泰州市卫生局副局长周卫兵（前左）和区委常委、宣传部部长程荣稳（前右）为泰州市第三人民医院揭牌

医院全体员工参加百名医务工作者医德医风承诺签名活动

泰州口岸船舶有限公司

董事长　王俊泽

泰州口岸船舶有限公司创立于20世纪70年代初期，有40多年的造船历史，公司固定资产近30亿元，是国内十强民营造船企业，被国家工商总局核准公示为国家级“守合同重信用”企业。公司先后被全国总工会授予模范职工之家称号，被省人社厅评为江苏省劳动保障诚信示范企业、民营企业就业先进单位、江苏省博士后创新实践基地，被省协调劳动关系三方委员会评为江苏省和谐劳动关系模范企业，被省工商局认定为“守合同重信用”企业，被省经信委评为江苏省管理创新优秀企业、江苏省五星级数字企业、江苏省工业化和信息化融合示范企业、江苏省依法管理诚信经营先进企业。

2013年，实现工业产值62亿元、销售收入62亿元、入库税金1.40亿元。经营工作取得突破性进展，承接的15艘3.85万吨散货船、20.80万吨散货船实现“批量接单”和“造大船”的梦想。公司大力实施“人才强企、科技创新”发展战略，与众多高校开展产学研合作，科技创新成效显著，同时坚持推进OA办公系统，完善ERP系统，加快船舶制造数字化、信息化步伐，公司研发机构被认定为江苏省精益绿色造船工程技术研究中心，自主研发的系统软件获江苏省优秀软件产品“金慧奖”。公司技术中心被省经信委认定为省级技术中心。单舱万吨级重吊船被科技部等四部委评为国家重点新产品。公司被江苏省质监局、江苏省知识产权局评为知识产权管理标准化示范先进单位。

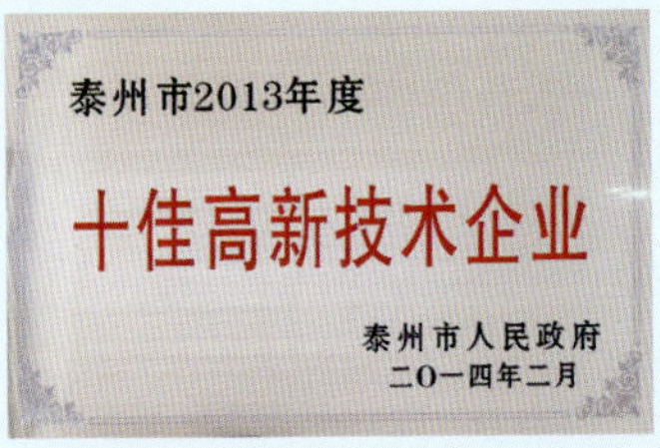

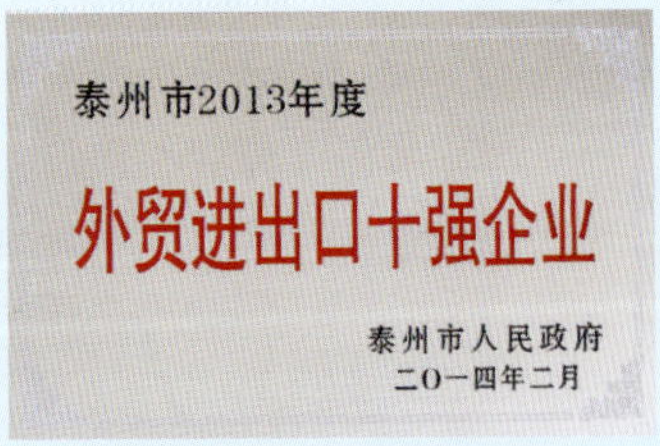

泰州市委副书记、市长陆志鹏（前右二），副市长杨杰（前左二），市人大常委会副主任、区委书记王建（前左一）等领导视察公司开放型经济和科技工作

泰州市人大常委会副主任高纪明（中）、副市长杨杰（右一）到公司新区视察指导工作

江苏省知识产权局领导到公司调研督导

科技综合服务楼

港池码头

船台

钢配中心

国电泰州发电有限公司

中国国电集团公司董事、总经理陈飞虎（右一）到公司调研

中国国电集团公司副总经理高嵩（中）到公司专题研究泰州电厂二期百万千瓦超超临界二次再热燃煤发电示范项目工程建设工作

江苏省能源局领导到公司调研

国电泰州发电有限公司位于泰州市永安洲镇，2004 年 1 月正式注册成立，是中国国电集团公司在江苏省首家安装 1000 兆瓦超超临界火力发电机组的电厂。2013 年，国电泰州发电有限公司完成工业总产值 53.92 亿元，比上年增加 4.66 亿元；实现利润总额 10.18 亿元，增加 3.18 亿元，创历史最高水平；上缴税费 6.84 亿元，增加 1.99 亿元。全年未发生人身、设备、火灾及环境污染事故，实现连续安全生产 2047 天。近年来，公司荣获多项省部级以上荣誉称号。1 号机组被国家能源局、中国电力企业联合会授予全国发电装机容量突破七亿千瓦标志性机组称号，一期工程荣获中国建设工程鲁班奖（国家优质工程），公司荣获中国电力企业联合会全国电力行业优秀企业、中国电力设备管理协会全国电力行业设备管理工作先进单位称号，连续三年被江苏省电监办评为电力节能减排先进单位。年内，获江苏省电力行业优秀企业、江苏省文明单位、中国美丽电厂等称号。

泰州市热（发）电企业安全生产标准化现场推进暨内审员培训会在公司召开